কলঙ্ক

স্বর্ণালী দাস

আমার সমস্ত পাঠক-পাঠিকা,বন্ধু-বান্ধব ও সুধীগণদের জন্য এক অনন্য রমণী রচনা। জীবনের বাস্তবতার আলোকে এই কাহিনী রচনা করেছি।

আমার সমস্ত গুরুজনদের আশীর্বাদ নিয়ে এবং আমার বন্ধু-বান্ধবের ভালোবাসা নিয়ে শুরু করতে চলেছি এই কাহিনী।

বিষয়বস্তু

বিষয়বস্তু

বিষয়বস্তু

অনুক্রমণী

আমি " দীক্ষা"।

আমার জন্য নাকি মা মারা গেছে। আমার জন্য নাকি বাবা সুইসাইড করেছে। আমি নাকি অপয়া।

আমি নাকি চরিত্রহীন।

আমার সাথে নাকি কেউ সংসার করতে পারবে না।

আমি আয়নায় তাকালেই আমার গালে কালির দাগ দেখা যায়।

আমার বোন রিমা বলে এ নাকি কলঙ্কের দাগ।

এ দাগ ওঠার নয়। আমি অনেক বার হাত দিয়ে মোছার চেষ্টা করেছি কিন্তু ওঠেনি।

" কলঙ্ক"-এর দাগ নাকি ওঠে না?

এ কলঙ্ক নাকি সারাজীবন বয়ে বেড়াতে হবে। সত্যি কি এই কলঙ্কের কোনোদিন হ্রাস হবেনা?

ভূমিকা

বিগত ৫ বছরেরও বেশি সময় ধরে লেখালেখির মধ্যে জড়িত। বর্তমানে এখন প্রতিলিপি অ্যাপে এই ধারাবাহিক উপন্যাস ও গল্প লিখি।

আমার এই প্রথম গল্প প্রকাশ করছি।

" কলঙ্ক " এই উপন্যাসটির মধ্য দিয়ে কিছু আমার জীবনের বাস্তবতা জড়িয়ে আছে। এই গল্পের চরিত্রগুলোর মধ্যে আমার জীবনের পরিচিতর মধ্যে কিছুটা মিল আছে।

তাছাড়া গল্পের রসদ তো এই আমাদের দৈনন্দিন জীবনের অভিজ্ঞতাগুলোর মধ্যেই মিশে থাকে। কিছুটা কল্পনা আর কিছুটা বাস্তবতা মেশানো থাকে।

গল্পের নাম কেন কলঙ্ক হয়েছে ? পাঠক বন্ধুদের মধ্যে তো প্রশ্ন থাকতেই পারে।

কলঙ্ক কথার অর্থ হলো যার কর্ম বা রুপের মধ্যে কোনো প্রকার কালিমা লেপন আছে। ঠিক তেমনি এক্ষেত্রে আমরা দেখতে পাবো গল্পের প্রধান চরিত্র দীক্ষার মধ্যে। জীবনের টানাপোড়েনের মধ্য দিয়ে যেতে যেতে এবং দায়িত্ব ও কর্তব্য পালন করা সত্ত্বেও কলঙ্কিত হতে হয়েছে।

কাছের মানুষগুলোকে হারিয়ে ভাগ্যবিড়ম্বিত হয়ে পড়া এই কাহিনী " কলঙ্ক"

আশা করি আপনাদের ভালো লাগবে।

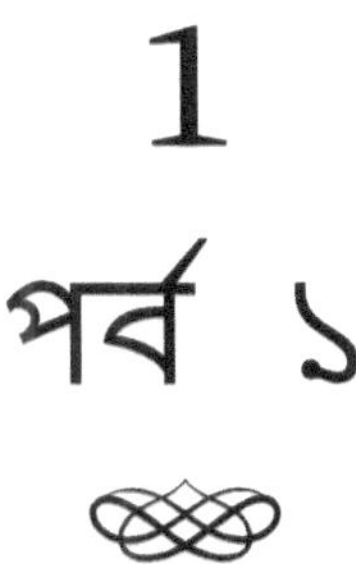

1

পর্ব ১

" মা ...... ও মা ....." দীক্ষা বাথরুম থেকে চেঁচিয়ে উঠলো।

মিসেস স্যানাল রান্না ঘরে কাজের লোকদের আজ কি রান্না হবে বোঝাচ্ছিল দীক্ষার আওয়াজ শুনতে পেয়ে সিড়ির কাছে এসে বলল," দাঁড়াও আসছি।"

কিছু ক্ষন পর উপরে গিয়ে দীক্ষার ঘরে গেল। বাথরুমের দরজার কাছে এসে বলল," কি হয়েছে বলো?"

দীক্ষা দরজা টা হালকা খুলে মুখ বার করে বলল," মা বডি ওয়াশ নেই। ববিকে (কাজের লোক) বলি শেষ হবার সাথে সাথে জিনিস রেখে দিবি। কথা শোনে না। "

" আচ্ছা দাঁড়াও "

মিসেস স্যানাল কাবার্ড খুলে একটা প্যাকেট থেকে বডি ওয়াশ বার করে ওর হাতে দিল।

" তাড়াতাড়ি কর স্কুল যাবি তো"

দীক্ষার অতো শোনার সময় নেই তাড়াতাড়ি দরজা বন্ধ করে স্নান করে লাগল।

বাথরুম থেকে বেরিয়ে ঘড়িটা দেখে লাফালাফি করতে লাগলো।

রেডি হয়ে কোনো রকম নাকে মুখে গুঁজে বেরিয়ে গেল। তাড়াতাড়ি না বেরোলে স্কুল বাস মিস হয়ে যাবে। বাড়িতে এত গাড়ি থাকলেও ও যাবে বাসে করে।

মিসেস স্যানাল তাড়াহুড়ো দেখে বলল," প্রতি দিন তোমার দেরি হয়।"

" মা আর খেতে পারবো না। আসছি।" এই ভাবে কোনো রকম খেয়ে বেড়িয়ে যায়।

মিসেস স্যানাল অর্থাৎ যূথিকা স্যানাল।

আর দীক্ষার বাবা সুমন্ত স্যানাল।

দীক্ষা সম্ভ্রান্ত পরিবারের মেয়ে। দীক্ষাদের বড় ব্যবসা। একটা মাত্র মেয়ে এই স্যানাল পরিবারের।

দীক্ষা দেখতে সুন্দর আর উচ্ছবিও ঘরের মেয়ে বলে স্কুলে সবাই তোলা তোলা করে রাখে। পড়াশোনাতেও ভালো। তিন চার জন বন্ধু মিলে দীক্ষা ওদের স্কুলের ক্যান্টিনে বসে আড্ডা দিতে থাকে।

বড়লোক হলেও কোনো অহংকার নেই। সকলকে সাথে নিয়ে চলা মেয়ে দীক্ষা।

সব ঠিকঠাক চলছিল কিন্তু হঠাৎ কোনো এক কালো নজর ওদের পরিবারের মধ্যে পড়ল।

সেদিন ভোর থেকে খুব বৃষ্টি হচ্ছে।

যূথিকা ফুল তুলতে ছাদে যায়। ওর খুব গাছের শখ। ছাদে বিভিন্ন রকমের গাছ। ফুল তুলছিল। একটা গাছ ছাদের রেলিং বেয়ে নীচের দিকে নেমে গেছে। আর নীচের ডালটায় অনেক গুলো ফুল ফুটেছে। সেই ফুলটা হাতের নাগালে পেতে যূথিক সামান্য রেলিং-এর উপর পা দিয়ে ফুলটার নাগাল পাওয়ার চেষ্টা করছিল কিন্তু ছাদের শ্যাওলা পড়া মেঝেতে হঠাৎ পিছলে পড়ে যায় ছাদ থেকে। চার তলা উঁচু থেকে পড়ে যায়।

সদ্য টাটকা ফুলে ভরা সাজি ছাদে ছড়িয়ে ছিটিয়ে পড়ে আছে।

আর এদিকে যূথিকার দেহ মাটিতে পড়ে। মাটিটা রক্তে ভেসে গেছে। রক্তে ঐ জায়গায়টা ভিজে গিয়ে

কাদা হয়ে গেল।

জোরে আওয়াজ হতে কাজের লোকেরা ছুটে আসে। সকলে যূথিকার দেহ ঘিরে ধরল।

দীক্ষা ঘুমাচ্ছে। ওর কানে ত্রাহি বিলাপ যেতে প্রচন্ড ভাবে কেঁপে ওঠে। হঠাৎ করে ঘুমের মধ্যে তীব্র চিৎকার করে উঠে বসে।

আওয়াজ শুনে নিচে গিয়ে দেখলো বাবা কপালে হাতে কাঁদছে। আর মায়ের নিথর দেহ রক্তে আবৃত।

চোখের সামনেটা অন্ধকার হয়ে আসলো। আর নিমেষে চোখটা কালো চাদরে ঢেকে গেল।

দীক্ষা নিজেকে আবিষ্কার করল হাসপাতালের বেডে। চোখ খুলতেই চারপাশে তীব্র আলো চোখকে আক্রমণ করতে থাকে। ধীরে ধীরে ঝাপসা ভাব কাটতে দেখলো রমা অর্থাৎ কাজের লোক। ওর পাশে দাঁড়িয়ে।

দীক্ষা - বাবা কোথায়?

রমা - পুলিশের কাজে।

দীক্ষা গলা শক্ত করে বলল- মা?

রমার কান্না ভেজা গলায় বলল," পোস্টমর্টেম হবে বলল....."

রমা হালকা নিঃশ্বাস ছেড়ে বলল," ওহ"

১০ দিন পর.........

জয়ন্তী দেবী স্যানাল ভবনে এলো। ইনি হচ্ছেন সুমন্ত বাবুর বোন।

জয়ন্তী - দেখ মেয়েটা এখন ছোটো। সবে ১৫ বছর বয়স। ওকে দেখার জন্য একজন দরকার।

সুমন্ত - বাড়ির তো কাজের লোকের অভাব নেই।

- কাজের লোক তো শুধু কাজ করবে আর বাকিটা? উড়তি বয়স। একটা মেয়েছেলে না থাকলে সংসার টা ভেসে যাবে।

সুমন্ত বাবু বলল," মেয়েটা সেই থেকে চুপচাপ হয়ে আছে। খায় না ঠিক মতন, ঘুমায় না। সারাদিন পড়া। দরজা বন্ধ করে রাখে। তারপর আমার সামনে আসে না।"

জয়ন্তী - তাই জন্য বলছি বিয়ে কর একটা।

রাত ১১:৩০

বই মুখে নিয়ে টেবিলে বসে আছে দীক্ষা। হঠাৎ দরজা ধাক্কার আওয়াজ ভাবনা থেকে বের হয়। দরজা খুলতেই একজন বলল," বাবা খেতে বসেছে তোমায় ডাকছে।"

" আমার খাওয়ারটা পাঠিয়ে দাও"

" দিচ্ছি। তুমি নীচে এসো...."

কিছু ক্ষন পর দীক্ষা টেবিলের কাছে আসলো।

সুমন্ত মেয়ে দেখে বলল," আয় বোস"

" বলো কি বলবে?" দীক্ষা ওর দিকে না তাকিয়ে বলল।

সুমন্ত আক্ষেপের সুরে নিঃশ্বাস ছেড়ে বলল," আমার কাছে আসিস না । কথা বলিস না । "

দীক্ষা মাথা নীচু করে থাকে। সেই সময় জয়ন্তী এসে বসল।

জয়ন্তী - আয় বোস। খাবি না নাকি?

দীক্ষা - তুমি খাও পিসি। আমি উপরে খেয়ে নেব।

জয়ন্তী সুমন্তের দিকে এক ঝলক তাকিয়ে বলল," এই জেদ গুলো ভালো নয়। সারাদিন একা একা বসে থাকিস।স্কুল , কোচিং, আর ঘর। একটু কারোর সাথে কথা বলিস না , খেলিস না। কেন রে?"

দীক্ষার মুখে কোনো কথা নেই। এর জবাব দেওয়ার মতন ইচ্ছাও হয়তো নেই।

" তাই ভাবছি তোর জন্য নতুন একটা মা নিয়ে আসবো"

দীক্ষা থমকে দাঁড়ায়। মাত্র ১০ দিন হয়েছে মানুষটা চলে গেছে আর এর মধ্যে তার জায়গায় পূরণের জন্য একজন কে বেচেও নিয়েছে।

দীক্ষা আহত নেত্রে বাবার দিকে তাকালো।

জয়ন্ত বলার চেষ্টা করলো। কিন্তু কোনো কথা না শুনে দীক্ষা চলে গেল। দরজা বন্ধ করে বিছানায় হাত দুটো নিয়ে ঘুষির পর ঘুষি মারতে লাগলো।

কাঁদতে কাঁদতে হাঁপিয়ে গেল।

মায়ের জায়গায় ও কাউকে দিতে চায়না। কিন্তু ওর কথা কে শোনে।

ঠিক দেড় বছর পর কৃত্রিম আলোয় ঘর আলো করে এলো সুনন্দা বাউই অর্থাৎ নৈতিক বাউই-এর মেয়ে। এন. বাউই এন্ড সন্স -র মালিকের জেঠ্তা কন্যার সাথে সুমন্তর বিয়ে হয়।

কিন্তু মায়ের জায়গা কেউ চাইলেও নিতে পারে না।

2

পর্ব ২

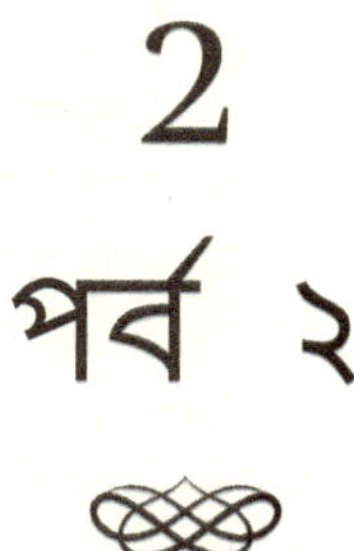

সুনন্দা অতি সুন্দরী এবং শিক্ষিতা মেয়ে।

বিয়ের তিন দিন পর সুনন্দা রান্না ঘরে ঢুকলো। দীক্ষা বাবার বিয়ের আগের দিন রাতে বাড়ি ছেড়ে ওর কোনো এক বান্ধবীর বাড়িতে গিয়ে ছিল।

তিন দিন পর দীক্ষা বাড়ি ফিরলো। জয়ন্তী ওকে দেখে বলল," তুই কোথায় ছিলিস?"

দীক্ষা ," আমার থাকাতে বা না থাকাতে তোমাদের কাজ কি আটকেছে?"

দীক্ষাকে আসতে দেখে সুমন্ত বাবু সিঁড়ি দিয়ে নীচে নেমে আসে। সুনন্দা রান্না ঘর থেকে বের হয়।

দীক্ষা - আটকায় তো নি? তাহলে এই সব প্রশ্ন করো কেন?

জয়ন্তী - দীক্ষা এই রকম করে বলিস না। সকলে এখনো বাড়িতে আছে।

দীক্ষা কোনো কথা না বলে সোজা সিঁড়ি দিয়ে উঠে নিজের ঘরে ঢুকে গেল। পথে বাবার সাথে মুখোমুখি হতে মুখ ফিরিয়ে নেয়। বাবার প্রতি রাগ, অভিমান পরস্পর দুজনকেই কষ্ট দিতে লাগল।

সুনন্দা দীক্ষাকে দেখে জয়ন্তীর কাছে গিয়ে বলল" এই হচ্ছে মেয়ে?"

" হুম। দীক্ষা ।"

সুনন্দা সিঁড়ি দিয়ে উঠতে থাকা দীক্ষার দিকে তাকালো।

পরেরদিন সকালে স্কুল যাওয়ার জন্য তৈরি হচ্ছিল দীক্ষা। সেই সময় রমা দি এল।

আয়নায় চুল ঠিক করতে করতে বলল," রমা দি ব্রেক ফাস্ট টা তাড়াতাড়ি দাও।"

রমা বলল," নতুন বৌমণি তোমারে ডাকতিসে "

দীক্ষা চুল বাঁধা বন্ধ করে রমার দিকে ফেরে।

" রমা দি এক মাস হয়ে গেছে এই বিয়ের নাটক টা। এখন আবার কিসের? "

" জানি না বাবু তুমি নিজে গিয়ে দেখো । দাদা বাবু আর নতুন বৌমণি নিচে আছে।"

" তুমি যাও। আমি আসছি...."

নীচে গেল দীক্ষা। নিচে নেমে দেখলো সুনন্দা সুমন্তকে খাবার বেড়ে দিচ্ছে।

দীক্ষা হাত দুটো মুঠো করে ওর বাবার কাছে গেল ।

" বলো কি বলবে?"

সুমন্ত বলল," আমরা কদিনের জন্য মালদ্বীপ যাবো। তাই বলছিলাম তুমি, আমি আর নতুন মা মিলে যাবো।"

চকিতে দীক্ষা ওর বাবার দিকে তাকিয়ে বলল," মানে?"

সুনন্দা বলল," আসলে দীক্ষা তোমার বাবা ওনার বিসনেসের কাজে বাইরে যাচ্ছেন ওখানে। তাই আমরাও যাবো। কাজ হয়ে যাবে আর ঘোরাও হয়ে যাবে"

দীক্ষা সুনন্দার দিকে তাকিয়ে বলল- "মিসেস স্যানাল। আপনার সাথে ঘোরার বা বেড়ানোর সময় আমার নেই। আর এখন আপনার নতুন বিয়ে হয়েছে। আপনি এখন আপনার হাসবেন্ডকে নিয়ে ঘুরে বেড়ানোর সময়। আমাকে এর মধ্যে জোরাচ্ছেন কেন?"

সুমন্ত - কিভাবে কথা বলছো তুমি? তোমার মা হয়....

দীক্ষা - আমার মা একটাই ছিলো আর একটাই থাকবে। ঐ জায়গা কাউকে দেবোনা। তোমারা ঘুরে আসো। আমি যাবো না।

সুনন্দা - তুমি একা থাকবে?

দীক্ষা - মিসেস স্যানাল। আমি আপনি আসার আগে একাই থাকতাম। আমাকে নিয়ে অত চিন্তা করতে হবে না।

দীক্ষা চলে গেল।

সুনন্দা এই সব কিছু দেখে চুপ করে গেল।

সুমন্ত ওর হাতটা ধরে বলল," সুনন্দা, আমার মেয়েটা আমার কাছ থেকে অনেক দূরে চলে গেল।"

" তুমি অত ভেবোনা সুমন্ত ও ঠিক হয়ে যাবে।"

বাবার প্রতি মেয়ের এই বিরূপতা দেখে সুনন্দার চোখ যেন অজানা কোনো আনন্দে জ্বলে উঠলো।

বছর দুয়েক পর......

দীক্ষা এখন কলেজে পরে। সুনন্দার একটা মেয়ে হয়েছে অর্থাৎ সুমন্ত বাবুর ছোট মেয়ে।

আজ মেয়েটার অন্নপ্রাশন। দীক্ষার এই সবের কোনো মাথাব্যথা নেই। বাড়িতে কোনো অনুষ্ঠান হলে দীক্ষা ওর বান্ধবী শিল্পীর কাছে চলে যায়।

সকল অতিথি এসেছে। বাড়ি সেজে উঠেছে।

সুনন্দার বাপের বাড়ির লোক এসেছে। জয়ন্তী সুনন্দাকে জিজ্ঞেস করল দীক্ষা কোথায়।

" দিদি তুমি তো জানো কোনো বাড়িতে কাজ হলে ও থাকে না।"

জয়ন্তী - এই গুলো ভালো নয়। সত্যি মেয়েটাকে নিয়ে পারা গেল না।

সকলে সুমন্তকে জিজ্ঞেস করছে বড় মেয়ে কোথায়। সুমন্ত কোনো সঠিক জবাব দিতে পারে না।

রাত ১০টা। সকলে চলে গেছে।

দীক্ষা বাড়ি ফিরলো। বাড়িতে ঢুকে সদর দরজা বন্ধ করে পিছন ফিরতেই সুনন্দার মুখোমুখি।

সুনন্দা কে এড়িয়ে চলে যাচ্ছিল। সুনন্দা দাঁড়াতে বলল।

" দাঁড়াও"

দীক্ষা দাঁড়িয়ে যায়।

সুনন্দা- তুমি এ বাড়ির মেয়ে তো?

দীক্ষা - কেন? হঠাৎ এ কথা কেন বলছেন?

সুনন্দা - তোমার ব্যবহার তো এই কথা বলছে যে তুমি এবাড়ির মেয়ে না।

দীক্ষা - যা বলার খোলাখুলি বলুন।

সুনন্দা - আজ তোমার বোনের অন্নপ্রাশন ছিল। আর তুমি অনুপস্থিত। তোমার জন্য সকলের কাছে বাবা অপ্রস্তুত পড়ে গেছে।

দীক্ষা বিদ্রুপের হাসি হেসে বলল," তাই নাকি? আমি তো ভাবলাম বাবার আজকের দিনটা ভালো কেটেছে। "

সুনন্দা- দীক্ষা , বাবার জন্য একটু তো কিছু করো। সে তো তোমাকে ভালবাসে।

দীক্ষা - ও তাই নাকি? বাবা যদি আমাকে সত্যি ভালোবাসতো , সত্যি আমাকে বুঝতো তাহলে.....

সুনন্দা- তাহলে কি?

দীক্ষা- তাহলে আপনি এখানে দাঁড়িয়ে থাকতেন না।

এই বলে দীক্ষা চলে গেল।

সুনন্দা দীক্ষার চলে যাওয়ার দিকে তাকিয়ে ব্যাকা হাসি হাসলো।

৩

পর্ব ৩

সুনন্দা তার নবজাত শিশুকন্যা কে নিয়ে রাতে শুয়ে আছে।

ছোট্ট রিমা ওর কচি হাতদুটো ছড়িয়ে খেলছে। সুমন্ত সেই সময় এসে বিছানায় বসলো। রিমার দিকে তাকিয়ে বলল," আমার ছোট্ট মা। দেখছো কি রকম করে দেখছে আমাদের "

সুনন্দা," হুম। রিমার বাবা রিমাকে এই এক বছরের জন্মদিনে কি দেবে ?"

" সেটা রিমাই বলবে"

সুনন্দা বলল," সুমন্ত আমি সিরিয়াসলি বলছি। তুমি নিশ্চয়ই তোমার বড় মেয়ের জন্য সব কিছু করে রেখেছো। আর রিমার জন্য?"

সুমন্ত," সে তুমি চিন্তা করো না। আমিও ওর জন্য সব কিছু করে তারপর যাবো "

সুনন্দা," দেখো এই করতে করতে আবার বেশি করো না। তোমার বড় মেয়ে তো আমাকে আপন ই মনে করে না। "

সুমন্ত," তুমি এত চিন্তা করো না। দীক্ষা ওরকম নয়। আসলে ও ওর মাকে খুব ভালোবাসতো। আর মৃত্যুটাও আমার কাছে ভীষণ দুর্ভাগ্যজনক। "

সুনন্দা," তাহলে মেয়ে-বাবার মাঝে এসে আমাকে কেন টানলে? আমাকে কেন এত স্বপ্ন দেখালে?"

সুমন্ত," সুনন্দা, দীক্ষা আমার মেয়ে ওকে তো আমি এভাবে ফেলে দিতে পারি না। "

সুনন্দা," আর আমার রিমা? দেখো সুমন্ত তুমি ভুলে যেওনা আমার বাবা কিন্তু তোমাকে তোমার ব্যবসার লোকসান হতে বাঁচিয়েছে। তোমার ইন্ড্রাস্ট্রি ডুবে যাচ্ছিল। তোমার " বি. স্যানাল গ্রুপের" লোকসান আমার বাবা বাঁচিয়েছে। "

সুমন্ত ," তুমি কি চাইছো?"

সুনন্দা," আমি তোমার স্ত্রী হতে চাইছি...."

সুমন্ত," তার মর্যাদা তো দিয়েছি...."

সুনন্দা," কোথায়? দাওনি। "

"তোমার এই বাড়ি আমার নামে কি? তোমার কোম্পানি কি আমার মেয়ের নামে? তুমি চলে গেলে কে দেখবে?"

সুমন্ত," সুনন্দা একটু সময় দাও। ও তো সবে এক বছর হলো।"

সুনন্দা," তুমি যদি রিমার নামে কিছু না করো তাহলে আমি কিন্তু এ বাড়ি ছেড়ে চলে যাবো "

সুমন্ত ," না না । আমি সব রিমার নামে করবো"

ঘুমন্ত রিমার দিকে তাকালো।

সুনন্দা সুমন্তের হাত রিমার মাথায় রেখে বলল," মেয়ের মাথা ছুঁয়ে বলো।"

সুমন্ত কি করবে ? বিপাকে পড়ে যায়।

" কথা দিচ্ছি। সব ওর নামে করে দেবো।"

এই বলে রিমাকে কোলে আঁকাড়ে মনে মনে দীক্ষার কথা ভাবতে ভাবতে চোখ ফেটে জল আসলো।

কি করবে আর সুমন্ত? ভগবান ওকে কি দুবিধাতেই ফেলে দিয়েছে। যূথিকা চলে গেল , ব্যবসা থেকে যেন লক্ষ্মী চলে যায়। সেই সময় সুনন্দার বাবা এসে সাহায্য করে কিন্তু এর যে প্রতিদান এই রকম ভাবে দিতে হবে কখনো স্বপ্নেও ভাবেনি।

দীক্ষা আর রিমা ১৮ বছরের ছোটো বড়।

অনেক ফারাক ওদের বয়স, চিন্তা ভাবনায়।

দীক্ষার কলেজ শেষ। মেয়েটা কষ্ট করতে করতে ২০ বছরে পা দিলো।

আজ জন্মদিন।

নিজের স্বপ্ন সে আজ পূরণ করতে পেরেছি । স্থপতি শিল্পী হয়ে উঠেছে অর্থাৎ Architect ।

সকালে উঠে আগে ঠাকুর ঘরে গিয়ে পুজো দেয়। মায়ের ছবিতে মালা দেয় , ধূপ দেখায়। তারপর দুটো মিষ্টি দিয়ে প্রণাম করে।

কলেজ যেতে হবে । নমস্কার করে বেড়োতে গেলে রমা দি এসে দাঁড়ালো। দই আর মিষ্টি নিয়ে এলো।

" এটা খেয়ে তারপর বেড়োবে"

প্রতি বছর সকালে এই দইমিষ্টি থাওয়ানোটা মা করতো । সে চলে যাওয়ার পর এই রমা দি একমাত্র এই নিয়ম ধরে রেখেছে আজ ৫ বছর মা নেই । দীক্ষা ওর জন্মদিন সেই থেকে পালন করে না ।

রমা দি মনে করে এই সকালে মিষ্টি আর দই থাওয়াবে।

দীক্ষা হেসে বলল," এটা তুমি ভুলবে না না?"

রমা দি থাইয়ে দিয়ে বলল," আজ্ঞে না। তুমি যতদিন এ বাসায় থাকবা ততদিন আমি এই কাম করুম"

রমা দিকে জড়িয়ে ধরল।

রমা দি বলল," তা কখন তুমি আজ আসতেছো। "

দীক্ষা - ১২টার পর। তুমি তো জানো এই দিন আমি বাড়িতে থাকি না। থাকলে মনে হয় বাড়িটা আমাকে বলছে তোর মা তো নেই…. দীক্ষার চোখে জলটা মুছিয়ে দিয়ে বলল," তোমার ভালো হবা। তুমি কেঁদোনা।"

দীক্ষা স্বাভাবিক হয়ে বলল," আসছি"

দীক্ষা বাইরে বেড়াতে গেলে দেখে বাবা থবরের কাগজ নিয়ে সোফায় বসে আছে। না দেখার ভান করে বেড়িয়ে গেল। ওকে দেখতে পেয়ে সুমন্ত ডাকতে যাচ্ছিল কিন্তু পারলো না।

কলেজ থেকে বেরিয়ে মাঠে বসে বসে খাতা পেন্সিল নিয়ে কাজ করছিল। একটা ছেলে ওর সামনে এসে দাঁড়ালো।

দীক্ষা মাথা তুলে দেখলো সাহেব এসেছে। ছেলেটার নাম সাহেব। দীক্ষা ওকে বসতে বলল।

" এটা তোর জন্য" সাহেব একটা চকলেট ওর হাতে দিল। " শুভ জন্মদিন দীক্ষা"।

দীক্ষা বলল," থ্যাঙ্ক ইউ"

সাহেব দীক্ষাকে খুব ভালো বাসে কিন্তু দীক্ষার স্ট্যাটাস আর সাহেবের স্ট্যাটাস অনেক তফাৎ।

দীক্ষা সাহেবের মন বুঝতে পারে না আসলে সাহেব বুঝতে দেয়না।

সাহেব ওর সাথে বন্ধু হিসাবে থাকে।

সাহেব - তুই এখানে বসে বসে কাজ করছিস। আর আমি সাড়া কলেজ খুঁজছি।

দীক্ষা পেন্সিল টানাতে টানতে বলল," দেখলি তো স্যার এই প্রোজেক্ট টা পছন্দ করেনি। আমাকে ঠিক ও নিখুঁত করে করতে হবে।"

সাহেব," তুই তো জানিস। মিঃ সিং -এর কারোর কাজ পছন্দ হয়না।"

দীক্ষা খাতা থেকে মাথা তুলে বলল," সিং স্যার কে এমন চমকাবো না। তুই দেখে নে ওকে আমি কাল কোনো সুযোগ দেবো না।"

সাহেব বড়ো বড়ো চোখ করে বলল," সত্যি???"

দীক্ষা মাথা নেড়ে বলল," কাল দেখ কি করি"

4

পর্ব ৪

❦

সারা রাত বসে দীক্ষা ডিজাইন বানিয়েছে।

কাজ করতে করতে কখন যে ঘুমিয়ে পড়েছে খেয়াল নেই। ভোরের পাখির কলতানে ঘুম ভাঙে। মাথাটা যন্ত্রণা করছে। সারারাত জেগে। একটুখানি ঘুমিয়ে উঠে পড়েছে। খাটতে হবে। এবার ফাইনাল সেমিস্টার। ওর স্বপ্ন, ও আর সাহেব মিলে একটা কোম্পানি খুলবে। একে অপরের সাহায্যে তৈরি হবে "স্বপ্নের আশিয়ানা"।

দীক্ষা ওর চেষ্টা, ওর শিক্ষা, ওর মেধার দ্বারা কলেজে প্রথম হয়েছে। সমাবর্তন অনুষ্ঠানে হাতে পেল সার্টিফিকেট আর গোল্ড মেডেল।

" মিস দীক্ষা স্যানাল। গোল্ড মেডেলিস্ট আর্কিটেক।" জোরে জোরে সাহেব বলল।

সারা হল হাততালি তে ফেটে পড়ল। দীক্ষা মনে মনে মাকে স্মরণ করলো।

এই আনন্দকে ভাগ করার লোক ওর কাছে দুজন সাহেব আর রমা দি। অনুষ্ঠানের শেষে বেলেঘাটা, ফুলবাগানের কাছে মোমো খেলো।

বাড়ি এসে রমা দি কে বলল। রমা দি তো কিছু না বুঝলেও ওর দিদিমণি যে ভালো কিছু করেছে বোঝাই যাচ্ছে। রান্না ঘরে রমা দির সাথে হেসে কথা বলছে দেখে সুনন্দা ওদের কাছে গেল। রমা সুনন্দাকে দেখে চুপ করে যায়। দীক্ষা সুনন্দাকে দেখে গম্ভীর হয়ে রমা দি কে বলল," রমা দি কফিটা আমার ঘরে পাঠিয়ে দাও" বলে চলে গেল। সুনন্দা রমাকে বলল," আমার মেয়ের দুধটা রেডি রাখো। আর রাতের খাবার কি করবে?"

রমা মাথা নেড়ে বলল," ডিমের ভর্তা আর রুটি"

" হম" বলে দীক্ষা ঘরের দিকে তাকালো। সমাবর্তন অনুষ্ঠানে দেওয়া কিছু স্থপতিবিদ্যার বই দিয়েছে সেই গুলো উল্টে পালটে দেখছিল। সুনন্দা ওর ঘরের বাইরে দাঁড়িয়ে দীক্ষাকে দেখল। একটু কাশতে দীক্ষা বাইরে তাকিয়ে বইগুলো বন্ধ করে রাখল। সুনন্দা ঘরে ঢুকতে ঢুকতে বলল," এই বাড়িতে তো থাকো তা খোঁজ খবর কি নাও কারোর?"

-" কেন মিসেস স্যানাল? আপনি তো এ বাড়ির কর্ত্রী। তা আপনি তো সব দেখবেন "

- আর তুমি যে এই বাড়ির মেয়ে। তোমার তো দায়িত্ব থাকে।

- হ্যা। বাড়ির মেয়ে বটে। বলুন কি হয়েছে?

- বাবা তোমাকে ডাকছিলেন। আসলে তুমি তো বাবার সাথে কথাই বলো না।

দীক্ষা চুপ করে থেকে বলল," কেন ওনার ছোট মেয়ে আছে তারপর আবার বড় মেয়ের কিসের প্রয়োজন? "

" দীক্ষা আর অভিমান করে থেকো না। যা হয়েছে সে গুলো মেনে নাও"

" আমি তো সব মেনে নিয়েছি। আমাকে নিয়ে কি কোনো সমস্যা হচ্ছে? "

" বাবার সাথে কথা বলো। বাবা সেদিন তোমার জন্মদিনে অনেক কিছু বলতো কিন্তু তুমি তো ঘরেই থাকো না। "

" হুম থাকতে ভালো লাগে না। "

" একবার বাবার কাছে এসো। "

এই বলে চলে গেল সুনন্দা। বাবার প্রতি মেয়ের মনটাকে একটু গলিয়ে দিয়ে গেল। বাবার জন্য মনটা ভিজে গেল।

রাতের বেলা সুমন্তের দরজায় নক করলো দীক্ষা।

সুনন্দা দরজা খুলে মুচকি হেসে বলল," আসো দীক্ষা"

সুমন্ত দীক্ষাকে ঘরে আসতে দেখে বলল ," আজ convocation ছিল কলেজে তা তুই বলিসনি কেন?"

দীক্ষা অন্যদিকে তাকিয়ে বলল," বললে কি তুমি আসতে নাকি?"

সুমন্ত দীক্ষার মাথায় হাত বুলিয়ে বলল," মা, তুই আমার থেকে কেন এত দূরে চলে যাচ্ছিস"

" আমি চলে গেছি? না তুমি চলে গেছো?"

সুনন্দা- আচ্ছা তোমরা বাপবেটিতে এই রাতে কি আরম্ভ করেছো। আচ্ছা দীক্ষা তুমি বসো।

দীক্ষা প্রবল অনিচ্ছায় ওদের ঘরে বসলো। এদিকে সুনন্দা চোখের ইশারায় সুমন্ত দেখালো টেবিলে রাখা কিছু কাগজপত্রের দিকে।

সুনন্দা হেসে রিমাকে ওর কোলে দিল। " তোমার ছোট বোন। "

দীক্ষা রিমাকে হাত নিলো। এত দিন পর রিমাকে ঠিক করে দেখলো।

সুমন্ত ওর সামনে এসে বসল। সুমন্ত- দীক্ষা মা তোমাকে কিছু বলার ছিল। সুমন্ত একবার সুনন্দার দিকে তাকিয়ে তারপর দীক্ষার দিকে তাকিয়ে বলল," তোকে একটা কথা বলার আছে..."

দীক্ষা উদাসীন ভাবে বলল," বলো কি বলবে?"

সুমন্ত মনে মনে নিজেকে শক্ত করে বলল," আসলে ...."

সুমন্তকে বাধা দিয়ে সুনন্দা বলল," এত ভনিতার কি আছে..... যেটা বলার সেটা বলো। "

" আমার ব্যবসা, বিষয় সম্পত্তি এবং কোম্পানি পুরোটা....." বলে থেমে গেলে সুনন্দা বলল," সবটা রিমার নামে করে দেওয়া হচ্ছে। "

দীক্ষা অবাক হয়ে একবার বাবার দিকে তাকালো। তারপর মুখ ফিরিয়ে নিয়ে বলল ," তা আমাকে এসব বলার কি আছে?"

সুনন্দা আবার সুর টেনে বলল," তোমাকে বলবে না ? তুমি এবাড়ির মেয়ে....."

দীক্ষা বলল," থাক....... আর এবাড়ির মেয়ে বলে পরিচয় দিতে হবে। এ বাড়ির কোনো কিছুর তো আর অধিকার নেই আমার। তাহলে কিসের আমি মেয়ে? কিসের আমার পরিচয়? "

সুমন্ত বাবু দাঁতে দাঁত চিপে বলল," যত দিন না ওর ১৮ বছর হচ্ছে ততদিন সব তোমার। আর একটা কথা তোমায় রাখতে হবে..... "

দীক্ষা বাবার কথার জন্য দাঁড়িয়ে।

" তোমার উপর আমার সব দায়িত্ব তাই যতদিন না রিমা ১৮ বছর হচ্ছে ততদিন তোমাকে অবিবাহিত থাকতে হবে..... "

দীক্ষা ওর বাবার দিকে তাকালো অসহায় চোখে।

দীক্ষা মুখ দিয়ে শুধু অস্ফুটে " কি!!!!" শব্দটা বেরালো। সুনন্দা দীক্ষার হাত ধরে বলল," সব তোমারাই দীক্ষা শুধু মাত্র আমার মেয়ের । তুমি তো আসল উত্তরাধিকারী । এসব নাম কাগজ পত্র এগুলো তো শুধু কলমে খোঁচা। আসল উত্তরাধিকারী তুমি । তুমি এ বাড়ির বড় মেয়ে। ও বড় হলে ওকে সব শিখিয়ে দিও।"

সুমন্ত বাবু ওর সামনে হাত জোড় করে বলল," সব দায়িত্ব তোর। তুই এই ব্যবসা , এই সম্পত্তি , এই বিষয় আশয় সব তোর হাতে তুই দেখে নিস। "

দীক্ষা কিছু না বলে চলে যাচ্ছিল সুমন্ত ফের বলল," সব কিছুই তোর। তোর উপর আমার বিশ্বাস আছে। সেই টা তুই রাখিস "

ছোট রিমা ছোট ছোট হাত দিয়ে দীক্ষার গলায় সোনার চেনটা ধরে টানলো। গলায় লাগতে দীক্ষা " আহ" করে উঠলো। সুনন্দা দেখে বলল," ওটা মনে হয় ওর পছন্দ হয়েছে।"

দীক্ষা এক টানে চেনটা খুলে রিমার হাতে দিয়ে ঘর থেকে বেরিয়ে যায়।

দীক্ষার যাওয়ার দিকে তাকিয়ে সুনন্দা বলল," তোমার বড় মেয়ের বড্ড বেশী দেমাকা"

আর এদিকে হাত পা বাঁধা সুমন্ত বাবু অসহায় হয়ে চেয়ারে ধপ করে বসে পড়ল।

5

পর্ব ৫

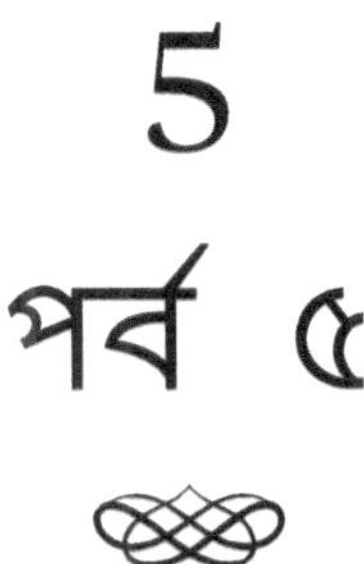

সাহেবের ঘর।

দীক্ষা পেন, পেন্সিল ,স্কেল,কম্পাস নিয়ে বিভিন্ন ধরনের ডিসাইন করে ওকে দেখাচ্ছে।

দীক্ষা- ভালো করে রেডি কর। কাল ইন্টারভিউ।

সাহেব চিন্তিত মুখ নিয়ে বলল," সেই .... কাল যে কি হবে?"

দীক্ষা - যা হবে ভালো হবে। দেখ সব নির্ভর করে কর্মের উপর। তোর কর্ম ই তোকে সঠিক পথ দেখাবে। মন দিয়ে তৈরি হও। কাল আমরা শহরের বিখ্যাত architect company -তে যুক্ত হতে যাচ্ছি।

সাহেব - হুম। ভৈরব ভূঁইয়ার অফিসে। থ্যাতনামা architect

দীক্ষা - আমার ওনার আন্ডারে কাজ করার খুব ইচ্ছা ছিল। দেখা যাক কি হয়.....

সাহেব - ঠিক আছে চল খেয়ে আসি।

সাহেব উঠে আড়মোড়া ভাঙতে ভাঙতে বলল।

দীক্ষা বেশি টা সময় বাইরেই থাকে। বাড়িতে ওর ভালোই লাগে না। ভালো লাগবেই বা কি করে। এ বাড়ি ওর নিজের লাগে না। মনে হয় হঠাৎ করে সব বদলে গেছে।

রাতে বাড়ি ঢুকতে গিয়ে মুখোমুখি হলো সুনন্দার সাথে। সুনন্দা মুখে মিথ্যে হাসি চাপিয়ে বলল," কি ব্যাপার!!!!" ঘড়ির দিকে তাকিয়ে বলল," রাত ১০:৩০। তা এত রাতে আমার তো মনে হয়না এই সময় কোনো ভদ্র বাড়ির মেয়ে ঘরে ঢোকে।"

দীক্ষা কোনো কথা না বলে চলে যাচ্ছিল সুনন্দা ডেকে ওঠে। " শোনো। এ বাড়িতে থাকতে হলে কিছু নিয়ম কানুন মেনে চলতে হবে ...."

দীক্ষা সুনন্দার দিকে তাকিয়ে বলল," ঠিক আছে আর কিছু দিন সময় দিন। কোনো জায়গায় চাকরি পেয়ে গেলে আমি এ বাড়ি ছেড়ে চলে যাবো।" এই বলে দীক্ষা চলে যায়।

সুনন্দা ওর যাওয়ার দিকে তাকিয়ে বলল, " তোমাকে আমি ভাঙবো দাঁড়াও।"

পরেরদিন ইন্টারভিউতে দীক্ষা সিলেক্টেড হলেও সাহেব হতে পারলো না।

দীক্ষা - তুই কেন পারলি না?

সাহেবের মন খারাপ। " জানি না।"

" ভাবলাম আমরা দুজন একসাথে এক জায়গায় চাকরি করবো। কিন্তু...... আর হলো না "

" ঠিক আছে। আমি কোথাও অন্য জায়গায় পাই। "

সাহেবের হাতটা ধরে বলল," যাই করিস আমার কথাটা মনে রাখিস। "

" জানি ১০ বছর পর এই জায়গায় আসবো আর আমাদের নিজেদের কোম্পানি খুলবো "

" হ্যা। আর নাম হবে...."

" ' মেদিনী ' "

" আমাদের ' মেদিনী ' হয়ে উঠবে বিশ্বের সব থেকে বড় architect company "

ছোট পুকুরে বেড়া দিয়ে ঘেরা একটা বাগানে ওর একটা আম গাছের গায়ে লিখে রাখলো ' start the journey '

পরিকল্পনা আমরা করি ঠিকই কিন্তু আমাদের কথা মতন জীবন তো চলে না। এই পরিকল্পনা বদলে যেতে পারে পরিস্থিতির চাপে। পরিস্থিতি পরিবর্তনশীল আর পরিকল্পনা অপরিবর্তনীয়।

আমরা ভেবে রাখি অনেক কিন্তু ভবিষ্যত তো অন্ধকার।

দীক্ষা চাকরি পাওয়ার পর ওর জমানো টাকা নিয়ে বেড়িয়ে যায়। হোস্টেল নিয়ে থাকতে শুরু করে।

এদিকে সুমন্ত মেয়ের বিমুখতা দেখে ধীরে ধীরে ভেঙে পড়তে থাকল।

ভাইয়ের শরীর খারাপ শুনে জয়ন্তী দেখতে আসলো।

" কি!!! দীক্ষা এখানে থাকে না?"

সুনন্দা," হ্যা দিদি মেয়ের ভীষণ গুমর। কোথায় যেন জায়গায় চাকরি করে। হোস্টেলে থাকে।"

জয়ন্তী অসন্তোষ প্রকাশ করে বলল," তুমি কিছু বলেছো ওকে নিশ্চয়ই।"

" এ কি দিদি!!! তুমি আমাকে এই রকম ভাবছো। তবে শোনো ও মেয়ে বিগড়ে গেছে। বাবাকে ফেলে রেখে এই ভাবে যায়। সেদিন রাত ১০:৩০ বাজে তখন বাড়ি ফিরছে। এর জন্য একটু বকা দিয়েছি ব্যস..... রাগ হয়ে গেছে। আমাকে মা হিসাবে মানেই না। আমি কি অন্যায় করেছি বলতে পারবো না? "

জয়ন্তী চুপ করে যায়।

" আমি আমার দিক থেকে ঠিক আছে। তোমার ভাইঝি ধীরে ধীরে নিচে নেমে যাচ্ছে। আমি বাবা আমার মেয়ে কে কড়া শাসনে রাখবো। তুমি দেখে নিও।"

জয়ন্তী সুনন্দাকে দেখে বুঝলো পরিবারটা ভেসে যেতে চলেছে। দীর্ঘ শ্বাস ফেলা ছাড়া আর কোনো গতি নেই।

ঠিক পাঁচ বছর পর হঠাৎ হার্ট অ্যাটাকে সুমন্ত কে হাসপাতালে ভর্তি করা হয়।

দীক্ষা সেই যে বাড়ি ছাড়া হয়েছিল একবারের জন্যও বাড়ি মুখো হয়নি।

অফিস থেকে বেরিয়ে পিসির ফোন আসতে দেখে কিছু ক্ষন ভেবে ফোনটা ধরল।

" হ্যালো"

জয়ন্তী কাঁদতে কাঁদতে বলল," বাবার শরীর ভালো না একটু হাসপাতালে আয়। বাবাকে চোখের দেখা দেখে যা"

দীক্ষা ফোনটা রেখে রাস্তাতেই থম মেরে দাঁড়িয়ে রইল। বাবার উপর অভিমান করে আজ ও কোন জায়গায় এসে পৌঁছেছে? যার উপর অভিমান করবে ঐ লোকটাই তো আজ যমে মানুষে লড়ছে।

হাসপাতালে গিয়ে দাঁড়াতেই বাধা হয়ে দাঁড়ালো ওর সৎমা। কুমীরের অশ্রু চোখে বসিয়ে দীক্ষাকে অপমানের পর অপমান করে চলেছে। এই সবের জন্য দীক্ষা দায়ী।

" বাবাকে খেয়ে এখন চোখের জল ফেলছে। মানুষ টা থাকতে একবারো এলো না" ইত্যাদি ইত্যাদি।

সুনন্দার পাশে ওর বোন কস্তুরী। কস্তুরী আট বছরের রিমা কে কাছে নিয়ে বসে আছে। আর আড় চোখে দেখছে।

জয়ন্তীর পাশে দীক্ষা ভাবলেশহীন হয়ে বসে।

রাত ১০:৫০ নাগাদ শুনলো বাবা নেই। দীক্ষা উঠে বাবার বন্ধ দরজার দিকে এক ভাবে তাকিয়ে রইল।

শুরু হলো সুনন্দার লোকদেখানো মরা কান্না।

আর বাইরে অঝোরে বৃষ্টি।

ভোর ৩টে নাগাদ শ্মশানের ঘাটে দীক্ষা দাঁড়িয়ে। জলীয় পাওয়া টা ওকে ছুঁইয়ে যাচ্ছে। মনের ভিতরটা নদীর জোয়ারের মতন উদোম ঢেউ ছুটছে আর বাইরে টা শান্ত। বাবার শরীর আগুনে দগ্ধ হচ্ছে।

সুনন্দার ভাই এসে দীক্ষার মুখাগ্নি বন্ধ করে দিল, জয়ন্তী অবশ্য প্রতিবাদ করেছিল কিন্তু শ্মশানের মতন পবিত্র স্থানে ঝগড়া যাতে না হয় তাই পিসিকে চুপ করিয়ে রিমার হাতে আগুন টা দিয়ে বলল ," যা বাবার মুখে ছোঁয়া"

সকলে কচুরি খাওয়া নিয়ে হাঙ্গামা শুরু হলো।

কে কয়টা খাবে ? কে বাড়ি থেকে খেয়ে এসেছে? কার কাল রাতে কি হয়েছিল? এই সব মুখোরোচক কথা হচ্ছে। আর যার জন্য এসেছে তার কোনো গুরুত্ব নেই।

আসলে কথায় বলে না যে যখন এই পৃথিবী ছেড়ে চলে যায় তার এই মায়া সব কাটিয়ে চলে যায় সাথে সকলের মন থেকে। মানুষের ভুলতে সময় লাগেনা তাকে ভুলতে।

দূর থেকে দাঁড়িয়ে দেখতে দীক্ষা ওদের দেখছিলো।

পিসি ঠায় দাঁড়িয়ে আছে।

রিমা সব চুপচাপ চেয়ে আছে। ফেরার সময় বাসে করে ফিরলো।

বাবা চলে যাওয়ার পর বাড়ি ফিরল দীক্ষা।

সুনন্দা চেঁচিয়ে ওঠে ও বাড়ি আসাতে।

" ও এ বাড়িতে ঢুকবে না। কেন ? এখন কেন? আমার সিঁদুর, আমার স্বামীকে এই ..... এই কালনাগিনী মেরেছে" এই বলে দীক্ষার উপর চড়াও হয়।

সকলে ওকে আটকালো। তার মধ্যে দীক্ষার কয়েক গাছি চুল সুনন্দা মুঠো ধরে টেনে দেয়।

বিকেলে সাহেব কে ডাকে। সাহেব এখন একটি ভালো architect company তে কাজ পেয়েছে। বেশিরভাগ সময় মুম্বাই যায়। সাহেব ওকে বোঝায়।

" শোন দীক্ষা। এবার তোর হাতে সব। তোর বাবার কোম্পানী তোকেই বাঁচাতে হবে। সব ইগো তুলে রাখ। "

দীক্ষা বলল," বাবা চলে যাওয়ার জন্য আমি দায়ী "

" এখন কে দায়ী এ সব না ভেবে কাজের কাজ কর। সব কিছু তোর দায়িত্ব। "

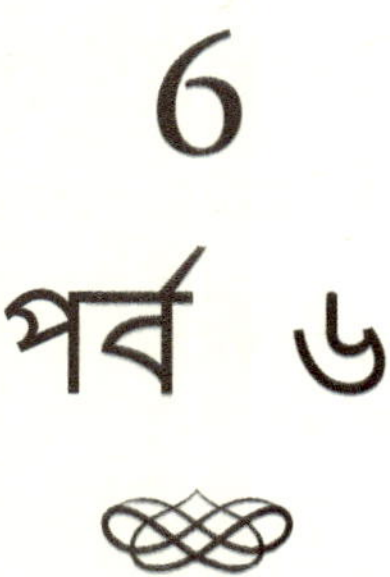

পর্ব ৬

স্যানাল পরিবারের সেই গমগমে পরিবেশ , সেই আভিজাত্য যেন কোথায় হারিয়ে গেছে।

বাবা চলে যাওয়ার পাঁচ মাস পর বাবার কথা ভেবে বাধ্য হয়ে কাজ ছেড়ে ব্যবসায় ঢুকলো দীক্ষা।

ওদের রিয়েল এস্টেটের ব্যবসা। সুমন্ত বাবুর দাদু আগে দালালি করতো জমি-জমা, বাড়ি ঘর ইত্যাদি। তারপর ধীরে ধীরে ঠিকাদারি থেকে পাটনার সিপে টাকা লাগিয়ে চলল প্রোমোটিং, তারপর একা প্রোমোটিং । শেষে বাবার ব্যবসা ধরল সুমন্তবাবুর বাবা। তার হাত ব্যবসায় পড়তেই লক্ষী অচলা হলো । বড় অফিস হলো । তার বিভিন্ন জেলায়, বড় বড় সরকারি , বেসরকারি জায়গার কন্ট্রাক্ট আসতে থাকলো । জেলায় জেলায়, তার পর বিভিন্ন রাজ্যে ছড়িয়ে পড়ল।

সুমন্ত বাবুর কিছু অপদার্থতায় ব্যবসার সেই লক্ষ্মীশ্রী উবে যাচ্ছে । পা পড়ল স্যানাল বাড়ির বড় মেয়ে দীক্ষা স্যানালের । এবার দেখা যাক দীক্ষা ওর স্থপত্যবিদ্যা দিয়ে কি করে পারিবারিক ব্যবসাকে দাঁড় করায়।

ভোর বেলা স্নিগ্ধ সূর্যের আলোর ছোঁয়া পেতে রোজ ছাদে যায় দীক্ষা। ফুল গাছগুলোতে হাত দিয়ে ভাবে সেদিন যদি মাকে এরা আটকাতে পারত। একবার যদি কোনো ভাবে ও জানতে পারতো তাহলে সেই সময়ে ও মাকে এই বিপদ থেকে রক্ষা করতে পারতো।

দীক্ষার মনে পড়ল মায়ের বলা কিছু কথা। মা বলত ভোর বেলা উঠতে, প্রথম সূর্যের আলো গায়ে লাগালে সব রোগের ক্ষয় হয়। সেই সময় যদি এই অভ্যাসটা থাকতো । আজ মায়ের দশমতম মৃত্যু বার্ষিকী। আকাশটা সেই রকম কালো করে আছে।

ভাদ্র মাসের শেষের দিন। কাল আবার বিশ্বকর্মা পুজো।

ভোর বেলা স্নান সেরে মায়ের ছবির সামনে মায়ের পছন্দমত খাবার রাখা হয়েছে। ওর মায়ের পছন্দের খাবার ছিল পায়েস। নিজে হাতে পায়েস রান্না করে মাকে দিয়েছে। মা পছন্দ করতো , তাই আর ও পায়েস খায়না।

ঠাকুর ঘরে বসে মায়ের পছন্দের গান গাইতে লাগলো.........

"মঙ্গল দ্বীপ জ্বেলে

অন্ধকারে দু'চোখ আলোয় ভরো প্রভু

তবু যারা বিশ্বাস করেনা তুমি আছো

তাদের মার্জনা করো প্রভু

যে তুমি আলো দিতে

প্রতিদিন সূর্য উঠাও

ওদের বুঝিয়ে দাও সেই তুমি

পাথরেও ফুল যে ফোটাও

জীবন মরুতে

করুণা ধারায় ধরো প্রভু

মঙ্গল দ্বীপ জ্বেলে

অন্ধকারে দুচোখ আলোয় ভরো প্রভু

তবু যারা বিশ্বাস করেনা তুমি আছো

তাদের মার্জনা করো প্রভু"

বলো তার কী অপরাধ

জন্ম হয়েছে যার পাকে

তোমারও ক্ষমা দিয়ে তুমি

ফোটাও পদ্ম করে তাকে

ভুল পথে গেলে

তুমি এসে হাত ধর প্রভু

মঙ্গল দ্বীপ জ্বেলে

অন্ধকারে দুচোখ আলোয় ভরো প্রভু

তবু যারা বিশ্বাস করেনা তুমি আছো

তাদের মার্জনা করো প্রভু"_____________(singer: Lata mangeshkar)

ঠাকুর ঘর থেকে বেরোতে রমাদিকে দেখল কাঁদতে।

" তুমি কাঁদছো কেন?"

রমা দি চোখ মুছে বলল," এই গান কতদিন পর শুনলাম। কি দিন ছিল সব। এখন সব শেষ।"

" সারা জীবন কখনো এক থাকে না। তুমি এই সব বলো না মিসেস স্যানাল শুনলে অশান্তি করবে। তুমি ব্রেকফাস্টটা রেডি করো।"

সিঁড়ি দিয়ে উঠে নিজের ঘরে যাচ্ছিল সুনন্দার মুখোমুখি হয়। হাই তুলতে তুলতে বলল," তুমি গান করছিলে?"

" হুম। আজ মায়ের মৃত্যু বার্ষিকী। তাই...."

" আজ মিঃ দুবের মিটিং আছে তো? "

" হ্যা। "

" ঠিক আছে আমি চলে যাবো। আর আজ না একটু পার্টি যেতে হবে। আমার বান্ধবীর anniversary । মিটিং থেকে বেরিয়ে যাবো। "

এই বলে চলে গেল।

সকাল ৯ টা।

দীক্ষা বেড়োবে রেডি হয়ে খেতে বসেছে। কিছু ক্ষন পর রিমা এলো। দীক্ষা ওর দিকে একবার তাকিয়ে নিজের খাওয়ায় মনোনিবেশ করল। ওকে খাবার দিলে ও খাবার ঠেলে সরিয়ে দেয়। রমা দি খেয়ে নিতে বলল। " খেয়ে নাও। স্কুল যাবে তো"

" আমি এই সব খাবো না"

" তো কি খাবে?"

" আমি কাল যে বললাম চিঞ স্যান্ড উইচ খাবো"

রমা দি বলল- খেয়ে নাও দিদি।

রিমা খাবারটা টান মেরে ফেলে বলল," আমি খাবো না"

দীক্ষা চেয়ার ছেড়ে উঠে পড়ল। ওর সামনে এসে দাঁড়ায়। " কেন খাবে না?"

" সে কৈফিয়ত তোমায় কেন দেবো?"

দীক্ষা খাবার টা দেখিয়ে বলল," খাবার টা গিয়ে তোলো "

" পারবো না"

সপ্তমবর্ষীয় বালিকার যদি এখনই এইরকম ব্যবহার করে পরবর্তী কালে তো কাউকেই মানবে না।

দীক্ষা দুই গালে দুটো ঠাস ঠাস করে চড় মারলো।

রিমা সজল ও বিস্ফারিত নয়নে ওর দিকে তাকাল।

" মারলি কেন?"

" চুপ !!!!!!!! " রমা দির দিকে তাকিয়ে বলল," যা দিয়েছিলে সেই গুলো নিয়ে এসো ও ওটা খেয়ে স্কুল যাবে। "

এই বলে দীক্ষা বেড়িয়ে গেল।

পুরো মিটিং টাই মিসেস স্যানাল গোমড়া মুখে বসে।

আর দীক্ষার দিকে বিষ নয়নে বারবার তাকাচ্ছে।

মেয়ে স্কুল থেকে ফিরে খুব কান্নাকাটি করেছে।

সুনন্দার মেজাজ ভালো নেই আর তাই পার্টি গেল না।

১০ টা নাগাদ বাড়ি আসে দীক্ষা। ঢুকতেই মুখোমুখি সুনন্দার।

" আমার মেয়েকে শাসন করার ক্ষমতা কে দিয়েছে?"

দীক্ষা ওর দিকে তাকিয়ে বলল," মেয়েকে আপনি অতি প্রশয় দিচ্ছে । এই রকম হতে থাকলে কদিন পর আপনাকে ও পাত্তা দেবে না"

" সেটা আমার ব্যাপার। আমি কি শিক্ষা দেব আর না দেব এটা আমার ব্যাপার। তুমি ওকে কিছু বলবে না। "

" কিন্তু আমার সামনে যদি ও অন্যায় করে তাহলে আমি আবারও বলবো। " এই বলে চলে যায়।

সেদিন থেকে রিমা ওর সামনে কম ই আসে।

দীক্ষা কাজ করছিল অফিসে।

একটা সাইট দেখতে রাজারহাট যাবে। ওখানে বড় হোটেল হবে। দীক্ষা অফিসে ভালো ভালো architect -দের নিয়োগ করেছে। আগে ওদের অফিসের প্রধান architect বলতে বিভূতি রায় আর কজন ছিলেন। তারপর দীক্ষা এসে এ দিকটা পুরোটাই দেখতো । বিভূতি বাবু দীক্ষার কাজ

দেখে ভীষণ প্রশংসা করে। তারপর বেছে বেছে architect নিয়োগ করে। বিভূতি বাবু আর দীক্ষার তত্ত্ববধানে ডিজাইন approved হয়। আগে বিভূতিবাবু আগে যেটা একা করতেন, এখন ওরা দুজন মিলে করে।

দীক্ষা কাজ করছিল রাতে ঘরে ঘরে বসে। সেই সময় ফোন এল। দেখলো সাহেব ফোন করেছে।

" হ্যালো কি খবর?"

" খবর তোর কি বল?"

" এই বাবার ব্যবসা। তুই?"

" আমি এখন ইতালীতে"

দীক্ষা লাফিয়ে ওঠে

"সত্যি !!!! "

" হ্যারে এই তো কদিন এখানে এসেছি। আমি ভাবতে পারিনি এখানে আসতে পারবো। যাই হোক, শোন...."

" বল"

" সামনের মাসে মানে ঐ ধর পুজোর পর মানে কালী পুজোর দিকে আসবো। তখন তোকে একটা কথা বলবো।"

দীক্ষা আঁচ করতে পারলেও তবুও বলল," কি রে বল"

" সেটা না হয় সামনেই বলবো।"

7

পর্ব ৭

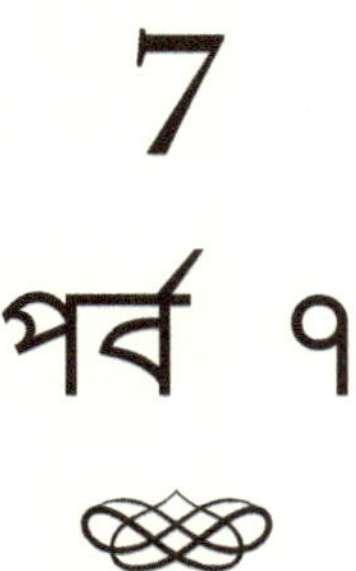

" সারা রাত তোমার কথা ভেবে আসেনি আমার ঘুম।

ঘুম পাড়ানির দেশে পথ ভুলে চলে গেলাম নিঝুম।

সেই দেশেতে বসে আছে এক রাজকুমার,

আছে নিয়ে বিশ্বজোড়া প্রেম,আর আছে সৌন্দর্য অপার।"

প্রিন্সেপঘাটে বসে আছে দীক্ষা। সূর্যাস্ত হয়ে গেছে।

রাস্তার দুই ধারে লাইট জ্বলে উঠলো। দীক্ষা দূরে তাকিয়ে দেখলো সাহেব দৌড়ে দৌড়ে ওর কাছে আসছে।

ওর মনে উত্তেজনা, এক অজানা ভালো লাগা কাজ করছে।

সাহেব এল। হাঁফাতে হাঁফাতে বললো," সরি দেরি হয়ে গেল"

" ঠিক আছে । আয় বস।"

অনেক কথা বলল ওরা। অনেক গল্প করলো। আকাশটা আজ দীপাবলীর রাতে বাজিতে আঁকিবুঁকি কাটছে।

সাহেব হঠাৎ বলল," গঙ্গায় তাকা"

দীক্ষা তাকালো । দেখতে পেলো আলোয় মোড়া কয়েকটি নৌকা। নৌকা গুলো পাশাপাশি দাঁড়িয়ে আর নৌকা গুলো থেকে খুব সুন্দর মধুর ধ্বনি ভেসে আসছে। আর একটা সুন্দর নৌকা এসে দাঁড়ালো। সাহেব ওর হাতটা ধরলো। বলল ঐ নৌকায় উঠতে। সাহেবের হাত ধরে নৌকায় উঠল দীক্ষা।

ঐ নৌকাটিকে কেন্দ্র করে অন্যান্য নৌকা গুলো ঘিরে আছে। আর প্রতিটা নৌকায় গিটার নিয়ে দাঁড়িয়ে আছে একজন করে। অবশেষে সাহেব গিটার নিয়ে ওর সামনে এসে দাঁড়ালো।

গান শুরু করলো।

"Benaam rishton ki manzil ke aade hain

Khaare raste, khaare raste

Kehta na koyi, par kishton mein chubhte hain

Khaare raste, khaare raste"

আকাশ জুড়ে আলোর রোশনাই ফেটে পড়লো।

আকাশে আলো দিয়ে জ্বল জ্বল করে লেখা রয়েছে
" I love you diksha"
দীক্ষাও গলা মেলিয়ে শুরু করলো।
Manzoor hai har gham dil ko
Bas le chal sang apne humko
Tere bina jeena kya hai
Jaise sab beparwah hai

Chup-chup se hain, lekin
Aankhon se kehte hain
Saare raste, saare raste
Haan, khaare raste, khaare raste
Haan, mehki saanson ki nami
Dhundhli padti ja rahi
Haan, jaise zindagi aaj phir
Muskaan chheene ja rahi
Bewakt pyaar yeh hi sahi
Dhoondh lenge phir tujhe hum kahin
Aaja, saajna
Bin tere main kya jiya?
Ho-ho, tujh bin adhure jo
Sang tere poore wo
Khaare raste, khaare raste
Haan, khaare raste, khaare raste
Manzoor hai har gham dil ko
Bas le chal sang apne humko
Tere bina jeena kya hai
Jaise sab beparwah hai
Jaise sab beparwah hai"
KHAARE RASTE SONG:
Album :Khaare Raste
Lyricist(s) :Raghav Kaushik
সাহেব হাঁটু গেড়ে ওর সামনে আংটিটা নিয়ে বলল," দীক্ষা আমি তোমার সাথে বৃদ্ধ হতে চাই। তুমি কি চাও?"

দীক্ষা আজ খুব খুশি। খুশিতে চোখে জল চলে এলো। " হ্যা হতে চাই। " সাহেব ওকে আংটিটা পড়িয়ে দিল।

" ভালোবাসাতে চাই তোমাকে সাহেব। থাকতে চাই তোমার সাথে সারাজীবন"

সাহেব কে জড়িয়ে ধরল।

আকাশে আলোর ছট আর নীচে ভালোবাসার প্রদীপ জ্বলে উঠলো।

দীক্ষা - আমি জানতাম তুমি আজ এই কথাটাই বলবে। আমি প্রস্তুত ও ছিলাম।

সাহেব - জীবনের প্রতিটা মুহূর্তে তোমার সাক্ষী হতে চাই।

সাহেব ওর মা-বাবাকে নিয়ে বিয়ের কথা বলতে দীক্ষার বাড়ি আসতে চায়।

কর্তব্য বিমুখ হলেও নামমাত্র তো মা হয় সুনন্দা। তাকে তো বলতেই হয়।

দীক্ষা সুনন্দার ঘরের বাইরে দাঁড়িয়ে আছে। সুনন্দা ঘরে একটা বই নিয়ে ইজি চেয়ারে বসে। দীক্ষা কি করবে ভাবছিল। সুনন্দার বাইরে চোখ গেল। দীক্ষাকে দেখে বলল," কি হয়েছে বলো?"

দীক্ষা বাইরে দাঁড়িয়ে বলল," আপনার সাথে একটু কথা ছিল আর কি?"

" বল"

চারদিকে একবার তাকিয়ে বলল," এটা আমার ব্যক্তিগত ব্যাপারে কথা।"

" কি?"

দীক্ষা কিছু ক্ষন চুপ থেকে বলল," আমার সাথে একজনের সম্পর্ক আছে অনেক দিন ধরে। "

সুনন্দা বইটা রেখে দীক্ষার কাছে গিয়ে দাঁড়ালো।

" কে? সে?"

" আমরা একসাথে কলেজে পড়তাম। ওর সাথে আমার আলাপ ছিল। তারপর ওর সাথে এ সম্পর্ক বন্ধুত্ব থেকে ভালোবাসায় এসে ধরা দিয়েছে।"

সুনন্দা," তোমার বিয়ে হলে এই ব্যবসা, এই সংসার কে দেখবে? আর তুমি তো জানো তোমার এখনো ছোটো। তোমার থেকে অনেক ছোট। সে কি সামলাতে পারবে সব? "

" আমি তো বলছি না যে বিয়ের পর এসব দায়িত্ব ছেড়ে দেবো। বিয়ের পরেও করা যায়। "

" তুমি আজ বিয়ে করলে কাল তো বাচ্ছা হবে তখন?"

" আপনি এত ভাবছেন কেন? সে দায়িত্ব আমার।"

" ঠিক আছে। ওর মা-বাবা আসুক"

দীক্ষা চলে গেলে দরজাটা বন্ধ থপ করে চেয়ারে বসে পড়ল সুনন্দা।

" দীক্ষা বিয়ে করলে তো সব শেষ হয়ে যাবে। ওর হাসবেন্ড আসবে তারপর ওর সন্তান আসবে। না না এই সম্পত্তি, এই উত্তরাধিকার তো সব রিমার। আমি বিয়ে হতে দেবো না। দীক্ষা তুমি খুব ভুল করলে। এ বিয়ে আমি ভাঙবো। আর কিভাবে ভাঙবো তুই বুঝতেই পারবি না। "

সুনন্দার শয়তানি হাসিতে পুরো মুখে ছড়িয়ে পড়লো।

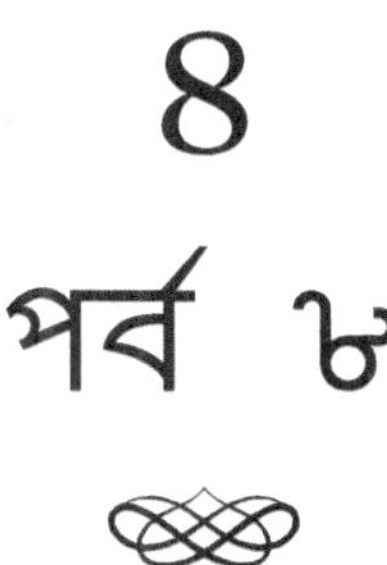

8

পর্ব ৮

পরেরদিন ....

সাহেব আর ওর মা-বাবা সসম্মানে দীক্ষার বাড়ি যায় ওর বিয়ের সম্বন্ধ নিয়ে।

সাহেবের মা শালিনী রায় চায়ের কাপ রেখে বলল," মিসেস স্যানাল আপনার মেয়ের কথা সাহেবের কাছ থেকে অনেক শুনেছি।"

সুনন্দার পাশে দীক্ষা বসে আছে। আজ শাড়ি পড়েছে দীক্ষা। লজ্জাঘন চোখে সাহেবের দিকে তাকাচ্ছে।

সুনন্দা গম্ভীর মুখে বসে আছে।

সাহেবের বাবা অনিমেষবাবু বললেন," আপনার মেয়েকে আমাদের ছেলে পছন্দ করেছে। ছেলের পছন্দের উপর আমি কথা বলতে পারি না। আর এছাড়া ওর পছন্দের উপর আমার বিশ্বাস আছে।"

সুনন্দা এবার মুখ খুলল।

" আপনার ছেলে কি করে?"

সাহেব বলল," আন্টি আমি ইটালীতে ফ্রিল্যান্সিং -এর কাজ করি। আমি ও architect । নিজের বিসনেস খুলতে চাই। এই পরের বছরই খুলবো।"

" তোমার বছরে আয় কত?"

অনিমেষ বাবু বললেন," সে নিয়ে ভাববেন না। আপনার মেয়ের কোনো অসুবিধা হবেনা। আমি কেন্দ্রীয় সরকার কর্মচারী। সে দিক থেকে নিশ্চিত থাকুন। না খেয়ে আপনার মেয়ে থাকবেনা। আর ছেলের রোজগার ভালো মাসে ৩০ কি ৪০ চলে আসে। আর নিজেদের বাড়ি আছে। আর সাহেব তো ইটালীতে থাকবে। কয় বছর থেকে তারপর এখানে আসবে। এখানেই ব্যবসা করবে"

"হম " সুনন্দা দীক্ষার দিকে তাকালো। " দীক্ষা তোমার বাবার ব্যবসা। এত বড় কোম্পানি এই সব কি হবে? তুমি শ্বশুরবাড়ি চলে যাবে আর আমি, তোমার ছোট বোন । আমরা কি করবো? আর আমি একা এই বিসনেস সামলাবো কি করে?"

সাহেব বলল," আন্টি সে আপনি ভাববেন না। দীক্ষা ওর কাজে অনড় থাকবে। আমিও আছি । আমরা সবাই মিলে দেখবো।"

সুনন্দা - দীক্ষা আমাদের কত মূল্যের বিষয় সম্পত্তি আছে বলোতো?

দীক্ষা সুনন্দার কথা শুনে বুঝতে পারলো ওর জীবনে এই কালো ছায়ার জন্য শান্তি কখনো আসবে না। বিয়েটা ভেঙে দিতে চাইছে।

" চুপ!!!!"

দীক্ষা চেঁচিয়ে ওঠে।

সুনন্দার দিকে দৃঢ় দৃষ্টিতে তাকিয়ে বলল," মিসেস স্যানাল....."

সকলে দীক্ষার এই রূপ দেখতে লাগলো।

" এটা আমার জীবন। আমাকে আমার ভালো বুঝতে দেন। আর আমাকে তো কখনো মেয়ে বলে মানেননি আর না আমি আপনাকে মা বলে মানি। একসাথে থাকা হয় বলে আমি সাহেবকে বিয়ে করছি বলে আপনার সামনে ওর পরিবার কে এনেছি। একটা সুস্থ জীবনের আশায়।"

সুনন্দা," দীক্ষা বাবার প্রতি এই বংশের প্রতি দায়বদ্ধতা এড়াতে পারো না। আর এই রকম ক্লাস, আর standard -এর পরিবারের সাথে সম্পর্ক গড়ে তোলার কোনো প্রয়োজন নেই। "

অনিমেষ বাবু," দীক্ষা তোমার চিন্তা ধারা আর তোমার মায়ের চিন্তা ধারা আলাদা। কিন্তু বিয়ে টা দুটো পরিবারের মধ্যে হয়।

তোমার মা চায় না। চলে আয় সাহেব......"

ওরে চলে যায়। সুনন্দা এদিকে দীক্ষার দিকে ব্যাঁকা দৃষ্টি নিয়ে চলে গেল।

' আশা' শব্দটা ওর জীবন থেকে বার করে দিতে হবে। কারণ ও এখন একজনের হাতের পুতুল ছাড়া কিছু না।

নিজের ভালোবাসা কে তবে ভুলে যেতে হবে?

আর কত ত্যাগ করবে?

ঘরে গিয়ে মায়ের ছবির সামনে এসে দাঁড়ালো।

এভাবে একটা সম্পর্ক নষ্ট হয়ে গেল।

৬ মাস ঠিক করে ঘুমাই নি খায়নি।

মাঝখানে বাড়িতেও আসতো না। অফিসে কাটিয়ে আসত রাত।

সুনন্দা এসব দেখে মনে মনে ভাবল এভাবে চললে ওর উপর বিদ্বেষ সঞ্চারিত হবে যে।

ব্রেকফাস্ট টেবিলে দুই বোন বসে।

দুই জনেই খাচ্ছে। সেই সময় দুই বাটি পায়েশ করে ওদের সামনে রাখলো।

রিমা মুখ ভেংচিয়ে বলল," আমি খাবো না।"

সুনন্দা বলল," তুই খাবি না দেখ তোর দিদি খাবে।"

দীক্ষার পায়েস দেখে মায়ের কথা মনে পড়ল। ওর বলতে ইচ্ছা করছিল যে ও ওর মায়ের পায়েস ছাড়া আর কারোর বানানো পায়েস খায়না কিন্তু ও বলতে পারলো না। পায়েসের বাটিটা নিয়ে খেয়ে দেখল।

সুনন্দা ওর মুখের দিকে তাকিয়ে। ইশারায় জিজ্ঞেস করল কেমন হয়েছে?

দীক্ষা মাথা নেড়ে বলল ভালো হয়েছে।

রিমা," মা বাই। "

রিমা স্কুল চলে গেল। দীক্ষার কাঁধে হাত রাখল সুনন্দা। দীক্ষা ওর দিকে তাকালো।

" তোমার বাবা বেঁচে থাকলে এই রকম সম্বন্ধ মানতেন না। তোমার জন্য অনেক ভালো ভালো ছেলে আনবো দেখে নিও।"

" দরকার নেই। আমি সাহেবকে ছাড়া কাউকে ভালোবাসতে পারবো না।"

এই বলে উঠে চলে যায়।

সুনন্দা হাসতে থাকলো।

পায়েসটা চামচ দিয়ে নাড়তে নাড়তে বলল," এই পরিবারের ভীষ্ম হয়ে থাকো। তোমার এই প্রতিজ্ঞা অনড় থাকুক।"

৯

পর্ব ৯

❧

কয়েকবছর পর............

' জলসাঘর'

মাঝরাত, রঙিন আলোর ঝলকানি, না না রকম নেশালো পানীয় দ্রব্য । চারিদিকে যুবক যুবতীরা মাতাল হয়ে নাচছে।

হঠাৎ একটা announcement.....,

" আর কিছুক্ষন পর আমাদের বর্ষবরণ অনুষ্ঠান।

আর ১০ সেকেন্ড বাকি......."

বাইরে চারদিকে বাজি ফাটছে।

দীক্ষা বারান্দায় দাঁড়িয়ে আছে। চারদিকে বর্ষবরণ উৎসব। কিন্তু ওর মনে নতুন কিছু বরণ করার ক্ষমতা আর নেই।

"১০,৯,৮,৭,৬,৫,৪,৩,২,১ happy new year"

জোর হলো গানের মাত্রা

Shaam hai, jaam hai, aur hai nasha

Tan bhi hai man bhi hai pighla hua

Chhayi hai rangeeliyan

Phir bhi hain betabiyaan

Kyun dhadakta hai dil, kyun yeh kehta hai dil

Deewana ko ab tak nahin hai yeh pata

Aaj ki raat, hona hai kya,

Paana hai kya, khona hai kya

Aaj ki raat, hona hai kya,

Paana hai kya, khona hai kya

Do ghadi mein hi yahan jaane kya hoga

Jo hamesha tha mera bhi mera hoga?

Kaun kiske dil mein hai faisla hoga

Faisla hai yahi jeet hogi meri
Oh deewana ko ab tak nahin hai yeh pata
Aaj ki raat, hona hai kya,
Paana hai kya, khona hai kya
Aaj ki raat, hona hai kya,
Paana hai kya, khona hai kya
Aao main tumse kahoon baat chupke se
Rang badlegi pal mein raat chupke se
Tumko le jaaonga phir saath chupke se
Jaaoge tum kahan, dekho main hoon yahan
Deewana ko ab tak nahin hai yeh pata
Aaj ki raat, hona hai kya,
Paana hai kya, khona hai kya
Aaj ki raat, hona hai kya,
Paana hai kya, khona hai kya

এক অষ্টাদশী মেয়ে ,

স্বল্পবাস পড়ে নাচছে গানের তালে তালে । ওকে ঘিরে বিভিন্ন বয়সী পুরুষ।

নেশার তালে নাচতে নাচতে ঢলে পড়ে যাচ্ছিল । একজন ওকে ধরে দাড়ার করায়। মদের নেশায় ঠিক মতন দাড়াতে পারছেনা।

"কি হচ্ছে রিম ?" একটা মেয়ে বলল। রিম অর্থাৎ রিমা। ছোট থেকেই অশান্ত, অনমনীয়, ছোট-বড় বিচারহীন । আর এখন সভ্যতার লেশমাত্র নেই। বিগড়ে যাওয়া এক বিপন্ন তরুণী।

অবশ্য সবটাই ওর মা সুনন্দা দায়ী।

দীক্ষা ঘুম আসছে না। বিছানায় শুয়ে আকাশ পাতাল ভাবছে সেই সময় গাড়ির আওয়াজ শুনতে পেল। নীচে এসে দেখলো ড্রাইভার ওকে ধরে ধরে নিয়ে আসছে।

দীক্ষা নীচে নেমে বলল," উৎসব ও কোথা থেকে আসছে?" ড্রাইভারের হাত থেকে রিমাকে একটা কাজের মেয়ের নিয়ে ভিতরের ঘরে গেল।

" আসলে বড় দিদিমণি ও আজ একটা বারে পার্টিতে গেছিল। "

" সঙ্গে কারা ছিল?"

" চার পাঁচ জন ছেলে মেয়ে ছিল "

" ঠিক আছে তুমি যাও"

দিনকে দিন রিমার বিগড়ে যাওয়াতে দীক্ষা চিন্তিত মনে চলে গেল।

সকাল ১০ টা ।

ব্রেকফাস্ট করতে করতে দীক্ষা সুনন্দাকে বলল ," কাল রিম মদ খেয়ে নেশা করে রাত ২টা নাগাদ বাড়ি এসেছে "

সুনন্দার মুখের অভিব্যক্তি বজায় রেখে বলল ," কাল ৩১ শে ডিসেম্বর ছিল। নতুন বছর আজ । তুমি কি নতুন বছরের প্রথম দিনেই বোনের সাথে ঝামেলা করবে নাকি?"

" দেখুন , আমি আপনাকে আপনার মেয়ের অবনতি টা দেখিয়ে দিচ্ছি। বাকিটা আপনার দায়িত্ব। আমি তো ওকে কিছু বলিনা "

সুনন্দা রিমের ঘরে এলো। রিম তখনও ঘুমুচ্ছে।

মেয়ের মাথায় হাত বুলিয়ে ডাকল। " রিম মা। উঠে পড়ো"

রিম ঘুমের ঘোরে আধো আধো কথা বলে উঠলো। " মামা আমায় আর একটু শুতে দাও"

সুনন্দা এবার তেজ দেখিয়ে বলল ," ১১টা বেজে গেছে ওঠো তাড়াতাড়ি। তুমি এই স্যানাল বাড়ির মেয়ে । এখন আর ছোট নেই ১৮ বছর হতে চলল ।দয়া করে দিদির সাথে এবার কাজে যাও। "

রিম উঠে বলল," উফ সকাল সকাল তোমার সতীনের মেয়ের গুন গান না গাইলে হয় না না?"

" শোন না মানলেও এটাই সত্যি। ও পুরো ব্যবসা দেখছে"

" so what? সব আমার নামে। চাকররা তো খাটে আর মালিক আয়েশ করে। আমি ঐ সব ব্যবসা সামলাতে পারবো না"

" তুমি আমায় পথে নামাবে। মাথায় বুদ্ধি সুদ্ধি কিছু নেই।"

" রিল্যাক্স মম । চিল। আজ প্রথম দিন বছরের। আর ঐ আন্টিরূপী দিদির কথা বলোনা তো। আমি ওর মত বেহেনজী হতে পারবো না। "

" শোন এই সব তোর। নিজের টা বুঝে নে।"

" উফফফ সকাল সকাল। শোনো আজ বাড়িতে সুজি, রিনি, জিশান , পীযুশ ওরা আসছে । আর জানো মা। কাল একজন বিলিয়নারের সাথে ছিলাম। উফ। কি দিন ছিল কাল। "

" ঠিক আছে যা গিয়ে ফ্রেশ হয়ে নে। "

রিমার চোখে ঘোরে পয়সা ওয়ালা ছেলেদের উপর। সে যে বয়সী হোক। বিবাহিত কি অবিবাহিত।

" সুজি তুই কি বেড়িয়েছিস?"

ফোনে কথা বলতে বলতে গাড়িতে ব্যাগটা রাখলো। ড্রাইভার গাড়ি বাড় করতে গেলে তাকে বারণ করে। গাড়ি সে নিজে চালাবে ।

গাড়ি নিয়ে বেরিয়ে যায়। সুজি কে ওর বাড়ি থেকে তুলে নেয়।

সুজি - কাল যা হলো না!! উফ।

রিম - দারুন ছিল। এবারে যে বুড়ো টাকে ধরেছি না। বিশাল সম্পত্তি তার। আর জানিস ছেলে টাও হ্যান্ডশাম। আজ রাতে ওর সাথে ডেটে যাবো ।

আর তোরা আজ তাড়াতাড়ি চলে আসিস।

সুজি - আচ্ছা আমরা এখন কোথায় যাচ্ছি?

- রিনি মলেতে ওয়েট করছে । আমরা শপিং যাবো। নিউ ইয়ার শপিং হবে না?

কিছুক্ষন পর মল থেকে বেরিয়ে এল ওরা।

হাসতে হাসতে গাড়িতে উঠল। গাড়ি বেড়িয়ে গেল।

গল্প করতে করতে রিম গাড়ি চালাচ্ছে। হঠাৎ একটা গাড়ির সাথে ধাক্কা লাগল।

কিছুক্ষন পর রিম চোখ খুলল। ওদের মনে এখনো আতঙ্ক তখন যায়নি।রিম চোখ খুলে দেখলো গাড়ি থেকে কোনো লোক বেড় হয়নি। গাড়ি থেকে বেরিয়ে ঐ গাড়ির সামনে এসে দাঁড়ায়। কাঁচে ধাক্কা মেরে বলল," চোখে ন্যাবা হয়েছে নাকি? কিভাবে গাড়ি চালাচ্ছেন?"

রিম তো বকবক করে চলেছে।

ড্রাইভার বেড়িয়ে বলল," সরি ম্যাডাম। ভুল হয়ে গেছে। আমাদের যেতে দিন।"

" আমার যে গাড়ির সামনে টা ভেঙে গেছে। ওটার কে খেসারত দেবে?"

ওদের কথা মাঝে গাড়ির পিছনের দরজা খুলে গেল। গাড়ি ছিল ভীষন দামি অবশ্য গাড়ির মালিক ও ধনী ব্যক্তি। একজন সুদর্শন যুবক বেড়িয়ে এল। শরীরের গঠন যুবক হলেও মুখের অভিব্যক্তিটা ৪০ ঊর্ধ্ব। প্রথম দেখাতে মনে হবে না এত বয়স । ব্যায়াম করা পেশীবহুল শরীর। ৬ ফুট উষ্ণতার লোকটি ওর সামনে এসে দাড়ালো।

গম্ভীর গলায় বলে উঠলো," কি হয়েছে?"

ড্রাইভার বলল," ম্যাডাম ক্ষতি পূরণ চাইছে।" লোকটি কালো সানগ্লাস পড়েছিল। সানগ্লাসটা খুলে ওর দিকে তাকাল। রিম তো ওখানেই জমে গেছে ওকে দেখে।

" কি হয়েছে?"

রিমের ঘোর থেকে বেড়িয়ে আসে। " অ্যাব ঐ... ঐ গাড়ির...."

একটা টাকার বান্ডিল হাতে দিয়ে বলল," সাড়িয়ে নেবেন " আর কোনো কথা না বলে লোকটা গাড়ি ভেতরে ঢুকে গেল।

সামনে দিয়ে গাড়ি চলে গেলেও রিম হা করে দাঁড়িয়ে থাকে।

ওকে এভাবে দাড়িয়ে থাকতে দেখে ওর বান্ধবীরা ওর কাছে এল।" কি রে রিম!"

রিম ওদের দিকে তাকিয়ে বলল," দারুন" এই বলে সুজির দিকে ওর হাতে থাকা টাকাটা ছুঁড়ে গাড়িতে ঢুকে যায়।

10

পর্ব ১০

কালো ঝা চকচকে গাড়িটা বাংলোর বাগান পাশ কাটিয়ে ভিতরে এসে দাঁড়ালো। বাংলোর বারান্দায় দাঁড়িয়ে একটা ৬ বছর বয়সী শিশু। বাবাকে গাড়ি থেকে নামতে দেখে বাচ্চাটা নীচে নেমে আসে।

বাবা আজ দুই মাস পর বাড়ি আসছে, সেই আনন্দে ছেলে আত্মহারা হয়ে বাবার কাছে এল।

" পাপা, " এই বলে বাবাকে জড়িয়ে ধরল।

লোকটি শিশুটির কপালে স্নেহের পরশ দিয়ে বলল," দুষ্টুমি করোনি তো,?"

" না পাপা আমি গুড বয় হয়েছিলাম"

একটা ভদ্রমহিলা এসে দাঁড়ালো। " সোনাবাবু চলো বাবা এই এলো। একটু রেস্ট নিক।"

শিশুটি ওর কোল থেকে নেমে বলল," ঠিক আছে পাপা তুমি ফ্রেশ হয়ে নাও তারপর আমরা খেলব"

" ওকে সোনা" শিশুটি চলে গেল। লোকটি নিজের ঘরের দিকে এগোলো। সাতমহলা বাড়ি। বড় বড় ঘর। ঘরে ঢুকলো। ঘরের ঠিক মাঝখানে গোলাকৃতি বিছানা। বড় বড় জানালা পর্দা দিয়ে আড়াল ছিল , পর্দা সরিয়ে দিলে সারা ঘর আলোকিত হয়ে উঠল। সোনা রোদের আলো ঠিকরে পড়ল দেওয়ালে টাঙানো একটি ছবির উপর।

এক হাস্যমুখি বিবাহিতা তরুণীর ছবি। লোকটার মুখের প্রতিচ্ছবি ছবির কাঁচের উপর পড়ল।

" রেবতী। কতদিন তোমাকে দেখিনি। তোমায় ছাড়া এ বাড়ি তো খাঁ খাঁ করে। ছেলেটা আমার পথ চেয়ে বসে থাকে। তোমার কি একবারও মনে পড়ে না আমাদের কথা।"

সেই সময় একজন এসে বলল," স্যার আজকের সিডিউল"

লোকটি ইশারা করে বলল টেবিলে রাখতে। ছেলেটি রেখে চলে যায়।

ছবির দিকে পুনরায় তাকিয়ে দীর্ঘ শ্বাস ফেলে কাগজটা হাতে নিয়ে চলে গেল।

দীক্ষা অফিসে কাজ করছিল। ওর সেক্রেটারি দোলা এল।

" ম্যাম আজকের মিটিং -এর সিডিউল "

" হুম রাখো"

" ম্যাম আজ কিন্তু মিঃ ডি রায় চৌধুরী আসছে……."

" হম তো। আজ পর্যন্ত কোনো প্রোজেক্ট হাতছাড়া হয়নি। ভাগ্য বশত বাবার মতন আমিও এই ইমারত নির্মাণের কাজটা আমার রক্তে বয়ে চলেছে। এই বি. স্যানাল গ্রুপ- এর এক একটি কনস্ট্রাকশন সফল হয়েছে এটাও হবে।"

সেই সময় সুনন্দা ওর ঘরে এল। দোলা চলে যায়। সুনন্দা ওর সামনে বসল।

" আজ কিন্তু বিখ্যাত বিসনেসম্যান আর সি ইন্ডাস্ট্রির মালিক আসছেন। তাদের কোম্পানির দেশ-বিদেশে ছড়িয়ে। সোনার ব্যবসা " আর সি জুয়েলারী" নাম তো জানো। তারপর কত হোটেল জানো। "

দীক্ষা শুধু" হম" বলে।

" দীক্ষা। এই রকম একটা বড় ক্লাইন্ট যে আমাদের কোম্পানিতে কনট্র্যাকট নিতে চাইছে মানে বুঝতে পারছো আমরা কত লাকি? "

" হম "

" হমটা বাদ দাও। শোনো আমি চাই আমাদের কোম্পানিতে ইনভেস্ট-এর কথা টা তুমি বলো।"

দীক্ষা ওর দিকে তাকাল। " উনি কেন থামোখা ইনভেস্ট করবেন? আর কোম্পানি তো ঠিক আছে। "

" তুমি কিছু বোঝোনা। ছাড় এ ব্যাপারে আমি কথা বলে নেবো।"

" যা করবেন ভেবে চিন্তে করবেন। "

যথাসময়ে মিঃ দেবমাল্য রায় চৌধুরী এসে পৌঁছালেন 'স্যানাল গ্রুপ'-এ।

গাড়ি থামাতেই দুজন গার্ড ওনার সাথে সাথে চলল ভিতরে। উনি ঢুকতেই সাদর আপ্যায়নে ওনাকে বসানো হলো।

সুনন্দা এসে গদগদ স্বরে ওনার সাথে কথা বলতে থাকল। দেবমাল্য কঠোর ব্যক্তিত্ব সুনন্দাকে বারবার অস্বস্তিতে ফেলে। কিছু ক্ষন পর দীক্ষা মিটিং রুমে এলো।

দীক্ষা ," নমস্কার মিঃ চৌধুরী"

দীক্ষার মায়াঘন চোখ, অতি সাধারণের মধ্যে যেন অসাধারণের ছোঁয়া দেবামাল্যের মন কে অমোঘ ভাবনায় নিয়ে যায়।

এই ৪ বছর পর এই কৃত্রিম পৃথিবীতে কাউকে যেন ও দেখতে পেল ।

দেবমাল্য হাতজোড় করে নমস্কার করল।

সুনন্দা- আমরা শুরু করি।

দীক্ষা শুরু করতে যাবে তার আগেই দেবমাল্য বলল," এক্সকিউজ মি মিস স্যানাল"

দীক্ষা দাঁড়িয়ে পড়ে। " আপনাদের কাছে হাতে সময় নিয়ে এখানে এসেছি। প্ল্যান যদি আমার পছন্দ না হয়?,"

দীক্ষার মনটা কেঁপে উঠলেও দৃঢ় কর্ণ্ঠে বলল," আজ পর্যন্ত কেউ আমাদের অফিস থেকে মেজাজ খারাপ করে যায়নি। এর কারণ আমাদের দায়িত্ব। আমরা ইমারত তৈরি করি, আমরা মাথার ছাদ তৈরি করি। গড়ে তুলি ব্রিজের ন্যায় আস্থার সাথে বাড়ির বন্ধন। প্রতিটি ছোটো ছোটো জিনিসকে আমরা গুরুত্ব দিই। একটা ইটের টুকরা থেকে শুরু করে লোহার রড পর্যন্ত কে সমান গুরুত্বপূর্ণ। ঠিক তেমনি একটা ইট বয়ে নিয়ে যাওয়া মিস্ত্রীটার ও যেমন গুরুত্বপূর্ণ ঠিক তেমনি ইঞ্জিনিয়ার ও। সকল ছোটো ছোটো বস্তু থেকেই একটা বড় বস্তুর সৃষ্টি হয়। আমি Architect দীক্ষা স্যানাল।

বিল্ডিং শুধু তৈরি করি না , প্রতিটা বিল্ডিং -এর মধ্যে আত্মাকে ভরে দিই। একটা মানুষের মধ্যে মন না থাকলে, আত্মা না থাকলে সে যেমন মানুষ হয়ে ওঠে না ঠিক তেমনি ইমারত গুলির মধ্যে আত্মা না থাকলে সেই ইমারত, ইমারত থাকে না। আশা করি আপনি সঠিক জায়গায় এসেছেন নিজের স্বপ্নপূরণের জন্য......"

দেবমাল্য মন্ত্রমুগ্ধের মতন দীক্ষার কথা গুলো শুনতে থাকলো।

দেবমাল্য - ঠিক আছে। এ হলো আমার জমির ডিজাইন।

দীক্ষা ওনার হাত থেকে ফাইল টা নিয়ে দেখলো। " ঠিক আছে । আমরা জমির সয়েল টেস্ট করবো। জমি দেখবো আর সে বুঝে প্ল্যান। আপনি এই রিসোর্ট কি থিম রাখতে চাইছেন?"

দেবমাল্য - ভালোবাসা।

দীক্ষা ওর চোখে এক অজানা আভাস দেখে চোখ নামিয়ে ফেলে।

দেবমাল্য বুঝতে পেরে বলল," আসলে এই রিসোর্ট টা হবে আমার মৃত স্ত্রী র উদ্দেশ্য -এ আর তাই।"

" বুঝেছি। আমরা কাল জমি দেখতে যাবো। "

" ঠিক আছে । আমরা এখন চলি " দেবমাল্য চলে যাওয়ার আগে দীক্ষার চোখের দিকে একবার তাকিয়ে চলে যায়।

ওরা চলে গেলে সুনন্দা বলল," আসল কথাটা কিন্তু বলবে" এই বলে সুনন্দা বলে চলে গেলে দীক্ষা একটি নিঃশ্বাস ফেলে বসে বসে ভাবতে লাগলো।

11

পর্ব ১১

রিমা কলেজের ক্লাসে সুজি আর রিনির সাথে বসে আড্ডা দিচ্ছে।

আজকের টপিক কাল দেখা সেই সুপুরুষ কে। সুজি সেই বিষয় নিয়ে কথা বলছে আর এদিকে রিমা ফোনে একটা ডেটিং অ্যাপ খুলে বসে। " ঐ লোকটার বায়োডেটা বার করতে হবে।"

" পাবি কি করে?"

" দেখছি দেখছি... ঠিক পাবো। আমাকে পেতেই হবে।"

রাত ১০ টা অফিস ফাঁকা.... কর্মচারীরা বেড়িয়ে গেছে।

দীক্ষা একা কাজ করছে। কেয়ারটেকার এসে ওকে চা দিয়ে গেল। দীক্ষা বলল," রামু দা।"

" হ্যা দিদিমণি"

" তুমি চলে যাও। আমি আমার কেবিনটা বন্ধ করে দারোয়ান কে চাবি দিয়ে দেবো। "

" তুমি এখনো কাজ করবে?"

" কি করবো কাজ আছে যে। তুমি আর দেরি করো না সেই কত দূর যাবে। যাও ট্রেন না হলে মিস হয়ে যাবে"

" হম যাচ্ছি। তুমি তাড়াতাড়ি চলে যেও। "

রামু দা চলে গেলে ল্যাপটপ থেকে চোখ সরিয়ে চেয়ারে ঠেস দিয়ে চোখটা বন্ধ করে বসলো। টেবিলে রাখা চায়ের কাপে চুমুক দিয়ে একটা লম্বা নিঃশ্বাস ছাড়লো না।

মিঃ রায়চৌধুরীর কন্ট্রাক নিয়ে ভীষণ ভাবাচ্ছে ওকে। কন্ট্রাকটা পাওয়া নিয়ে চিন্তা ছিল , এখন কন্ট্রাক পাবার পর কাজ নিয়ে সমস্যা। এসব ভাবনার মাঝে ফোন এল। ফোনটা হাতে নিয়ে দেখল রিমা ফোন করেছে।

ফোনটা কানে নিতেই কোথায় আছিস , কি করছিস এইসব জিজ্ঞেস না করে সরাসরি বলল," দিদি আমাকে ৫০০০০ টাকা দে তো"

দীক্ষা বলল,"কেন?"

" মা তোকে পড়ে দিয়ে দেবে। মা বাড়ি নেই বলে তাই।"

" কি করবি টাকা নিয়ে ? এই তো সেদিন শপিং করলি"

" এই জন্য না আমার ভালো লাগে না তোকে"

" তুই কি করবি বলতে পারছিস না...?"

" ছাড় বাবা বাদ দে।"

"ঠিক আছে ট্রান্সফার করে দিচ্ছি। কিন্তু একটা কথা মনে রাখিস কোনো রকম খারাপ খরচ করিসনা।"

আজ সারা রাত সৌম্যজিত নামে এক ছেলের সাথে রিমা রাত কাটাবে।

সৌম্যজিত পয়সাওয়ালা বাপের ছেলে। আর রিমা ধনী পুরুষ ছাড়া মেশে না।

ড্রিঙ্ক করতে করতে সৌম্যজিতের কোলে বসে পড়ল।

সৌম্যজিত - আজ যে এত ড্রিঙ্ক করছো?

রিমা- একজন কে খুঁজছি

- কে সে? যাকে তুমি খুঁজে পাচ্ছো না।

- নামটাই তো জানিনা। হঠাৎ দেখা হলো। তারপর ঠিক মতন কথাও হলো না। কি যে নাম কে জানে?

ছেলেটা ওকে জড়িয়ে ধরে বলল," এখন তুমি আমাকে ভালো করে আজ রাতে চেনো। চ্যাট থেকে আজ সোজা সামনে।"

রিমা মায়াবী হাসি দিয়ে ছেলেটার ঠোঁটে একটা আলতো আঙুলের ছোঁয়া দিয়ে বলল," সে তো অবশ্যই সৌম্য।"

ছেলেটা ওকে নিয়ে বিছানায় ফেলে দিল।

১২টা নাগাদ দীক্ষা গাড়ি করে বাড়ি ফিরছে। ড্রাইভার কে চলে যেতে বলেছিল। ড্রাইভার চলে যাওয়াতে নিজেই গাড়ি চালিয়ে ফিরছে। হেস্টিংসের কাছে আসতেই দেখলো রাস্তার এক প্রান্তে কয়েকজন জটলা হয়ে দাঁড়িয়ে। লোকজনদের মধ্যে বেশিরভাগই ফুটপাতবাসী।

জটলা সরিয়ে এগিয়ে দেখলো রিমা রাস্তায় পড়ে। কপাল ফেটে রক্ত বেরোচ্ছে।

দীক্ষা দেখে বিস্মিত হয়ে গেল। " সরুন ও আমার বোন হয়। ওকে হাসপাতালে নিয়ে যেতে দিন।" রিমাকে তুলতে গেলে একজন ওর সামনে এসে দাঁড়ায়। দীক্ষা ওর নিকটে দন্ডায়মান ব্যক্তির দিকে তাকিয়ে দেখল। " মিঃ রায় চৌধুরী" ওর মুখ দিয়ে অস্ফুটে বেড়িয়ে এল।

দেবমাল্য বলল," উনি ড্রিঙ্ক করে ড্রাইভ করছিলেন। তারপর আমার গাড়িতে ধাক্কা দেয়। আমি পুলিশে খবর দিয়েছি। ওনারা আসছেন। তাই ততক্ষন এভাবে থাকুক।"

দীক্ষা হাত জোড় করে বলল," সরি স্যার। আপনি প্লিজ এই সব করবেন না। আসলে..... আসলে...."

- আসলে কি? আপনার বোন একটা হোটেল থেকে একটা ছেলের সাথে বেড়েল্লাপনা করছিল। তারপর এই রাতে ঐ যে দেখুন আপনার বোনের গাড়ি।"

দীক্ষা দেখলো গাড়িটার সামনেটা তুবড়ে গেছে। " ঐ গাড়ি নিয়ে অপ্রকৃতিস্থ অবস্থায় ড্রাইভ করছে। ট্রাইফিক রুলস মানেনি। তারমধ্যে ভীষণ জোরে গাড়ি চালাচ্ছিল। তো এগুলো তো অনৈতিক কাজ।"

দীক্ষা - স্যার ওকে ছেড়ে দেন। ও খুব বিগড়ে গেছে। ওকে আমরা দেখে নেব আপনি প্লিজ এই কাজ টা করবেন না।

অবশেষে দেবমাল্য দীক্ষার কথা মেনে নিয়ে বলল," ঠিক আছে।"

দীক্ষা বোনকে নিয়ে হাসপাতাল যায়। ওর চিকিৎসা করা হয়।

দেবমাল্য বাড়ি আসতে আসতে দীক্ষা আর বোনের কথা ভাবতে থাকে। দুই বোন দুই রকম।

একজন উত্তর তো একজন দক্ষিণ।

সকাল থেকে দীক্ষা রিমাকে বকা দিয়ে চলেছে।

" তুই জানিস কার গাড়িতে ধাক্কা মেরেছিলিস?"

রিমার যতদূর মনে পড়ছে। সৌম্যজিত চলে গেলে ও টলতে টলতে বেসমেন্ট থেকে গাড়ি নিয়ে বেরানোর সময় সামনের একটা গাড়িকে পাশ কাটিয়ে যাওয়ার সময় গাড়ির ভিতরে দেবাদিত্যকে দেখে ওকে ফলো করতে গিয়েই এই কান্ড।

রিমা বলে উঠলো," তারমানে ওনার নাম দেবমাল্য রায়চৌধুরী!!"

দীক্ষা - হ্যা।

রিমার চোখে মুখে আনন্দ ফুটে ওঠে। " তুই চিনিস?,"

সুনন্দা বলল," আমাদের ক্লাইন্ট। ওনার প্রোজেক্ট করছি। "

" আচ্ছা" বলে বাথরুমে ঢুকে গেল

দীক্ষা ওর ভাব দেখে কোনো কিছু আন্দাজ করতে পারলো না। সুনন্দা বলল," দেখ যা হয়েছে ছাড়ো। ওনার কিছু হয়নি রক্ষে আমাদের ডিল টার যে কি হতো!!!"

রিমা মনে মনে খুব খুশি।

অবশেষে নাম,ধাম জানতে পেরেছে।

সকালে দীক্ষা স্নান সেরে ঠাকুর ঘরে ঢুকতে গিয়ে দেখলো ঘরে রিমা বসে।

দীক্ষা অবাক হয়ে বলল," তুই!!"

" কেন আমি আসতে পারিনা নাকি?"

" না ।তুই তো আসিস না কোনোদিন এখানে। তাই অবাক হচ্ছি..." এই বলে দীক্ষা ঠাকুর গুলো পরিষ্কার করছিল। তখন রিমা বলে উঠলো," দিদি বলছি কি?"

" বল"

" আমার মনে হয় মিঃ রায়চৌধুরীর কাছে গতকালের ঘটনার জন্য ক্ষমা চাওয়া দরকার। উনি মনে হয় খারাপ ভাবলেন তার মধ্যে ওনার সাথে ডিল টাও হয়েছে ।"

দীক্ষা জানেনা এতে ওর কি স্বার্থ আছে কিন্তু রিমার যে পরিবর্তন ওর ভালো লাগলো।

" ঠিক আছে যাবো"

রিমা - তাহলে দিদি সাথে একটা ফুলের বুকেও নিয়ে যাবো।

ঠাকুর ঘরে থেকে রিমাকে লাফাতে লাফাতে বেরোতে দেখে সুনন্দা। দীক্ষার দিকে তাকিয়ে মনে মনে ভাবল মেয়ে যে তার থেকে দ্বিগুণ বুদ্ধিমতি। যদি একবার দেবমাল্য কে হাতে পায় তাহলে তো হাতে চাঁদ পাবে। সুদূর চিন্তায় চিন্তিত হয়ে আনন্দে ভরে ওঠে সুনন্দার মন।

12

পর্ব ১২

দীক্ষার গাড়িটা দেবমাল্যের বাংলোর লনে এসে দাঁড়ালো।

আজ রিমা শাড়ি পড়েছে। ওর দিদি ওকে শাড়ি পড়িয়ে, নিজে হাতে সাজিয়ে দিয়েছে।

গাড়ি থেকে ওরা নেমে বাংলোর ভিতরে গেল। ওদের এক চাকর বাড়ির ভিতরের বৈঠকখানায় বসতে বলল। রিমা দেখলো ঘরটার যচারদিকে শুধু বই। বইয়ের দেওয়াল গুলোর দিকে তাকিয়ে রিমা বলল," এত বই" নাকসিটকে বলল," মাথা ঘুরে যআচ্ছএ আমার।"

দীক্ষা একটা বই বার করে দেখতে থাকলো। রিমা বইয়ের দেওয়াল থেকে চোখ সরিয়ে ফোন নিয়ে বসে পড়ল।

দেবমাল্যের ঘরে ঢুকে একটু কাশ লো। ওর কাশি শুনে ওরা দরজার দিকে তাকাল।

দীক্ষা - কেমন আছেন মিঃ রায়চৌধুরী?

- ভালো আছি। দেবমাল্যকে দেখে রিমা অবাক হয়ে ওর দিকে তাকিয়ে থাকল। দীক্ষা ওর কনুইতে খোঁচা দিয়ে বলল," নমস্কার করে"

রিমা নমস্কার করল। রিমা- দেবাবাবু আপনার কাছে ক্ষমা চাইতে এসেছি।

দেব সোফায় বসে ওদের বসতে বলল। " কি ব্যাপারে?"

রিমা - গতদিনের ব্যাপারটা আর তার আগে গাড়িতে একবার লাগলো।

দেব - ঠিক আছে। রিমা এগিয়ে এসে ওর হাতে ফুলটা ধরিয়ে দিল। দেব ওর দিকে তাকিয়ে বলল," ঠিক করে গাড়ি চালাও রাস্তায়। আর পারলে একটু ভালো করে গাড়ি শিখে নিও।"

" হ্যা, আমি শিখে নেব। আর ভুল হবে না"

দীক্ষা বলল," আপনি কি এই বাড়িতে একাই থাকেন?"

দেব - না , আমার ছেলে আছে।

রিমার শুনে মনটা একটু ভেঙে গেল। তারপর বলল," আপনার স্ত্রী?,"

দেব বলল," মারা গেছে"

দীক্ষা বলল," আপনার ছেলে একাই থাকে?"

" আয়ারা থাকে"

দীক্ষার বাচ্চাটার জন্য মন খারাপ লাগলো। মা হারা জীবন যে কি একমাত্র ও নিজেই জানে।

বাড়িতে এসে রিমা শুধু দেবের কথাই বলতে থাকল।

খেতে বসে সুনন্দাকে বলেই চলেছে।

" মা আমার দেবমাল্য কে ভালো লেগেছে"

সুনন্দা,"ও তোমার থেকে বয়সে বড়। তারপর ওর বেবি আছে। সিঙ্গেল ফাদার। "

" তো কি হয়েছে?"

" তুমি অ্যাডজাস্ট করতে পারবে?"

রিমা আড়চোখে দীক্ষাকে দেখে বলল," তুমি যখন পেরেছো আমি কেন পারবো না? আফটার অল আমি তোমার মেয়ে।"

দীক্ষা চুপচাপ খেয়ে ঘরে চলে গেল।

পরেরদিন ....

দেবের জমিতে কাজ শুরু হবে।

ফাঁকা জমি। উত্তর দিকে একটা ডোবা। দীক্ষা জমিটা চারদিকে দেখতে লাগলো। একজন এসে ওর হাতে একটা ফাইল দিয়ে বলল সয়েল টেস্টের রিপোর্ট। দীক্ষা রিপোর্টটা নিয়ে দেখতে লাগলো। ডোবাটার পাশে বসল। কাগজ পত্র দেখছিল। হঠাৎ হাওয়ায় একটি কাগজ উড়ে গেল। দীক্ষা ছুটতে ছুটতে ঐ কাগজটাকে ধরতে গেল। কাগজটা গিয়ে পড়ল একটা কবরের কাছে। কাগজটা হাতে তুলে নিতে নিতে দেখলো। কি সুন্দর শানবাঁধানো!!

পাথরের উপর লেখা____________________________

তোমার পবিত্র কায়া, প্রাণেতে পড়েছে ছাড়া,

মনেতে জন্মেছে মায়া, ভালোবেসে সুখী হই,

ভালবাসি নারী ধরে, ভালবাসি চরাচরে,

ভালোবাসি আপনারে, মনের আনন্দে রই।

নয়ন -অমৃতরাশি প্রেয়সী আমার!(সাধের আসন : বিহারী লাল চক্রবর্তী)

দীক্ষা শ্বেত পাথরের উপর খচিত কালো অক্ষরে হাত বোলাতে লাগল।

" আপনি এখানে কি করছেন?"

দীক্ষা পিছন ফিরে দেখলো দেব দাঁড়িয়ে। দেব সমাধির দিকে তাকিয়ে বলল," এই খানে আসবেন না। ওদিকে চলুন দরকারি কথা আছে।"

দীক্ষা আর একবার ফিরে ঐ সমাধির দিকে তাকিয়ে দেখল।

কাল ভিত খোঁড়া হবে।

একটা ক্যাফেতে বসে দীক্ষা আর দেব কথা বলতে থাকল। ল্যাপটপ সামনে খুলে দীক্ষা বোঝাতে লাগলো।

" দেখুন স্যার , এই দিকে পূর্ব দিকে এন্ট্রি হচ্ছে । আর পশ্চিম দিকটায় হচ্ছে কিচেন।......."

দীক্ষা ওর কথা বলে যাচ্ছে আর এদিকে দেব দীক্ষার চাউনি, ওর মুখভঙ্গি অনুসরণ করে চলেছে। তারপর নিজ প্রেয়সীকে দেখে চলেছে।

" স্যার"

দেব কিছু বলছেনা দেখে ওর মুখের কাছে হাত নাড়া দিতেই ওর ঘোর কাটলো।

দেব হতচকিত হয়ে বলল," সরি!!! আসলে একটা কথা ভাবছি"

দীক্ষা - প্ল্যানটা বলুন?

দেব- ভালো।

দীক্ষা হালকা হেসে বলল," আসলটাতো এবার দেখবেন। ভিতরের এবং বাইরের সমস্ত ডিজাইন আমি করবো। ঠিক আছে স্যার আমি আসছি"

দীক্ষা চলে যাচ্ছিল দেব পিছনে ডাকল " শুনুন"

" হ্যা বলুন। কিছু বলবেন?"

দেব উঠে ওর সামনে এসে দাঁড়ায়। প্যান্টের পকেটে হাত রেখে বলল," ঐ যে সমাধিটা দেখলেন ওটা আমার মৃত স্ত্রী"

দীক্ষা ভাবল এত ভালোবাসা তাদের মধ্যে, কেন ঠাকুর কেন এই অবিচার? এই রকম হৃদয়হীনতা কেন তোমার? এই রকম পবিত্র ভালবাসা কে শেষ করে দিতে তোমার কষ্ট হয়না?

দীক্ষা বলল,"এই রিসোর্ট হবে আপনাদের ভালোবাসার এক অপরুপ প্রতীক। "

দীক্ষা বিদায় নিয়ে চলে যায়।

দেব ওখান থেকে বেরিয়ে সেই সমাধির কাছে গেল।

দেব সান বাঁধানো সমাধির সিঁড়িতে বসে বলল," কত দিন ধরে এখানে শুয়ে আছো। এই অনন্ত ঘুম থেকে উঠবে তো না । " কিছু ক্ষন চুপ থাকার পর বলল," যদি একবার ফিরে আসতে। প্রতিটা দিন প্রতিটা রাত তোমার জন্য আমার আফসোস হয়" চোখে জল মুছে বলল,' যাই হোক শোনো, আমাদের স্বপ্ন পূরণ হতে চলেছে। আমাদের ভালোবাসাকে বাঁচিয়ে রাখতে, আমাদের আর এক ভালোবাসার প্রতীকী তৈরি হতে চলেছে। তুমি খুশি?"

সমাধিটা একটি কদম গাছের নীচে । দেবের সঙ্গে সঙ্গে গাছটির পাতা হাওয়ায় নড়তে শুরু করলো। অনেক কদম ফুল সমাধির চারপাশে ছড়িয়ে পড়ল।

13
পর্ব ১৩

"আকাশে পূর্ণিমার পূর্ণ চন্দ্রকলার চারিপাশে ঘিরে আছে চন্দ্র শোভা।

হেমন্তের নবৈশতের ডাকে বাতাস বইয়ে চলেছে ধরিত্রীর বুকে।.........."

বাগানে বসে বসে সানডে সাসপেন্স শুনছিল রায়ান। কিন্তু বাবার ডাকে সব কিছু ছেড়ে বাবার কাছে আসতে হলো । ছোড্ড রায়ান বাবার কাছে মুখ গোমড়া করে এল।

দেব বলল," এদিকে এসো আমার পাশে এসে বসো"

অনিচ্ছা সত্ত্বেও বাবার পাশে এসে বসল। " এত রাতে বাগানে বসে বসে কি করছিলে?" জিজ্ঞেস করার সাথে সাথে বাবার চরম অন্যায়ের অভিযোগ করে বসল।

" আমি একটা কি দারুন ডিটেকটিভ গল্প শুনছিলাম আর তুমি আমাকে ডাকলে"

" এই রাতে বাইরে হিম পড়ছে আর তুমি বাগানে বসে গল্প শুনছো। কটা বাজে জানো?"

রায়ান চুপ করে থাকে। " কাল স্কুল যাবে আর তুমি এখনো ঘুমায়োনি । আর আমি কিন্তু টিউটরের কাজ থেকে শুনেছি তুমি পড়াশোনা করছো না"

" পাপা আমার ভালো লাগে না । "

দেব জড়িয়ে ধরে বলল," কেন? সবাই তো আছে । বুড়ি আছে , রিয়া আছে, রুমি আছে ।(এরা বাড়ির কাজের লোক) । আর তোমার মণি (রায়ানের দেখভাল যে করে) তো আছেই।"

" তুমি তো থাকো না "

" কাজ থাকে তো বাবু। চল যাও ঘুমিয়ে পড়ো" বাবার কোলে করে নিজের ঘরে এল রায়ান। রায়ানের ঘরের দেওয়ালে একদিকে মা আর ছোড্ড রায়ানের ছবি। আর একদিকে ওর পছন্দের সুপার হিরোদের ছবি। বিছানায় শুয়ে দিয়ে ওর কপালে চুমু দিয়ে বলল," ঘুমিয়ে পড়ো সোনা"

" পাপা। স্বপ্নে কি মা আসবে?"

" হ্যা আসবে.... মা তোমাকে আদর করবে। ভালোবাসবে।" রায়ানকে জড়িয়ে ধরে দেব রেবতীর ছবিগুলোর দিকে তাকিয়ে থাকল।

একটা পার্কে বিকেলে বসে আছে দীক্ষা। কারোর জন্য মনে হয় ও অপেক্ষা করছে। বেঞ্চে বসে ছিল অন্যমনস্ক হয়ে । একজন ওর পাশে এসে বসল। প্রথমে বুঝতে না পারলেও পরে দেখে বলল," সাহেব!!"

দুপুরের দিকে দীক্ষার ফোনে একটা ফোন আসে। ফোনটা ধরতে প্রথমে কোনো কথা শোনা গেলনা পরে এক চেনা স্বর এল। সেই চেনা স্বর ওকে অতীতে নিয়ে চলে যায়। অস্ফুটে বেড়িয়ে আসে " সাহেব!!!"

সাহেব ওকে ফোন করে। বহুবছর পর ওদের দেখা।

দীক্ষা হেসে বলল," তুমি এত বদলে গেছো!!"

সাহেব রোগা হয়ে গেছে , সামনের চুল গুলো পাতলা হয়ে গেছে। সাহেব বলল," তুমি তো মোটা হয়ে গেছো"

দীক্ষা হেসে বলল," হ্যা। সবটা আমাকে দেখতে হয়। আর বয়স তো কম হলো না। ৩৪ এর দোরগোড়ায়।"

" আমাদের শরীরের পরিবর্তন হলেও আমাদের মন কিন্তু একই আছে"

"হুম"

" চলো ফুচকা খাই"

" চলো"

বহুদিন পর সেই চেনা মানুষটার সাথে দেখা, তার হাত ধরে ঘোরাফেরা। বয়সের বারবেলায় এসে দাঁড়ালো ওরা।

দীক্ষা- সাহেব বিয়ে করেছো?

সাহেব মাথা নাড়িয়ে না বলল। তারপর বলল," আচ্ছা দীক্ষা আমরা কি প্রথম থেকে আবার জীবনটা শুরু করতে পারি না?"

দীক্ষা দীর্ঘ শ্বাস ছেড়ে বলল," সময় থাকতে যখন আমরা এক হতে পারিনি। পুনরায় আর এক হওয়ার কথা আর ভাবিনা।"

" তোমাকে ছাড়া আর কাউকে ভালো লাগেনি আর তাই বিয়েও করিনি। তুমি কেন করোনি দীক্ষা?"

দীক্ষা গঙ্গার দিকে তাকিয়ে বলল," দায়িত্ব পালন "

ওর দিকে তাকিয়ে বলল,"দায়িত্ব পালনের প্রতিজ্ঞা "

" আমরা যদি সেদিন চলে যেতাম। আজ আমাদের জীবনটা খুব ভালো থাকতো"

" সেটা হয়নি তাই আর ভেবে লাভ নেই "

" যেটায় তোমার অধিকার নেই , সেটা নিয়ে কেন পড়ে আছো?"

" আমি সব ত্যাগ করে দিয়েছি সাহেব। আমার কিছু চাই না। "

দেব ওর অফিসে বসে হঠাৎ ফোন এল রিসেপশন থেকে কেউ ওর সাথে দেখা করতে এসেছে। দেব ভাবলো এখন এই মুহূর্তে কে এলো তারপর পাঠাতে বলল তাকে।

" আসতে পারি?"

দেব তাকিয়ে দেখল রিমা এসেছে। অবাক হয়ে বলল," তুমি?,"

রিমা ঢুকতে ঢুকতে বলল," হম ভাবলাম এখানে কাছাকাছি এসেছি একটু দেখা করে যাই"

দেব দেখলো অপটু হাতে শাড়ি পড়েছে আর এমনিতে সামলাতেও পারছেনা। আপাদমস্তক চোখ বুলিয়ে বলল," শাড়ি পড়েছো কেন?"

" কলেজে ফাংশান ছিল । "

" এমনি চুড়িদার পড়তে বেকার কষ্ট করে শাড়ী পড়ার কি আছে"

দেব ভাবতে থাকে প্রথমবার রেবতীর শ্বশুরবাড়িতে আসা। শাড়ি পড়তে পারেনা দেব পড়িয়ে দেয় ওকে।

রিমা দেখছে ওর দিকে তাকিয়ে আছে দেব।

দেবকে ইমপ্রেস করতে পেরেছে ভেবে ভীষণ আনন্দিত। কিন্তু ওর দিকে তাকিয়ে আছে ।

" কি ভাবছেন?" রিমা দেবকে বাঁকে। দেব ভাবনা থেকে বেরিয়ে বলল ," কিছু না"

" কাল আপনি আর আপনার ছেলে কাল দুজনে মিলে আমাদের বাড়িতে লাঞ্চ করবেন। এটা আমার তরফ থেকে ইনভাইটেশন।"

" কাল তো...."

" আমি কিছু শুনতে চাই না। কাল আসছেন।"

এক গুচ্ছ গোলাপ ওর হাতে দিয়ে বেড়িয়ে যায়।

গোলাপ দেখে মনে মনে বলল," এ তো তোমার পছন্দের ফুল "

বাড়ি এসে রেবতীর ফটোর সামনে ফুলটা রাখলো। ছবির দিকে তাকিয়ে বলল," তোমার জন্য । তোমার পছন্দের ফুল। তোমাকে না দিলে হয় নাকি।

14

পর্ব ১৪

দীক্ষা সকালে উঠে এত তোড়জোড় দেখে অবাক হয়ে গেল। রান্না ঘরে গিয়ে দেখলো রিমা ওর অপটু হাতে মাছ ভাজছে আবার রান্নার লোকেরা ওর সামনে ঢাল হিসেবে দাঁড়িয়ে।

" কি হচ্ছে এই সব?"

রিমা লাফাতে লাফাতে বলল," দেব আসবে আজ"

দীক্ষা অবাক হয়ে বলল," মানে?"

সুনন্দা বলল," মিঃ রায় চৌধুরী আর ওনার ছেলে আসবেন। আমরা ওনাকে এখানে লাঞ্চ করতে বলেছি"

দীক্ষা ওদের কর্ম কান্ড দেখে মনে মনে হেসে চলে গেল। মানুষের বেশি লোভ করতে নেই। আর রিমা হচ্ছে এমন একটি মেয়ে যে নিজের স্বার্থে সব কিছু করতে পারে। এখানে রিমা আর সুনন্দার লাভ। নামকরা এই ব্যবসায়ী পরিবারের সাথে যদি বিবাহবন্ধনে আবদ্ধ হওয়া যায় তাহলে ওদের লাভ। আর অর্থ, সম্পত্তি এই লোভে সুনন্দা যেমন এই পরিবারে এসেছিল ঠিক তেমনি রিমাকেও সেই পথে চালিত করছে।

রিমার অবশ্য ঘর সংসার, দায়িত্ব, সম্পর্কের মান রাখা, সম্মান করা, বড় ছোটো এই সব কিছুই ওর ধার ধারে না। নিজের টা ঠিক বুঝে নেয়। নিজের আখের গোছাতে গোছাতে বহু মানুষের মন ভেঙেছে। অবশ্য এদিকে ওর নিশানা বরাবর অর্থনৈতিক দিক থেকে স্বচ্ছল ও শক্তিশালীরা।

এইভাবে মন দেওয়ার খেলা দেবের মতন অনেক কারোর সাথে খেলছে কিন্তু এবারে বিষয়টা একটু অন্যরকম। একটা দেশ জয় করার মতন পরিস্থিতি।

দুপুর ১২টার পর স্যানাল বাড়ির সামনে একটি গাড়ি এসে দাঁড়ালো। রায়হান তার থেকে নামলো।

সুনন্দা ওদের ড্রয়িং রুমে বসালো। জল খাবারের ভীষণ রকম আয়োজন করেছে।

এই সব দেখে দেব বলল," এখন এত কিছু কেন? দুপুরের খাওয়া আছে"

সুনন্দা," সে তো হবেক্ষন আগে একটু কিছু খান। আপনার যেটা মনে হবে সেটা খান।"

রায়হান কে চুপ থাকতে দেখে বলল," বাবু তুমি কিছু খাও।"

একটা মেড কে ইশারা করতে ওর জন্য কেক আর কুকিস নিয়ে আনল।" এই নাও এটা তোমার জন্য। " রায়হান এই সব দেখে ওর চোখ মুখ উজ্জ্বল হয়ে উঠল।

বাবার দিকে একবার তাকালো। বাবা মাথা নাড়লে খাবারে হাত দিল।

রিমাকে এদিকে সবাই সাজাতে। ভালো করে শাড়ি পড়ানো হচ্ছে। কিছু ক্ষন পর রিমা নিচে নামল। রিমার সুন্দর মুখ , যা সকল জায়গায় জয় হবার আসল কারণ। দীক্ষার মধ্যে যে সাধারণ ভাবটা আছে রিমার মধ্যে তা কোনো দিনই ছিল না। রূপের অহংকার তো আছেই এবং আছে বড় বড় ভাব। সর্বেসর্বা ব্যক্তিত্ব। রিমাকে দেখে দেব বিস্মিত হয়ে গেল।

" নমস্কার মিঃ রায় চৌধুরী" হাতজোড় করে বলল।দেব ," নমস্কার বসো"

বিভিন্ন কথাবার্তার মধ্য দিয়ে সময় অতিবাহিত হয়ে গেল। রায়হান বড়দের কথা বার্তা থেকে বিরত হয়ে এ ঘর , ও ঘর এবং সারা বাড়ি ঘোরাফেরা করতে লাগলো।

সুনন্দা ধীরে ধীরে ওদের থেকে আলাদা হয়ে গেল। বাগানে ঘুরতে ঘুরতে দেবের সাথে রিমা গল্প করতে থাকল।

রায়হান ধীরে ধীরে দীক্ষার ঘরে ঢুকল। দেওয়াল টাঙানো দীক্ষা আর ওর মায়ের সাথে জড়িয়ে ধরা পুরোনো ছবি। ও হা করে দেখতে থাকলো।

হঠাৎ কারোর ঘরে আসার শব্দ শুনে পিছন ফিরে দেখে দীক্ষা এসেছে। দীক্ষা রায়হানের সামনে হাঁটু গেড়ে বসে বলল," হ্যালো মিঃ ছোট্ট রায়চৌধুরী। "

প্রথমে দীক্ষাকে ভালো করে দেখলো। তারপর বলল," হাই"

" কেমন আছো?"

" ভালো "

" তুমি এখানে কি করছো?"
চারদিকে তাকিয়ে রায়হান বলল," এটা কি তোমার ঘর?"

দীক্ষা মাথা নেড়ে বলল," হ্যা। তোমার ঘর কি আমার মতো?"

" না আমার মতন নয় কিন্তু একটা মিল আছে"

" তোমার দেওয়ালে যেমন আমার মায়ের ছবি আছে ঠিক তেমনি আমার দেওয়ালেও আছে"

দীক্ষা রায়হান কে কোলে তুলে নিয়ে বসল। " তোমার মাকে তুমি মিস করো?" রায়হান বলল। দীক্ষা জানালার দিকে তাকিয়ে বলল," হুম। খুব "

" তোমার কষ্ট হয়না?"। দীক্ষা কান্না চেপে মুখে হাসি চাপিয়ে বলল," সবাই তো একদিন না একদিন চলে যাবে। মাঝে মাঝে কষ্ট হয় । "

" আমি যখন কষ্ট পাই তখন বাবা আমাকে সেই সময় এসে সামলায় । "

" বাবা তোমাকে খুব ভালোবাসে তাই না?

" হুম খুব" । দীক্ষার মলিন মুখের দিকে তাকিয়ে বলল," তোমার বাবা নেই?"

দীক্ষার মনে পড়ে গেল বাবার প্রতি ওর অভিমানের কথা । কান্না গিলে বলল ," আচ্ছা তুমি খাবে তো ? অনেক বেলা হলো তুমি নীচে যাও আমি ফ্রেশ হয়ে আসছি।"

সকলে খেতে বসেছে ।

সুনন্দা - তা আপনার বাড়িতে আপনি আর আপনার ছেলে তাই তো?

দেব - আমার বোন থাকে। ওর স্বামী মারা যায় ৯ বছর হয়ে আগে। ও অবশ্য সবসময় থাকে না। ওর ছেলে আছে একটা বাইরে থেকে পড়াশোনা করে।

রায়হান খেতে পারছে না । সুনন্দা রিমাকে ইশারায় বলল ," থাইয়ে দিতে "

রিমা চোখ বড় বড় করে মাকে ধীরে ধীরে বলল সে পারবে না।

দীক্ষা বলল," কই দেখি....... কি অসুবিধা হচ্ছে?"

" মাছ"

দেব বলল," তুমি মাছ খেয়েও না চিকেন খাও"

দীক্ষা," চিকেন শুধু খেলে হবে মাছ ও খেতে হবে । দাঁড়াও" দীক্ষা ওর মাছ ছাড়িয়ে খাইয়ে দেয়।

দীক্ষা," কী? তোমার সব ভাত পেটে চলে গেল তো?"

রায়হানের খুব ভালো লাগে দীক্ষাকে।

রাতে বাবার পাশে শুয়ে শুয়ে বলল," পাপা,"

" হুম "

" দীক্ষা আন্টি খুব ভালো "

" মানুষের এত তাড়াতাড়ি বিচার করতে নেই । "

"পাপা আন্টি আমার সাথে অনেকক্ষন খেলেছে , কথা বলেছে কিন্তু রিমা আন্টি একবারও...."

" বাবু বড়রা কতবার কত কথা বলবে । কেন রিমা আন্টি কথা বলেনি? আমরা যাওয়ার সময় রিমা আন্টি তোমাকে কোলে তুলে গাড়িতে বসিয়ে দিল । কত গিফ্টস দিল। দীক্ষা আন্টিকে দেখলে?,"

রায়হানের মনে পড়ল সত্যি তো আসার সময় একবারও দীক্ষাকে দেখল না।

রিমার সাথে আজ বাগানে কথা বলার সময় তরুন বয়সে রেবতীর সাথে কলেজে প্রেম করার কথা মনে পড়ে গেল। রেবতীর সাথে রিমার অনেক মিল। রেবতীও খুব ছোটাছুটি দৌড়াদৌড়ি করতো। প্রথম দেখাও ছোট্ট একটা অ্যাকসিডেন্ট থেকে হয়েছিল।

রাতে শুয়ে দেব ভাবলো রিমার কথা। তাহলে কি দেবের প্রতিজ্ঞা ভঙ্গের সময় এল?

15

পর্ব ১৫

দীক্ষা আর সাহেব কথা বলছে একটা ক্যাফেতে। ওদের দুজনের বিষয় এক। সেই বিষয় নিয়ে কথা বলছে।

সাহেব - দেখ , ওনার যেহেতু মৃত স্ত্রীর স্মৃতি নিয়ে করা রিসোর্ট হচ্ছে তাহলে তাজমহলের ছাপ দিতে পারিস

দীক্ষা-না না। একটু ইউনিক করি। আমি ভাবছিলাম.....

সাহেব - কি?

দীক্ষা- ইতিহাসের সমস্ত প্রেম গাঁথা নিয়ে তৈরি হবে এই দ্বীপ।

- দ্বীপ!!!

- রিসোর্ট টা এই রকম হবে। দেখ "ভালোবাসি" এই কথাটা প্রমাণ করতে হলে প্রেমিকার উপর কোনো অধিকার নয় বা লোক দেখানোর মতন ' আমি এত টাকা খরচা করে আমার প্রেমিকাকে এই দিয়েছি , ওর জন্য এই করেছি..' এসব থেকে ভালোবাসার উদাহরণ দেওয়া যায়না এটা হয় মন থেকে।

- কিন্তু ক্লাইন্টকে কী করে খুশি করবি?

- ঐ যে বললাম প্রেম গাঁথা নিয়ে।

সাহেব ওর দিকে তাকিয়ে বলল," হম তোর অসাধারণ বুদ্ধিমত্তার জবাব নেই!!!"

" ধন্যবাদ বলার জন্য!!!!! " দুজনে হাসতে থাকলো।

পরেরদিন জমির সাইটে গেলো দীক্ষা।

ওর আবার একটাই রোগ । সব কিছু নিজে দাঁড়িয়ে থেকে করার। ঐ রোদের মধ্যে, ধুলো বালির মধ্যে দাঁড়িয়ে থেকে কাজ দেখে। প্রতিটা প্রোজেক্ট ও নিজে দাঁড়িয়ে থেকে দেখবে।

ওর যুক্তি সব কিছু যেন নিখুঁত হয়।

ইঞ্জিনিয়ারের সাথে কথা বলছিল দীক্ষা সমস্ত কিছু বোঝাচ্ছে তখন দেবমাল্য এল।

দীক্ষা ওকে দেখে এগিয়ে আসে। দীক্ষা একরাশ হাসি নিয়ে দেবের গম্ভীর মুখের দিকে তাকিয়ে বলল," নমস্কার মিঃ রায় চৌধুরী। "

দেব নির্লিপ্ত কণ্ঠে ওর জবাব দিলো। দীক্ষা বলল ," আজকে ইঞ্জিনিয়ার এসেছে সোয়েল টেস্ট কমপ্লিট কাল পরশুর মধ্যে ভিত কাটা হবে । আর একটা কথা ছিল "

" বলুন "

" আমি যত গুলো প্রজেক্ট করেছি সব গুলোর ভিত কাটার আগে ভিত পুজো করি আর বছরে বিশ্বকর্মা পূজা করি। যে প্রজেক্ট হয় সেই বিল্ডিং -এর মিস্ত্রির যন্ত্রপাতি নিয়ে। "

" ঠিক আছে । আপনি পুজো করতেই পারেন তবে...... আপনার করা রিসোর্টের প্ল্যানিং এবং ডিসাইন আমি accept করবো না।"

এই কথা শুনে দীক্ষা আশাহত হয়ে যায়। " স্যার আপনি এ কি বলছেন "

" স্যার পুজোতে সব খরচ আমার। আর আপনার কোনো রকম অসুবিধা হবে না।"

" বলছি তো আপনি করুন কিন্তু আপনার প্ল্যানিং আর ডিসাইন আমার মত হবে।"

দীক্ষা মাথা নিচু করে নেয় । সকলে দীক্ষাকে দেখতে থাকে। কিছুক্ষন পর দীক্ষা বলল," সরি স্যার কোনো পুজো হবে না। আমার অহেতুক আবদারের জন্য দুঃখিত। "

পরেরদিন সকালে ভিত খোড়া হলো। এই প্রথম দীক্ষা পুজো না করে কাজে হাত দিল। মনটা খারাপ লাগে। এক বয়স্ক মিস্ত্রি ওর কাছে এসে বলল," দিদিভাই"

দীক্ষা ওনার দিকে তাকাল। উনি বললেন," মন থারাপ করো না"

" বাবা প্রতিটা কাজে হাত দেওয়ার আগে পুজো করতেন এই প্রথম কেউ আমাকে পুজো করতে বাঁধা দিল। "

আর একজন মিস্ত্রি এসে বলল," আমাদের মনের মধ্যে তো ভগবান আছে দিদি তাহলে আর কি চাই? দেখবে তোমার কাজ ঠিক মতন গড়ে উঠবে।"

দেব বাড়ি ফিরে ওর অফিস রুমে গিয়ে বসল। মন মেজাজ ভালো নেই। ভগবান, পুজো অর্চনা ওর এসব একদম ভালোলাগে না।

আসলে রেবতী বাড়িটাকে পুজো- অর্চনায় ভরিয়ে রাখতো । কিন্তু দরকারের সময় সেই ভক্তি, সেই ভগবান ওর থেকে মুখ ফিরিয়ে নিয়েছিল। রেবতী অকালে চলে গেল। তাই ভগবানের প্রতি তার বিদ্বেষ। বাড়িতে কোনো পুজো হয়না। আর দেব এই সব মানেও না।

বাড়িতে রাত ১০টার সময় দীক্ষা ফেরে। ক্লান্ত হয়ে ঢুকল। নিজের ঘরে গিয়ে বিছানায় নিজেকে এলিয়ে দিল। সারাদিনের সমস্ত ক্লান্তি বিছানার নরম ভাব ওকে ঘুম পাড়িয়ে দেয়।

রাত ২ টোয় ঘুম ভাঙ্গলো। ফ্রেশ হয়ে এসে ওর খিদে পেল। রান্না ঘরে ঢুকে থাবার খুঁজতে লাগল। থাবার পেল না। সেই সময় রমা দি এল। ওর জন থাবার নিয়ে এল। টেবিলের উপর থাবার রেখে বলল," খেয়ে নাও। তুমি খেতে আসোনি দেখে থাবার টা তুলে রেখেছিলাম।"

দীক্ষা খেতে খেতে বলল," তুমি ঘুমাওনি কেন?"

" আমি জানতাম তুমি আসবে। আমিও শুতে শুতে এই ১২ টা বাজে তারপর রান্না ঘরের আওয়াজ শুনে ঠিক বুঝলাম তুমি এসেছো।"

দীক্ষা খেতে খেতে ভাবলো এই সব মানুষরাই আজ আপন হয়ে গেছে। নিজের লোকেরাই পর হয়ে গেল। অবশ্য সুনন্দা নিজের লোক নয় আর না রিমা নিজের বোন । বাড়িতে বিড়াল, কুকুর থাকলেও মায়া পড়ে যায় কিন্তু এদের মায়ায় দীক্ষা এতদিনেও পড়েনি।

বহুদিন পর জয়ন্তী এ বাড়িতে এল।

সুনন্দা নিজের ননদকে পাত্তা দিল না। জয়ন্তী - কেমন আছো সব?

সুনন্দা মুখে ফেসিয়াল করছে চোখ বন্ধ করে বসে। একটা মেয়ে ওর মুখে ফেসপ্যাক লাগাচ্ছে। কোনো উত্তর না পেয়ে বসে রইল। রমা দি এসে বলল," দিদিভাই তুমি এমন সময় এলে। বৌদি মণি তো ব্যস্ত তুমি বরং পরে এসো।"

জয়ন্তীর কেমন যেন অপমান লাগলো। নিজের বাড়িতে এসে আজ পর্যন্ত কেউ অবহেলা করেনি। নীচে নেমে এল। রমা দি বলল," সেই আর নেই। তুমি এই বাড়িতে আর এসো না"

জয়ন্তী বেড়াতে যাবে সেই সময় দীক্ষা ঢুকলো।

দীক্ষা- পিসি তুমি কখন এসেছো?

জয়ন্তীর এতক্ষন বাড়িটাকে অচেনা লাগছিল এখন চেনা লাগছে। " এই তো এলাম।"

" চলে যাচ্ছো যে? বসো।"

" না থাক পরে আসবো। একদিন আসিস না। আমার কাছে"

" রিক দা তোমাকে ফোন করে তো?"

" করে।" দীর্ঘ শ্বাস ফেলে বলল," মাঝে মাঝে।"

" তুমি বসো কিছু খেয়ে যাও। রমা দি পিসিকে একটু চা করে দাও।" দীক্ষা আসছি বলে ফ্রেশ হতে গেল। রমা দি বলল," দীক্ষা দিদিমণি একমাত্র বাড়িটাকে জিয়ে রেখেছে।"

জয়ন্তী বলল," কেন যে সুমন্তর বিয়েটা দিয়েছিলাম"?

" এখন আফসোস করে কি হবে পিসি। যা হবার হয়ে গেছে।"

জয়ন্তী দীক্ষার মুখটা ধরে বলল," এর ফলে তোর বেশি ক্ষতি হয়ে গেল।"

দীক্ষা বিদ্রুপ হাসি হেসে বলল," আমি আর এসব ভাবি না পিসি।" দীর্ঘ শ্বাস ফেলে বলল," আমি শুধু বাবার জন্য সব কিছু ত্যাগ করে দিয়েছে আর এই বাড়ির জন্য....."

জয়ন্তী বলল," দেখবি সব ঠিক হয়ে যাবে"।

16

পর্ব ১৬

ফাঁকা এক রিক্ত বদ্ধভূমির উপর দীক্ষা বসে আছে । আকাশে শূন্য দৃষ্টি নিয়ে ভাবতে থাকে আকাশ পাতাল। মেঘ গুলো ভেসে চলেছে। অনন্ত নীল আকাশে মায়ের মুখ দেখতে পায়। মায়ের সেই হাসি মুখ কতদিন যে দেখেনি।

মনে মনে বলে ," মা আমি কত বড় বড় ইমারত গড়ে তুলছি । কত আশা, কত স্বপ্ন, কত পরিকল্পনা নিয়ে এক একটা ভিত্তি দিয়ে তৈরি করছি কিন্তু নিজের কিছু নেই। তুমি নেই, বাবা নেই । তোমরা নেই, তাই কাকে ভিত্তি করে আমি আমার স্বপ্নের ইমারত কে গড়বে?"

সূর্য ডুবে যায় পশ্চিমে পাড়ি দিয়ে।

ঘরে ঘরে শাঁখ বাজে। আকাশের সেই নীল রঙ ধীরে শ্যাম নীল রঙ ধারণ করে তারপর ধারণ করে কালো আর তাতে খচিত হীরের মতন তারা জ্বলে ওঠে। সাহেবের কাঁধে মাথা রেখে বসে আছে । জীবনে একজনকেই তো সব কথা বলতে পারে। হঠাৎ ফোনটা বেজে উঠলো। ফোনে দেখল দেব ফোন করছে। দীক্ষা ভাবল হঠাৎ দেব কেন ফোন করছে ফোনটা ধরতেই দেব ক্রোধে ফেটে পড়ল। অভিযোগ, তাকে নাকি অনেক বার ফোন করা হয়েছে সে ফোন ধরেনি। দীক্ষার ফোনটা মাঝে আউট অফ কভারেজ এরিয়া চলে যায়। অনেক গুলো মিস কল অ্যালার্টের মেসেজ দেখলো।

দীক্ষা বলল," আমার কাছে ফোন আসেনি "

দেব চেঁচিয়ে বলল ," এমন কোথায় ছিলে যেখানে নেটওয়ার্ক ছিল না?"

দীক্ষা ," না মানে...."

" ছাড়ো বাদ দাও। তোমার বোনের অবস্থা জানো তো?"

রিমার কদিন ধরে জ্বর। ওর কিছু হলো নাকি। চিন্তিত কণ্ঠে বলল," কি হয়েছে ওর?"

" হাসপাতালে ভর্তি। যদি বিন্দু মাত্র দায়িত্ব থাকে চলে এসো ।" এই বলে ফোনটা রেখে দিল।

সাহেব," কে এই ভাবে তোমার সাথে এমন ভাবে কথা বলছিল?"

" সাহেব, বোনের শরীরটা ভালো নেই। আমাকে একটু হাসপাতাল যেতে হবে" দীক্ষা চলে যায়। সাহেবের প্রশ্নের জবাব এড়িয়ে চলে যায়।

হাসপাতালে ঢুকে রিমা কোথায় ভর্তি হয়েছে জেনে সেখানে গেল। সুনন্দা চিন্তিত মুখে বসে আছে ওয়ার্ডের বাইরে। সুনন্দার কাছে যেতে গেলে টান পড়ে বা হাতে। দেব মারমুখী মুখে ওর

সামনে এসে দাঁড়ায়। " বোনের এত অবস্থা খারাপ তুমি কি জানতে না?"

দীক্ষা বলল," আমি বুঝতে পারিনি ফোনটায় যান্ত্রিক গোলযোগ হবে...."

সুনন্দা কেঁদে বলল," ছাড়ো দেবাদিত্য। আমাদের কেউ নেই আসলে"

দেব," অফিসে খবর নিয়ে দেখলাম তুমি নেই। "

দীক্ষা," আসলে ক্লাইন্টের সাথে মিটিং ছিল। "

সুনন্দা," রাত ৮ টায় ঘরে চলে আসিস এখন বলছিস মিটিং"

দেব," ওর ডেঙ্গু ধরা পড়েছে। অবস্থা ক্রিটিক্যাল। আইসিইউতে আছে। "

দীক্ষা কেবিনের দরজার সামনে গিয়ে দাঁড়াল।

দেব সুনন্দাকে বলল," আপনি চলে যান। আমরা দুজনে আছি। "

সুনন্দা খুব কাঁদে আর বলে ও যাবে না। দীক্ষা বলল," ম্যাডাম আপনি চলে যান। আমি তো আছি। ও তো আমার বোন। আমি তো ওর জন সবসময় আছি। "

" সে তো দেখলাম "

" আজকের টাই দেখলেন বাকি গুলো দেখলেন না"

সুনন্দা দেবের দিকে তাকিয়ে বলল," করছে বলে কত শোনাচ্ছে। "

দেব," ঠিক আছে আপনি শান্ত হন" দেব দীক্ষাকে বলল," আমি আন্টিকে দিয়ে আসছি। দয়া করে রিমার একটু খেয়াল রেখো। "

সুনন্দা কে নিয়ে চলে গেল।

রাত ২ টো।

দীক্ষা সেই থেকে বসে ছিল সিটে। কখন যে চোখ লেগে যায়। প্রবল অস্বস্তি ঘুম থেকে জেগে ওঠে। সামনে তাকিয়ে দেখল দেব ডাক্তারের সাথে কথা বলছে। দীক্ষা ওদের সামনে এসে বলল কিছু একটা হয়েছে। ডাক্তার চলে যেতে দীক্ষা দেবকে বলল," কি হয়েছে,?"

" ওর প্লেটলেট কমে গেছে। অবস্থা খারাপ হয়ে গেছে। প্লাজমা লাগবে। "

দীক্ষা বলল," আমি রক্ত দিতে প্রস্তুত। আমার আর ওর গ্রুপ এক। আমি দেবো।"

দেব," তবে দাও। যাও ডাক্তারের সাথে গিয়ে কথা বলো। আমি রিমাকে একটু দেখে আসছি। "

ডাক্তার সাথে দীক্ষা কথা বলল। পরেরদিন প্লাজমা দেওয়া হয় রিমা কে।

রিমা কিছু টা সুস্থ আছে। তাও কখন কি হয় বলা যায়না। রোজ অফিস থেকে ফেরার পথে দীক্ষা রিমাকে দেখে যায়। আর দেবমাল্য , দিনে তিন বার আসে। এদিকে রিমার শাপে বর হয়। যত পারে দেবের কাছ থেকে সিমপ্যাথি আদায় করে নেয়। রিমা তো চেয়েছিল দেবের সান্নিধ্য পাওয়ার, এমনিতেই রিমা যা চাইছিল তাই হতে চলেছে। অফিস থেকে তাড়াতাড়ি বেড়িয়ে হাসপাতালে আসে। হাতে যাবতীয় দরকারি জিনিসপত্র, রিমার জন্য।

রিমার কেবিনে ঢুকতে গেলে দাঁড়িয়ে পরে। সামনে তাকিয়ে দেখে রিমা জড়িয়ে ধরে আছে দেব কে।

ওদের দেখে দীক্ষা চোখ নামিয়ে ওখান থেকে চলে যায়।

রিমা- দেব , আমার কিছুক্ষনের জন্য মনে হয়েছিল আমি মনে হয় চলে.......

দেব ওর ঠোঁটে হাত দিয়ে চুপ করিয়ে দেয়। " এরকম কথা বলবে না। আমি আর কাউকে হারাতে চাই না। আর না" রিমাকে বুকে জড়িয়ে ধরে।

দীক্ষা ডাক্তারের সাথে কথা বলে জানল , কাল পরশুর মধ্যে ছাড়া যেতে পারে। ডাক্তারের ঘর থেকে বেরিয়ে দেবের মুখোমুখি হয়।

দেব- কখন এসেছো?

দীক্ষা - অনেক ক্ষন । আপনারা কথা বলছেন দেখে ডাক্তারের সাথে কথা বলছিলাম।

দেব- ডাক্তার বলেছে ছেড়ে দেবে।

দীক্ষার হাত থেকে সব কিছু নিয়ে বলল," তুমি এখন এসো অনেক রাত হয়েছে। তুমি আর এসো না । কথাটা শুনে দীক্ষার খারাপ লাগলো।

" আমি তো আসছি , না হয় চারবেলা আসবো । মাসিমা ঠিক তোমাকে বিশ্বাস করতে পারে না , আমারও তোমাকে ঠিক পদের মনে হয় না। Contract -টা নেহাত দিয়ে দিয়েছি বলে তাই but you are not suitable for this position . আমি তোমার বাবাকে চিনতাম। এর আগে আমার যত গুলো construction -এর কাজ ছিল তোমার বাবার কাছ থেকেই করেছি। কিন্তু তুমি ঢেলেমি করে কাজ করছো তার উপর ঐ সব ঐশ্বরিক, অলৌকিক ভাবনা চিন্তা, এগুলো যাদের মধ্যে আছে তারা আত্মবিশ্বাসী নয়।"

দীক্ষা বলল," ভগবান আমাদের আত্মবিশ্বাস জোগায়। আর আমি সবকিছু ঠিকঠাক নিজে দাঁড়িয়ে থেকে করি। ঠিক আছে....."

দেব," কাজে মন দাও ঐ ভাবে কাজের শেষে ছুটে ছুটে বোন কে দেখতে আসতে হবে না। আমি আছি সামলে নেব। তোমার আর ওর গ্রুপ না মিললেও তোমাকে অত ভাবতে হত না , আমি জোগাড় করে ঠিক নিয়ে আসতাম।"

দীক্ষা অনেক ক্ষন ধরে অনেক কথা শুনে চলেছে । এবার বলল," রিমা আপনার প্রেমিকা হবার আগে ও আমার বোন। আমার দায়িত্ব টা সবার আগে। তা বলে আপনার কর্তব্য কে আমি বিন্দু মাত্র ছোট করছি না। দিদি হিসাবে আমার কি করণীয়, কি দায়িত্ব সেটা সম্পূর্ণ আমার ব্যাপার। রক্ত পেতেন কি পেতেন না সেটা দেখা যেত। যা আমার কর্তব্য সেটা আমায় করতে দিন। সেটা ঠিক করার অধিকার আপনার নেই। আমি আমার বোনকে দেখতে আসবো কি না সেটা আমার ব্যাপার। " এই বলে চলে যাচ্ছিল ফিরে এসে বলল," ও হ্যা, কাজের ব্যাপারে আপনি যে কোনো argument করতে পারেন কিন্তু আমার ব্যক্তিগত বিষয়ে নয়।"

17

পর্ব ১৭

দীক্ষা কনফারেন্স রুমে।

মিটিং হচ্ছে। ইঞ্জিনিয়ার, architect ,ও অফিসের বিভিন্ন স্টাফেরা বসে। প্রোজেক্টারে পিপিটি প্রেজেন্টেশন দেখানো হচ্ছে এবং দীক্ষা বিষয়টি নিয়ে আলোচনা করছে। কিছুক্ষন পর মিটিং শেষ হলো। মিটিং শেষ হতে সকলে চলে গেলে বিভূতি বাবু দাঁড়িয়ে রইল। বিভূতি, " দীক্ষা "

দীক্ষা ল্যাপটপে কাজ করতে করতে বলল,“ হ্যা বলুন ”

- তুমি কি কোনো কারণে আপসেট?

দীক্ষা মাথা তুলে বলল,“ না না। আমি আর কিসে আপসেট হবো....”

- দীক্ষা, আমি জানি দেবমাল্য রায় চৌধুরীর সেই দিন ব্যবহারের জন্য তুমি ভীষন মনে মনে কষ্ট পাচ্ছো।

- কত ক্লাইন্ট , কত কন্ট্রাক, কত প্রোজেক্ট নিয়ে কাজ করেছি। এত লোক কাজ করছে , এত বড় একটা দায়িত্ব সামলেছি । এই রকম ছোঁড় একটি বিষয় নিয়ে ভাবলে তাহলে তো কাজ করাই যাবে না।

বিভূতি,“ দীক্ষা দেখ আমি তোমার বাবার বয়সী আমি জানি তুমি কোন পরিস্থিতির মধ্যে রয়েছো। তোমার পরিবারের কী হয় আমি জানি। তুমি আছো বলে এই " স্যানাল গ্রুপ" চলছে , অন্য কেউ থাকলে হয়তো চালাতে পারতো না।”

দীক্ষা,“ আমি এই গ্রুপের কেউ না, এই কোম্পানীও আমার না । কিন্তু তাও এই কোম্পানির প্রতিজ্ঞা বদ্ধ ”

রিমাকে হাসপাতাল থেকে বাড়িতে নিয়ে এল দেব। ধীরে ধীরে গাড়ি থেকে নামল রিমা। দেব ওকে ধরে ধরে ঘরে নিয়ে এল। বিছানায় বসে রিমা হাফ ছাড়ল।

রিমা- ১৫ দিন পর বাড়ি ফিরলাম।

দেব- এবার সাবধানে থাকো। খুব দুর্বল তুমি।

সুনন্দা রিমাকে শুয়ে দিয়ে ওর গায়ে চাদর দিতে দিতে বলল,“ দেব তুমি একটু বসো। আমি সূপ নিয়ে আসি ওর জন্য আর তুমি একটু কফি খাও ”

দেব উঠে দাঁড়িয়ে বলল,“ না আমি যাই....”

রিমা- কেন? একটু বসে যাও।

দেব- আসলে একটা মিটিং আছে।

সুনন্দা- এই কটা দিন আমার মেয়ের জন্য অনেক করলে , তোমাকে কী বলে যে ধন্যবাদ দেব।

দেব সুনন্দার হাত দুটো ধরে বলল, " আমার যা কর্তব্য তাই করেছি। দরকার হলে আবার করবো। " রিমার মাথায় হাত বুলিয়ে বলল, " আমি আসছি " দেব বেড়িয়ে যায়। নীচে দীক্ষার মুখোমুখি হয়। দীক্ষা হালকা হাসলো দেবকে দেখে। দেব দীক্ষাকে কিছু না বলে চলে গেল। দীক্ষা রিমার ঘরে ঢুকল। সুনন্দা রিমাকে খাওয়াচ্ছিল, ওকে দেখে বলল, " তুমি এখানে কী করছো?" দীক্ষা, " তুই আজকে ফিরবি, সেটা জানতাম তাই ......"

রিমা, " ভালো আছি আমি। জেনে নিয়েছিস? এখন আমি ভীষণ টায়ার্ড আর তুই এখন যা.....", সুনন্দার দিকে একবার তাকিয়ে চলে গেল।

নিজের ঘরে ঢুকে জগ থেকে জল গ্লাসে খেতে যাচ্ছিল হঠাৎ ফোনটা বেজে ওঠে। ফোনে দেখল সাহেব কল করছে। ফোনটা ধরল। সাহেব- হ্যালো, কোথায় অফিসে ?

- না বাড়িতে। তোর গলার আওয়াজ ধরা ধরা কেন? কী হয়েছে?

- দেখা কর।

বিকেলে দীক্ষা আর সাহেব দেখা করল। সাহেব গুম মেরে বসে আছে।

দীক্ষা- তুই না বললে আমি কি করে তোর মনের কথা বুঝবো ?

সাহেব , " দীক্ষা, আমার বিয়ে ঠিক হয়ে গেছে "

দীক্ষার বুকের রক্ত টা যেন ছলাৎ করে উঠলো। একটু টলে গিয়ে দাঁড়ালো। জোরে নিঃশ্বাস নিয়ে বলল, " ঠিক ডিসিশন নিয়েছিস। " সাহেব ওর হাত ধরে বলল, " আমি অন্যায় করলাম তোর সাথে। "

- অন্যায় কী করেছিস তুই? অন্যায় তো আমি করেছি। আর তাছাড়া , তোর জীবন তুই ঠিক করে বাঁচবি না তো কে বাঁচবে। আর আমার সাথে থেকে তোর ভবিষ্যত কী হবে?

খুব ভালো ডিসিশন নিয়েছিস। আমি একটুও দুঃখী নই।

- তুই আমায় ক্ষমা করে দে

- তুই কোনো অন্যায় করিসনি। একদিন আমি তোকে এটা বলতাম। আঙ্কেল আন্টির কথা শোন।

সাহেব দীক্ষাকে জড়িয়ে ধরল। দীক্ষা কান্না চাপা কর্ণ্ঠে বলল, " ভালো থাকিস "

রাতের বেলা একটা রেস্টুরেন্টে বসে আছে দেব আর রিমা। দেব- শরীর এখন ভালো লাগছে?

রিমা- Now I am fit and fine...

- এই কদিন যা গেল।

- চল না একদিন গোয়া বা মন্দারমণি যাই

- ছেলেটার পরীক্ষা, এখন তো কোনো মতে হবে না।

রিমা মনে মনে রায়হানের জন্য বিরক্ত হলো। রিমা - ঠিক আছে পরে যাওয়া যাবে।

দেব দেখলো রেস্টুরেন্টে ভায়োলিন বাজছে। রিমার হাত ধরে বলল, " চলো নাচি "

রিমা - তুমি নাচবে?

দেব - হ্যা চলো। রিমার হাত ধরে দেব নাচল। বোল্ড ডান্স করতে লাগলো।

দুপুরে একটা ক্লাইন্ট মিটিং শেষে দীক্ষা ফিরছিল। গাড়িতে বসে ফোনে কথা বলছিল। হঠাৎ গাড়িটা ব্রেক কষে। এই ভাবে ব্রেক কষাতে দীক্ষা ড্রাইভারকে বলল - কী হলো? এভাবে দাড়িয়ে পড়লে?

ড্রাইভার - ম্যাডাম, সামনে মনে হয় accident হয়েছে।

দীক্ষা গাড়িতে বসে কিছু বুঝতে পারলো না। গাড়ি থেকে বেরিয়ে সামনে এগিয়ে গেল।

এগিয়ে যেতে যেতে কানে আসতে লাগলো কিছু কথাবার্তা " বাচ্চাদের গাড়ি ছিল "

" ৬-৭ টা বাচ্চা হবে" " আহারে কী হবে এখন?" ভিড় থেকে আসছে। ভিড় ঠেলে সামনে এগিয়ে দেখলো । গাড়ি থেকে ধোঁয়া বের হচ্ছে। ভিতরে উঁকি মারতে অবাক হয়ে গেল।

18

পর্ব ১৮

দীক্ষা উঁকি মেরে দেখল তিনটে বাচ্চা গাড়ির মধ্যে আটকে। কিন্তু তাদের মধ্যে একজনকে দেখে ওর মুখ থেকে অস্ফুটে বেড়িয়ে এল " রায়হান"

পাশ থেকে এক জন বলল " ম্যাডাম এদের মধ্যে কাউকে চেনেন নাকি?"

দীক্ষা সকলকে বলল," আপনারা দাঁড়িয়ে আছেন কেন,? অ্যাম্বুলেন্সের ব্যবস্থা করুন। "

একজন ভিড় ঠেলে এগিয়ে এসে বলল," পুলিশ কে জানানো হয়েছে "

দীক্ষা" পুলিশ আসতে আসতে বাচ্চা গুলো মরে যাবে। " দীক্ষা কোনো কথা না বলে অনেক কষ্ট করে গাড়ির মধ্যে থাকা তিনটে বাচ্চাকে বার করে নিজের গাড়িতে তুলে নিয়ে বেড়িয়ে গেল।

তিন জন চিকিৎসাধীন। বাচ্চা গুলোর বাবা-মা-দের ফোন করা হয়েছে । পুলিশ হাসপাতালে এসে দীক্ষার সাথে কথা বলে। বর্তমান সমাজে ভালো কাজ করার জন্য অনেক কাঠখড় পোড়াতে হয়। দীক্ষা দেবকে অনেক বার কল করেছিল কিন্তু ওর নম্বর দেখে দেব প্রথমে ফোন না ধরে মেসেজ করে সে ব্যস্ত আছে। ছেলের কথা মেসেজে বলতে ফোন করে । পুলিশ স্টেশনে আসে ভেরিফিকেশন দেয়।

দীক্ষা পুলিশ স্টেশনে বাইরে দাঁড়িয়ে ছিল , দেব বেড়িয়ে ওর সামনে এসে দাঁড়ালো।

দীক্ষা (অন্য দিকে তাকিয়ে)- মানুষ হিসেবে যা কর্তব্য তাই করলাম। সেই সময় দাঁড়িয়ে যা আমার মনে হয়েছিল তাই করলাম। যেটা আমার বোনের বেলায় দেখিয়ে ছিলেন।

দেব - ধন্যবাদ। সঠিক সময় রায়হান কে হসপিটালাইজ করার জন্য।

দীক্ষা মাথা নেড়ে বলল ," আপনার ঋণ শোধ করে দিলাম"

দেব- এইখানে ঋণের কথা কেন উঠছে?

দীক্ষা - মানবিকতা নিয়ে দেনা-পাওনার বিচার আপনি করেন । তাই দেনা- পাওনা নিয়েই বোঝালাম। আপনার যেমন আমার বোনের প্রতি ভালোবাসা ছিল ঠিক তেমনি আপনার ছেলে রায়হান কেও আমি স্নেহ করি। সেই খাতিরেই ওকে নিয়ে এলাম। অবশ্য ওর জায়গায় অন্য কেউ থাকলেও করতাম। কিন্তু আপনাকে বাবা হিসাবে দায়িত্বহীনতার পাঠ পড়াইনি। এই বলে চলে যায়।

রায়হান আর পুল করে যায় না , বাড়ির আলাদা গাড়ি করে বাড়ি ফেরে। একদিন রাস্তায় দীক্ষাকে দেখতে পেয়ে গাড়ি দাঁড়াতে বলে। দীক্ষা কাজের বিষয়ে কারোর সাথে কথা বলছিল হঠাৎ

"

" দীক্ষা আন্টি" শব্দটি শুনে দীক্ষা চমকে পিছনে ঘোরে। দেখল রায়হান আসছে । রায়হান দৌড়ে এসে দীক্ষার কোমর জড়িয়ে ধরে।

দীক্ষা ওর কপালে স্নেহের ছোঁয়া দিয়ে বলল" কেমন আছো ,?"

" খুব ভালো আছি । একবার ও আমাকে আর দেখতে এলে না?"

দীক্ষা মুখটা কাচুমাচু করে বলল" সরি বাবু । আসলে আমি সত্যি সময় পাইনি। বাবাকে কল করে জেনে নিতাম তুমি কেমন আছো ।"

" আমার জন্মদিন নেক্সট ফ্রাইডে তোমাকে আসতেই হবে । কোনো এক্সকিউজ না।"

" তোমার বার্থ ডে। ইনভাইট করছো , না এসে কি থাকতে পারি? আমি আসবো কথা দিলাম"

দেবের জমির ভিত কাটা হয়ে গেছে এবার ভিত্তি তৈরি হচ্ছে আর তার চার পাশে খনন করা হচ্ছে। একটা ঝিল বানানো হবে। ঝিলের উপরে সাঁকো নির্মাণ হবে। দীক্ষা ঘুরতে ঘুরতে আবার সেই সমাধির কাছে চলে এল। দীক্ষা সমাধির উপর পাথরে হাত দিতেই যেন কারোর অস্তিত্ব অনুভব করতে লাগলো। একটা শীতল ছোঁয়া আছে এই জায়গায়। মায়াময় পরিবেশ সৃষ্টি হয় এই কদম ফুলের গাছের নীচ টায়। কোনো এক অচিন্ত্য ডাক ওকে প্রতিবার ওকে এখানটায় ডাকে।

আজ রায়হানের বার্থ ডে।

সারা বাড়ি আলো , ফুল আর বেলুন দিয়ে সাজানো হয়েছে।

রিমা সাজতেই ব্যস্ত। সুনন্দা রিমার কাছে এসে বলল " কিরে তোর হলো?"

আই লাইনার পড়তে পড়তে বলল," হচ্ছে, হচ্ছে। এই শাড়ি পড়ার চক্করে না কোন দিন ডিগবাজি খাবো"

সুনন্দা - এত তাড়াতাড়ি খাস না । আগে ও বাড়ি ঢোক তারপর।

রিমা- সেই জন্যই তো করা। কিন্তু মা...... দেবের ছেলেটা বড্ড ঐ তোমার বড় মেয়ের ন্যাওটা।

সুনন্দা- সেটা ছাড়। একবার বিয়ে হয়ে গেলে সব তখন তোর হাতের মুঠোয়।

রিমা - সেই আশায় আছি।

সুনন্দা- আশাটা ঠিক বাস্তবায়িত হবে।

রায়হান দীক্ষার জন্য অপেক্ষা করে আছে। বারবার দরজার দিকে তাকাচ্ছে। রায়হানের মণি অর্থাৎ সূর্যমণি বলল," বারবার দরজার দিকে তাকাচ্ছো কে আসবে?"

" আসবে একজন। দেখো কে আসবে....."

দীক্ষা বাটানগর গেছিল কাজে। আসলে দীক্ষা কে সুনন্দা জোর করেই আজ পাঠায় যাতে করে অনুষ্ঠান বাড়িতে ওর যাওয়া না হয়। রিমা আর সুনন্দা বেরিয়ে গেল। কিছুক্ষন পর দীক্ষা ক্লান্ত হয়ে বাড়ি ফেরে। এদিকে কথা দিয়েছে রায়হান কে আসার।

সকলে আসছে কিন্তু দীক্ষার দেখা পাচ্ছেনা। রিমা আর সুনন্দা আসতেই দেব কেক নিয়ে আসার জন্য বলল। রায়হানে মনটা থারাপ হয়ে গেল। কিছুক্ষন পর কেক নিয়ে আসা হলো। দেব রায়হানের হাতে নাইফ টা দিয়ে বলল," কেক কাটো রায়হান"

রায়হান শেষ বার দরজার দিকে তাকিয়ে কেক কাটতে যাবে তখন হাঁফাতে হাঁফাতে দীক্ষা আসে যায়। রায়হান লাফিয়ে লাফিয়ে নাইফটা টেবিলে রেখে দীক্ষাকে জড়িয়ে ধরে।

19

পর্ব ১৯

রায়হান মুখ তুলে দীক্ষার দিকে তাকিয়ে বলল" আমি জানতাম তুমি ঠিক আসবে"

দীক্ষা ওর সামনে হাঁটু গেড়ে বসলো। দীক্ষা " তোমার জন্মদিন আর আমি না এসে থাকতে পারি"

" চল এসো কেক কাটি" রায়হান দীক্ষার হাত ধরে কেকের সামনে আনলো। রায়হান দীক্ষার হাত ধরে কেকটা কাটলো।

সুনন্দা আর রিমা দীক্ষাকে দেখে জ্বলে পুড়ে যাচ্ছে। কেক কাটার পর দীক্ষাকে খাওয়াতে গেলে দীক্ষা বলল" আগে বাবাকে দাও"

রায়হান বাবার দিকে কেক টা নিয়ে তাকালো। দেব নীচু হয়ে ওর হাত থেকে কেক টা খেল। দীক্ষা- এবার সবাইকে দাও।

রায়হান - এবার তুমি খাও। দীক্ষা ওর হাত থেকে কেকটা খেল।

কিছুক্ষন থেকে দীক্ষা বেড়িয়ে আসতে চাইল। আর এদিকে সারাক্ষন দেবের সাথে একপ্রকার অনাধিকার ভাবে রিমা চিপকে আছে। দেব গেস্টদের সাথে কথা বলছিল, দীক্ষা যাওয়ার আগে দেবকে বলে বেড়িয়ে যাবে ঠিক করেছে কিন্তু দেবের সাথে কথা বলার অবকাশ পাচ্ছে না। দেব পিছন ফিরতেই দীক্ষাকে দেখলো, চোখে চোখ পড়লেও না দেখার ভান করে এড়িয়ে চলে যাচ্ছিল। দীক্ষা ডাকল।

- মিঃ রায়চৌধুরী।

দেব দাঁড়িয়ে যায়। দীক্ষা সামনে গিয়ে বলল" স্যার আমি আসছি"। দেবকে কিছু বলার সুযোগ না দিয়ে চলে গেল। বাইরের পার্কিং লটে দীক্ষার গাড়ির সামনে রিমা দাঁড়িয়ে।

রিমা- এলি কেন এখানে? তোকে তো দেব নেমন্তন্ন করেনি.......

দীক্ষা - না। আমাকে রায়হান বলেছে। আর আজ এই বাচ্চাটার জন্মদিন, ও এত করে বলল। না এসে তো থাকতে পারতাম না।

রিমা- শোন, তুই কী চাস বলতো? আমার জীবনে সবসময় তুই নাক গোলাবি... কেন রে?

দীক্ষা - রিমা তোর সমস্যা টা হচ্ছে ঐ বাচ্চাটাকে নিয়ে, আমি যা বুঝতে পারলাম। মিঃ রায়চৌধুরীকে পথে আনতে পারলেও তুই বাচ্চাটাকে পথে আনতে পারছিস না।

রিমা - কারণ তুই বেশি দরদ দেখাচ্ছিস।

দীক্ষা- বোকা বোকা কথা বলিস না । তুই ভালোভাবে মেশ ওর সাথে দেখবি তোকেও ভালো বাসবে। যাই অনেক রাত হলো বাড়ি গিয়ে শোবো। সামনে থেকে সরে যা।

দীক্ষা বেড়িয়ে গেলে ওর যাওয়ার দিকে তাকিয়ে বলল," তোর চালাকি আমি জানি তুই রায়হান কে মাধ্যম করে দেবকে কাছে পেতে চাস তা আমি হতে দিচ্ছি না "

ধীরে ধীরে পার্টি থেকে সকলে চলে যেতে লাগল। দেবের সাথে রিমা খেতে বসলো টেবিলে। রিমা- দেব এখন সবে ১১ টা বাজে চলো না বাইরে কোথাও খেতে যাই।

দেব - তুমি বাড়ি যাবে না?

রিমা- দেব আমি তোমার সাথে আজকের রাতটা কাটাতে চাই।

দেব- কিন্তু রায়হান আজ একা শোবে না যে।

রিমা- কেন ? লোক তো আছে।

দেব- আসলে জন্মদিনে ও আমার সাথে শুতে চায়।

রিমা মুখ গোমড়া করে বলল," ঠিক আছে তবে.." এই বলে উঠে গেল । দেব এই দেখে বলল," তুমি না খেয়ে উঠলে কেন? "

রিমা - আমার খিদে নেই। দেব উঠে ওকে জড়িয়ে ধরে বলল," ঠিক আছে।আচ্ছা আজ যদি রাতটা আমরা রায়হান কে নিয়ে কাটায় কেমন লাগে?"

দেবের এই আইডিয়া রিমার তো ভালোই লাগলো না রিয়া বলল ," তুমি বরং আজ রায়হানের কাছে শোও আজ আমিও একটু টায়ার্ড। "

পরেরদিন সকালে ব্রেকফাস্ট টেবিলে।

সুনন্দা খেতে বলল"কাল কখন এলি ?"

রিমা" ১১:৩০ হবে "

" কেন? তুই যে বললি দেবের সাথে ঘুরবি......"

" মা দেব ওর ছেলেটাকে নিয়ে ভীষণ পসেসিভ। মা আমার মনে হয়না ওর সাথে থাকতে পারবো।"

" এইরকম করিসনা। একটু ধৈর্য ধর। আরে একবার তোর সাথে ওর বিয়ে হয়ে যাক। তুই ওকে বুঝিয়ে সুঝিয়ে ছেলেটাকে হোস্টেলে পাঠিয়ে দিবি । ব্যস "

সেই সময় দীক্ষা সিঁড়ি দিয়ে নামছিল, এই কথা শুনে ওদের সামনে এসে বলল," রিমা তোর যখন সংসার করার যোগ্যতা নেই তবে কেন বিয়ে করতে চলেছিস?"

রিমা- দেখলে মা ওর সব সময় ওকে কিছু না কিছু এডভাইস দিতেই হবে......আমি তোর কাছ থেকে কোনো lesson নিতে চাইনি।

সুনন্দা- তুমি তোমার মতো থাকো না দীক্ষা। কেন ওর জীবনে ইন্টারফেয়ার করছো?

দীক্ষা চেয়ারে বসতে বসতে বলল," আজকে সিএম -এর সাথে মিটিং আছে। দুপুর ১২টার সময় চলে এসো। "

সুনন্দা রিমাকে বলল," আজ তুমি আমার সাথে যাবে। সব দেখে নাও , শিখে নাও।"

রিমা- মা আজ আমার একটা ফ্যাশন শো তে ইনভিটেশন আছে।

সুনন্দা- তুমি যাবে.....

দেবের রিসোর্ট ধীরে ধীরে তৈরি হতে লাগলো। দীক্ষা ধীরে ধীরে এই তৈরি হওয়াটা দেখতে লাগলো।

শীতকালের বিকেল। ৪ টে বাজতে না বাজতেই সন্ধ্যা নেমে আসে। দাঁড়িয়ে দাঁড়িয়ে কাজ দেখতে দেখতে হঠাৎ মনে হলো জায়গাটার চারপাশটা ঘুরে আসলে ভালো হয়। হাঁটতে হাঁটতে অনেকটা দূর চলে আসে। এমনিতেই জায়গাটা একটু গ্রাম্য। দূরে একটা মন্দির দেখতে পেল। মন্দিরে ঢুকে ঠাকুর কে দেখলো, নমস্কার করল। মন্দির থেকে বেরিয়ে একটা ঝিল দেখতে পেল। এদিকে দেব কাজের জায়গায় এলে দীক্ষাকে খুঁজে না পেয়ে ওখানে জিজ্ঞেস করাতে জানতে পারে গাড়ি রেখে কোথায় গেছে। দেব বিরক্ত হয়ে বলল," এই ভাবে থামখেয়ালী তালে চললে কী করে কাজ এগোবে?" ফোন করলে ফোন পাওয়া যায় না। এদিকে টাওয়ার পাওয়া যায় না।

দূরের কোনো স্টেশনে ট্রেন চলে যাওয়ার শব্দ পাওয়া গেল। পাখিরা উড়ে যায় যে যার বাসায়।

দীক্ষা ঝিল পারে বসে ঝিঁ ঝিঁ- র ডাকের শব্দে তাল মিলিয়ে গান গেয়ে ওঠে।

"roz roz aa.Nkho.n tale ek hii sapanaa chale

raat bhar kaajal jale, aa.Nkh me.n jis tarah

Kvaab kaa diyaa jale

jabase tumhaarii naam kii misarii ho.nTh se lagaayii hai -2

miiThaa saa Gam hai, aur miiThii sii tan_haa_ii hai -2

roz roz aa.Nkho.n tale ...

chhoTii sii dil kii ulajhan hai ye sulajhaa do tum -2

jiinaa to siikhaa hai marake, maranaa sikhaa do tum -2

roz roz aa.Nkho.n tale ...

aa.Nkho.n par kuchh aise tumane zulf giraa dii hai - 2

bechaare se kuchh Kvaabon kii nii.nd u.Daa dii hai - 2

roz roz aankhon tale ..."(Singer: Asha Bhosle)

পিছন ফিরতেই দেবের মুখোমুখি হয়। দেব ওর পিছনে কখন যে এসে দাঁড়িয়েছে দীক্ষা খেয়াল করেনি।

20
পর্ব ২০

কতদিন পর এই গান দেবের কানে এল। এই গান ছিল রেবতী আর দেবের ভালোবাসার চিরন্তন গান। এই গানের সুর, প্রতিটা ছন্দ ও লয়ে থাকতো ওদের ভালোবাসার ছোঁয়া।

আজ দীক্ষার মুখ দিয়ে এই গান শুনে প্রথমে থমকে যায়।

দীক্ষা দেবকে দেখে গান থামিয়ে দেয়। অপ্রস্তুত হয়ে বলল ," স্যার আপনি এসে গেছেন?

আসলে স্যার আমি ওখানে ছিলাম , আপনি আসছেন না দেখে এই জায়গাটায় ঘুরছিলাম আর....."

দেবের কানে কোনো কথা ঢুকছিল না। দেব বলল," এ গান কেন গাইলে?"

" সরি স্যার? " দীক্ষা বুঝতে পারলো না।

" এ গান তুমি কেন গাইলে?"

" ভালো লেগেছিল বলে তাই। আপনি চলে আসবেন বুঝতে পারিনি।"

দেব নিজে শান্ত হয়ে বলল" ঠিক আছে চলো।"

রাতে বাড়িতে এসে দেব রেবতীর ছবির সামনে দাঁড়িয়ে অতীতের স্মৃতি গুলো নিয়ে খেলতে থাকে। দেব নীচের স্টোর রুমে গিয়ে ধুলোয় জমে থাকা গিটার টা বার করলো। পরিষ্কার করে গিটারে থাকা তার গুলোকে বাজিয়ে বাজিয়ে দেখতে থাকলো।

দেখতে দেখতে সুর তুলে গাইতে লাগলো সেই গান।

"roz roz aa.Nkho.n tale ek hii sapanaa chale

raat bhar kaajal jale, aa.Nkh me.n jis tarah

Kvaab kaa diyaa jale"

রায়হান গান শুনতে পেয়ে বাবার ঘরের কাছে এসে দাঁড়ায়। বাবাকে এই প্রথম গাইতে দেখলো। মন দিয়ে গানটা শোনে। দেব গান শেষ করে সামনে তাকিয়ে দেখে রায়হান ওর দিকে তাকিয়ে। গিটারটা রেখে হাত দুটো ওর সামনে প্রসারিত করলে রায়হান দৌড়ে গিয়ে বাবাকে জড়িয়ে ধরলো।

দীক্ষা ওর অফিসে সকালে আসে। কেবিনে নিজের জায়গায় বসতেই বিভূতি বাবু এল ঘরে। দরজায় নক করে বলল," আসতে পারি?" দীক্ষা সামনে তাকিয়ে বলল," আসুন আসুন"

বিভূতি চেয়ারে বসতে বসতে বলল," কাল রাজস্থানের ক্লাইন্ট মিটিং আছে। ওরা কাল কেই আসবে বলেছে।"

ল্যাপটপের স্ক্রিনে তাকিয়ে কিবোর্ডে টাইপ করতে করতে বলল ," ব্রেকের পর ডিজাইন নিয়ে ডিসকাশন আছে। আমি এখুনি মেল করছি মিটিং -এর জন্য।" দোলাকে ডাকল।

দোলা আসতে বলল," মেল করো।আফটার ব্রেক মিটিং হবে "

রাতে বাড়িতে ফিরল ১১টা।

ফোনে কথা বলতে বলতে বাড়ি ঢোকে দীক্ষা। এদিকে সুনন্দা পার্টি গেছিল ফিরে এসে ফ্রেশ হচ্ছিল, একজন মেড এসে খবর দিল দীক্ষা এসেছে। দীক্ষা ফোনটা রেখে পিছনে ফিরতেই সুনন্দাকে দেখলো। দীক্ষা - কী হয়েছে?

সুনন্দা ওর কাছাকাছি গায়ের কাছে এসে ঘ্রাণ নিয়ে বলল," কোথায় ছিলে?"

বিরক্ত হয়ে বলল" অফিস থেকে ফিরছি।"

" শোনো তোমার সাথে কথা আছে। আমি ভাবছি মাঘ মাসে ভালো একটা দিন দেখে তোমার বোনের বিয়েটা দিয়ে দেব"

দীক্ষা বলল," আর একটু সময় নিন।"

সুনন্দা বলল," আমি শুভ কাজটা তাড়াতাড়ি করতে চাইছি। আমরা এই সপ্তাহেই দেবাদিত্যের সাথে কথা বলবো।"

" সরি ম্যাডাম। আমার হবে না"

সুনন্দা ওর দিকে দীক্ষাকে ফিরিয়ে বলল," কেন?"

" রাজস্থান যাবো। প্রোজেক্ট হবে ওখানে। কাল মিটিং আছে।"

" তোমাকেই কেন যেতে হবে? এত তো লোক তো আছে। কোম্পানিতে তাদের কেন হায়ার করা হয়েছে? এত ইঞ্জিনিয়ার, এত আর্কিটেক্ট ....."

" মিসেস স্যানাল, আমি আমার বাবার মতন সব কাজ নিজে দাঁড়িয়ে থেকে দায়িত্ব নিয়ে করি। সব জিনিস লোকের ভরসায় ছেড়ে হয়না। সব কিছু নখদর্পণে থাকা উচিত। ব্যবসায় গুড উইল রাখতে হলে একটু খাটতে হয়।" এই বলে চলে যায়।

দীক্ষা ওর বাড়িতে নেই। রাজস্থানের উদ্দেশ্যে কাজের জন্য বেরিয়ে গেছে আজ বিকেলে। সন্ধ্যা ৭টা নাগাদ স্যানাল বাড়ির সামনে একটি গাড়ি এসে দাঁড়ালো। এক প্রৌঢ়া গাড়ি থেকে বেরিয়ে এগিয়ে গেল বাড়ির ভিতরে। সুনন্দা সাদরে ওনাকে অ্যাপায়ন করলেন। হালকা রঙের শাড়ি, গায়ে চাদর এবং হাতে একটা ব্যাগ নিয়ে ঘরে ঢুকে সোফায় বসলেন। সুদর্শনা ও সুস্বাস্থ্যের অধিকারী এই প্রৌঢ়া ওর সামনে বসতে বসতে বলল," আমি সুনন্দা স্যানাল। রিমার মা....."

মহিলাটি চোখ থেকে চশমাটা খুলে টেবিলে রেখে ওর দিকে তাকিয়ে বলল," জানি। দেব আমায় সব বলেছে।"

সুনন্দা- আপনার ভাই যে আমার মেয়েকে উপযুক্ত মনে করেছে এর জন্য আমি ভগবানের কাছে কৃতজ্ঞ।

মহিলাটি আঁটোসাঁটো ব্যক্তিত্বের মানুষ। বলল- রায়চৌধুরী পরিবারের আমি মেয়ে। আমি বড়ো।আমাদের পরিবারের মেয়ে ও ছেলেদের যথাপোযুক্ত শিক্ষা দেয়।সমস্ত বিষয়, শিক্ষা নিয়ে আলোচনা করা হয়।

সুনন্দা ওনার সামনে অপ্রত্যাশিত ও হতভম্ব হয়ে দাঁড়িয়ে । একটু হেসে বলল - "আপনার পরিবার ও খুব ভালো । যাইহোক আপনি কি নেবেন ?চা না কফি?"

মহিলাটি বলল ," না কিছু থাবোনা। " সেই সময় দেব আসে।

দেব এসে বসল। দিদির দিকে তাকিয়ে ইশারায় বলল ," সব কেমন?" মহিলাটি একটু মাথা নেড়ে ওর দিকে তাকাল। দেব- ম্যাডাম ইনি হচ্ছে আমার দিদি। আপনি তো জানেন কারণ আপনি তো ওনার ছবি আগে দেখেছিলেন। ওনার নাম মিতালি। মিতালি রায়।

সুনন্দা হেসে বলল," হ্যা। তবুও আপনাকে সামনে দেখে বেশ লেগেছে।"

মিতালি বলল," ঠিক আছে আসল কথাটার ব্যপারে কিছু বলি?"

সুনন্দা," হ্যা হ্যা বলুন"

"মেয়েকে ডাকুন একবার"

রিমা এল কিছু ক্ষন পর । এবার মিতালি রিমাকে দেখে কিছু ক্ষনের জন্য চুপ করে গেল। ওর মনে হচ্ছে কোথায় যেন আগে এই মেয়ে টাকে দেখেছে। কিছু তেই ওর কিছু মনে পড়ছে না। দেব মিতালির ঘোর কাটিয়ে চাপা গলায় বলল ," কী ভাবছিস?"

মিতালি হালকা হেসে সুনন্দা কে বলল,"আপনার মেয়েকে ভালো লেগেছে। আর দেবের যখন পছন্দ তাহলে আমি নিশ্চিত। কারণ ওর চয়ন হয় নিখুঁত। জুহরির চোখ কিনা"

সুনন্দা-" তাহলে ডেট টা?"

মিতালি-" আমরা জানিয়ে দেবো।"

সুনন্দা মনে মনে হাঁফ ছেড়ে বাঁচলো। এত বড় একটা ঝুঁকির পঞ্চাশ শতাংশ কাজ মোটামুটি হয়ে গেল। সুনন্দা অনেক খুশি রিমার এত কিছু হতে যাচ্ছে। অবশ্য বিও-বৈভবের লোভে এই কাজ কতটা সফল হয় দেখা যাক।

21

পর্ব ২১

দীক্ষা রাজস্থান পৌঁছালো । এয়ারপোর্ট থেকে নেমে গাড়িতে উঠল। দোলাও ওর সাথে আছে আর বিভূতি বাবু।

দীক্ষা- বিভূতি বাবু, আমরা সোজা রাজসিং টোমারের কাছে যাবো।

দোলা - এখনি যাবো?

দীক্ষা - হুম, আগে যাবো, কী বক্তব্য শুনবো তারপর হোটেলে যাবো।

কিছুক্ষন পর ওরা ' টোমার হাউস'- এর সামনে এসে দাঁড়ালো। চারপাশে সব রাজকীয় ছাপ। সাতমহলা বাড়ি , সামনে বড় বাগান, একটা বড় ফোয়ারা ইত্যাদি ইত্যাদি।

দোলা হা করে দেখতে দেখতে থাকে। চারদিকে ঝি- চাকর , কাজের লোক । তারা স্বাগত জানিয়ে ওদের বসালো। দোলা চারপাশ তাকিয়ে বলল," এতো সেই সিনেমার মতন লাগছে। "

দীক্ষা- এই রকম করো না।

রাজসিং টোমার আর ওনার ভাই ভীমসিং টোমার এলো।

মিতালি ঘরে বসে বসে রিমার কথাটা ভাবছে। এরমধ্যে দেব ওর ঘরে এলো ।

দেব - বল দিদি আমার বৌকে কেমন লাগলো?

মিতালি ভাবুক মুখ নিয়ে বলল," মেয়েটা তোর সংসার সামলাতে পারবে?"

" তুই আমার আর ওর বয়সের পার্থক্যটা ভাবছিস কি?"

" সেটা তো আছেই বাট ওকে যেন কোথাও দেখেছি"

" সে মনে হয় সোস্যাল মিডিয়াতে দেখেছিস।"

" হবে হয়তো। দেখ তোদের মধ্যে যদি understanding থাকে তাহলে দেখ । "

" হুম। তোর ছেলের খবর বল?"

" ও বলছে এখানে চলে আসবে... "

" চলে আয় তোরা কতদিন আর বিদেশে থাকবি,"

" হুম তোর বিয়ের পর ভাবছি চলে আসবো। "

' টোমার ' বাড়ি থেকে বেরিয়ে ওরা হোটেলে ফিরছে।

ওদের কথোপকথন হিন্দিতে হয়। বিষয়টা হলো এই। ওদের জমি আছে দুই ভাইয়ের নামে। বড় কমপ্লেক্স করতে চায় কিন্তু ওদের ঐতিহ্য , ওদের সংস্কৃতি যেন বজায় থাকে।

সেই সময় দীক্ষা বলল ," রাজপুতানা ঐতিহ্য থাকবে, থাকবে দুই ভাইয়ের ভ্রাতৃত্বের বন্ধন, থাকবে ঐতিহাসিক কথা, থাকবে যোদ্ধার বীরত্বের গাঁথা , থাকবে সংঘবদ্ধতা।"

ওদের প্ল্যান দেখানো হল । ওরা দেখে ডিল ফাইনাল করলো।

দীক্ষা বাড়ি ফেরে । রাতে খাওয়া - দাওয়ার পর ল্যাপটপ নিয়ে বসল । রাজস্থানের প্রোজেক্ট নিয়ে কাজ করছে। সেই সময় সুনন্দা এল। সুনন্দা- রিমার বিয়ের পাকা কথা হয়ে গেছে। এবার শুধু তারিখ ফিক্সড করা। আমি ভাবছি এই ফাল্গুনেই বিয়েটা দিয়ে দেব।

দীক্ষা ল্যাপটপে চোখ রেখে বলল," সব যখন ঠিক করে ফেলেছেন তবে আমায় আবার বলছেন কেন? "

" দীক্ষা তুমি কিন্তু থাকবে।"

" এ বাড়িতে সব আপনার মতেই চলে । আমার থাকায় আর না থাকায় কিছু এসে যায় না। "

" তুমি থাকবে..... দেব তো খারাপ নয়"

" আমি দেবমাল্য বাবু কে খারাপ বলছি না । একটু সময় নিতে বলছি। রিমা পারবে না।"

" পারবে । বেশি সময় নেই হাতে। অনেক গোছগাছ বাকি " সুনন্দা চলে গেল।

দীক্ষা উঠে ভাবতে লাগলো। " মিসেস স্যানাল, দেবের থেকে রিমাকে নিয়ে আমার বেশি চিন্তা হচ্ছে। তোমাদের এই স্বার্থের লোভে তোমাদের ক্ষতি না হয়ে যায়।"

রায়হান স্কুল থেকে ফিরছিল হঠাৎ ওর গাড়ির পাম্প চার হয়ে যায়। ড্রাইভার বেরিয়ে দেখতে লাগলো। রায়হান জানালা দিয়ে মুখ বার করে দেখে বলল," কাকু কী হয়েছে?"

ড্রাইভার বলল ," গাড়ির টায়ার পাংচার হয়েছে "

" কী হবে এখন ? "

" দাঁড়াও ফোন করি । যদি অন্য গাড়ি আসে...."

দীক্ষা সেই সময় গাড়ি নিয়ে ঐ জায়গা থেকে পাশ করছিল। রায়হান কে দাঁড়িয়ে থাকতে দেখে দাঁড়িয়ে যায়। গাড়ি থেকে বেরিয়ে আসে।

দীক্ষা- রায়হান এখানে কেন?

রায়হান দীক্ষাকে দেখে আনন্দিত হয়ে ওঠে। " আন্টি তুমি এখানে। আরে দেখো না স্কুল থেকে ফিরছিলাম গাড়িটা পাংচার হয়ে যায়।"

" ঠিক আছে আমার সাথে চল বাড়ি পৌঁছে দিই। আমি তোমার বাবাকে ফোন করে দিই"

দীক্ষা ফোন করে দেবকে। দেব অফিসে বসে ছিল , সাথে কয়েক জনের সাথে কথা বলছিল , ফোনটা দেখে ভ্রু কুঁচকে উঠল। ফোনটা ধরল।

" হ্যালো"

" মিঃ রায়চৌধুরী , আমি দীক্ষা বলছি ।"

" বুঝেছি বলুন"

" আপনাদের গাড়িটা পাংচার হয়ে গেছে , রাস্তা দিয়ে যাচ্ছিলাম তাই ভাবলাম আমি তাহলে ওকে আপনার বাড়ি ড্রপ করে দিই? "

" ড্রাইভারকে ফোনটা দিন ।" ড্রাইভারকে কী বলল বোঝা গেল না কিন্তু এটুকু বোঝা গেল ড্রাইভারকে খুব বকেছে। ড্রাইভারের থেকে ফোনটা নিয়ে দীক্ষা কানে নিল।

" মিস স্যানাল, আমি গাড়ি পাঠাচ্ছি"

" কেন? একা একা ও এত ক্ষন দাঁড়িয়ে থাকবে? আমি আপনার ছেলে কে ঠিক ভাবে পৌঁছে দেব । ওকে বাড়ি ড্রপ করে আপনাকে কল করে দেব। আপনি নিশ্চিন্ত থাকুন।"

অবশেষে দীক্ষা ওকে নিয়ে বেড়িয়ে গেল। রায়হানের খুব মজা ।

রায়হান - আন্টি কত দিন পর তোমাকে দেখলাম।

দীক্ষা - আমিও । চলো আইসক্রিম থাওয়া যাক।

দীক্ষার সাথে কাটানো মুহূর্তগুলো রায়হানের খুব ভালো লাগলো। সময়টা তাড়াতাড়ি কেটে গেল। দীক্ষা ওকে নামিয়ে দেয়। যাওয়ার আগে দীক্ষা ওকে চুমু দেয় আর এদিকে রায়হান ওর আন্টির গালে চুমু দিল।

রায়হান - বাই আন্টি।

দীক্ষা - বাই।

দীক্ষা গাড়িতে উঠে ফোন করলো দেবকে। দেব ফোনটা ধরল।

" মিঃ রায়চৌধুরী ও ঘরে ঢুকে গেছে । "

ছোট্ট একটা " হুঁ" বলে দেব ফোনটা কেটে দিলো। সাঁঝী হালকা হেসে একবার পিছনে তাকিয়ে রায়হান কে হাত নাড়া দিয়ে বেড়িয়ে গেল।

22

পর্ব ২২

শহরের ব্যস্ত পথ দিয়ে একটা গাড়ি চলে চলেছে। গাড়িটি এয়ারপোর্ট হয়ে আসছে।

দামি গাড়ি , ভিতরে হালকা নীলাভ আলো, গাড়ির ভিতরটা ঈষৎ আঁধার ঘনিয়ে রেখেছে। ড্রাইভার সাদা পোশাকে গাড়ি চালাচ্ছে আর পিছনে আরোহী। আরোহীর মুখ আঁধারে পুরোটা না বোঝা গেলেও মুখের অবয়বটা বোঝা যাচ্ছে। ফোনটা বেজে উঠলো। ফোনটা ধরে দরাজ গলায় বলল," হ্যালো"

ফোনের ওপাশের কর্ণস্বর শোনা গেল না।" এয়ারপোর্ট থেকে এই বেরোলাম।" এই বলে ফোনটা কেটে সোস্যাল মিডিয়া খুলল। সেখানে রিমার অ্যাকাউন্টটা ভালো করে দেখল। দেখে দাঁতে দাঁত চেপে বলল ," তোমায় আমি ছাড়বো না। সারাজীবন মাছ খেয়ে কাশীবাসি হতে চাও। তোমার সব কিছু আমি শেষ করবো।"

দীক্ষা আজ বাড়িতে। পরশু বোনের বিয়ে দায়িত্ব সব কিছু ওর উপর। জয়ন্তী দেবী আজকেই চলে এসেছে । বাড়িতে আত্মীয় স্বজন চলে এসেছে।

আর আত্মীয়দের ওকে নিয়ে গুজুর গুজুর লেগেই আছে। " সুমন্ত এমন কালনাগিনী বৌ আনলো সংসার টাকে তছনছ করে দিল ", " বড় মেয়ে কে আইবুড়ো রেখে ছোটমেয়ের বিয়ে দিচ্ছে,", " ছোট মেয়ের যা চরিত্রের ছিরি ", " বড় মেয়ে বিয়ে করতে চেয়েছিল বিয়ে দেয়নি " ইত্যাদি ইত্যাদি কথা বার্তা দীক্ষার কানে আসে। মানুষের জীবন নিয়ে কাদা ছোড়াছুড়ি করতে সমাজের অগ্রভাগ লোকের তো ভালো লাগে।

দীক্ষার এই সব ভালো লাগে না তাই কোনো অনুষ্ঠানে থাকে না কিন্তু আজ উপায় নেই থাকতেই হবে।

রিমা তো পার্টি করতেই ব্যস্ত। দীক্ষা আর জয়ন্তী তো ওকে ঘরে থাকতেই বলেছিল কিন্তু রিমা তো শোনার মেয়ে নয় আর এদিকে সুনন্দা তো মেয়ের বিয়েতে নিজেকে কেমন লাগবে সেই নিয়ে দুশ্চিন্তা। বিয়েতে কি পড়বে ? বৌভাতে কি পড়বে।

রায়হান ঘরে বসে পড়ছিল টিউটরের কাছে। আজ ওর আদরের নীলু দা আসবে।

যেই গাড়ির আওয়াজ পেল দৌড়ে নিচে নেমে গেল ।

" নীলুদা "বলে জড়িয়ে ধরে ।

নীলুদা ল্যাগেজ ছেড়ে রায়হান কে জড়িয়ে ধরে দুপাক ঘুরিয়ে ওর মুখমন্ডলে চুমু খেয়ে নিল। মিতালি এল। " আয় নীলু ঘরে আয়। "

রায়হান - পিপি আজ আমি নীলু দার কাছে শোবো।

মিতালি - শুবি তো তার আগে নীলুদাকে ফ্রেশ হতে দে।

নীলু- আজ রায়হান আর আমি খুব মজা করবো।

সেই সময় মণি রেগে আসে। " সোনাবাবু তুমি ম্যামকে বসিয়ে রেখে এখানে চলে এলে কেন?"

নীলু- একি রায়হান তুই পড়তে পড়তে উঠে পড়েছিস কেন?

রায়হান - কি করবো তোকে না দেখলে যে মন বসছিল না।

নীলু রায়হান কে ঘাড়ে তুলে বলল ," চল তুই আগে পড়ে নে তারপর আমরা সারারাত মজা করবো" ওরা চলে যায়। মিতালি - হাহা এই দুটিতে এবার বাড়ি মাথায় করবে।

সকলে এবার রাতে খেতে বসেছে।

দেব- তবে এখানে বরাবরের মতন সেটেল হলি?

নীলু- হুম। আবার দেশের মাটিতে ফিরে এলাম।

রায়হান - নীলুদাকে আর ছাড়ছি না।

মিতালি - এখন একটু কাজ-বাজ বন্ধ রাখো মামার কাল বাদ পরশু বিয়ে। তোর হবু মামিকে দেখলি?

খাওয়াটা মুখ থেকে নামিয়ে রাখল নীলু। ওর মুখ হঠাৎ অন্ধকারে ডুবে গেল। গম্ভীর হয়ে গেল।

কোনো উত্তর না দিলে দেব জিজ্ঞেস করলো ," কি রে নীলু!!! কি হলো!!?"

নীলু - অ্যাব, কিছু না। দেখলাম ভালো।

মিতালি - " স্যানাল গ্রুপ" -এর মিঃ সুমন্ত স্যানালের ছোট মেয়ে ' রিমা স্যানাল'।

রিমা শব্দটা কানে আসতে নীলু হাত দুটো মুঠো করে ফেলল।

মিতালি বলতে থাকল," বাবা নেই। ব্যবসা দিদি দেখে। দীক্ষা স্যানাল , নামকরা Architect । " দীক্ষার নাম টা শুনে দেব নাকসিটকালো।

দেব এবার বলল," তোর হবু মামিকে দেখতে কিন্তু অপরূপ সুন্দর। অবিকল তোর মামি বলতে পারিস।"

নীলু উঠে পড়ে।" মা আমি আর খাবোনা।" এই বলে চলে যায়।

দীক্ষা ল্যাপটপ নিয়ে কাজ করে যাচ্ছে। কদিন কাজের বাইরে থাকতে হবে। রিমা এসে দাঁড়ালো। রিমা- কী করিস দিদি?

দীক্ষা ল্যাপটপের দিকে তাকিয়ে বলল," কাজ করছি "

" শোন না কাল তো আইবুড়ো ভাত। কাল রাতে ব্যাচেলার পার্টি সেলিব্রেট করবো, ছাদে। কয়টা টাকা লাগবে। "

দীক্ষা দীর্ঘ শ্বাস ফেলে বলল," এই তো বাইরে পার্টি করিস আবার "

" দিদি আমার ব্যাচেলার লাইফ কাল শেষ হবে। এটা না করলে হয় বল?"

" ঠিক আছে অ্যাকাউন্টে পাঠিয়ে দেব।"

" থ্যাঙ্ক ইউ দিদি " দীক্ষাকে জড়িয়ে চলে গেল। ও চলে যেতে দীক্ষা অন্যমনস্ক হয়ে যায়।

" দেব বাবু আমি জানি আপনি বোনকে খুব ভালো বাসেন কিন্তু বোন কি আপনাকে ভালোবাসে? ওর রূপে ভুলে গেলেন । আসলে আপনি তো বাইরে দেখে বিচার করেন। বাড়ির ভিতর টাও দেখতে হয়। দেখতে হয় মালমশলা গুলো নিখাদ কিনা। দেখতে হয় ভিতর থেকে মজবুত কি না। আপনার সিদ্ধান্ত কতটা সঠিক আমি জানি না তবে আপনি ওকে বদলাতে পারেন।"

23

পর্ব ২৩

ছাদের টেবিলে না না রকম মদের বোতল রাখা।

চারদিকে রং বেরঙের আলো। জোরে জোরে গান বাজছে। রিমা আর ওর বন্ধুরা নাচানাচি করছে। আর এদিকে ইভেন্ট ম্যানেজমেন্টের সাথে কথা বলছে। বাগানে মঞ্চ, বসার জায়গা সমস্ত কিছু সাজানো হয়েছে। সব ঘুরে ঘুরে দেখছে। একজন এসে বলল," ম্যাম তত্ত্ব গুলো দেখে নেন"

" হ্যা চলুন"

এদিকে রিমা খুব মজা করছে হঠাৎ একটা আননোন নম্বর দিয়ে কল আসে।

রিমার অনিচ্ছা সত্ত্বেও ফোন ধরলো।

" হ্যালো কে বলছেন?"

একটা গম্ভীর গলা ওপাশ থেকে ছুটে আসলো। " হ্যালো মিস রিমা। রিমা দ্য গোল্ড ডিগার গার্ল। সুগার ড্যাডিদের সাথে আর বড় লোক বয়ফ্রেন্ডেদের সাথে রাত কাটিয়ে এখন টপ ক্লাস বিসনেস ম্যান মিঃ দেবমাল্য রায় চৌধুরীর সাথে সাত পাকে বাঁধা পড়ছেন কাল।" গলার স্বর শুনে রিমার সারা শরীর কেঁপে উঠল।

ফোন নিয়ে ছাদ থেকে নেমে আসলো। নিচের নামার সময় জয়ন্তীর সাথে ধাক্কা খেল। জয়ন্তী শ্রী নিয়ে উঠছিল হাত থেকে তা পড়ে যায়। জয়ন্তী," কী মেয়ে রে!!!! এই ভাবে কেউ চলে?"

দীক্ষা আওয়াজ শুনে আসে। দীক্ষা দেখল শ্রী টা পড়ে নষ্ট হয়ে গেছে। দীক্ষা," পিসি আমি বানিয়ে দিচ্ছি"

রিমা দৌড়ে ঘরে ঢুকে দরজা বন্ধ করে দিল।

ফোনটা কানে নিয়ে বলল," নীলাদ্রি তুমি!!"

নীলুর চোখে তীব্র প্রতিহিংসা। " হ্যা সেই নীলাদ্রি। যে তোমাকে পাগলের মতন ভালোবাসাতো, আমি সেই নীলাদ্রি যাকে প্রতিনিয়ত ঠকিয়েছো"

" তুমি কেন আমাকে এখন ফোন করছো?"

" আমার ইমোশন নিয়ে খেলার জন্য। আমাকে স্বপ্ন দেখিয়ে আমার মন ভাঙার জন্য। রিমা তোমার রূপ, যৌবন নিয়ে যে অসৎ খেলায় নেমেছো তার আমি সফল হতে দেবো না। "

" কি করতে চাইছো তুমি? "

" কাল বিয়েটা করো না।"

" দেখ নীলাদ্রি । আজকাল কেউ পার্মানেন্ট হয় না। আর প্রেম তো অনেকেই করে ....."

" রিমা স্কুলে আমার আর তোমার ভালোবাসাটা সাধারণ প্রেম ছিল না। তিন চার বছর আগে ঘটে যাওয়া সেই মুহূর্তগুলো তুমি ভুলে গেলেও আমি ভুলিনি।"

" নীলাদ্রি আমার কাল বিয়ে। তুমি যদি কোনো বাধা সৃষ্টি করো তো আমি......"

" কী করবে? " হঠাৎ দরজায় ধাক্কা পড়ে। দরজার ওপাশ থেকে ওর বন্ধুরা ডাকলো।

" কিরে রিমা দরজা খোল.... কোথায় চলে গেলি? কি হয়েছে তোর?"

রিমা," তোরা যা আমি আসছি"

ফোনে নীলাদ্রি কে বলল," এই শোনো তুমি যদি বাড়াবাড়ি করো না পুলিশ ডাকতে বাধ্য হবো।"

" তাই.....? হা হা হা। রিমা সোনা তোমার আর আমার ব্যক্তিগত ছবি আর ভিডিও গুলো কিন্তু আমার কাছে আছে। "

রিমার পা থেকে মাটি সরে গেল। " কি.... কি..... কি বলছো তুমি!!!! "

" হুম। এবার বলো কাল তুমি বিয়েতে বসবে নাকি আমার সাথে যাবে.....?"

রিমা," নীলাদ্রি, এ তুমি কি বলছো? না না এমন সর্বনাশ করো না....."

" যদি বিয়েটা করো তবে কিন্তু করবো। তোমার বিয়ের খবর শুনেই কিন্তু বিদেশ থেকে ফেরেছি। তোমার জন্য আমি মরতে বসেছিলাম, সেদিন আমার পাশে মা না থাকলে আমি মরে যেতাম। তোমার জন্য আমার কেরিয়ার, পড়াশোনা সব শেষ হতে চলেছিল। মা আমাকে বাইরে পাঠিয়ে আমাকে সঠিক পথ এনেছে। নিজেকে শেষ করে দিচ্ছিলাম এবার তোমাকে আমি শেষ করবো। তুমি কার কার সাথে শুয়েছো সব ইনফরমেশন আমার কাছে আছে। এবার তোমার উপর সিদ্ধান্ত।তুমি যদি চাও তোমার এই ' কলঙ্ক' না লাগুক তাহলে বিয়েটা করো না আর যদি বিয়ে করো হা হা হা তাহলে তোমার বিয়ে তো ছাদনাতলাতেই শেষ হয়ে যাবে। "

রিমা বসে পড়ল মেঝেতে। ফোনটা পাশে রেখে মাথাটা ধরে বসে রইল।

রাতে আর রিমা ঘর থেকে আর বেড়ালো না।

নীলুদার কাছে রায়হান শুয়ে। শুয়ে দুজনে সিনেমা দেখছে ফোনে। সিনেমা শেষ হতে ওর নীলুদাকে জড়িয়ে বলল," কাল বাবার বিয়ে"

" হুম। নতুন মা আসবে। "

" এই নীলুদা জানিস , রিমা আন্টিকে আমার ভালো লাগে না"

এই কথা শুনে নীলুর মুখে একটা শান্তির হাসি খেলে গেল। " কেন রে?"

" মায়ের মতন লাগে না। কিন্তু দীক্ষা আন্টি খুব ভালো। আমার ফ্রেন্ডের মায়েদের দেখি আর দীক্ষা আন্টিকে দেখি। ইস যদি দীক্ষা আন্টির সাথে বাবার বিয়ে টা হয়না। "

" রায়হান, মন দিয়ে ভগবান কে ডাক দেখবি ভগবান তোর কথা ঠিক শুনবে।"

নীলু মনে মনে বলল," দীক্ষা আন্টির সাথে মামার বিয়ে হবে কিনা জানিনা কিন্তু রিমার বিয়ে কাল হচ্ছে না। "

24

পর্ব ২৪

ভোরবেলা দীক্ষা রিমাকে অনেক কষ্টে ওকে ওঠায়।

" তাড়াতাড়ি ওঠো। দধি মঙ্গল হবে।" রিমা চোখ রগড়ে বলল ," মানে?"

" দই চিঁড়ে খেতে হবে। "

" হোয়াট!!! ও গড। তুই থা আমি না..."

" বিয়েটা তোর আমার নয়। রিমা তুই সংসার করতে চলেছিস, একটু স্যাক্রিফাইস কর। তাহলে কী করে তুই সংসার সামলাবি। "

" আমি পারবো না"

" তাহলে সংসারে ঢুকছিস কেন?"

রিমা কাল রাতের কথা ভাবছে। কী করবে ও? দিদিকে কী বলবে যে ও এই বিয়ে করতে পারবে না। কিন্তু কী করে বলবে?

দীক্ষা রিমাকে চুপ করে বসে থাকতে দেখে ওর পাশে গিয়ে বসে। " কী হয়েছে তোর?"

" না কিছু না"

" কাল রাতে ও ভাবে ছুটে নীচে নামছিলিস কেন ? তোর শ্রীটা খারাপ হয়ে গেল। এই ভাবে চলাফেরা করিস না"

" আরে আমি কি ইচ্ছা করেছি ....."

" ঠিক আছে ওঠো । সারাদিন উপোস থাকবি । বিয়ের পর থাবি । "

" দিদি শোন...." দীক্ষা বলে চলে যাচ্ছিল। রিমা ডেকে ওঠে। দীক্ষা- বল

" বলছি .... " সত্যি টা পারলো না বলতে " বলছি...... তুই আমাকে সাজিয়ে দিবি?"

দীক্ষার মনটা ভিজে গেল। ছোট্ট বোনটাকে আপন তো করে নিতে চায় কিন্তু সৎমা তো ওকে নিজের মতন করে আপন করে নিতে দেয়নি। দীক্ষার চোখে জল চলে আসে। রিমাকে জড়িয়ে ধরে বলল," তুই চলে যাচ্ছিস। তোকে আর অফিস থেকে ফিরে দেখতে পারবো না, বকা দিতে পারবো না । " রিমার মুখটা ধরে বলল ," তুই বিউটি পার্লার না গিয়ে আমার কাছে সাজবি এতে আমি অবাক হচ্ছি। ঠিক আছে সাজাবো । " রিমার কপালে চুমু দিয়ে চলে গেল। দীক্ষা চলে যেতে রিমা মুখ ভেচকে বলল ," উফ্ ।এই নাটক গুলো আমার সহ্য হয়না। আমি মরছি আমার জ্বালায়। নীলাদ্রি যে এভাবে আসবে বুঝতেই পারিনি। কী করবো এখন?"

দীক্ষা অপেক্ষা করছে কখন গায়ে হলুদ শুরু হবে। রান্নার জায়গায়, অতিথি অ্যাপায়ণ সব কিছু সামলাতে হচ্ছে। সুনন্দা নিজেকে নিয়ে ব্যস্ত, মেয়ের বিয়েতে বন্ধু -বান্ধবীদের নিয়ে গল্প করছে। দীক্ষা ওকে বলল," ম্যাডাম, বলছি যে ১২ টা বাজতে যায় মিঃ রায়চৌধুরীরা বেড়িয়েছে কিনা ফোন করেছেন?"

" সেটা তুমি করবে তো। বিয়ের সব দায়িত্ব তোমাদের দিয়েছি কিসের জন্য। আমার মেয়ের বিয়ে আমাকে ইনজয় করতে দাও। দেখ ফোন করো তুমি। "

দীক্ষা সুনন্দার ঘর ছেড়ে বেরিয়ে আসে বক বক করতে করতে বেরিয়ে এল।

" উফ্। আজব সব । " ফোনটা করলো দেবকে। দেবের এদিকে গায়ে হলুদ হচ্ছে। "ফোন ধরল না .... উফ্ । এদিকে গোধূলি লগ্নে বিয়ে। " ফোন টা রেখে দীক্ষা বিরক্ত হয়ে বলল । এদিকে এক কাকিমা গোছের মহিলা ওর পাশে এসে বলল," হ্যা রে দীক্ষা। তুই কী বিয়ে করবি না? "

দীক্ষা - আমি বিয়ে করলে বাড়ি, ব্যবসা এসব কে সামলাবে।

এই শুনে আর একজন এসে যোগ দিল । " তা বলে বিয়ে করবি না"?

দীক্ষা - বিয়েটা সব নাকি......!! বিয়ে না করলে মানুষ কি বাঁচে না?

" সংসারের বাঁধনে বাঁধতে হয় রে।" দীক্ষা ওখান থেকে নিজের ঘরে চলে এল।

মায়ের ছবির সামনে দাঁড়িয়ে কাঁদতে কাঁদতে বলল ," আমি তো চেয়েছিলাম সংসারের ভরা জীবনে পা দিতে। কিন্তু জীবনটা যে মা আমার ভীষন জটিল। তুমি চলে যাওয়ার পর যে পথ চলা কত কঠিন হয়ে পড়েছে। আমার জীবন নিয়ে ভাববার কেউ নেই। তুমি নেই, বাবা ও নেই। এই অনাথের জীবনে দুঃখ ছাড়া কিছু থাকে না।" হঠাৎ ফোনটা বেজে উঠলো। দীক্ষা চোখ, মুখ মুছে ফোনটা দেখলো। দেব ফোন করছে । ফোনটা ধরল।

দেব - হ্যালো..... ফোন করেছিলেন?

দীক্ষা - হুম , আপনাদের গায়ে হলুদের তত্ত্ব বেড়িয়েছে ?

- হ্যা এই বেরলো।

- ঠিক আছে। ফোনটা কেটে দেয় দীক্ষা। দেব হয়তো কিছু বলতে যাচ্ছিল কিন্তু বলতে পারলো না। দেব ভাবল " দীক্ষা গলার স্বরটা হঠাৎ এই রকম শোনালো কেন? আমার তাতে কী? কিন্তু সকাল থেকে রিমাকে যে কল করছি ...... " রিমা ফোন সাইলেন্ট। যত সময় এগিয়ে আসছে ততই ওর ভয় বাড়ছে।

গায়ে হলুদের তত্ত্ব এল দেবের বাড়ি থেকে।

গাড়ি থেকে নীলু বেরালো। সানগ্লাস খুলে স্যানাল বাড়িটা ভালো করে দেখলো। রায়হান গাড়ি থেকে নেমে নীলুর হাত ধরে বলল," এটা দীক্ষা আন্টির ও বাড়ি। "

নীলু- চল জিনিস পত্র গুলো ভিতরে নিয়ে যাই । আরো লোক আসে তাদের হাতে দেয় । তারা বাড়ির ভিতরে ঢোকে। নীলু। চারপাশ দেখে ভিতরে ঢুকলো।

দীক্ষা আর জয়ন্তী ওদের বসায় অ্যাপায়ন করে । রায়হান দীক্ষাকে বলল," আন্টি এটা আমার নীলু দাদা। " নীলু হাত জোড় করে দীক্ষাকে নমস্কার করে। নীলু- দেবমাল্য রায় চৌধুরীর ভাগ্নে। মানে মিতালি সেনের একমাত্র ছেলে। নীলাদ্রি সেন।

দীক্ষা- আরে বসো বসো। আপনারা বসুন আমি গায়ে হলুদের দিকে তাই।

দীক্ষা চলে গেলে , নীলাদ্রি চারদিকে তাকিয়ে বাড়িটা দেখতে থাকে। ধীরে ধীরে উঠে উপরের দিকে যায়। এদিকে ছাদে গায়ে হলুদের তত্ত্ব গুলো ঠিক করে সবাইকে রাখতে বলল। দেবের ছোঁয়া

হলুদের বাটিটা বার করে হাত নিতে গেলে রায়হান পাশ দিয়ে এত জোরে দৌড়ে গেল যে বাটিটা আর একটু হলে হাত থেকে পড়ে যেত। রায়হান - সরি আন্টি। আমি বুঝতে পারিনি

দীক্ষা হাসি মুখে বলল," সাবধানে চলাফেরা করো।"

রায়হান - আন্টি একটা কথা বলবো?

- কী?

রায়হান বাটি থেকে হলুদ নিয়ে দীক্ষার মুখে লাগিয়ে দিল। দীক্ষা অবাক হয়ে বলল," একি!! রায়হান এটা তো রিমা আগে মাখবে।"

রায়হান - তো কি হয়েছে আন্টি!! আমি তোমাকে হলুদ দেবো বলেই নীলুর সাথে এসেছি।

জয়ন্তী দেখে বলল," এ মা !!! দেবের ছোঁয়া হলুদ রিমাকে তো আগে দেওয়া হবে । তুই কেন লাগালি?"

দীক্ষা- বাচ্চা মানুষটা ভুল করে আমার গালে লাগিয়ে দিয়েছে। আমি মুছে ফেলছি।

দীক্ষা ওর আঁচল দিয়ে মুছতে থাকে।

সুনন্দা- দীক্ষা তোমার কোনো কাজটাই ঠিক মতন হয়না। তাড়াতাড়ি অ্যারেঞ্জ করো।

এদিকে রিমা ওর ঘরে গায়ে হলুদের সাজ সাজছিল। আয়নায় নীলাদ্রি কে দেখে ও দাঁড়িয়ে পড়ল। রিমা পিছন ফিরে বলল," তুমি!!!!!"

দরজার বাইরে একবার তাকিয়ে দরজাটা বন্ধ করে দিল। নীলু- বলো কী ভাবলে?

রিমা ঢোক গিলে বলল," কি করবো বুঝতে পারছি না"

" এখনো বুঝতে পারছো না। আর কয়েক ঘন্টা বাকি। তারপর ভাইরাল হবে স্যানাল বাড়ির ছোটো মেয়ের কীর্তিকলাপ। "

" তুমি এখানে কী করে এলে?"

" আমি কেন, কী করে এলাম আস্তে আস্তে জানতে পারবে। এবার বলো বিয়ে কি করবে?"

" নীলাদ্রি কেন এমন করছো? "

" তুমি বিয়েটা করো আমি বরং ভিডিও গুলো....."

" না না " নীলুর পায়ের কাছে বসে পড়ে। নীলু নীচু হয়ে ওর সামনে বসে বলল," পালিয়ে যাবে। আর আমি যেমন যেমন বলছি তেমন তেমন করো। এখন যা করছো করো আমি আসবো। " এই বলে নীলু চলে যাচ্ছিল আবার ফিরে এসে বলল," বেচাল করতে যেও না। চালাকি করার চেষ্টা করলে আমি কিন্তু তোমার উপর চালাকি করবো। তখন দেখবে পরিস্থিতি কেমন তৈরি হয়। "

নীলু চলে গেল। ও চলে যেতে বিছানায় থপ করে বসে পড়ল রিমা।

25

পর্ব ২৫

গায়ে হলুদ অনুষ্ঠান শুরু হলো। রিমাকে পিঁড়িতে বসানো হলো। সকলে মিলে ওর গায়ে হলুদ ছোঁয়ায়। ওর হাতে হলুদ সুতো বাঁধা হলো। তারপর, ওকে সকলে মিলে বরণ করে।

একজন বলল ," সুনন্দা এবার মেয়ের মাথায় পান পাতাটা রাখো আর তেল ঢাল। তাও একনিঃশ্বাসে। " সুনন্দা মেয়ের মাথায় তেল ঢাললো। তারপর মাটির খুড়ি ভেঙে আইবুড়ো নাম ঘোচানো হলো। রিমা এই সবে বিরক্ত হয়ে বলল ," আর কি কি আছে তাড়াতাড়ি করো।" জয়ন্তী," আজকের দিনটা একটু ধৈর্য ধরে বস"

এক জন বলল," সুনন্দা দি তোমার মেয়ে এখনি যদি অধৈর্য হয়ে পড়ে তাহলে সংসার করবে কি করে ?"

রিমা," সেটা তোমাদের ভাবতে হবে না।"

দীক্ষা," চুপ করো । এবার বসো। "

জয়ন্তী সুনন্দাকে বলল," অনুদয়ের জলটা ওর মাথায় ঢালো "

রিমা," মা ঐ জল আমার মাথায় দেবে না "

দীক্ষা ," কিচ্ছু হবে না । যেটা রিচুয়াল সেটা মানতে হবে। এই সব হয়ে গেলে ওয়াশরুমে গিয়ে শ্যাম্পু করে নিবি।"

রিমার মাথায় জল ঢালা হলো। জলের ধারায় চোখে দৃষ্টি ঝাপসা হয়ে গেল রিমার। কানে বাজতে থাকে নীলাদ্রির কথা গুলো।

দীক্ষা রিমাকে লাল বেনারসী পড়িয়ে দিল। সুন্দর করে সাজিয়ে দিল রিমাকে। কপালে কলকা এঁকে দিল , চোখে কাজল ও যাবতীয় প্রসাধনে বোন কে সাজিয়ে তুলল । সুনন্দা এসে বলল ," আজ একটা তোর বিশেষ কোথায় পার্লার যাবি, বড় মেকাপ আর্টিস নিয়ে মেকআপ করবি তা না করে....."

দীক্ষা বলল," ম্যাডাম, দেখুন তো ওকে আপনি বলুন ওকে কি ভালো লাগছে না? "

একজন বলল," খুব সুন্দর হয়েছে" আর এক জন বলল," বোনের বিয়েতে দিদি সাজাচ্ছে এতে খারাপের কি আছে,? "

দীক্ষা রিমাকে গয়না পরাতে পরাতে বলল ," বেশি ক্ষন লাগবে না।আপনি আসুন ওকে রেডি করিয়ে নীচে আসছি।"

দেব বর সেজে রেবতীর ছবির সামনে এসে দাঁড়ালো।

" রেবতী আজ এ বাড়ির যোগ্য গৃহকর্ত্রী কে আনতে যাচ্ছি। তুমি দেখে নিও এ বাড়িতে এসে এ বাড়ির প্রাণ আবার ফিরিয়ে আনবে আর তোমার আদরের ছেলের মা। আমি তোমার মতো ছটফটে , ছেলে মানুষী , ও তোমার মতন সুন্দরী এবং যা তোমার আচার - আচরণের মিল , সেই রিমাকে এ বাড়ি আনছি।"

বাবার পাশে ছোট্ট বর সেজে রায়হান বসে আছে। নীলাদ্রি ঐ গাড়িতেই বসল।

এদিকে রিমার ফোনে মেসেজ আসছে। ফোনটা আড় চোখে তাকিয়ে দেখলো। নীলাদ্রি লিখেছে যে ওরা বেড়িয়ে গেছে।

দীক্ষা সাজানো শেষ করে রিমাকে আয়নার সামনে দাঁড় করায়। দীক্ষা রিমার মুখ তুলিয়ে বলল ," আজ তোর তোকে দেখতেই থাকবে।"

রিমা- তুই সাজবি কখন ,?

দীক্ষা হেসে বলল ," আমার আবার সাজ। শাড়িটা পড়বো ব্যস্। তোর বিয়ে আর আমি আরাম করতে পারি নাকি? "

রিমা," দিদি তুই নীচে যা আমি একটু পড়েই নীচে যাচ্ছি।"

দীক্ষা," তাড়াতাড়ি আয় তোর মা কিন্তু তাড়া লাগাচ্ছে। আমি একটু দেব বাবুকে ফোন করি ।" দীক্ষা বেড়িয়ে যেতে রিমা ফোনটা হাতে তুলে দেখলো। নীলাদ্রি মেসেজ করেছে। কিছুক্ষনের মধ্যে ওরা ঢুকছে। তৈরি হয়ে বাস স্ট্যান্ডের কাছে দাঁড়াতে বলছে।

রিমা দরজাটা বন্ধ করল। আয়নার সামনে দাঁড়িয়ে বলল ," মা আমাকে ক্ষমা করো । এই বিয়ে আমি করতে পারবো না। "

উলুধ্বনিতে ছেয়ে গেল পুরো বাড়িতে। দেবকে বরণ করে বাড়িতে ঢোকানো হলো।

দেব ভিতরে ঢুকলে নীলাদ্রি রায়হান কে ধরে বলল," বাবা জিজ্ঞেস করলে বলবি নীলু দা একটু দরকারি কাজে গেছে একটু পড়ে চলে আসবে।"

রায়হান," কোথায় যাচ্ছো তুমি?'

" একটু আসছি। তুই ভিতরে যা আর পিসির সাথে সাথে থাকবি।" রায়হান চলে যায়। আর এদিকে রিমা মুকুট আর মাথার ওড়নাটা খুলে ফেলে। গায়ে গয়না গুলো খুলে রাখে। গায়ে একটা চাদর দিয়ে ধীরে ধীরে দরজা খুলে বেরিয়ে যায়।

দীক্ষা বরযাত্রীদের আদর-আপ্যায়ন করতে ব্যস্ত। একটা মেয়ে এসে ওকে আড়ালে গিয়ে ডাকলো । দীক্ষা - কি হয়েছে?

মেয়েটা বলল," রিমাদি কে ঘরে পেলাম না"

দীক্ষা - কি বলছিস!!!! ওকে তো সাজিয়ে দিয়ে এলাম। সুনন্দা শুনতে পেয়ে বলল,

" ভালো করে খুঁজে দেখো। ঘরেই আছে কোথায় যাবে ও। "

দীক্ষা উপরে গেল। ঘরে ঢুকে দেখে রিমা নেই। বিছানায় গয়না গুলো রাখা। মুকুট, ওড়না সব বিছানায় রেখে দেওয়া। দীক্ষা চিন্তায় পড়ে গেল। সুনন্দা ঘরে ঢুকে এসব দেখে স্তব্ধ হয়ে বসে পড়ল। দীক্ষা ফোন করতে গিয়ে দেখল ফোন ড্রেসিং টেবিলের উপর রাখা।

জয়ন্তী এল । জয়ন্তী বলল," মেয়েটা গেল কোথায়? "

দীক্ষা - বুঝতে পারছি না পিসি কোথায় গেল ও?

সুনন্দা দীক্ষার হাত ধরে কাঁদতে কাঁদতে ভেঙে পড়ল । " বোন কোথায় গেল দীক্ষা? কোথায় গেল মেয়েটা? ও দিদি আমার আদরের মেয়ে টা এভাবে মুখে চুনকালি দিয়ে দিল। "

দীক্ষা দরজার দিকে এক ঝলক তাকিয়ে বলল ," চুপ করুন। দেব বাবুরা এখনো কিছু জানে না। পিসি আমি বাইরে থেকে একটু আসছি। শোনো এর আঁচ যেন ওরা না পায়।"

মিতালি ওদের না দেখতে পেয়ে ভাবে " কি হলো সব গেল কোথায়? পুরোহিত মশাই ডাকছে । লগ্ন বেড়িয়ে যাচ্ছে বিয়েতে বসতে হবে তো।" জয়ন্তী কে দেখতে পেয়ে বলল," বলছি যে সুনন্দা দেবীকে ডাকুন বিয়ে শুরু করতে হবে তো লগ্ন বয়ে যাচ্ছে।"

জয়ন্তী কি বলবে এখন? " সুনন্দার একটু শরীরটা খারাপ লাগছে। এখুনি আসছে একটু দাঁড়ান। "

মিতালি" ঠিক আছে তাড়াতাড়ি আসতে বলুন"

দীক্ষা গাড়ি নিয়ে বেরিয়ে পড়ল।

" রিমা গেল কোথায়? ও তো এই ভাবে কোথাও চলে যাওয়ার মেয়ে নয়। তবে ওর কি কোনো বিপদ.....!!!"

26

পর্ব ২৬

দীক্ষা চারদিকে খুঁজতে লাগল। কোথাও রিমাকে খুঁজে পেল না। গাড়িটা থামিয়ে নিচে নেমে ভগবান কে ডাকতে লাগল। " হে ঠাকুর ও কোথায়? মেয়েটার কোনো ক্ষতি যেন না হয়।" জয়ন্তী ফোন করল।

" হ্যালো পিসি বলো"

" কোথায় তুই? ফিরে আয় "

" ওকে কোথাও খুঁজে পাচ্ছি না। আমি কী করে বাড়ি ফিরবো?"

" আমরা দেবের বাড়ির লোকের সাথে কথা বলছি......"

" পিসি রিমা ঘর থেকে কী করে উধাও হয়ে গেল? এভাবে একটা জলজ্যান্ত মেয়ে........"

" তোমার মা তোমার বোনকে অনেক মাথায় চড়িয়েছে। সেই কারণে আজ এই অবস্থা।"

" থানায় একটু কথা বলে আসছি। যদি ডাইরি করা যায় এখন....."

" হুম "

দীক্ষা সেই থেকে একটুও জল খায়নি। সেই থেকে দুপুরের শাড়িটাই পড়ে আছে। পুলিশ স্টেশনে এসে দাঁড়ালো।

দেব অধৈর্য হয়ে মিতালি কে বলল," কী হচ্ছে এটা?"

মিতালি ওকে থামিয়ে বলল ," দাঁড়া। আমি একটু মিসেস স্যানালের কাছে যাই..."

সুনন্দার কাছে গিয়ে দাঁড়ালো।ঘরে আসতে সুনন্দা উঠে বসে হাত দুটো জোড়ো করে বলল," আমায় ক্ষমা করে দিন....... আমাকে ক্ষমা করে দিন"

মিতালি," রিমা বিয়ে যখন করতে চায়নি তাহলে কেন জোর করে বিয়ে দিচ্ছিলেন?"

জয়ন্তী," ও তো নিজের ইচ্ছায় বিয়ে করতে চেয়েছিল। ওকে তো আমরা জোর করিনি "

দেব মালাটা নিজের গলা থেকে খুলে ছুড়ে ফেলল। মন্ডপ থেকে বেরিয়ে আসে।

মনে মনে বলল" কেন রিমা? এভাবে আমাকে কষ্ট দিলে? তোমাকে আমি ভালোবেসেছি। সব সুখ তোমাকে দিতে চেয়েছি আর তুমি কিনা এভাবে আমাকে ফিরিয়ে দিলে। "

দেব বেরিয়ে যাচ্ছিল আর ঠিক এই সময় এদিকে দীক্ষা ঘরে ঢুকতে যায়। ওরা মুখোমুখি হয়।

দেব ওর দিকে তাকিয়ে তাচ্ছিল্যের হাসি হেসে বলল," জিতে গেছেন"

দীক্ষা বুঝতে পারলো না । " এই কথা কেন বললেন? এতে আপনার সাথে আমার জেতার কি সম্পর্ক? এতে আমার অপমান বোধ হচ্ছে। আজ আমার বোন এভাবে বিয়ে ছেড়ে চলে গেল । "

দেব," আসল কথা কী বলুন তো..... আপনারা দুই বোন সমান। আপনাদের কন্ট্রাক নেওয়াটাই ভুল ছিল । "

দীক্ষা এবার বলে ওঠে ," মিঃ রায়চৌধুরীর , আপনার মাথাটা খারাপ হয়ে গেছে । আপনাকে কখনো বলিনি আমার বোনকে বিয়ে করুন । আমার বোন কে বিয়ে করলে আপনার প্রোজেক্ট দ্বিগুণ ভালো করে করবো, একথা কি কখনো আপনাকে বলেছি? বিয়ে আপনি আপনার ডিসিশনে করছিলেন । রিমা আর আপনার মধ্যে কোনোদিনো আমি ঢুকিনি। আমি জানিও না আপনাদের মধ্যে সম্পর্ক টা কেমন ছিল। "

ওদের কথোপকথনের সময় সকলে এসে দাঁড়ায়।

দীক্ষা - "আপনাকে তো কোনোদিন রিমার ব্যাপারে provoke করিনি। তাহলে আমি এখানে কিসে জিতলাম? দেখুন স্যার, আপনি আমাকে জানিনা কেন নিজের প্রতিদ্বন্দ্বি মনে করেন , আপনিও যেমন একজন successful business man ঠিক তেমনি আমিও একজন successful business woman...... হ্যা আজ আমার বোনের জন্য আমি খুবই লজ্জিত। কিন্তু আপনার ওকে পছন্দ করা বা বিয়ে করা এসব করতে আপনাকে আমি কোনো দিন বলিনি। "

সুনন্দা ওদের মাঝে আসে। " দেবমাল্য, দেখো আমি জানি না আমার মেয়েটা কোথায় চলে গেছে।মেয়েটা আজ দুপুর অবধি কত মজা করেছে , ওর বিয়ে বলে। কিন্তু কি করে ও যে উধাও হয়ে গেল । আমি কিছু জানিনা.....আমায় ক্ষমা করো। "

দেব দীক্ষার দিকে তাকিয়ে বলল," আমার প্রোজেক্ট বন্ধ করো ।"

দীক্ষা - সরি মিঃ রায়চৌধুরী। Agreement -এ allready আপনি সাইন করে দিয়েছেন। আমি আপনার প্রোজেক্টের পিছনে বহু টাকা ইনভেস্ট করেছি। এভাবে আমি কাজ বন্ধ করতে পারব না। আপনি এভাবে ব্যক্তিগত কারণ দেখিয়ে আমার কাজ বন্ধ করতে পারেন না। অনেকটা সময় , অনেকটা টাকা , এ ক্ষেত্রে খরচ হয়েছে।অনেক মানুষ কে এই প্রোজেক্টে যুক্ত করা হয়েছে।

দেব কিছু বলতে যাচ্ছিল দীক্ষা থামিয়ে বলল ," দেখুন আমার বোনকে খুঁজে পাওয়া যাচ্ছে না। ওকে খুঁজতে আমাদের হবে। আপনার যেমন বিয়ে হয়নি বলে মাথা কুটছেন ঠিক তেমনি আমাদের বাড়ির মেয়ে পাওয়া যাচ্ছে না বলে আমাদের মাথার ঠিক নেই। আপনারা এখন আসতে পারেন।"

দেবে রাগে লাল হয়ে গাড়িতে উঠে বসে। ওরা সবাই চলে গেলে সুনন্দা ওকে ছেঁকে ধরে।" দীক্ষা , এভাবে কেন কথা বললে ওনার সাথে? "

" ম্যাডাম , উনি কোনো কারণ ছাড়া আমাকে এ সবের দোষ দিচ্ছে কেন? উনি আমাকে প্রথম দিন থেকেই প্রতিদ্বন্দ্বি বলে মনে করছেন । কেন? আর আমি তো বলিনি আমার বোনকে বিয়ে করুন। "

" দীক্ষা উনি আমাদের ক্লাইন্ট.....,"

" So what!!!! উনি এরকম তুঘলকি আচরণ করতে পারেননা। বলে কি না কাজ বন্ধ করে দাও।দাম্ভিক লোক একটা!!! "

এদিকে রিমা এয়ারপোর্টে বসে আছে। গায়ে জড়ানো চাদরটা ছেড়ে এখন জিন্স আর টপ পরেছে। মুখটা নামিয়ে রাখা, লাউঞ্জে বসে। কিছুক্ষন পর একটা কফি আর কিছু খাবার নিয়ে নীলাদ্রি এসে ওর পাশে বসলো। ওর দিকে খাবার গুলো এগিয়ে বলল ," খেয়ে নাও"

রিমা মুখ ঘুরিয়ে নিল। নীল- দেখো খেয়ে নাও।

রিমা এখন কাদায় পড়ে যাওয়া হাতি। বলতে গেলে জোঁকের মুখে নুন পড়ে গেছে। ওর ইচ্ছে করছে ছুটে পালিয়ে যেতে কিন্তু নীলাদ্রি যে ওর প্রাণভ্রমরাটা ওর কাছে রেখে দিয়েছে। খাদের কিনারে দাঁড়িয়ে থাকার মতন অবস্থা। সামনে এগোলেই বাঘ আর পিছনে এগোলে মৃত্যু।

নীলাদ্রি - গোয়া যেতে সময় লাগবে। খেয়ে নাও।

রিমা অনিচ্ছা সত্ত্বেও খাবারটা নিল। রিমাকে ও বলল," না খেয়ে মরে যাওয়ার কথাটা ভাবা বোকামো। আর তুমি যা মেয়ে........। এই জানো খারাপ লোকেদের সহজে মৃত্যু হয়না।"

রিমা- আমি যে খারাপ সেটা জানো যখন তাহলে কেন আমাকে বিয়ে করছো?

নীলাদ্রি - তোমার উপর রিভেঞ্জ নিতে।

27

পর্ব ২৭

মিতালি কাজের লোকদের দিয়ে ঘর পরিস্কার করছিল হঠাৎ ফোন আসে। দেখে নীলাদ্রি ফোন করেছে। ফোনটা ধরল। - " নীলু তুই কোথায় উধাও হয়ে গেছিস"

" মম আসলে মুম্বাইয়েতে যেতে হলো। ওখানের ফ্যাক্টিরিতে একটা সমস্যা হয়েছে। ইমিডিয়েট যেতে হলো। তোমরা ব্যস্ত বলে বলা হয়নি আমি রায়হান কে বলে চলে গেছি"

" এখানে তো একটা সমস্যা হয়েছে। মামার তো বিয়ে হয়নি "

নীলাদ্রি না জানার ভান করে বলল ," কেন?"

"মেয়েটা একটা ফ্রড। বিয়ের দিন পালিয়ে গেছে।"

নীলাদ্রি মনে মনে এসে ওর পাশে শুয়ে থাকা রিমার দিকে তাকিয়ে বলল," এ কি বলছো!!! "

" হুম ..... তুই তাড়াতাড়ি চলে আয়। "

" আসবো। " নীলাদ্রি ফোনটা রেখে ঘুমন্ত রিমার দিকে তাকিয়ে হেসে বলল ," তোমার উপর ঝড় আসতে চলেছে মিস স্যানাল। দেখ এবার কি হয়...."

দীক্ষা একটা ওনারশিপ বিল্ডিং - এর দশ তলার উপর দাঁড়িয়ে। বিল্ডিং টা তৈরি হচ্ছে, সব লেবাররা কাজ করছে আর এদিকে দীক্ষা অন্যমনস্ক হয়ে তাকিয়ে আছে দূরে দিগন্ত রেখার দিকে। গতকালের ঘটনা গুলো মনে পড়ছে। আজ সকালে অফিসে আসার আগে সুনন্দার কথা গুলো মনে পড়তে লাগলো।

ফ্ল্যাশব্যাক...........

সুনন্দা - উনি কিন্তু নামকরা ব্যবসায়ী। আবার এমনি তেমনি নয়, হীরে ব্যবসায়ী। সাত পুরুষের ব্যবসা সামালাচ্ছে।

দীক্ষা খাবার খাওয়া থামিয়ে বলল ," হ্যা তো?"

" একবার যদি আমাদের গুড উইল নষ্ট হয়। আমাদের সবে উঠতি ব্যবসা। তাও আবার রিয়েল এস্টেটের। তুই তো জানিস কত রকম সমস্যা হয়। "

" আমি কেন এই ভাবে কনট্রাক বন্ধ করবো? Agreement -এ ব্যক্তিগত কাঁটা ছেড়ার বিষয় নিয়ে তো কথা নেই।"

"শোন না বলছি। আমি ওনাকে পায়ে হাতে ধরছি। তুই ওনার সাথে বিয়ে কর"

" কি!!!!! " দীক্ষা উঠে দাঁড়াল। জয়ন্তী এই কথা শুনে রান্না ঘর থেকে বেরিয়ে আসে।

জয়ন্তী - ও কেন করবে? বিয়ের তোমার ছোট মেয়ের সাথে হবার কথা ছিল, বড় মেয়ের সাথে তো নয়।

সুনন্দা- দিদি এছাড়া আমার উপায় নেই। আর না হলে হাত তুলে নে ওর কন্ট্রাক থেকে।

দীক্ষা- অসম্ভব!!!! এত টাকা ইনভেস্ট করেছি। আমার এই একবছরের পরিশ্রম। পারবো না........ তারপর হচ্ছে কত টাকা।

সুনন্দা - জল যদি বেশি গড়িয়ে যায়?

দীক্ষা- আমি আমার জায়গা থেকে নড়বো না।

বর্তমান......

দীক্ষার কাছে ফোন এল। " নমস্কার আমি নিউটাউন পুলিশ স্টেশন থেকে বলছি"

দীক্ষা বিস্মিত হয়ে গেল। " আপনি কি মিস দীক্ষা স্যানাল বলছেন ?"

" হ্যা।"

" আপনার নামে complain আছে। আপনাকে একটু থানায় আসতে হবে। "

" ঠিক আছে। " দীক্ষা ফোনটা রেখে রাগে দাঁত চিবিয়ে গাড়ি নিয়ে বেরিয়ে গেল।

গাড়ি চালাতে চালাতে আবার ফোন এল। খবর আসে দেবের রিসোর্টের কাজ বন্ধ করার জন্য কোর্ট থেকে নির্দেশ এসেছে। কাজ বন্ধ রাখতে বলেছে।

দীক্ষা থানায় এল। ঢুকে দেখলো অফিসারের সামনের চেয়ারে রাজকীয় ভঙ্গিমায় বসে আছে। দীক্ষা এসে দাঁড়াতে স্যার বললেন," আপনার নামে কারচুপির অভিযোগ এসেছে।"

দীক্ষা দেবের দিকে এক ঝলক তাকিয়ে বলল , " আমি কোনো কারচুপি করিনি। "

স্যার ," ওনার জমির সাইটে কিছু illegal কাজ হচ্ছে। আর এতে উনি আপনার নাম জড়িয়ে । "

দেব যে এতটা খারাপ হবে ভাবতে পারে নি। দীক্ষা বলল," দেখুন স্যার, এখানে কিছু ব্যক্তিগত বিষয় জড়িত আছে .... তাই......"

পুলিশ দেবকে বলে " ব্যক্তিগত বিষয় হলে , ব্যাপারটা বাইরে মিটিয়ে নেন।"

দেব দীক্ষার দিকে তীর্যক ভাবে তাকিয়ে বলল," আমার প্রোজেক্ট -এ কাজ করা উনি বন্ধ করে দিক। তাহলেই হবে। "

দীক্ষা পুলিশ কে বলল," স্যার একবছর ধরে ঐ প্রোজেক্ট নিয়ে এনগেজ আছি। অনেক টাকা ইনভেস্ট করেছি। উনি এর ক্ষতিপূরণ ও দেবেন না। আর আমার builders company কোনো illegal কাজ করে না।"

পুলিশ ," আমার কিছু করার নেই। অভিযোগ এসেছে। কাজ বন্ধ করুন না হলে কেস করা হবে। কোর্টে বিষয়টা যাক। investigation হোক ততদিন পর্যন্ত আপনার কোম্পানীর লাইসেন্স বাতিল করা হচ্ছে। নিরাপরাধ প্রমাণ হলে তবে ...."

দীক্ষার মাথায় বাজ পড়লো। " কি বলছেন..... !!!!"

" আপনার কোম্পানীর লাইসেন্স টা এখন চলবে না।"

পায়ের তলার মাটি সরে গেল। চেয়ারে থপ করে বসে পড়লো । মাথায় হাত দিয়ে বিড় বিড় করে বলল," কী করবো এখন....?"

রায়হান টেবিলে বসে পড়ছিল , গাড়ির আওয়াজ শুনে বাইরে বেরিয়ে দেখলো বাবা গম্ভীর হয়ে ঘরে ঢুকছে। রায়হান দৌড়ে ঘরে ঢোকে।

দেব ঘরে এসে কোট ছেড়ে একজনকে ফোন করল।

" হ্যালো, মিঃ গাঙ্গুলি। আপনি কাল আমার কাছে আসবেন কেস টা আমি যত সম্ভব কোর্টে দেখতে চাই। "

রায়হান বাবার ঘরের দরজার বাইরে দাঁড়িয়ে শুনে ভাবলো নিশ্চয়ই ওর দীক্ষা আন্টির সাথে কিছু হয়েছে।

এদিকে দীক্ষা ঘরে বসে আছে। ঘর অন্ধকার। কানে বেজে চলেছে আগে ঘটে যাওয়া ঘটনা গুলোর আভাস। সুনন্দা এসে ওর পাশে বসল।

সুনন্দা- দীক্ষা!!!! এখন কী করবি তুই? কোথায় যাবো আমরা?

কপাল চাপড়াতে চাপড়াতে বলল ," এ কি হলো আমাদের ভগবান!! মেয়েটা আমাদের পথে বসিয়ে দিল। ও যদি ফিরে আসে আমি ওর মুখ দেখবো না।"

দীক্ষা শূন্য দৃষ্টি নিয়ে সামনে তাকিয়ে। " আমাদের লাইসেন্স বাতিল করে দিয়েছে। কাল কি পরশু কোর্টে যেতে হবে। "

সুনন্দা - দীক্ষা একটা কথা বলি.....

দীক্ষা ওর দিকে তাকিয়ে বলল," কী?"

সুনন্দা - আমি যা বলবো তাই করবি?

দীক্ষা - কী ?

সুনন্দা ওর হাত টা ধরে বলল," তুই এই সংসারের জন্য অনেক কিছু করেছিস। তুই... তুই দেবকে বিয়ে কর"

" না...." দীক্ষা হাত সরিয়ে নেয়। " এটা হয়না"

সুনন্দা- "কেন হয়না? আমি গিয়ে হাতে পায়ে ধরবো। দেখ ওর সাথে কথা বলে বিষয়টা মিটিয়ে নিই। কেস টা withdraw করাতে হবে। কত লোক আমাদের অফিসে খাটছে, কত কন্ট্রাক নেওয়া হয়েছে। সব ব্যবসা রসাতলে যাবে। না না ..... তুই পারবি মা। তুই আগেও নিজেকে বিলিয়ে দিয়েছিলি এবার তুই একমাত্র পারবি। "

দীক্ষা কপাল থেকে চুল অবধি নিজের হাত বুলিয়ে বসে দীর্ঘ শ্বাস ফেলল।

সুনন্দা দীক্ষাকে জড়িয়ে ধরে বলল," তুই আমার পেটের সন্তান নস কিন্তু তুই পারবি রে এই স্যানাল পরিবারকে রক্ষা করতে। তুই বিয়ে টা করলে আমি তোর কাছে আজীবন ঋণী থাকবো। "

28

পর্ব ২৮

সুনন্দা দেবের বাড়িতে এসে হাজির হলো। সুনন্দা এসেছে শুনে মিতালি নেমে এল।

মিতালি - আপনি?

সুনন্দা - হ্যা মানে আমি দেবাদিত্যের সাথে একটু কথা বলতে চাই

- আবার কী?

সুনন্দা হাত জোড় করে বলল " সব কিছু ঠিক করে নিতে চাইছি। এই সব কেস থামারি কি ভালো লাগে বলুন? ওকে একটু বোঝান না..."

" আমি কী করবো? আপনার ছোট মেয়ে যা করেছে ...."

" সেই জন্যই এসেছি। আমার বড় মেয়েকে বিয়ে করে নিক না। " সেই সময় দেব সিঁড়ি দিয়ে নামছিল। দেব শুনে বলল " আমি তো আপনার ছোট মেয়ে কে চেয়েছিলাম এ বাড়ির বৌ করে আনতে। বড় কে তো নয়।"

" জানি বাবা। কিন্তু তার জন্য ক্ষমা ভিক্ষা চাইছি। দয়া করে এসব মিটিয়ে নাও আর ওকে বিয়ে করে নাও। কথা তো দিয়েছিলাম আমার মেয়ের সাথে তোমার বিয়ে হবে। বলেছিলাম আমাদের ব্যবসার ইনভেস্টমেন্টের কথাটাও। শেয়ার ও তো কত দেব ঠিক ছিল। মাঝখান থেকে যে রিমা এটা করবে ভাবতে পারিনি।" সুনন্দা দেবের পায়ের কাছে বসে পড়ল। দেব ছিটকে সরে গিয়ে বলল ," এ কি করছেন!!!! "

" আমাদের এত বছরের ব্যবসা দয়া করে নষ্ট হতে দিও না। দীক্ষা অনেক কষ্ট করছে এই ব্যবসার পিছনে। "

দেব কিছুক্ষন ভেবে বলল" ঠিক আছে দীক্ষাকে আমার সাথে দেখা করতে বলুন।"

সুনন্দার মুখে হাসি ফুটে উঠল। " হ্যা বাবা আমি ওকে বলছি। তুমি কেসটা উইথড্র করে নাও। আর তোমার কাজটাও তো আটকে গেলো বলতো। দেখবে দীক্ষা খুব সুন্দর করে তৈরি করে তুলবে। একটু সুযোগ দাও।"

" ঠিক আছে ওকে আসতে বলবেন। "

রাত ১০টা নাগাদ দীক্ষা দেবের অফিসে গিয়ে হাজির হয়।

গয়নার শোরুমের মেন ব্রাঞ্চে আসে। বসে আছে শোরুমের সিটে। চারদিকে আয়নার দেওয়াল আর আলো। আর রয়েছে বিভিন্ন ধরনের গয়নার সম্ভার। হীরে, রূপো, প্লাটিনাম, সোনা ও

কাস্টম জুয়েলারী । দীক্ষা বোর হচ্ছে বসে বসে। ১০টা থেকে ১০:৩০ হয়ে গেল। বাইরে কনকনে শীত। দীক্ষা ক্লান্ত ও পরিশ্রান্ত। চোখ ঘুমে আচ্ছন্ন হয়ে আসছে। এক জন এসে বলল " ম্যাম স্যার ডাকছেন।"

দীক্ষা তৎক্ষণাৎ উঠে দেবের কেবিনে গেল। ও যেতে ওকে ইশারায় বসতে বলল। টেবিলে ট্যাব টা সামনে নিয়ে আছে আর কানে এয়ার পড। ফোনে কারোর সাথে কথা বলছেন।

কিছুক্ষন পর ফোন রেখে দীক্ষার দিকে তাকিয়ে বলল " বলো "

দীক্ষা একটু নড়ে বসলো। " তোমার মা এসেছিল। কেস উইথ ড্র করেনি । "

" হম" দীক্ষা মাথা নাড়ালো।

" আর বলল তোমাকে তোমার বোনের বদলে বিয়ে করতে.... তোমার বোনের সাথে বিয়ে হয়নি তাই তোমার সাথে বিয়ে করতে বলছেন ।"

দীক্ষা মাথা নিচু করে নেয়।

" Wonderful idea .... ব্যবসার জন্য আমার বিছানায় শুয়ে পড়তে রাজি হচ্ছো। "

দীক্ষা লজ্জায়, ঘেন্নায় কেঁপে ওঠে। মুখ দিয়ে কোনো কথা বের হচ্ছে না । হাত দুটো মুঠো করে বসে আছে। মাথা, কান ভন ভন করে উঠছে।

সামনে একটি ফাইল ছুঁড়ে রাখল। ঠোঁটের আগায় সিগারেট রেখে বলল " দেখে নাও কি কি কন্ডিশন অ্যাপ্লাই করতে হবে। "

দীক্ষা কাগজ টা দেখতে থাকলো। দেব টেবিলেটাকে কেন্দ্র করে গোল গোল ঘুরতে ঘুরতে শর্ত গুলো বলতে থাকল।

" ১) খাতায় কলমে স্বামী - স্ত্রী থাকলেও আমার ওপর তোমার কোনো অধিকার থাকবে না।

২) আমার আর আমার পরিবারের কোনো বিষয়ে ইন্টারফেয়ার করবে না। কিন্তু আমি তোমার আর তোমাদের বিষয়ে ১০০% ইন্টারফেয়ার করবো। এই বলে হাসতে থাকে।

৩) তোমার ব্যবসায় যত কন্ট্রাক আসবে তার ইনকাম ভ্যালু ৫০% আমাকে দেবে। আফটার অল জামাই তোমাদের ব্যবসাতেও আমার অধিকার আছে। আর এমনিতেই তোমার কোম্পানীতে ইনভেস্ট করছি।

৪) আমার ছেলের পুরোপুরি দায়িত্ব তোমার উপর। ওর কিছু হলে দায় হবে তোমার।"

দীক্ষা চোখের জল আটকে রাখতে পারছে না। ওর মনে হচ্ছে ছুটে চলে যাক।

দীক্ষার মুখের দিকে ঝুঁকে বলল" কী হলো agree? "

দীক্ষা " হম"

" আর এই কদিন যা আপনার ক্ষতি হয়েছে তার ক্ষতিপূরণ দিতে চাই। তাও ধার হিসাবে। প্রোজেক্ট শেষ হবার আগে দিয়ে দিও....."

দীক্ষা চোখের জল টা মুছে বলল " ধন্যবাদ "

চেকটা লিখে ওর হাতে দেয়। দীক্ষা নিতে গেলে চেকটা সরিয়ে নেয়। দীক্ষার আশ্চর্য লাগে। দেব হেসে বলল" চেকটা দিতে পারি কিন্তু একটা শর্ত..... " দেব ওর কাছে এসে বলল " বিয়ের পর তুমি এক প্রকার রক্ষিতা হিসেবে থাকবে তাই ভাবছিলাম একবার তোমাকে পরখ করে নেব। বিছানায় তোমার পারফরম্যান্স কেমন..... আমার বিছানায় শোয়ার যোগ্য কি তুমি....?"

দীক্ষার মুখ থেকে আর শব্দ বের হয়না । গা, হাত , পা কাঁপছে । ঢোক গিলে বলল " কবে আপনি সময় চান বলুন।"

দেব সিগারেটটা ফেলে পা থেকে মাথা পর্যন্ত দীক্ষাকে দেখলো। দীক্ষার মনে হচ্ছে এখুনি যেন ওর প্রাণ টা দেহ থেকে বেরিয়ে যাক।

দেব - হউমমমমমম.... (ছোট্ট একটা নিঃশ্বাস ছাড়লো) তোমার বয়স কত?

দীক্ষা- ৩৪....

- বিয়ে করোনি কেন?

- দায়িত্ব পালন করতে করতে বিয়ে করা হয়নি।

দেব সিগারেটটা ফেলে বলল " তোমার বিয়ে হতো । তুমি তোমার প্রেমিক কে বিয়ে করতে পারোনি । সুনন্দা দেবী মানেননি । "

- হ্যা কিন্তু পরে দায়িত্বের কথা ভেবে আর বিয়ে করিনি।

দেব উঠে দাঁড়িয়ে বলল" আমার গাড়িতে ওঠো । আমরা একটা হোটেলে যাবো । "

দীক্ষার পা যেন চলছে না। দেবের গাড়িতে উঠল। দেবের সাথে পিছনের সিটে বসে। দীক্ষা যেন কলের পুতুল হয়ে গেছে। দেব ফোনে কথা বলছে।

দীক্ষার কানে তখন ভেসে উঠলো অতীতের কথা। " মেয়ে হয়ে প্রমোটিং করা দুষ্কর। "

দীক্ষার বাবা দীক্ষাকে বলেছিল এতে দীক্ষা প্রদুত্তরে দেয় " নিজে যদি সৎ থাকো তাহলে সব কাজ করতে পারা যায়। তুমি চিন্তা করোনা তোমার মেয়ে আছে।" এটা যখন দীক্ষার মা মারা যায়নি সেই সময়কার কথা। একদিন বাবাকে জড়িয়ে এই উত্তর দিয়েছিল।

দীক্ষার এখন অসহায়তায় নিমজ্জিত। গাড়ি এসে দাঁড়ালো একটা লাক্সারী হোটেলের সামনে।

29

পর্ব ২৯

দীক্ষাকে নিয়ে দেব রুমের দিকে এগোলো।

লিস্টের ভিতরে ওরা দুজন। এই স্তব্ধতায় প্রতিটা মুহূর্ত দীক্ষার কানে লাগছে। মনের ভিতরটা গ্লানিতে ভরে ওঠে। লিস্ট এসে থামলো ১২ তলায়।

" আসো " লিস্টের দরজা খুলতেই দেব ওকে নিয়ে বের হলো।

রুম নং ২১৩ ।

দেব আর দীক্ষা রুমের সামনে এসে দাঁড়ালো।

দেব- রুম নং ২১৩ । এখানে আজ আমরা রাত কাটাবো।

দেব দরজা খুলে বলল " আসো"

দীক্ষা এক ঝলক দেবের দিকে তাকিয়ে ভিতরে ঢুকলো। দেব দরজা বন্ধ করে বলল " ওদিকে ওয়াশ রুম আছে । ফ্রেশ হয়ে......" ওর দিকে একটা প্যাকেট ছুঁড়ে দিল। " এটা পড়ে এসো "

দীক্ষা ওর সামনে প্যাকেট খুলে দেখলো একটা পাতলা কাপড়ের রাতের পোশাক। দেবের দিকে তাকাতেই দেব গ্লাসে পানীয় ঢালতে বলল " এখানে আমরা বিসনেস ডিলের সাথে সাথে উষ্ণতা পেতে এসেছি। দেখো তোমার ভালো না লাগলে কন্ট্রাক ক্যানসেল করো। "

দীক্ষার মনে কষ্ট হতে লাগলো। দম বন্ধ হয়ে আসতে লাগলো এই ঘরে । চারদিকে যেন কেউ কাঁটা বিছিয়ে রেখেছে। দীক্ষা ওয়াশরুমে ঢুকতে গেলে দেব আবার বলে ওঠে "একটু সেজে এসো "

দীক্ষা ভিতরে ঢোকে। শাওয়ার খুলে ভিজতে থাকে। চোখের জল গায়ে ভেজা জলের সাথে মিশে যায়। চুল থেকে টপ টপ করে ঝরতে থাকে জল। টাওয়াল জড়িয়ে আয়নার সামনে এসে দাঁড়ায়। মুখে প্রসাধনী সামগ্রী ব্যবহার করতে থাকল। সাজতে সাজতে চোখ ফেটে জল বেরিয়ে আসে। মুখে হাত চাপা কান্না থামায়। " মা আমাকে এই ভাবে পতিতা হতে হলো। " আয়নায় দেখলো নিজেকে। শরীরের উপর লিস্টে বসে আছে। আজ যেন মনে হচ্ছে ও সমাজের কাছে হেরে গেছে। ধীরে ধীরে বেড়িয়ে এল ওয়াশরুম থেকে।

দেব দেখে এগিয়ে এল । দীক্ষার পা থেকে মাথা পর্যন্ত চোখ বুলিয়ে নিতে নিতে বলল " আমার মনে হয় তুমি তোমার বোনকে সরিয়েছো।" এই বলে গ্লাসে থাকা পানীয়টি শেষ করে দীক্ষার ঘাড়ের কাছে মুখটা নামিয়ে রাখে।

দেব - কাল সকালে উঠে ঐ ডেস্কের কাছে চেক রাখা আছে নিয়ে নিও।

তারপর, দীক্ষার কাঁধ থেকে চুল সরিয়ে ঠোঁটটা ডুবিয়ে দিল। দীক্ষা দমবন্ধ করে রাখে। বাম কাঁধ থেকে ডান কাঁধ এবং পিঠে চলল অযাচিত স্পর্শ চলল। চোখ দিয়ে অনবরত জল পড়ছে। দেব ওর শরীরের সাড়া না পেয়ে রেগে যায়। " দীক্ষা..... এই রকম করলে আমি কিন্তু ফোর্স করতে বাধ্য হবো। "

দীক্ষা চেঁচিয়ে বলে ওঠে " আমি কোনো পেশাদারী বেশ্যা না....."

দেব কয়েক মুহূর্ত চুপ করে থাকে। তারপর যা হলো দীক্ষার হয়ত সেটা কল্পনার বাইরে।

দীক্ষার দুই গাল হাতের মধ্যে টিপে ধরে। " একদম গলা উঁচু করে কথা বলবি না। কন্ট্রাক কিন্তু শুরু হয়ে গেছে। "

দীক্ষাকে ঠেলে বিছানায় ফেলে দেয়। চলল শারীরিক অত্যাচার। সিংহ যেমন দুর্বল হরিনীর দেহটাকে নিয়ে ছিন্ন বিচ্ছিন্ন করে ফেলে, ঠিক তেমনি দীক্ষার শরীরের উপর সারারাত চলল অমানবিক নির্যাতন।

রাত ১ টা বাজতে ১০ মিঃ বাকি। শূন্য দৃষ্টি নিয়ে সিলিং -এর দিকে তাকিয়ে শুয়ে আছে।

সারা শরীরে বিভিন্ন আঘাতের চিহ্ন। ঠোঁটের বাঁ দিকে রক্ত জমাট বাঁধা। চোখের কাজল অশ্রুজল হয়ে গালে দাগ হয়ে রয়েছে। পাশে দেব ঘুমাচ্ছে। উঠতে গিয়ে অনুভব করল অসম্ভব যন্ত্রনার। বিছানায় রক্তের দাগ। মেঝেতে ব্যবহৃত নিরোধ। গায়ে সাদা চাদরটা জড়িয়ে ওয়াশরুমে গেল। নিজেকে আয়নায় দেখলো। চাদর খুলে দেখল ওর বুক, পেট, কাঁধ, পিঠে আঁচড়ানো আর কামড়ানোর দাগ। আর ওর শরীরটাকে বিছানায় পিষে ফেলেছিল। ওর শরীরটা ভালো লাগছে না। গা গুলিয়ে উঠলো ওর। বমি করল, রাতে যা খেয়েছিল সব বেড়িয়ে গেল। মুখ চোখে জল দিল। একটা প্যারাসিটামল খেল। অনেকটা জল খেল। জামাকাপড় পড়ে ড্রাইভার কে ফোন করে ঠিকানা বলে দিল আসার। দীক্ষা চুড়িদার পড়ে এসেছিল ওটাই পড়ে। ওড়নায় নিজেকে জড়িয়ে নিলো।

ডেস্ক থেকে চেকটা নিয়ে ব্যাগে রাখল। ধীরে ধীরে ব্যালকোনিতে এসে দাঁড়ালো। ঘরের ভিতর পরিস্থিতিটা দমবন্ধ হয়ে ছিল এখন ঠান্ডা হাওয়াতে নিজেকে বড্ড হালকা লাগছে। কিছু ক্ষন পর ফোন এল ড্রাইভারের। একবার বিছানার দিকে তাকিয়ে বেরিয়ে গেল।

বাড়ি এসে ছুটে নিজের ঘরে ঢোকে। মায়ের ছবির দিকে তাকিয়ে কান্নায় ভেঙে পড়ে।

সামনের চুল গুলো পিছনে নিয়ে ওপরে তাকিয়ে উচ্চঃস্বরে কাঁদতে থাকল। কান্নার আওয়াজ স্তব্ধ ঘরে চতুর্দিকে ধাক্কা খেতে লাগলো। কিছুক্ষন পর কান্নায় ফোঁপাতে ফোঁপাতে গরম চলে স্নান করে, জামা ছেড়ে বিছানায় শুলো। হাঁটু পায়ের কাছে গুটিয়ে শুয়ে রইল কিন্তু চোখ বোজালেই সেই বিভীষিকাময় পরিস্থিতির প্রতিচ্ছবি ভেসে ওঠে।

30
পর্ব ৩০

দীক্ষার শরীরের আঘাতের জায়গা গুলোতে রমা গরম জলের সেঁক দিতে লাগল।

রমা- কেন যে তুমি এখানে এখনো থাকো....... তোমার কষ্টটা কেউ বুঝবেনা গো। আমি বলি কি তুমি পালিয়ে যাও।

দীক্ষা চুপচাপ বসে আছে। আঘাতের চিহ্ন গুলো ওর শরীরে ফুটে উঠেছে। শরীরটা খুব দুর্বল হয়ে পড়েছে। রমা আরো বলল " দেখো ঐ রাক্ষসটা তোমার বোনকে বিয়ে করতে চেয়েছিল। তাকে যখন পায়নি এবার তুমি যদি ওকে বিয়ে করো ও তোমাকে কখনো সুখী রাখতে পারবেনা।"

দীক্ষা - আমি কারোর কাছ থেকে সুখের আশা করি না। আর তুমি যে পালিয়ে যেতে বলছো, এখন পালিয়ে গেলে হবে না। তাহলে আমি আমার জীবন থেকে হেরে যাবো। আমার পালানো টা অনেক আগে উচিত ছিল। তখন যখন পালায়নি এখন পালিয়ে লাভ কি? আর রমা দি আমাকে বাবা বিশ্বাস করে আমার উপর সব দায়িত্ব দিয়ে গেছে। এত বড় বিসনেস, এত বড় কোম্পানি ছেড়ে যদি চলে যাই তাহলে সব শেষ হয়ে যাবে।

মনে মনে দীক্ষা বলল " মিঃ রায়চৌধুরী আমাকে আঘাত দিয়েছেন। আমিও আপনাকে এর চেয়ে দ্বিগুণ আঘাত দেব। সকলে অন্যায়ের শাস্তি পাবে।"

দীক্ষা ওর লাইসেন্স ফিরে পেল।

কনফারেন্স রুমে পুলিশ অফিসার, দীক্ষা, দেব ও কোম্পানির কয়েক জন হেড স্টাফ। তাদের মধ্যে বিভূতি বাবুও আছেন।

পুলিশ " তাহলে কেস উইথড্র করে নিচ্ছেন মিঃ রায়চৌধুরী?"

দেব " হুম। স্যানাল গ্রুপ যেমন চলছিল চলুক। যা যা allegation এনেছিলাম সব ফিরিয়ে নিচ্ছি।"

দীক্ষা টেবিলে থাকা জলের গ্লাসের দিকে তাকিয়ে। বিভূতি দেবকে জিজ্ঞেস করল " স্যার আপনার প্রোজেক্টটা তাহলে শুরু করতে পারি? "

দেব " অবশ্যই। কাল থেকে শুরু করে দেবেন। "

দেব এক ঝলক দীক্ষার দিকে তাকাল। দীক্ষা মুখ ঘুরিয়ে নিল।

দেব বাইরে বেরিয়ে দেখলো প্রেসের লোকেরা অফিসের বাইরে ভিড় করে দাঁড়িয়ে।

দেব কে জিজ্ঞেস করল।

" স্যার এত বড় কোম্পানির উপর allegation দিলেন কেন? "

" তারপর তুলে নিলেন কেন? "

" শোনা যাচ্ছে এর মধ্যে আপনার ব্যক্তিগত আক্রোশ জড়িয়েছিল । এর বশেই আপনি নাকি এই কাজ করেছিলেন?"

দীক্ষা দেখে বিরক্ত হয়ে দোলাকে জিজ্ঞেস করল " এরা এখানে কেন?"

দোলা " জানি না ম্যাম। "

দীক্ষা " এসব ঐ লোকটার কর্ম"

দেব প্রেসদের সামনে দাঁড়িয়ে বলল " সেই রকম কিছু না। " দীক্ষার দিকে তাকিয়ে বলল " এনাদের কিছু কাজে অসন্তোষ হয়েছিলাম। কিন্তু এখন সব ঠিকঠাক আছে।"

একজন বলল " স্যার শোনা গেছে রিমা স্যানালের সাথে আপনার বিয়ে হবার কথা ছিল সেটা হয়নি সে কারণবশত আপনি নাকি এই অভিযোগ এনেছিলেন.....? "

দীক্ষা এড়িয়ে চলে যাচ্ছিল । গাড়িতে ঢুকতে গেলে কয়েকজন প্রেসের লোকেরা ওকে ঘিরে ধরে।

" ম্যাডাম আপনার বোন অর্থাৎ রিমা স্যানাল উনি কেন এ বিয়ে ছেড়ে চলে গেল?"

দীক্ষা " সেটা জানলে এর থেকে খুশি বোধহয় আমি হতাম । "

" ম্যাম জানা গেছে বিসনেসের জন্য এবং এই যে আপনার বোন বিয়ে ছেড়ে পালিয়েছে এর ক্ষতিপূরণ হিসেবে আপনি নাকি মিঃ রায়চৌধুরীকে বিয়ে করছেন? "

দীক্ষা ওর থেকে পাঁচ হাত দূরে দেবের দিকে এক ঝলক তাকিয়ে বলল " মন্তব্য করতে ইচ্ছুক না" এই বলে গাড়িতে উঠে পড়ে। মিডিয়াদের ইগনোর বেড়িয়ে গেল ।দেব ওর যাওয়ার দিকে তাকিয়ে রইল।

দীক্ষার প্রেসদের বলা মন্তব্যের ভিডিও ফোনে রিমা দেখে।

রিমা " দিদি দেবকে বিয়ে করবে!!!"

নীলাদ্রি টেবিলে বসে ফল কাটতে কাটতে বলল " করুক। তোমার দিদিকে আমার মামী হিসাবে বেশ মানাবে। "

ফোন রেখে রিমা নীলাদ্রির সামনে এসে বলল " নীল আমাকে কলকাতা নিয়ে চলো। "

" আগে মামার আর তোমার দিদির বিয়ে হোক"

" আমি এখনি যাবো"

নীলাদ্রি ওর দিকে দৃঢ় দৃষ্টি এনে বলল " রিমা তুমি জানো তো.... আমার কথা না শুনলে আমি কী করতে বাধ্য হবো? "

রিমা শান্ত হলো।

রিমাকে এবার পিছন থেকে জড়িয়ে ধরে বলল " তোমার দেবকে ফিরে গিয়ে বলবে

' দেব আমায় ক্ষমা করো ' দিদিকে বলবে ' দিদি আই এম সরি ' নীলকে দেখে পুরোনো প্রেম জেগে উঠেছিল তাই দেবকে বিয়ে করতে পারিনি। এটাই বলবে আর না বলতে পারলে আমি মামা আর সবাইকে আসল কথাটা বলে দেব এবং সব দেখিয়ে দেব। "

31

পর্ব ৩১

দীক্ষা অফিসে এসে ওর কেবিনে বসল। ল্যাপটপটা খুলে সামনে রাখতে রাখতে ওর ঘরের কাঁচের বাইরে দিয়ে সারা অফিসটাকে দেখলো।

নিজের সবটুকু সম্মান বর্জন করে এই ব্যবসাটাকে রক্ষা করেছে। ওর ঘরে টাঙানো ওর বাবার ছবির দিকে তাকিয়ে বলল " বাবা। তোমার দীক্ষা ' স্যানাল গ্রুপ ' কে মৃত্যুর হাত থেকে বাঁচিয়েছে দাদুর কষ্টের ব্যবসাকে মাটিতে মিশিয়ে দিইনি। " পরক্ষনে ওর মনে হলো নিজেকে সে বিকিয়ে দিল একজন দান্ভিক, অহংকারী, পাষাণের ন্যায় হৃদয় অধিকারী ঐ অমানবিক মানুষের কাছে। মন থেকে ধিক আসে ওর।

অফিসে কাজ করছে হঠাৎ দীক্ষার ফোন বেজে উঠল। ফোনটা হাতে নিয়ে দেখল রায়হান ফোন করেছে। আড়ালে গিয়ে ফোনটা ধরল।

" হ্যালো রায়হান"

" আন্টি...... "

" হুম বল "

" আন্টি তুমি বাবা কে বিয়ে করছো ? "

দীক্ষা কিছু বলার আগেই রায়হান বলে উঠলো " আমি গডকে খুব বলতাম তুমি যেন আমার মা হয়। কিন্তু দেখ গড আমার কথা শুনেছে। এর জন্য আমি খুব খুব খুশি। আন্টি এবার থেকে তোমাকে মা বলবো ।"

" মা.... বলবে.....

" তুমি তো জানো তোমাকে কত ভালোবাসা। তুমি আমার কাছে, আমারই বাড়িতে থাকবে ভেবে খুব খুব ভালো লাগছে। তাড়াতাড়ি চলে এসো।"

সত্যি তো দীক্ষা মা হবে। এত কষ্টের পর যে ওর মনে এত আঘাত এসেছিল এই ' মা ' ডাক টাই ওর সমস্ত আঘাতকে সাড়িয়ে তুলবে।

বাড়ি ফিরে দীক্ষা শুনছিল বিয়ের জন্য অনেক আয়োজন করার কথা দীক্ষা সমস্তটাই না করে দেয়।

" দেখ পিসি । শুধু মাত্র রেজিস্ট্রি করে বিয়েটা হোক আমি আর চাই না এত নিয়ম কানুনের।"

জয়ন্তী " দীক্ষা বিয়ে করছিস ঠিক মতন কর।"

সুনন্দার দিকে তাকিয়ে বলল " পিসি এটা বিয়ে নয়। এটা একটা আপোস করা। কিছু ডিল এটা । লোকটা আমার বোনকে ভালোবাসে এবং তাকে বিয়ে করতে চায়। চুপচাপ উকিল ডেকে বাড়িতে রেজিস্ট্রি হয়ে যাক। "

জয়ন্তী কিছু বলতে যাচ্ছিল দীক্ষা থামিয়ে বলল " প্লিজ আর কিছু বলো না। বোনটা নেই। মনের অবস্থা ভালো নেই। নাচতে নাচতে আমি বিয়ে করতে পারবো না। "

দীক্ষার কথামত দেব যথাসময় স্যানাল বাড়িতে এসে উপস্থিত।

সকলে নিচের হলে বসে আছেন। দীক্ষা ওর মায়ের লজ্জা বস্ত্রটা বার করলো। হালকা গোলাপী রঙের । শাড়িটা হাতে নিয়ে মনে পড়ে গেল ছোটবেলাকার কথা। এই শাড়িটা ছোট্ট থেকে দীক্ষার খুব পছন্দ ছিল। একদিন ওর মাকে বলেছিল " মা এই শাড়িটা পড়ে বিয়ে করবো।" ওর মা শুনে বলেছিল " তোর বিয়েতে খুব সুন্দর একটা বেনারসি কিনে দেব। কত গয়না পড়বি। অনেক বড় করে তোর বিয়ে হবে।" শাড়িটা নিয়ে মায়ের ছবির দিকে তাকিয়ে বলল " মা আজ আমার বিয়ে। এটা বিয়ের মতন বলতে পারো। বিয়ে নামক কিছু শর্ত পালনের হিসেব। এটা বিয়ে নামক প্রতিষ্ঠানকে অসম্মান করা হয়।"

কিছুক্ষন পর সাধারণ সেজে নীচে সবার সামনে উপস্থিত হলো। রেজিস্ট্রি পেপারে ওরা সই করলো। উকিল কনগ্র্যাজুলেশন বলে উঠে গেল, দীক্ষা উঠে উপরে চলে যায়। সুনন্দা হাতে মালা নিয়ে দাঁড়িয়ে ছিল। জয়ন্তীর হাতে মিষ্টি আর সিঁদুর কৌটো ছিল। সমস্ত কিছু উপেক্ষা করে উপরে চলে যায়। জয়ন্তী হেসে মিষ্টির প্লেট টা দেবের দিকে এগিয়ে দেয়।

সুনন্দা - দুটো মিষ্টি অন্তত খাও। এখন এবাড়ির বড় জামাই।

জয়ন্তী - তুমি খাও বাবা । আমি দীক্ষাকে ডেকে আনি।

জয়ন্তী দীক্ষার ঘরে গিয়ে দেখল ও ড্রেসিং টেবিলে বসে হাতের চুড়ি, কানের খুলছে।

জয়ন্তী - এই দীক্ষা দেব এখনো বসে।

দীক্ষা- ওকে বাড়ী যেতে বলো । আমি ঠিক সময়ে চলে যাবো।

জয়ন্তী দীক্ষাকে নিজের দিকে টেনে বলল " শোন, তোর বিয়ে হয়ে গেছে মানছি ও তোকে পছন্দ করে না কিন্তু তার বলে তুই হাল ছেড়ে দিবি..."

" শোনো পিসি, আমিও ওনাকে পছন্দ করি না। এই অসভ্য, অসৎ লোকটাকে নিজের করে নেওয়াটা বোকামো। খারাপ মানসিকতার মানুষ। তোমার ওকে থাইয়ে দাইয়ে বাড়ি পাঠাও ।"

দীক্ষা চেঞ্জ করে অফিসের উদ্দেশ্যে বেড়িয়ে গেল। কিন্তু যাওয়ার আগে নীচে বসে থাকা দেবকে বলে গেল। " মিঃ রায়চৌধুরী, আপনি চলে যান আমি পরে আপনার বাড়িতে চলে যাবো। "

সুনন্দা আর জয়ন্তী একে অপরের দিকে তাকালো। ও চলে যেতে সুনন্দা বলল " দেব । ও আসলে ভীষণ রেগে আছে। " আসল বিষয় দেব জানে । দেব বলল " আমি বুঝেছি"

সুনন্দা " আমি জানি তুমি বুঝবে। আমি হলফ করে বলতে পারি আমার ছোট মেয়ে আর ও আকাশ পাতাল তফাৎ । "

জয়ন্তী ওর হাতে সিঁদুর কৌটা দিয়ে বলল " ও সিঁদুরটাও পড়লো না। ওকে পড়িয়ে দিও।"

দেব সিঁদুর কৌটো নিয়ে পকেটে ঢোকালো।

সুনন্দা" আমরা বড় করে সোস্যাল বিয়েটাই চেয়েছিলাম। কিন্তু....."

দেব উঠে দাঁড়িয়ে বলল" লিগ্যাল তো ও আমার ওয়াইফ ব্যস আর কি...."

অফিসের পর দেবেন বাড়ির রাস্তা ধরলো দীক্ষা।

দেবের বলা কথাগুলো মনে করতে লাগলো। চিন্তায় নিমজ্জিত দীক্ষা পৌঁছে গেলো রায়চৌধুরীর বাংলোর কাছে।

আর এদিকে রিমা দাঁতে দাঁত চেপে বলেই চলেছে । " তুই ঐ বাড়ির মালকিন হবি। না,...... দিদি তোকে আমি ছাড়বো না। অতি সৎ সাজছিস। দ্যাখ কি করি......"

32

পর্ব ৩২

দেব ওর বাড়ি এসে পৌঁছায়। ও বাড়িতে ঢুকতেই মিতালি এল ওর সামনে। ওর পাশে এক কাজের লোক বরণ ডালা নিয়ে দাঁড়িয়ে। মিতালি ওর পিছনে উঁকি মেরে দেখলো ।

" হ্যারে দীক্ষা কোথায়?"

দেব ঘরে ঢুকতে ঢুকতে বলল" পরে আসবে"

" একি বিয়ে হলো আলাদা আসছিস। বরণ ডালা সাজালাম ও আর তুই একসাথে আসবি বলে....."

দেব কিছু না বলে ওর ঘরে চলে গেল।

রাতের বেলা দীক্ষার গাড়ি রায়চৌধুরী বাড়ির সামনে এসে দাঁড়ালো। দীক্ষা নেমে দাঁড়াতে সার্ভেন্টরা ওর সব ল্যাগেজ গাড়ি থেকে বার করে নিয়ে ভিতরে ঢুকলো। ওরা তখন রাতে খেতে বসেছে। দীক্ষাকে দেখে ঢুকতে দেখে মিতালি উঠে দাঁড়াল।

মিতালি - "আরে , দীক্ষা এসো..... " একটা কাজের মেয়েকে বলল " বৌদি কে ঘরে নিয়ে যা। আর শোন লাগেজ গুলো কে দাদাবাবুর ঘরে রাখবি"

এই শুনে দেব বলল " না । " দেব দীক্ষার দিকে তাকিয়ে বলল " বাঁদিকের কোনের ঘরটা পরিষ্কার করা হয়েছে ওখানে উনি থাকবেন "

রায়হান দীক্ষাকে দেখে জড়িয়ে ধরে বলল" মা.... আজ তুমি আমার কাছে শোবে। "

দীক্ষা রায়হান কে জড়িয়ে ধরে বলল" হ্যা তোমার কাছেই শোবো।"

মিতালি কে বলল " যদি একটা কথা বলি মানবেন?"

মিতালি" হ্যা বলো না। "

দীক্ষা" আমি বরং রায়হানের ঘরেই থাকি...... আমার জিনিসপত্র ওর ঘরেই থাকুক তাহলে?"

মিতালি দেবের দিকে ক্ষুব্ধ চোখে তাকালো ।

দীক্ষা রায়হানকে বলল " তুমি খেয়ে নাও। আমি ফ্রেশ হয়ে আসছি। "

দীক্ষা চলে গেলে মিতালি দেবকে বলল ," এটা কী হচ্ছে? এতই যখন অপছন্দ তবে এই বিয়ের কি মানে?"

দেব " ও রায়হানের খেলার সাথী হতে পারে কিন্তু এ বাড়ির বৌ হতে ও পারবে না, রেবতীর জায়গায় রিমাকে ভেবেছিলাম কিন্তু এ আমার ভ্রান্ত ধারনা । শোন,আমি ওদের করুনা করেছি।

মিসেস স্যানাল আর ঐ মেয়েটা মিলে আমাকে সেদিন যে অপমান করেছে.....এর ফল তো ওরা পাবেই। "

মিতালি " দেখ দেব, আমার রিমাকে প্রথম থেকেই ভালো লাগেনা। তুই মুগ্ধ হয়ে গেছিলিস। ঠিক আছে অনেক রাত হয়েছে। শুয়ে পর। "

রায়হান ঘরে ঢুকে দেখলো ওর নতুন মা ওর ঘর গোছাতে ব্যস্ত।

" মা" এই বলে দীক্ষাকে জড়িয়ে ধরে ওর কোলে শুয়ে পড়ল।

" রায়হান আমার জামাকাপড় ঠিক করে গুছাতে দাও। "

দীক্ষার হাত দুটো ধরে বলল " পরে গুছিয়ো না"

সেই সময় রুমি (কাজের লোক) এসে বলল " বৌমণি তুমি ছাড়ো না। আমি করছি তুমি ছোটবাবুকে নিয়ে শুয়ে পড়ো। "

দীক্ষা বলল " না না আমি করছি। " রায়হানের দিকে তাকিয়ে বলল " রায়হান একটু দাঁড়াও আমি এখুনি তোমাকে নিয়ে শোবো। "

রায়হান" তাড়াতাড়ি গুছিয়ে নাও। আমরা সারারাত গল্প করবো......"

সেদিন রায়হান ওর নতুন মাকে পেয়ে মায়ের বুকে মাথা দিয়ে ঘুমিয়েছে। দীক্ষা মনে হয় এ বাড়িতে শুধু মাত্র ওর টানেই এসেছে। আর এদিকে ওর মাকে জড়িয়ে ধরে রেখেছে যেন কখনো ছেড়ে যেতে না পারে। সকালে স্কুলের জন্য রায়হান কে দীক্ষা তৈরি করে দিল। রায়হান সকাল থেকে সমস্ত কাজের লোকদের বলে বেড়িয়েছে এ হলো ওর নতুন মা। সকলের সাথে ওর নতুন মায়ের আলাপ করালো।

নিজে অফিসের জন্য রেডি হয়ে রায়হান কে খাইয়ে গাড়িতে তুলে দিল। দীক্ষা হাত নাড়া দিয়ে টাটা করলো। গাড়ি চলে গেলে মিতালি বলল " তুমি খেয়ে নাও। "

দীক্ষা বলল " আমি বাইরে খেয়ে নেব। "

" বাড়িতে রান্না হয়েছে বাইরে খাবে কেন? "

" কারণ খাবারের খোঁটা কেউ দিক চাই না। " সেই সময় দেব বাড়ি থেকে বেরিয়ে গাড়িতে উঠছিল দীক্ষার কথা কানে আসতে একবার দীক্ষার দিকে তাকাল।

দীক্ষা " জলটাও আমি বাইরেই খাবো। আমি আর ঋণের বোঝা বাড়াতে চাই না"

দীক্ষা বেড়িয়ে যায় আর এদিকে দেব ও চোখে সানগ্লাস পড়ে বেরিয়ে গেল।

দীক্ষা আর অফিসে সকলে মিলে কনফারেন্স রুমে আছে। ঘড়িতে তখন ৩ ১ টা বাজতে আধঘন্টা বাকি। খেয়ে আসেনি , অফিসে এসে একটু কফি খেয়েছিল।

হঠাৎ ফোন আসে দেখে রায়হান। রুম থেকে বেড়িয়ে ফোন ধরলো।

" হ্যালো রায়হান , স্কুল থেকে চলে এসেছো?"

" হ্যা মা চলে এসেছি। বলছি তোমার ব্যাগে একটা জিনিষ আছে। একটু খুলে দেখো না"

" আচ্ছা একটু পড়ে দেখছি "

মিটিং শেষে ব্যাগ খুলে দেখলো একটা টিফিন বক্স। তার ভিতর একটা স্যান্ড উইচ।

ফোন এল রায়হানের। " মা দেখলে?"

" খুব সুন্দর "

" এটা তোমার জন্য মা। আমি বানিয়েছি। রুমি অবশ্য হেল্প করেছে। তুমি খাবে তো মা? "

" কেন খাবো না? আমার সোনার হাতের তৈরি। এত ভালোবাসা দিয়ে যে বানানো।"

দীক্ষা ফোনটা রেখে স্যান্ড উইচ টা খেলো। তারপর ফোনে রায়হানের ছবিটা দেখে বলল " তুই মনে হয় আমার গত জন্মের আমার সন্তান ছিলিস.... " ছবিতে চুমু দিল

33

পর্ব ৩৩

আজ রবিবার রায়হানের স্কুল ছুটি। সকাল থেকে দীক্ষাকে ধরেছে লুচি আর আলুর দম খাবে।

তেলে লুচি ছাড়ছে আর রায়হান হা করে দেখছে।

রায়হান - মা লুচি গুলো এভাবে ফুলছে কেন?

দীক্ষা - তোকে দেখে।

রায়হান - অ্যাঁ।

দীক্ষা - হা হা।

মিতালি রান্না ঘরে ঢুকে বলল " মা-বেটাতে কী করা হচ্ছে? "

দীক্ষা - ব্রেকফাস্টে ছোটো রায়চৌধুরী বাবু এখন লুচি খাবেন।

মিতালি - বাহ্ অনেকদিন বাদে হলো। আসলে দেব এই সব খায় না আর তাই এসব হয়না।

রায়হান - মা একদিন বিরিয়ানি করবে হ্যা।

মিতালি - হ্যা সব করবে তুমি এবার এসো খেতে। এই বুড়ি খাবার গুলো টেবিলে রাখ।

চোখে সূর্যের আলো পড়তেই দেবের ঘুম ভেঙে গেল। চোখ মুখ কুঁচকে উঠে বসল।

" স্যার আপনার জুস"

কাজের লোক টেবিলে ওর জুসটা রাখলো। দেব উঠে বসে বলল " রায়হান কী করছে?"

" ছোটবাবু, দিদিমণি আর বৌদিমণি নিচে ব্রেকফাস্ট করছে। "

মনে মনে বিরক্ত হয়ে বলল " কি হয়েছে ব্রেকফাস্টে ? "

" বৌদিমণি লুচি আর আলুর দম করেছে।"

" হোয়াট!! আমার বয়েল এগ আর স্যালাড তৈরি করো আমি এসব খাবো না। "

" ঠিক আছে। আর শোনো......"

" বলুন বাবু"

" ওকে বৌদিমণি বলে ডাকবে না। দীক্ষা বলে নাম ধরে ডাকবে। বৌদিমণি একজনই ছিল আর ওই থাকবে।"

দেব ফ্রেশ হয়ে নীচে এসে দেখলো। দীক্ষা রায়হান কে খাইয়ে দিচ্ছে। দেব টেবিলে এসে বসলো।

মিতালি " দীক্ষা ওকে লুচি আর আলুর দম দাও "

"দিচ্ছি" বলে দীক্ষা ওর প্লেটে দিতে গেলে হাত উঁচিয়ে দিতে বারণ করে।

দেব মিতালির দিকে তাকিয়ে বলল " তুই জানিস না আমি এসব খাই না"

দীক্ষা সব ওর থেকে সরিয়ে নেয়।

দেব বলল " আমি যা খাই তাই দাও।"

তারপর বলল " রায়হান খাওয়া হয়ে গেলে পড়তে বসো। "

রায়হান" বাবা আমি না আর টিউটরের কাছে পড়বো না । আমি মায়ের কাছে পড়বো।"

দেব " রায়হান !! " দীক্ষা রায়হানকে ইশারায় চুপ করতে বলল । " তুমি দেখছি আজকাল বেশ আমার মুখের উপর কথা বলতে শিখেছো। "

দীক্ষা " এই তো খাওয়া হয়ে গেছে । চলো হোম ওয়ার্ক করে নাও । " ওরা চলে গেলে মিতালি বলল " তোর বিয়ে হয়েছে শুনে জেঠু আসছে "

দেব খেতে খেতে মাথা তুলে ওর দিকে তাকাল । মিতালি " জেঠু বলছিল এখানে থাকবে কদিন। বলছিল সামাজিক ভাবে কেন বিয়ে হয়নি। বৌভাত হয়নি কেন ? আমাকে তারপর ঝাড়লো। কাল জেঠু আসছে....."

দেব চুপচাপ থাকলো। মিতালি ওর কাঁধে হাত রেখে বলল " দীক্ষা খুব ভালো মেয়ে তুই রিমার মধ্যে রেবতীকে খুঁজে পেলি ওর শুধু রূপটা দেখে আর দীক্ষার মধ্যে রেবতীর গুনটা পেলি না "

দেব উঠে বলল " আমি আসছি "

দেব চলে যেতে মিতালি মনে মনে বলল " দীক্ষা তোর সঠিক সহধর্মিনী। তুই একদিন না একদিন মানবি......."

দীক্ষা ওর অফিসে ।

দোলাকে বলছে " শোন। মিঃ রায়চৌধুরীকে তুই কাল ওনার প্রোজেক্টটা দেখাতে নিয়ে যাবি। "

দোলা বলল " কেন আপনি যাবেন না?"

" আমি যাবো না বলেই তো তোকে বলছি। যে যে গুলো বললাম সেগুলো নিয়ে কথা বলবি। কাল আই.এম. এম - এর কমপ্লেক্সে যাবো। আর কিছু মেল আমি দিচ্ছি। "

সেই সময় বিভূতি বাবু এসে বলল " দীক্ষা "

" বলুন "

" দুবাই থেকে এ সপ্তাহের শেষে ক্লাইন্ট আসছে "

দোলা," ওয়াও গ্রেট........"

বিভূতি " আমাদের প্ল্যান পছন্দ হয়েছে। "

দীক্ষা" দোলা সবাইকে তৈরি থাকতে বলো। আমাদের সেই ভাবে ব্যবস্থা করতে হবে। "

" হম "

রাতে বাড়িতে ফিরতেই দীক্ষার সামনে একজন বয়স্ক ভদ্রলোক এসে দাঁড়ালো।

দীক্ষা অবাক হয়ে গেল।

ভদ্রলোকটি বলল " দীক্ষা রায়চৌধুরী। রায়চৌধুরী পরিবারের বৌ।" দীক্ষার কপালে, হাতের দিকে তাকিয়ে বলল " শাঁখা, সিঁদুর, পলা , লোহা কোথায়? " দীক্ষা মুখ নামিয়ে আনলো।

দীক্ষার মাথায় হাত রেখে বলল " তোমাকে দেখে আমি বুঝে গেছি তুমি এ বাড়ির যোগ্য বৌ।"

রায়হান এসে বলল " বড় দাদা এটা আমার মা" মিতালি নীচে নেমে এলো।

মিতালি বলল " ইনি তোমার জেঠা শ্বশুর "

দীক্ষা পা হাত দিয়ে প্রণাম করলো। " সুখী হও মা। "

34

পর্ব ৩৪

এয়ারপোর্টের বাইরে এসে দাঁড়ালো রিমা। চোখ থেকে কালো চশমা খুলে চারদিক তাকিয়ে মনে মনে বলল " দিদি তৈরি থাক। আমি আসছি তোর জীবন ruined করতে।"

" কি হলো ? এখানে দাঁড়িয়ে দাঁড়িয়ে কি ভাবছো? " নীলাদ্রি বাইরে এসে বলল।

বিরক্তি মুখ করে রিমা বলল " এত দিন বাদে এই শহরে এলাম । শহরটাকে দেখতে দাও।"

নীলাদ্রি " পড়ে দেখবে এখন সামনে ঐ গাড়িটা দাঁড়িয়ে আছে ওঠো। "

রিমা গাড়িতে উঠে বসল। নীলাদ্রি উঠে ড্রাইভারকে বলল " হোটেল 65-এ নিয়ে চলো। "

রিমা অবাক হয়ে বলল " বাড়ি যাবো না?"

"কাল যাবো।"

" কেন? "

" আমার অফিসের ক্লাইন্ট আসবে । তাদের একটু Entertain করতে হবে। "

" উফ্। "

রিমাকে জড়িয়ে ধরে বলল " তোমাকে বিয়ে করেছি । একটু তো আমার সাথে মানিয়ে থাকতে হবে সোনা। "

রিমা মনে মনে " কখন যে দেবের বাড়ি যাবো। দিদি সব কিছু মুঠোয় নিয়ে নিল।" তারপর নীলাদ্রি কে বলল " শোনো তুমি আমাকে জাস্ট জোর করে বিয়ে করেছো আর তাই কোনো কিছু অ্যাডজাস্টমেন্ট করতে পারবো না।"

নীলাদ্রি " ওহহ রিয়েলি!!! জানো তো আমরা কোথায় থাকবো?

" কোথায় আবার ,তোমার মামার বাড়িতে "

" আর ঐ বাড়িতে এখন কে আছে জানো তো? "

রিমা কিছু বলল না শুধু ওর দিকে এক ঝলক তাকালো। " তোমার দিদি। কোনো রকম এদিক ওদিক হলে কিন্তু আসল সত্যটা বেরিয়ে আসবে। তাই যেন কেউ আঁচ না করতে পারে আমরা জোর করে একসাথে আছি।"

দীক্ষা অফিস থেকে ফিরে ফ্রেশ হয়ে আসতেই রায়হান আর মিতালি এল।

রায়হান - মা জানো কাল কি হবে?

দীক্ষা মিতালি কে জিজ্ঞেস করলো " কী? "

মিতালি " দাদা চাইছে যে তোমার আর দেবের বিয়েটা সামাজিক ভাবে হোক। "

রায়হান " হ্যা আর আমি খুব মজা করবো। "

দীক্ষা " কিন্তু......"

জেঠু আসে ঘরে। " কোনো কিন্তু নয়। এই অনিরুদ্ধ রায়চৌধুরী বলছে। কাল তোমাদের বিয়ে।"

রায়হান তাড়াতাড়ি সকাল বেলা উঠে যায়।

সারাবাড়ি সাজানো হচ্ছে। রায়হান দাঁত মাজতে মাজতে দেখতে থাকলো।

দেব - এই সব আমার ভালো লাগছে না।

মিতালি - জেঠু চাইছে। আর সত্যি তো, তোদের বিয়েটা ঠিক ঠাক ভাবে হয়নি। শুধু রেজিস্ট্রি হয়েছে।

দেব - আমার কাজ আছে বের হবো।

মিতালি - এই রকম করিস না। শোন , একটু পর গায়ে হলুদ হবে। তারপর ঠাকুর মশাই আসবেন যা যা রিচুয়াল আছে সব হবে।

দেব - উফ্। আবার!!!

মিতালি - রায়চৌধুরী বাড়ির বৌকে যোগ্য সম্মান দিয়ে বরণ করে তুলতে হবে।

দেব মনে মনে বলল " ওকে এবাড়ির বৌ বলে কোনোদিন মানবো না।"

দীক্ষা কে হলুদ শাড়ি পড়ানো হয়েছে , হলুদের গয়না পরিয়ে সাজানো হচ্ছে। রায়হান ওর মায়ের দিকে কে হা করে তাকিয়ে আছে। আজ ও মায়ের পিছু ছাড়বে না।

দেবকে আর দীক্ষাকে ছাদে এক জায়গায় বসিয়ে গায়ে হলুদ দেওয়া হচ্ছে। রায়হান ওর বাবার কোলে বসে আছে। একবার মায়ের গালে হলুদ দিচ্ছে, একবার বাবার গালে।

বিকেলে দীক্ষাকে সাজানো হলো। মেরুন রঙের বেনারসি পড়ে রয়েছে। মিতালি এসে ওর সামনে গয়নাগুলো রাখলো। মিতালি " এই গুলো আমাদের এই পরিবারের গয়না। আগে রেবতীর ছিল এখন তোমার।"

দীক্ষা " এই সবের কি প্রয়োজন ছিল। যার গয়না তার থাকুক।"

অনিরুদ্ধ বলল " কেন ? এখন তুমি এই পরিবারের বৌ অর্থাৎ রায়চৌধুরী বাড়ির কর্ত্রী। এ সব তোমার......"

দীক্ষা ভাবল এই সব কি ওর প্রাপ্য? এমনিতেই দেব ওকে মানে না ওর স্ত্রী হিসেবে এখন যদি এই গয়না গুলো পড়ে তাহলে কি ভাবে ও নেবে। এই সব ভাবতে ভাবতে ছাদনাতলায় এসে পড়লো। পান পাতায় মুখ থেকে দেবের সামনে এসে দাঁড়ায়। পান পাতা সরালেও শুভদৃষ্টি হয়না , হয় তীব্র হিংসাত্মক দৃষ্টি। দেব দীক্ষার গয়না গুলো দেখে বলে ওঠে " ও কেন এইসব গয়না পড়েছে? এই সব ওর নয়।"

অনিরুদ্ধ বলল " এই বাড়ির বৌয়ের এই সব গয়না। তো ও কেন পড়বে না ?"

" জেঠু এই গয়না ওর পড়ার যোগ্য নয়।"

" বিয়ে যখন হয়েছে এ বাড়ির বৌ , তো গয়নাও ওর। "

দীক্ষা বলল " মিঃ রায়চৌধুরী আপনি এত উত্তেজিত হবেন না এসব গয়না দিদিকে আমি দিয়ে দেব। আমার কাছে রাখবো না। "

সকলে দেবের আচরণ দেখে অবাক হলো। নতুন বৌয়ের সাথে স্বামীর এ কি ব্যবহার!!!

সবাই ভাবলো এই বিয়ের মধ্যে গভীর রহস্য আছে। দেবের হাত চেপে ধরে মিতালি বলল" চুপ কর। সবাই আছে এমন করিস না। মিডিয়ার লোকেরা আসলে কি ভাববে!! হাজার টা এ নিয়ে গসিপ হবে। "

বিয়ে শুরু হলো। দীক্ষা মনে মনে ভাবল , বিয়ে হচ্ছে তাও জোর করে স্বামীর মত নেই। আর যিনি নামমাত্র স্বামী তার হাতদিয়ে আজ তার অনিচ্ছায় সিঁদুর নিতে হবে।

একটা গাড়ি এসে দাঁড়ালো রায়চৌধুরী ভবনের সামনে। আলো আর ফুল দিয়ে সারা বাড়ি সাজানো। ভিতর দিয়ে শাঁখ আর উলুধ্বনি ভেসে আসছে। এক জোড়া পা গাড়ি থেকে নেমে এল। ধীরে ধীরে বাড়িতে প্রবেশ করল।

পুরোহিত মশাই বললেন " এবার তোমার নববধূর সিঁথিতে সিঁদুর দিয়ে দাও"

দেব সিঁদুর নিয়ে দীক্ষার কপালে ছোঁয়াতে যাবে সেই সময় দেখল রিমা ওর সামনে দাঁড়িয়ে।

দেব ওকে দেখে উঠে দাঁড়ালো। দীক্ষা বুঝতে পারলো না ও দেবের দৃষ্টি বরাবর তাকিয়ে দেখলো রিমা দাঁড়িয়ে। দীক্ষাও উঠে দাঁড়াল।

দীক্ষা - তুই!!!!

দেব - তুমি কোথায় গেছিলে?

রিমা দীক্ষার সামনে এসে বলল " তুই তবে এই লোকটাকে বিয়ে করছিস? "

মিতালি তখন বলল " কি করবে তুমি তো বিয়ে ছেড়ে পালিয়ে গেলে "

রিমা দীক্ষার দিকে তাকিয়ে বলল " তোর জন্য আমাকে ছেড়ে যেতে হলো। না হলে এসব আমার হতো "

দীক্ষা অবাক হয়ে বলল" আমার জন্য!!!!"

" হ্যা তুই তো বারবার বলছিলি এই লোকটার সাথে তুই থাকতে পারবি না। বাবার বয়সী লোক ।তোর কি ওর সাথে adjustment হবে বল। তোর জন্যই তো দেবকে ছাড়তে হলো। "

দীক্ষা " আমি তোকে একবারও বলিনি আমি শুধু বলেছিলাম তাও মিসেস স্যানাল কে যে ওনার ছেলে আছে তাকে সামলানো , তারপর সংসার। তুই কি পারবি ? তাই বলেছিলাম মিসেস স্যানালকে একটু ভেবে দেখতে। আর আমি তো কাউকে কিচ্ছু বলিনি ...."

দেব ওর দিকে দীক্ষাকে ফিরিয়ে বলল " আমি জানতাম তুমি এই চক্রান্তে জড়িত। "

দীক্ষা - দেখুন মিঃ রায়চৌধুরী আমি আমার বোনের স্বামী কে , ওর সংসারকে কখনো ছিনিয়ে নিতে চাইনি।

" হ্যা চেয়েছিস !!!! তুই চেয়েছিলিস যে আমি চলে যাই আর দেবকে তুই বিয়ে করিস। আর আমি চলে গেলে মা যে তোর সাথে দেবের বিয়ে দেবে এটা তো সিম্পল। "

দেব " আমি জানি রিমা তোমার দিদি কি কি করত পারে!!! "

দীক্ষা " তুই কি যা তা বলছিস ? আমি তো তোকে সাজিয়ে দিয়ে নীচে চলে গেলাম। আর যখন নিতে এলাম তুই তো ওখানে ছিলিস না। "

রিমা" বাজে বকিস না "

মিতালি " সেটা যখন হয়নি তাহলে আর কি হবে? এখন দিদির বিয়েটা হতে দাও। "

রিমা - জানি শাশুড়ি মা.... বিয়ে হবে।

সকলে অবাক হয়ে গেল মিতালি কে শাশুড়িমা বলাতে।

মিতালি - মানে? কি বলছো এসব?

রিমা - কি করবো সেদিন বাড়ি থেকে বেরিয়ে আপনার ছেলে আমার উপর সুযোগ নিয়েছিল । তারপর সরে পড়ছিল কিন্তু আমি পালাতে দিইনি। তখন আমরা বিয়ে করি।

রিমা বিয়েতে আসা সকল অতিথি কে বলছে ...

" এত কিছু আমার সাথে ঘটে গেল। আর কেউ আমার পাশে থাকলো না ।"

দেব বলল " জেঠু আমি এ বিয়ে করবো না"

অনিরুদ্ধ " মেয়েকে এভাবে ফেলে যেতে পারো না। যা নিয়ম বাকি আছে করে নাও। "

রিমা " দেব প্লিজ দিদি যা চাইছে তাই করো । আমি চাইনা ওর বিয়েটা আটকা পড়ে থাকুক। তুমি ওর সিঁথিতে সিঁদুর দিয়ে দাও "

দেব তারপর বাধ্য হলো দীক্ষার সাথে বিয়েটা সম্পূর্ণ করতে।

রিমা চারদিকে তাকিয়ে মনে মনে বলল" যাক নীলাদ্রি এখনো আসেনি। ও আসলে ওর জন্য ভালো সারপ্রাইজ রাখা আছে। ও জানে না কার ল্যাজে পা দিয়েছে আর দিদি তোর কপালে সুখ আর হবে না। "

35

পর্ব ৩৫

কোলে রায়হানকে নিয়ে দীক্ষা বসে আছে। রায়হান ঘুমাচ্ছে আর ও বিয়ের সময়ের কথা গুলো মনে করছে। মনে মনে ভাবছে " রিমা এটা কেন করলো ? ও কিসের জন্য দেবকে বিয়ে না করে চলে গেল? অনেকটা ধোঁয়াশা সামনে। এই নীলাদ্রি কে জিজ্ঞেস করতে হবে "

রিমা ঘরে বসে ফোন ঘাটছে সেই সময় নীলাদ্রি ফোন করলো।

রিমা ফোন ধরতেই বলল " তুমি কোথায় ? রুমে দেখছি না ।"

" তোমার বাড়িতে নীলু সোনা"

" তোমাকে বললাম না কাল আসবো তুমি......"

" তুমি আমার উপর প্রতিশোধ নেবে বলেছিলে না? এই চালটা উল্টে তোমার ঘাড়ে পড়লো। আমার ঐ সব ছবি গুলো , ভিডিও গুলো ভাইরাল করবে না ? করো আমিও বলে দেবো তুমি জোর করে আমার শ্লীলতাহানি করেছো। আমাকে জোর করে সম্ভোগ করেছো। তারপর আর বলছিনা........ দেখো এবার তুমি বাড়িতে আসবে কিনা।"

" রিমা এগুলো ঠিক হচ্ছে না। "

" খুব ভালো হচ্ছে। তুমি আমাকে চ্যালেঞ্জ করেছো এই রিমাকে। আমি বলবো আমাকে রেপ করে আমার ছবি ভাইরাল করবে তাই ভয়ে বিয়ে করেছি। এবার তুমি দেখ কি করবে ? বাই......"

নীলাদ্রি ফোনটা রেখে বলল " মেয়েটা ভীষণ চালাক। ঠিক আছে দেখি ও কত চালাকি করে"

পরেরদিন সকালে।

দীক্ষা ব্রেকফাস্ট করে টেবিলে রাখলো। রায়হান স্কুল যাবে, দীক্ষা অফিস যাবে, আর দেব নিজের ঘরে রেডি হচ্ছে। রিমা উঠে চেঁচামেচির করতে লাগলো। নীচে এসে বলল " দিদি তুই জানিস না সকালে আমি বেড-টি খাই বেলা ১১টা। আর এত সকালে আমাকে কেন জাগালো এই চাকর গুলো? "

এদিকে দেব সিঁড়ি দিয়ে নামতে নামতে দেখতে থাকলো।

দীক্ষা " বিয়ে হয়েছে তোর । তুই আর ছোট নেই । সকাল সকাল ওঠ। "

" প্লিজ সকাল সকাল শুরু হোস না। এই কে আছিস চা টা গরম করে নিয়ে আয়। " হাতে থাকা চায়ের কাপটা রেখে চলে যাচ্ছিল অনিরুদ্ধ বাবু দেখে বলল " রান্না ঘরে গিয়ে গরম করে নাও। "

রিমা ফিরে বলল " কেন এত যে ঝি, চাকর? এগুলো কিসের জন্য?"

অনিরুদ্ধ " সব কাজ চাকররা করে না। চা খেতে হলে নিজে গরম করে খাও। "

রিমা রাগ করে চলে যায়।

দীক্ষা ওর মনের এ হেন ব্যবহারে লজ্জিত হয়।

নীলাদ্রি রাতের দিকে বাড়ি আসে। ও বাড়ি আসতেই রিমা বলতে থাকল " মা আসুন দেখে যান আপনার গুনধর পুত্র বাড়ি ফিরেছে। "

মিতালি এসে ওর সামনে এসে দাঁড়ায়। একে অপরের দিকে তাকিয়ে থাকে। মনে যত ঘৃণা, কষ্ট সব ছাপ দিয়ে বসে নীলাদ্রির গালে। মিতালি চড় মারে নীলাদ্রি কে।

নীলাদ্রি গালে হাত দিয়ে বলল " মা"

মিতালি " চুপ। ছিঃ ছিঃ ছিঃ নিজের হবু মামির সাথে এইরকম করেছিলিস!!!! আমার মরণ কেন হলো না?"

অনিরুদ্ধ " মিতালি শান্ত হও। "

" কি করে শান্ত হবো বলো ? আমি ভাবতে পারি না আমার ছেলে এ রকম "

অনিরুদ্ধ " আমারো ভাবতে অবাক লাগে!! কে জানে আসলটা কি?"

রিমা," এসব সত্যি!!!! বাড়ি থেকে বেরিয়ে এই আমাকে ধরে নিয়ে যায়। " দীক্ষাকে জড়িয়ে ধরে বলল" দিদি এই ছেলেটা সে দিন......" কাঁদতে থাকে।

অনিরুদ্ধ বলল " তাহলে পুলিশে অভিযোগ করো। তোমার কাছে যা প্রুফ আছে দেখাও সত্যতা বিচার হোক আর আমরা চাইও না এ ছেলের সাথে জীবন কাটাও। আমরা তোমাদের ডিভোর্সের ব্যবস্থা করি বরং........"

সেই সময় রিমা বলল " না না। এসব আর ভালো লাগছে না। যা হয়েছে মেনে নিচ্ছি। "

দীক্ষা ওর হাত ধরে বলল " আমি তোর পাশে আছি। মেনে নিবি কেন? "

হাত ছাড়িয়ে নিয়ে বললো " ও তো আমাকে মেনে নিয়েছে তাতেই ওর অর্ধেক পাপের প্রায়শ্চিত্ত হয়ে গেছে। "

সবাই চলে যায়। অনিরুদ্ধ বাবু মুচকি হেসে বলল " সব খেলা।"

পরেরদিন দুপুরে ভাতকাপড়ের অনুষ্ঠান হবে। সকালে দীক্ষা পায়েস রান্না করবে।

অনেক আত্মীয় এসেছেন আজ আবার বৌভাত। আর এদিকে রিমা ও ওর দিদিকে অপদস্থ করার ফন্দি আঁটে। রান্নাঘরে ঢুকে দেখলো দীক্ষা দুধ বসিয়েছে। পায়েস হবে।

দিদিকে জড়িয়ে ধরে বলল " কি করছিস? "

" পায়েস"

" তোকে না একটা কথা বলার ছিল। "

" কি বল ?"

" দেব দা ডাকছে। "

দীক্ষা ভাবলো। " আমাকে!!"

" কাজের বিষয়ে মনে হয়.... দেখলাম ল্যাপটপ নিয়ে বসে। "

" ঠিক আছে দুধ টা দেখ আমি আসছি। "

আজ অফিসে যায়নি নিশ্চয়ই কোনো দরকারি কাজ আছে এই ভেবে দীক্ষা ওদিকে পা বাড়ায়। আর এদিকে দুধে রিমা লেবু মিশিয়ে দেয়। " নে এবার পায়েস খাওয়া তোর বর কে। হা হা হা ......"

দরজায় টোকা দিয়ে বলল " স্যার আসবো?"

দীক্ষা এ রুমে আসবে ভাবতে পারেনি। পিছনে ফিরে বলল " what happen?"

" আমাকে ডাকছিলেন? "

" No "

" সরি...." চলে যাচ্ছিল। ফিরে বলল "প্রোজেক্টের last visiting -এ কি দেখলেন আর আমার secretary সব বলেছে? "

" হম "

" ঠিক আছে স্যার "

যেতে গিয়ে connector - এর তারের সাথে পা জড়িয়ে যায়। ল্যাপটপ চার্জের জন্য মেঝেতে পড়ে ছিল তা জড়িয়ে পড়ে যায়। " ও মা!!" পায়ে লাগালো ওর। দেব দেখে ছুটে আসে। বিরক্ত হয়ে বলল " দেখে চলতে পারো না " ওকে হাত ধরে তোলে।

দীক্ষা বলল " আমি বুঝতে পারিনি। "

" কোথায় লেগেছে? "

" বাম পায়ে "

" এসো"

দীক্ষাকে ধরে ধরে বিছানায় বসায়। দেব ওর পায়ে হাত দিলে শিহরণ খেলে গেল। হাত সরিয়ে বলল " একি!! আপনি আমার পায়ে হাত দিচ্ছেন কেন? "

" তোমার লেগেছে তাই "

" আপনি বড় পায়ে হাত দেবেন না "

" আর যারা ডাক্তার। তারা? ডাক্তার কমবয়সী লোক নেবেন অপারেশন করার জন্য? বেশি বয়সের ডাক্তার হলে নিতেন না? "

" না,...." দীক্ষা কিছু বলতে পারলো না। দেব পায়ে ক্রাম লাগিয়ে দেয়।

কিছুক্ষন পর নিচে নেমে দুধ দেখে অবাক। দুধ ছানা হয়ে গেছে। দরজার আড়ালে দাঁড়িয়ে রিমা বলল " কি করবি দিদি এখন? বিয়ের পর নতুন বৌয়ের হাতে দুধ কেটে ছানা হয়ে গেল। "

36

পর্ব ৩৬

রান্নাঘরে এসে দেখলো সব দুধ ছানা হয়ে গেছে। এবার কি করবে দীক্ষা?

" এ কি সব দুধ!!! এ মা!! "

মুখে আওয়াজ করতে করতে রিমা এল। " ইস কি করবি এখন দিদি? নতুন বৌ পায়েস করতে এসে দুধ কাটিয়ে ফেলল।'

দীক্ষা বুঝতে পারলো এইসব রিমার কাজ। ডাস্টবিন থেকে নিগড়ানো লেবু তুলে বলল " তাহলে তুই করেছিস"

" প্রমান কোথায় রে? "

" রিমা তুই আমি না সমস্ত রকম পরিস্থিতি দেখেছি। এবং নিজে ফেস ও করেছি। তুই ভাবছিস আজ আমি সবার চোখে খারাপ হবো তো? ঠিক আছে , তুই আমাকে যত খারাপ করার কর। আমিও দেখি তুই কি কি করত পারিস?"

কিছুক্ষন পর দীক্ষা রান্নাঘর থেকে বেরিয়ে আসল। সবার সামনে বাটি সাজিয়ে রাখলো। বাটির মধ্যে দেখলো রসমালাই রয়েছে।

রায়হান দেখে বলল " ওয়াও মা এটা তো রসমালাই"

মিতালি থেয়ে বলল " দারুন তো "

রিমা " তুই তো পায়েস রান্না করবি বললি। এটা তো অন্য কিছু......."

দীক্ষা " ভাবলাম অন্য কিছু বানাই"

অনিরুদ্ধ " তুমি কিন্তু দারুন রান্না করো "

দীক্ষা হালকা নিঃশ্বাস ফেলে বলল " আমার মা খুব ভালো রান্না করতো। "

রায়হান ওর মায়ের ছলছল চোখ দেখতে পেল।

মিতালি কাজের লোক কে বলল " এই এটা দেব কে দিয়ে এসো ঘরে। "

অনিরুদ্ধ " ওকে ডাক। ভাত কাপড়ের অনুষ্ঠান শুরু করি। "

রিমা ঘরে ঢুকে দেখলো নীল বসে আছে ল্যাপটপ নিয়ে। ওকে ঢুকতে দেখে নীল বলল " তোমার দিদি কিন্তু আমার মামী হয়। "

রিমা " তো?"

" তাই দিদিকে জ্বালানোটা বন্ধ করো।"

" শোনো নীল। তুমি মাঝখানে না আসলে আজ আমি দিদির জায়গায় থাকতাম। আমি এই রায়চৌধুরী বাড়ির বৌ হতাম। তুমি এসে সব নষ্ট করে দিয়েছো। "

ভাতকাপড়ের অনুষ্ঠান শুরু হচ্ছে। দীক্ষা লাল পাড়ের সাদা গরদের শাড়ি পড়েছে। খুব সুন্দর লাগছে ওকে। শাঁখ, উলুধ্বনি বাজছে। দীক্ষা মাথায় ঘোমটা দিয়ে দেবের সামনে এসে দাঁড়ালো। মিতালি বলল " থালাটা ওকে দিয়ে বল ভাত কাপড়ের দায়িত্ব নিলাম।"

দেব থালাটা টেবিলে রাখল। " ভাত কাপড়ের দায়িত্ব মিস স্যানালের দরকার নেই। কি তাই তো? " দীক্ষা ওর দিকে তাকাল। দেব " ম্যাডাম বিসনেস ওম্যান, বিসনেস টাইকুন। ওনার মনে হয় আমার ভাতকাপড়ের প্রয়োজন নেই। " দেব চলে যাচ্ছিল। রায়হান এসে ঐ থালা নিয়ে মায়ের হাতে দিয়ে বলল " মা আমি তোমার ভাত কাপড়ের দায়িত্ব নিলাম। আমি বড় হয়ে তোমার পাশে থাকবো। "

দীক্ষা ওর হাত থেকে থালাটা নিয়ে টেবিলে রেখে ওকে জড়িয়ে ধরে চুমু খেয়ে বুকে চেপে ধরে। দীক্ষা " আমি জানি বাবা তুই আমার পাশে সব সময় থাকবি। "

দেব পিছন ফিরে চলে যাচ্ছিল ঘুরে দেখলো রায়হানকে। রিমা দেখে মনে মনে বলল

" কত যে ন্যাকামো দেখবো"

অনিরুদ্ধ বলল " হ্যা ছেলে যখন বলেছে তাহলে আর কি চাই!"

মিতালি " চলো দীক্ষা খেয়ে নাও"

দেব ঘরে ঢুকে বসে সোফায়। রায়হানের কথাটা কানে বাজে। হঠাৎ দরজায় টোকার শব্দ হয়।

" এসো" দেব বলল।

রিমা ঘরে ঢোকে। রিমা " আজ এই ঘর দিদির। এই ফুলের বিছানায় দিদি সবে। "

দেব " যেটা হয়নি সেটা নিয়ে আর বলে লাভ নেই"

" দেব আজ তুমি দিদিকে ছোঁবে? "

" রিমা তুমি কিন্তু এখন সম্পর্কে আমার ভাগ্না বৌ এবং শালী। এসব Discussion করোনা।"

" তাহলে দিদি তুমি মেনে নিলে "

" না। মানিনা। "

" কি ভিত্তিতে বিয়ে করছো ? "

" দয়া করে। "

" দয়া? কোম্পানী থেকে কেস তুলে নেওয়ার জন্য তাই তো? "

দেব " তুমি এ ঘর থেকে যাও। "

" আমি কিন্তু তোমাকে ভীষন ভাবে মিস করি "

" করো না। এসব করা উচিত নয়।"

" তুমি আমাকে ভালোবাসোনা না? "

কারোর আসার পায়ের শব্দ শুনতে পেয়ে রিমা বেড়িয়ে যায়। একটা কাজের লোক এসে রাতের জন্য শেরওয়ানি দিয়ে যায়।

রাতে লোকজন অনেক এসেছে। এসেছে মিডিয়া-প্রেস, আত্মীয় স্বজন, দীক্ষার অফিসের লোক, দেবের অফিসের লোক। দীক্ষাকে ঘরে সাজানো হচ্ছে। মিতালি এসে একটা বাক্স রাখলো। " দেখো দীক্ষা। দেখে নাও আমাদের রায়চৌধুরী জুয়েলার্সের exclusive Design ।" খুব সুন্দর একটা হীরের নেকলেস। মিতালি ওটা দীক্ষাকে পড়াতে যাবে তার আগেই রিমা ছিনিয়ে নিল।

রিমা - এটা আমাকে দেন।

মিতালি - তুমি এটা নিলে কেন? ফেরত দাও।

রিমা- বৌ হয়ে আমি আপনার কাছে কত দিন হয়েছে এসেছি? একটাও কিছু দিয়েছে। একটা সোনার চেন টুকু জোটেনি।

" নেকলেস টা দিদিকে দিয়ে দাও" সুনন্দা ঘরে ঢুকতে ঢুকতে বলল।

সুনন্দা " নেকলেস টা দিদিকে পড়তে দাও"

রিমা " মা তোমাকে কত বার ফোন করেছি বলতো একবারও ফোন ধরছিলে না কেন? "

সুনন্দা " কেন ধরবো? কি ভিত্তিতে ধরবো? তুমি কি আমার মান রেখেছিলে? সকলের সামনে চুন কালি মাখিয়ে পালিয়ে গেছিলে "

" মা সব দিদির........."

" চুপ। তোমাকে আমি বিশ্বাস করি না। তোমাকে কেউ মানবে না । দিদিকে ওটা দিয়ে দাও। "

রিমা নেকলেস টা দীক্ষাকে পড়িয়ে দেয়। আর কানে কানে বলল " কি এমন জাদু করেছিস যে মা কে নিজের হাতে করে নিয়েছিস? আমি জানি এটা কোনো বিয়ে নয়। জাস্ট একটা বোঝাপড়া। তুই দেখিস ঠিক তোদের সত্যিটা সামনে আনবো। "

দীক্ষাকে সকলের সামনে উপস্থিত করানো হলো। সকলে অভিনন্দন বার্তা দিয়ে উপহার, ফুলের তোড়া দিয়ে শুভেচ্ছা জানাচ্ছে। ছবি তোলা হচ্ছে। দেব আর দীক্ষাকে পাশাপাশি দাঁড় করিয়ে ছবি তোলা হলো । রায়হান ওর মায়ের কোলে বসে অনেক ছবি তোলে।

আর এদিকে রিমা এসব ভালো লাগছে না । ওর মা ওকে অপমান করেছে।

মাকে আড়ালে নিয়ে গিয়ে বলল " মা তুমি আমাকে কি বাদ দিয়ে দিলে তোমার জীবন থেকে? মা একটা বিষয়ের জন্য তুমি আমাকে ইগনোর করছো? এত দিন বাদে তোমার মেয়ে এল আর একবারও না দেখা, না ফোন ধরা। "

সুনন্দা বলল " এই তো দেখতেই তো পারছি তুমি কোথায় ছিলে, কার সাথে ছিলে। "

" মা এই নীল মানে নীলাদ্রি । দেবের ভাগ্নে ও আমাকে মলেস্ট করেছিল সেদিন। "

" চুপ। সেদিন চলে যখন গেলি ফোন করলি না কেন ? পুলিশে খবর দিলি না কেন? এখন সময় আছে যা। কেস কর। "

রিমা দেখল ওর মা এখন পুরো বদলে গেছে। ওর করা একটা ভুল ওকে এতটা দূরে সরিয়ে দিল সব কিছু থেকে। তখন কথা চেঞ্জ করে বলল " তোমার শরীর কেমন আছে?"

" ভালো। রাত হয়েছে আসছি। দিদিকে শান্তিতে থাকতে দাও" সুনন্দা চলে গেল।

রিমা মনে মনে ভাবল " আমাকে আমার পায়ের তলার জমি শক্ত করতে হবে। আর রাত হয়ে গেল দেব আর দিদির ফুলশয্যা। না না ওদের মধ্যে দেওয়াল যেন সবসময় থাকে। আমাকে কিছু করতে হবে।"

37

পর্ব ৩৭

রিমা দেবের ঘরে গেল।

বিছানা ফুল দিয়ে সাজানো হয়েছে। রিমা রাগে দেখতে থাকলো সারা ঘর টাকে।

" এসব আমার হওয়ার কথা ছিল । এই ঘরে আমি রাজ করতাম। আজ দিদি এখানে শোবে। কখনো এটা হবার নয়। কিছু একটা ভাবতে হবে....." ঘর থেকে বেরিয়ে যায়।

দীক্ষা ছবি তুলছে , সকলের সাথে কথা বলছে। রিমা ওখানে গিয়ে দেখতে পেল রায়হান কে । রায়হান ঘুর ঘুর করছিলো। ওকে রিমা ডাকে। রায়হান এমনিতে রিমা পছন্দ করে না। ডাকছে দেখে বিরক্ত হয়ে ওর সামনে এল। " বলো কি হয়েছে?,"

" তোর নীলুদা কোথায় রে? "

" একজনকে নিয়ে বাইরে গেল ।"

রিমা চারদিকে তাকিয়ে বলল " আজ কে রাতে কি পিসির সাথে শুবি? "

" হ্যা"

" ওহহ "

" কেন কি হয়েছে? "

" তুই তো রোজই তোর নতুন মায়ের কাছে ঘুমাস । আজকে কেন শুবি না মায়ের কাছে?"

" পিসি আর দাদু বলল আজকে মা বাবার কাছে শোবে। আজকে ওরা নাকি একসাথে শোবে "

" তোর নতুন মা তো এ বাড়ি এসে থেকে তোর কাছেই তো শুতো তোর ঘরে? "

" হ্যা "

" দেখিস আবার রোজ যেন বাবার কাছে না শোয়। তাহলে দেখবি একদিন তোর মা তোকে ছেড়ে তোর বাবার ঘরে গিয়েই থাকছে । "

আজ তো রায়হানের তো ইচ্ছে নেই মাকে কাছ ছাড়া করার সবাই বোঝালো আজ মা-বাবা একসাথে থাকবে। কিন্তু সত্যি তো মা যদি আর আমার কাছে না শোয় তাহলে?

" কিরে কি ভাবছিস?" রিমা বলল।

রায়হান " কি করবো? "

রিমা চারদিকে তাকিয়ে বলল " মাকে বল তুই আজ মায়ের সাথে শুবি। আর গিয়ে তুই বাবার ঘরে শুয়ে পড়বি। তাহলেই হলো ...."

রায়হান " হ্যা আমি বাবার ঘরেই মায়ের পাশে শুয়ে পড়বো। "

রিমা মনে মনে বলল " তোর প্রথম রাত জলে গেল। আমি কিছুতেই দেব আর তোকে একসাথে হতে দেবো না।"

সকলে চলে গেলে মিতালি দীক্ষাকে দেবের ঘরে ঢুকতে যাবে সেই সময় রায়হান ঘরে ঢোকে। মিতালি ওকে দেখে বলল " কিরে তুই!!! যা আমার ঘরে যা। ওখানে শোবো আমরা। "

রায়হান দীক্ষার দিকে তাকাল। দীক্ষা বলল " কি হয়েছে?"

রায়হান " আমি তোমার কাছে শোবো" এই বলে দীক্ষাকে জড়িয়ে ধরলো।

মিতালি " একি!! না বাবা আজকে মা বাবার কাছে শুক। কাল তোমার কাছেই শোবে...."

" না না না । মা আমি এখানে তোমার কাছে শোবো। "

রায়হানের বায়না দেখে দীক্ষা বলল " থাক না ও এখানেই আমার কাছে শুয়ে পড়ুক। "

" কিন্তু " মিতালি বলল।

দীক্ষা বলল " ও একা কেন শোবে? ও আজ ওর মায়ের কাছে শোবে তাও আবার বাবার ঘরে"

দীক্ষা রায়হানকে নিয়ে খাটে শুয়ে পড়ল। রায়হানের বেশ ভালো লাগছে খাটের চারপাশে ফুল দিয়ে সাজানো তারপর ফুল ছড়ানো বিছানায়। রায়হান বলল " মা ফুলের উপর কি করে শুয়ে আছো? আমার গা কুট কুট করছে"

দীক্ষা উঠে বিছানা থেকে সব ফুল ফেলে দিল। তারপর রায়হানের মাথায় হাত বুলাতে বুলাতে ওর ঘুমিয়ে পড়ে। দীক্ষাও ঘুমিয়ে পড়েছে হঠাৎ দরজা খোলার শব্দে ঘুম ভেঙে গেল। দীক্ষা চোখ খুলে দেখে দেব ঘরে ঢুকছে। না উঠে চুপচাপ চোখ টিপে শুয়ে রইল।

দেব ওর মুখটা দীক্ষা কাছাকাছি নিয়ে গেল। ওকে দেখলো ঘুমাচ্ছে কিনা। তারপর বলল " আপনি ঘুমাচ্ছেন না আমি ভালো মত জানি,"

দীক্ষা ধীরে ধীরে চোখ চেয়ে দেখল দেব ওর সামনে দাঁড়িয়ে। দীক্ষা ওর ডানদিকে তাকিয়ে দেখে রায়হান কে। উঠে আস্তে আস্তে বলল " বলুন"

দেব চারদিকে তাকিয়ে বিরক্ত হয়ে বলল " এখানে তোমাকে শুতে হবে না। যেখানে শুতে সেখানে যাও। "

দীক্ষা রায়হানের দিকে তাকিয়ে বলল " ও এই কিছুক্ষণ আগে ঘুমালো। আপনার ওখানে অনেক জায়গা সমস্যা কি আপনার ছেলের পাশে শুতে পারবেন জায়গা আছে"

দেব রায়হানের দিকে তাকিয়ে বলল " তোমার বোনের কথা বিশ্বাস করি । এই সব তোমার চাল আর এদিকে নীলাদ্রি যা করেছে আমার সাথে,......... ও এভাবে,....... একটা মেয়েকে ছিঃ"

দীক্ষা একটু চুপ করে বলল " এতটা কাউকে বিশ্বাস করবেন না। জানি ওকে ভালোবাসেন।"

" ওর মুখের সাথে রেবতীর অনেক মিল। থাক নীলাদ্রি ওকে স্ত্রী সন্মান দিয়েছে এই অনেক......"

" আর কয়টা মাস তারপর আপনার রিসোর্ট টা রেডি হয়ে যাবে।"

" কাল সকালে আমাকে নিয়ে প্রোজেক্টের দিকে নিয়ে যাবে। "

" ঠিক আছে । আর স্যার কিছু জিনিস সিলেক্ট করবেন । কেমন হবে মোটামুটি আপনার কিছু,.........। "

" মোটামুটি কিসের জন্য? আমার বাংলো- রিসোর্ট যেন খুব সুন্দর হয়,,,, সকলে মেন বলে ' বাঃ'"

" সে তো আপনাকে কথা দিয়েছি"

কথা গুলো রায়হান মাঝে শুয়ে আর ওরা দুজন দুজনের দিকে পিঠ করে শুয়ে আছে আর কারোর দিকে না তাকিয়ে কথোপকথন হয়ে যাচ্ছে। এদিকে রায়হান ওদের কথোপকথন শুনলো আর মনে মনে ভাবল " বাবা এই নতুন মাকে একদম পছন্দ করে না। সব সময় কাজ ছাড়া মনে হয় কথা নেই। কিছু একটা করতে হবে ওদের মধ্যে। হে ঠাকুর মাকে তো পেয়ে গেছি কিন্তু বাবা আর মাকে ঠিক রাখো। বাবা নতুন মাকে ভালোবাসুক। মায়ের যেন কোনো কষ্ট না হয়।"

38

পর্ব ৩৮

রায়হান সকাল থেকে শুরু করেছে আজকে ব্রেকফাস্টে আলুর পরোটা খাবে আর এটা দীক্ষাকেই বানাতে হবে তারসাথে যোগ দিয়েছে নীলাদ্রি।

দীক্ষা ওদের জন্য আলুর পরোটা করতে ব্যস্ত। তাড়াতাড়ি করছে এদিকে দীক্ষাকে অফিস যেতে হবে। অনিরুদ্ধ ওদের টেবিলে বাজাতে দেখে এসে বলল " এত আনন্দ কিসের? "

রায়হান " দাদু আজ মা আলুর পরোটা করছে। "

নীল " সাথে মাখন ..... ওটা বল"

মিতালি এসে বলল " এই মেয়েটাকে এরা শান্তি দিল না এই তিনদিন কত ধকল গেল আজ আবার অফিস আছে। "

অনিরুদ্ধ বসে বলল " আমাদের দীক্ষা একাই একশো। ও সব কিছু সামলাতে পারবে....."

রায়হান " হ্যা আমার মাম্মা বেস্ট মাম্মা"

এদিকে রিমা মনে মনে বলল " দিদি তোর এই বাড়ির জায়গাটাকে পাকা হতে দেব না। "

রিমা রান্নাঘরে ঢুকে দেখল দীক্ষা রান্না করছে। ওর কাছে গিয়ে বলল " কিরে এখনো অফিসের জন্য রেডি হসনি? "

দীক্ষা বলল " এই তো ওদের ব্রেকফাস্টটা রেডি করি। "

রিমা পাশের ওভেন টা দেখল সব্জি বয়েল হচ্ছে। দেখে বলল " দিদি ভেজিটেবল বয়েল কে খাবে? "

দীক্ষা " দেব বাবুর জন্য “

রিমা চোখ গুলো বড়বড় করে ফেলল। দীক্ষা " সবার জন্য ব্রেকফাস্ট করছি ওনার জন্য করবো না তা কি কখনো হয়। "

রিমা " হুম "

দীক্ষা " উনি তো আবার এসব খান না "

রিমা " দিদি দেখ অনেক দেরি হয়ে যাচ্ছে। তোর হাতে হাতে করে দিই। তুই ওদের এগুলো দিয়ে আয়। আমি এদিকটা দেখছি। "

দীক্ষা " শোন না তুই কটা টিমে আঁচে নাড়তে থাক। ও গুলো আমি টিফিনে নিয়ে যাবো। আমি ওদের এগুলো দিয়ে আসি। রায়হান স্কুল যাবে, নীলাদ্রি ও বের হবে। দেরি হয়ে যাচ্ছে। "

রিমা " ঠিক আছে। "

ও চলে গেলে রিমা প্রতিটা পরোটা পুড়িয়ে দেয়। দেবের খাবারে নুন মিশিয়ে দেয়। পুড়ে যাওয়া পরোটা গুলো টিফিন বক্সে ভরে দেয়। দীক্ষা আসলে ওর সামনে টিফিন বক্সটা হাতে দেয়। " দেখ দিদি সব রেডি করে দিয়েছি। "

দীক্ষা " ঠিক আছে আমি তাহলে বের হচ্ছি। আর মেইড কে বলিস ওনার ব্রেকফাস্ট টা রেডি করে দিয়েছি উনি উঠলে দিয়ে দিতে। "

সকলে বেরিয়ে গেলে দেবের ব্রেক ফাস্ট নিয়ে ওর ঘরে যায়। দেব বাথরুমে। ফ্রেস হয়ে দেখল রিমা ওর ঘরে।

দেব - তুমি?

রিমা - তোমার বৌ তো ব্যস্ত। তোমার বৌয়ের কাজ গুলো আমাকে করতে হচ্ছে।

দেব রেডি হতে হতে বলল " ব্রেকফাস্ট রেখে চলে যাও"

রিমা - দিদি আজ নিজে হাতে তোমার রান্না করেছে।

দেবের পাশে এসে বলল " কাল রাতে তাহলে অনেক কিছু হয়েছে তাই না? "

দেব - রিমা বর্তমানে আমাদের সম্পর্ক টা কিন্তু আলাদা।

রিমা আচমকা দেবকে জড়িয়ে ধরে বলল " সম্পর্ক বদলানো যায় না? দিদিকে তুমি ভালোবাসো তাই না? ওকে ডিভোর্স দেওয়া যায়না না? "

দেব রিমাকে নিজের থেকে সরিয়ে বলল " এই রকম করো না। "

" ও আমাকে আর ভালোবাসোনা তাই তো ? দিদি তোমার কাছে সব ?"

" রিমা আমার দেরি হয়ে যাচ্ছে। "

রিমা চলে যায় আর যাওয়ার আগে টেবিলে রাখা দেবের ব্রেকফাস্টের দিকে তাকিয়ে চলে যায়। দেব খেতে বসে। এক চামচ খাবার মুখে তুলেই সঙ্গে সঙ্গে খাবার ফেলে দেয়।

তারপর কাজের লোক কে ডাকল।

রিমা নিচ থেকে দেবের চেঁচানোর আওয়াজ শুনে মনে মনে হেসে ওঠে।

মিতালি আর একটা মেড ওর ঘরে আসে। মিতালি " কি হয়েছে? "

দেব কাজের মেয়েটার দিকে তাকিয়ে বলল " লিসেন, মিসেস দীক্ষাকে আমার রান্না যেন না করে ওনার রান্না আমি খাবো না " এই বলে খাবার টা ছুঁড়ে ফেলে দিলো।

মিতালি" কি হয়েছে? "

দেব " এত নুন "

মিতালি " আসলে ও আজকে তাড়াতাড়িতে ছিল তারপর রায়হান ওর কাছ থেকে আলুর পরোটা খাবার বায়না ধরেছিল তাই..... "

" ওকে কি আমি মাথার দিব্যি দিয়েছি রান্না করার জন্য "

রিমা ঘরে এসে বলল " দিদিকে আমি বললাম তুই ওদের রান্নাটা কর আমি না হয় দেবের রান্নাটা করে দিই। "

মিতালি " রিমা দেব তোমার সম্পর্কে গুরুজন হয়। সম্মান দাও তোমার সম্পর্কে মামা শ্বশুর হয় আর একদিকে জামাইবাবু। নীল ও তো অফিস যায় কই ওর কথা কি ভাবো?"

রিমা " আপনার ছেলে জোরজবরদস্তি বিয়েটা করেছে। আমার কোনো ইচ্ছে ছিল না। "

মিতালি " সে যাই হোক বিয়ে যখন করেছো। সম্পর্ক রাখতে হবে। চলে এসো। "

না খেয়ে অফিস যায় দেব।

দীক্ষা তাড়াহুড়ো করে অফিসে আসে। আজ অনেক ক্লাইন্টের সাথে মিটিং আছে অফলাইন ও অনলাইনে।

কাজের প্রেশারে খাওয়া হয়না। চা আর কফি খেয়ে থাকতে হয়।

দুপুরে লাঞ্চ টাইমে টিফিন বক্স খুলে আর এক দুর্ভাগ্যের সম্মুখীন হয়। প্রতিটা পরোটা পোড়া। সব পরোটা ফেলে দিয়ে ক্যান্টিন থেকে খাবার নিল।

বিকেল ৪ টে নাগাদ দেবের প্রোজেক্ট সাইটে গেল। প্রতিটা জিনিস খুটিয়ে খুটিয়ে দেখছে আর ম্যানেজারের সাথে কথা বলছে।

ম্যানেজার " ঝিলটা কে দেখছেন ম্যাম। কাটানো হচ্ছে ওটাকে সুইমিং পুল করা হবে।"

দীক্ষা " কেন? ওটাতো ঝিল থাকারই কথা ছিল। ওপর দিয়ে সাঁকো তৈরি হত। ঝিলের উপর পদ্মফুল থাকার কথা ছিল। "

" স্যার আপনার প্ল্যানের অনেক কিছু চেঞ্জ করেছে। "

দীক্ষার মন খারাপ হয়ে গেল। তারপর বলল " ঠিক আছে যা বলছে করুন। আর ঐ বাগানের কাছে ঐ জায়গাটা ? "

" সেটা নিয়ে কিছু বলেননি। " ম্যানেজার দীক্ষার পিছনে তাকিয়ে বলল " ঐ তো স্যার আসছেন"

দেব বেরিয়ে এল গাড়ি থেকে। সানগ্লাস খুলে চারিদিকে তাকাতে দীক্ষার সাথে চোখাচোখি হয়। দীক্ষা ওর সামনে এসে বলল " স্যার আপনি সুইমিংপুলের বিষয়টাতো বলেননি"

দেব ওর কথায় পাত্তা না দিয়ে এগিয়ে গেল। দীক্ষার চোখের কোলে বাষ্প ঘনিয়ে এলো।

দেব ঘুরছে আর ম্যানেজারের সাথে কথা বলছে। দীক্ষা ধীরে ধীরে এসে রেবতীর সমাধির কাছে এসে বসল। ওখানে বসে ঝিলের জলে নিজের মুখের প্রতিচ্ছবিটা দেখলো। দেব আর ম্যানেজার এসে বলল " এই ঝিলটা হবে সুইমিং পুল। আর ঐ বাগানটাতে ঐ সব গাছ না রেখে বড় ব্যাঙ্কোয়েট হল মতন করবো। আর বাংলোর ডিজাইন গুলো ঠিক আছে। " ম্যানেজার চলে গেলে দীক্ষা উঠে আসে ওর কাছে।

" স্যার সব প্ল্যান কেন চেঞ্জ করছেন। "

দেব অন্য দিকে তাকিয়ে বলল " শর্ত মনে নেই? আপনার construction - এর কাজ আমার প্ল্যানমাফিক কাজ করার।"

" কিন্তু আমার ডিজাইন তো আপনার পছন্দ হয়েছিল। ডিলের আগে তো তাই প্ল্যান ছিল......."

" হয়েছিল। এখন আমার যা পছন্দ তা চেঞ্জ হয়েছে।"

" ঠিক আছে। আপনার যা পছন্দ তাই করেন। পারলে অন্য Architect দিয়ে বাংলোর ডিজাইন গুলোও চেঞ্জ করে নেবেন। আমি এর মধ্যে আর থাকবো না। কোনো অসুবিধা হলে বিভূতি স্যারের সাথে কথা বলে নেবেন। চলি...." এই বলে চোখের জল মুছতে মুছতে দীক্ষা চলে যায়। গাড়িতে উঠে চলে যায়। ওর চলে যাওয়ার দিকে তাকিয়ে ম্যানেজারকে ডাকল। " অরূপ বাবু......"

ম্যানেজার বাইরের দিকে তাকিয়ে বলল " ম্যাম চলে গেছেন তো? "

" হ্যা। ম্যাম যে রকম ভাবে ঝিলের ডিজাইন করতে বলেছেন সে ভাবেই করবেন। "

দীক্ষা অফিসে এসে ওর কেবিনে এসে বসল। দোলা সেই সময় এসে কিছু একটা বলতে যাচ্ছিল দীক্ষা রেগে বলল " আমার ডিজাইন, আমার প্ল্যান কেউ পছন্দ করে না। তাই কাল ভালো ভালো সিভিল ইঞ্জিনিয়ার , ভালো ভালো Architect - দের রিক্রুটমেন্ট করো 'স্যানাল গ্রুপ '- এ। আমি শুধু বিসনেস দেখবো ব্যস। আর মিঃ রায়চৌধুরীর প্রোজেক্ট দেখার জন্য বিভূতি স্যার আছেন ওনাকে গিয়ে দেখতে বলবে। উনি সব ইনফরমেশন দেবেন। আমি আর ওনার জমি দেখতে যাবো না। অডিট ডিপারমেন্টকে বলো সমস্ত প্রোজেক্টের হিসেব আমাকে মেল করতে । "

দীক্ষার আওয়াজ শুনে বিভূতিবাবু ঘরে এল। বিভূতি " কি হয়েছে? "

দীক্ষা " আমি দোলাকে বলে দিয়েছি আপনিও শুনে নেন। আমি আর কোনো প্ল্যান বা ডিজাইন করবো না । আমি শুধু বিসনেস করবো। কাল এম.ডি কে বলবেন কোম্পানিতে Architect আর Engineer -দের নিয়োগ করতে। রিক্রুটমেন্ট বার করুন। দীক্ষা স্যানাল আর কোনোদিন কোনো কিছু Drawing করবে না।"

39

পর্ব ৩৯

দীক্ষা অফিস থেকে সোজা বাড়ি আসে।

ওকে বাড়ি আসতে দেখে সুনন্দা দরজার দিকে তাকিয়ে নিয়ে বলল " দেব আসেনি"

দীক্ষার বলতে যাচ্ছিল দেব ছাড়া কি আসা যায়না নাকি এ বাড়িতে আসার ওর আর কোনো অধিকার নেই। দীক্ষা চুপ থেকে বলল " আমি একা এসেছি। কিছু দরকারী কাজ আছে।" বলে উপরে চলে গেল।

রমা ছুটে আসে। রমা বলল " দীক্ষা দিদিমণি এসেছে নাকি? "

সুনন্দা বলল " হ্যা। ওকে জলখাবার দাও.... "

দীক্ষা ঘরে ঢুকে প্রথমে ওর বইপত্র গুলোকে ভালো করে দেখল। তারপর একটা একটা করে বই বার করে দেখতে লাগল। কত স্বপ্ন জড়িয়ে আছে। বাবাকে বলেছিল ও একজন বড় স্থপতিবিদ হবে। সকলে ওকে এক ডাকে চিনবে। তারপর বই গুলা ছুঁড়ে ফেলে বলল " সব মিথ্যে। আমি হতে পারিনি। আর পারবো না। আমি আর আঁকবো না। "

ফোন বেজে উঠলো। দেখলো রায়হান ফোন করছে।

ফোন ধরে বলল " হ্যালো"

- মা তুমি কোথায়? রাত ১০ টা বাজে ।

- তুমি খেয়ে নাও । আমার দেরি হবে আর কাল স্কুল আছে তাড়াতাড়ি শুয়ে পড়ো।

- ঠিক আছে। তুমি চলে এসো তাড়াতাড়ি।

- হুম।

দেব বাড়ি এলো। রাতে থেতে বসে বাড়ির চারদিক তাকিয়ে কিছু একটা খুঁজছে।

মিতালি দেখে বলল " দীক্ষা বাড়ি ফেরেনি। "

রিমা থমকে যায় খেতে খেতে। দেব দীক্ষাকে খুঁজছে । আজ এতকিছুর পর দীক্ষাকে খুঁজছে। নীল বলল " মামি এখনো আসেনি। "

মিতালি " রায়হান ফোন করেছিল। বলল আসতে দেরি হবে। "

দেব না খেয়ে উঠে পড়ল। রিমা বলল " দেব..... সরি জিজু উঠে পড়লে যে..... "

দেব " আর খেতে পাচ্ছি না। রায়হান শুয়ে পড়েছে? "

মিতালি "হ্যা "

দেব ওর ঘরে যায়। আজকের ঘটনা গুলো মনে করতে লাগলো। সিগারেট ধরিয়ে সামনে ল্যাপটপ খুলে বসলো।

ফোনটা ঘাটতে ঘাটতে অজান্তেই দীক্ষাকে ফোন করে ফেলল। দীক্ষা বই খুলে বসে ছিল ফোন আসতে দেখল মিঃ রায়চৌধুরীর ফোন। ফোনটা ধরল

দীক্ষা - হ্যালো।

দেব - আজ রাতে বাড়ি আসা হবে নাকি দারোয়ানকে বলে দরজা বন্ধ করে দেব?

দেবের কথা গুলো শুনে মাথা গরম হয়ে গেল ওর। কিছুক্ষন চুপ থেকে বলল " বন্ধ করে দিতে বলেন "

দেব বলল " রায়হানকে বলেছো আজকে আসবে না....?"

দীক্ষা " হুম। "

দেব খুঁজে চলেছে আর কি বলায়ায়। এই কথোপকথন বাড়ানো যায়। দীক্ষা বলল " আমি রাখছি......"

" এত কিসের কাজের প্রেশার যে রাতেও কাজ করতে হচ্ছে" দেব বলল।

দীক্ষা " আপনার মতন ক্লাইন্ট থাকলে খাওয়া, ঘুম ও ভুলে যেতে হয় "

দেব " কেন? আমি তো তোমার কাজ অনেক কমিয়ে দিয়েছি। প্ল্যান, ডিজাইন সব তো আমি করছি........."

দীক্ষা " আপনার কাজ ছাড়াও অনেক কাজ আছে। "

দেব " বাড়ি চলে এসো। "

দীক্ষা অবাক হয়। দীক্ষা " বললাম তো কাজ আছে "

দেব " তুমি আসবে নাকি আমি তোমার বাড়িতে যাবো। দীক্ষা আমি জানি তুমি বাড়ি গেছো। "

দীক্ষা " আমি এখন কোথায় যাবো না যাবো সব কি এখন আপনাকে বলতে হবে? "

দেব " আমি তো তোমাকে বলিনি বলতে। কাজের জন্য তো তুমি আটকাওনি নিজের বাড়িতে গেছো। ছেলেটা একা একা শুয়ে আছে। তোমার কথা ভাবছে চলে এসো। "দীক্ষা ফোন রেখে সব গুছিয়ে বাইরে বেরিয়ে দেখলো দেব গাড়ি নিয়ে দাঁড়িয়ে আছে। "

দীক্ষা কিছু না বলে গাড়িতে উঠে বসল। গাড়ি চলতে শুরু করে।দেব গাড়ি চালাতে চালাতে ওর দিকে একবার দেখে নিয়ে বলল " কিছু ডিজাইনের ব্যাপারে বলার আছে কাল একবার আসবে সাইডে। "

দীক্ষা " সরি। সময় নেই অনেক কাজ আছে। "

দেব " ঠিক আছে। তাহলে কাল আপনার অফিসে যাই। "

দীক্ষা ওর দিকে একবার তাকিয়ে নিয়ে বলল " আপনি তো দুপুরে বললেন যা হবে আপনার মতন। তাহলে আবার আমায় কেন ডাকছেন? "

দেব " গয়নার ডিজাইন বুঝি ইমারতের নয়। "

দীক্ষা " আপনি তো বললেন যে ভালো Engineer, Architect রাখবেন। রাখুন। "

দেব " বলেছিলাম তারপর ভাবলাম তোমারটাই রাখবো। তোমারটা একে বারে খারাপ না। "

দীক্ষা " দুবাইয়ে শেখের আমার প্ল্যান , ডিজাইন দেখে পছন্দ করে কিন্তু আপনি? আপনার কাছে সব কিছুই খারাপ লাগে। "

দেব মনে মনে হেসে বলল " আমি তো দুবাইয়ে শেখ না। আমি বাঙালি লোক। "

দীক্ষা মুখ ভেংচিয়ে বলল " আপনি একটা খুঁত খুঁতে লোক সব কিছুতেই খুঁত ধরেন। "

দেব মনে মনে হাসে কিন্তু মুখে গাম্ভীর্য। অত রাতে একটা চায়ের দোকান খোলা দেখতে পেয়ে ওকে বলল " ডিনার করেছো? "

দীক্ষা " হ্যা "

দেব " চা খাবে ? "

দীক্ষা " এত রাতে? "

দেব " হম। " বাইরে তাকিয়ে বলল " ঐ দোকানটায় মালাই চা পাওয়া যায়। চলো..... "

দীক্ষা বেড়িয়ে আসে গাড়ি থেকে। চায়ের দোকানদারকে দুটো কাপ মালাইচা দিতে বলে। দেব চারদিকে তাকিয়ে বলল " এই ঠান্ডায় মালাই চা দারুন লাগে। আগে আমি আর রেবতী অনেক আসতাম। "

ওরা চা নিল। দীক্ষা চা খেতে খেতে বলল " আপনি আপনার স্ত্রীকে খুব ভালোবাসতেন?"

দেব " প্রানের চেয়েও "

দীক্ষা " ভালোবাসা এরকমই হয়। পরিস্থিতি এমন জায়গায় দাঁড় করায় না। তা আপনার স্ত্রীর কি হয়েছিল? "

দেব " রায়হান হতে গিয়ে মারা যায়। আসলে রেবতীর বাড়ির লোকজন খুব Restricted ছিল। আমি তখন পড়াশোনা করছি। রেবতী আর আমি একসাথে পড়তাম ওর বাবা ছেলে ঠিক করে ফেলেছে। অবশেষে পালিয়ে গিয়ে বিয়ে করি। রেবতীর মৃত্যুর খবর শুনেও কেউ আসেনি। রায়হান আর ওর মামার বাড়ির সাথে কোনো যোগাযোগ নেই। "

দীক্ষা মনে করল ও যদি সেই দিন সাহেবকে নিয়ে পালিয়ে যেত ভালো হতো।

" কি হলো কি ভাবছো? "

দেবের কথা শুনে ভাবনা থেকে বেরিয়ে আসে। " কিছু না চলুন"

ওরা ফেরে বাড়িতে।

রিমা বারান্দা থেকে ওদের একসাথে ঢুকতে দেখে হাতটা মুঠো করে বলল " মিঃ রায়চৌধুরী তো দেখছি দিদিকে বেশ তোষামোদ করছে। কিছু একটা হয়ে যাতে না যায় তার আগে কিছু একটা করতে হবে.."

40

পর্ব ৪০

রায়হান সকালে ঘুম ভেঙে চোখ খুলে দেখলো ওর মাকে।

" মা !!! তুমি কখন এলে ?"

রায়হানের কপালে চুমু দিয়ে দীক্ষা বলল " কাল রাতেই চলে এসেছি"

রায়হান দীক্ষার গলা জড়িয়ে ধরে বলল " মা তাহলে তুমি খুব টায়ার্ড। তুমি শুয়ে পড়ো। আজকে রেস্ট নাও। অফিস যেতে হবে না....."

দীক্ষাকে বিছানায় শুয়ে গায়ে চাদর দিয়ে দিচ্ছিল। দীক্ষা সব সরিয়ে হেসে বলল " না বাবা। আমার শুলে চলবে না। অনেক কাজ আছে অফিসে। "

রায়হান " মা তুমি একদিন শরীর খারাপ হয়েছে বলে ছুটি নিয়ে নাও "

দীক্ষা " হা হা হা। এসব হয়না। আমার এক কাপ কফি খেলেই সব টায়ার্ড পালিয়ে যাবে।"

রায়হান " মা উইন্টার ভ্যাকেসনে চলো না কোথাও ঘুরে আসি। বাবাকে বললে বাবা বলে না সময় নেই। কোথাও যেতে হবে না। "

দীক্ষা " আচ্ছা আমি ম্যানেজ করে নেবো। বলো কোথায় যাবে?"

রায়হান " হিল স্টেশনে। "

দীক্ষা " ঠিক আছে আমি কথা বলবো। "

সকলে জলখাবার খেতে বসেছে। এদিকে রায়হান মা-কে ইশারায় বলল বাবাকে বলতে।

দীক্ষা চোখ টিপে বলল সে বলবে। নীল দেখে বলল " মামি , রায়হান তোমরা কি ঘোঁট পাকাচ্ছো? "

রায়হান - এই নীলুদা যাবি ঘুরতে?

নীল- কোথায়?

দীক্ষা এবার বলল " মিঃ রায়চৌধুরী বলছি যে রায়হান বলেছে ও একটু ঘুরতে যাবে। তাই বলছিলাম আমি যদি ওকে কদিনের জন্য ঘুরিয়ে আনি....."

নীল রেগে বলল " ও এখন নতুন মা এসেছে বলে নীলুদাকে ভুলে গেলি। "

মিতালি বলল " তোরা সবাই মিলে ঘুরে আয়। "

দীক্ষা - সবার কাজ আছে সবাই কি সময় করে যেতে পারবে? আমি ভাবছিলাম কাছে পিঠে.......

রায়হান - না । মসৌরি।

নীল - ওহহহহ decide হয়ে গেছে?

দেব - রায়হান স্কুল খুললে পরীক্ষা। পড়াশোনা মন দিয়ে করো।

এই বলে চলে গেল। রায়হান মুখ গোমড়া করে বলল " দেখলে ? "

নীল - এই রায়হান দাঁড়া বাবাকে আমি বোঝাচ্ছি।

দীক্ষা - আমি আর নীলু দাদা কাজ থেকে এসে বাবাকে বোঝাবো।

রায়হান রাগ করে বলল " ঠিক আছে" এই বলে চলে গেল।

মিতালি - যেমন ছেলে তার তেমনি বাবা।

দীক্ষা বেরিয়ে গাড়িতে উঠতে গেল রিমার ওর সামনে এসে দাঁড়ায়। রিমাকে দেখে বলল " কি হলো? "

রিমা " তোর সাথে অফিসে যাবো। ঘরে বসে থাকতে ভালো লাগে না।"

দীক্ষা হালকা হেসে বলল " ঠিক আছে চল। "

দীক্ষার গাড়িতে রিমা উঠে পড়লো। রিমা মনে মনে বলল " তোর হাত থেকে সব কিছু নিতে হবে। সব আমার হতে হবে। দেবের মনে , ওর সংসারে এক ছত্র অধিকার করে নিয়েছিস। আমি তোকে কখনো সুখে থাকতে দেবো না। "

দীক্ষার সাথে অফিসে প্রথম রিমা পা রাখে। রিমাকে সব কিছু দেখাতে দেখাতে ওর কেবিনে নিয়ে আসে।

দীক্ষা ওর রুমে এসে বলল " এটা হলো আমার কেবিন। "

রিমা চারদিক তাকিয়ে বলল " এখানে তাহলে বাবা বসতো? "

দীক্ষা ফাইল গুলো ঠিক করতে করতে "'হম"

রিমা " এখন তুই বসছিস"

দীক্ষা দাঁড়িয়ে গেল। ওর দিকে তাকালো । দীক্ষা " যার উপর দায়িত্ব তাকে তো এখানে বসতেই হবে "

রিমা " কিন্তু সব তো আমার নামে"

দীক্ষা " আগে বোঝ সব তারপর ব্যবসায় হাত দিস। তারপর সব তোর । "

এই বলে দীক্ষা চলে গেল " কনফারেন্স রুমে যাচ্ছি। তুই এখানে বস। "

রিমা বসে। রিমা দরজার দিকে তাকিয়ে বলল " আমি সব বুঝি। কিভাবে তোকে সরাবো সেটাই এখন বড় বিষয়। "

দুপুর বেলায় লাঞ্চে রিমা আর দীক্ষা অফিসের ক্যান্টিনে বসে আছে। দীক্ষা বিসনেসের ব্যাপারে কথা বলছিল সেই সময় ওর ফোন আসে ফোনটা বার করে দেখলো দেব ফোন করছে। রিমা ওর ফোনের দিকে তাকিয়ে বলল " দেব ফোন করেছে না? "

দীক্ষা " দাঁড়া" ফোনটা ধরে ওখান থেকে উঠে গেল। রিমা হাতটা নিজের মুঠিতে নিয়ে দাঁত চেপে বলল " রাস্তায় নীলাদ্রি এসে আমার কাছ থেকে সব....সব কিছু নিয়ে নিল।"

দেব আর দীক্ষার কথা হচ্ছে।

দীক্ষা - বলুন.....

দেব - কখন আসছো?

দীক্ষা - এই তো বেরোচ্ছি ।

দেব - এসো অপেক্ষা করছি।

দীক্ষা ফোনটা রেখে রিমার কাছে এল। দীক্ষা ব্যাগটা নিতে নিতে বলল " জমির ওখানে যাচ্ছি। তুই দোলার সাথে থাকিস........."

এই বলে চলে গেল। রিমা ওর দিকে তাকিয়ে বলল " তোর বিয়ে যে কি কি শর্তে হয়েছে সবার সামনে তুলে ধরবো। শুধু সময়ের অপেক্ষা।"

41

পর্ব ৪১

নির্মীয়মান ইমারতের সামনে দীক্ষা ক্ল প্রিন্টের কাগজ নিয়ে দেবের সাথে কথা বলে যাচ্ছে। দীক্ষা কথা বলতে বলতে মাঝে চশমাটা ঠিক করে চলেছে। দেব ওর চশমাটা হট করেই খুলে নেয়।

দীক্ষা " আরে কি করছেন!! "

দেব " চশমাটা তোমায় কথা বলতে বাঁধা দিচ্ছে তাই খুলে দিলাম"

দীক্ষা " মানে? চশমাটা দিন ...... "

দেব " চশমাটা বদলাও। "

দীক্ষা " ঠিক করে নিলে হয়ে যাবে। আচ্ছা..... এক মিনিট..... " কাগজ সরিয়ে ল্যাপটপটা বার করে বলল " এই মাসের খরচের হিসাবটা দেখে নেবেন। আর কয়েকটা মাস তারপর আপনার এই রিসোর্ট তৈরি হয়ে যাবে। "

এত কথার মাঝেও দেব দীক্ষার চোখেই আটকে আছে। চোখের তলায় কালো দাগ, গালের চামড়া রুক্ষ, চিন্তা আর ক্লান্তির ছাপ কিন্তু তার মধ্যেও নতুন উদ্যমের আলোর ঝলকানি দেখতে পাওয়া যায়। চোখের সারল্যতা , চিন্তা ভাবনায় আছে বাস্তবিক ছাপ।

কিছুক্ষন পর দীক্ষা খেয়াল করলো দেব ওর দিকে তাকিয়ে। দীক্ষা মাথা নিচু করে বলল " মিঃ রায়চৌধুরী"

" হ্যা....." দেব নিজেকে সামলে বলল " হ্যা বলো। "

ল্যাপটপ বন্ধ করে বলল " বাকিটা মেল করে দেব"

দেব বলল " বলছি...... "

দীক্ষা দাঁড়িয়ে পড়ে। দেব ওর সামনে এসে দাঁড়ায়। " রায়হানকে বলো আমরা ঘুরতে যাবো। "

দীক্ষা হাসি মুখে বলল " হম। রায়হান চাইছে সবাই মিলে কোথাও ঘুরতে যেতে। একা একা ওর ভালো লাগছেনা। "

দেব বলতে গিও বলল না যে তুমি এসে ওর মায়ের জায়গা নিয়ে ওকে খুশি রেখেছো।

দীক্ষা " চলি মিঃ রায়চৌধুরী "

দীক্ষা চলে গেলে দেব ধীরে ধীরে রেবতীর সমাধির পাশে এসে বসল।

সমাধির উপর হাত রেখে বলল" রেবতী আমি মনে হয় একটা খারাপ মানুষ হয়ে যাচ্ছি ধীরে ধীরে। খুব স্বার্থপর হয়ে যাচ্ছি। বাবা হিসেবে ব্যর্থ হয়ে পড়েছি আর মানুষ হিসাবেও। আমার কি দীক্ষাকে ভালো লাগে? ওকে কি পছন্দ করছি? "

নীল ঘরে আয়নার সামনে দাঁড়িয়ে রেডি হচ্ছিল সেই সময় রিমা আসে। নীল বিদ্রুপ করে বলল " সেজে গুজে অফিস গিয়ে কি লাভ? তুমি business strategy বোঝো?"

রিমা ওর দিকে তাকিয়ে বলল " আমার বিষয়ে নাক গলাবে না। "

নীল " নাক তো গলাবো কারণ এখানে আমার মামি আছে। তুমি নিজের স্বার্থ ছাড়া কিছু বোঝো না। আর কালে আসছে চুড়ান্ত লোংরামো করে চলেছো আমার মামাকে নিয়ে। কেন?সম্পর্কের রাশটা বোঝো না? "

রিমা ওর দিকে আঙুল উঁচিয়ে বলে " এই মিঃ নীলাদ্রি সেন....."

" চুপ.....আমার দিকে আঙুল তোলার আগে দেখো তোমার হাতের চার আঙুল তোমার দিকে তাক করে আছে। আমি নাকি তোমাকে মলেষ্ট করেছি ? রিমা আমার হাতে কিন্তু যথেষ্ট প্রমাণ আছে। "

" আমাকে যেতে দাও........"

" মামীর কিছু যদি হয় তোমাকে কিন্তু আমি ছাড়বো না"

রিমা ওর হাত ছাড়িয়ে চলে গেল।

রিমা অফিসে এলো। দুই দিন অফিসে এসে নিজেকে বড় হতাকর্তা মনে করতে শুরু করলো। একে অর্ডার ওকে অর্ডার।

দীক্ষা এবার ক্লাইন্ট মিটিং-এ পাশে রিমাকে বসিয়ে রেখেছিল। মিটিং শেষে বলল " দেখলি ডিল কিভাবে করে....."

রিমা " হম...." মনে মনে বলল " তুই আমায় থনিগর্ভের পথ দেখা । আর আমি ধীরে ধীরে ওখানে উইয়ের ঢিপি তৈরি করি। "

দীক্ষা বাড়ি আসতেই রায়হান একেবারে ওর হাত ধরে ঘুরতে শুরু করলো।

" ইয়ে....... আমরা মসৌরি যাবো..... "

রাতে মায়ের পাশে শুয়ে শুয়ে কি করবে না করবে এই নিয়ে পরিকল্পনা চলতে থাকলো।

এত excitement - এ ক্লান্ত হয়ে কখন যে ঘুমিয়ে পড়েছে। দীক্ষা ল্যাপটপ নিয়ে বসেছিল পাশ ফিরে দেখলো রায়হান ঘুমিয়ে পড়েছে। হাত বাড়িয়ে টেবিলে জল নিতে গিয়ে দেখল জল নেই। উঠে রান্না ঘরে জল নিতে গেল। রান্না ঘরে এসে দেখলো দেবকে।

দীক্ষা " আপনি ঘুমাননি? "

দেব পিছন ফিরে দেখল ওকে। " না একটু কাজের চাপ। তুমি? "

দীক্ষা জল নিতে নিতে বলল " আমি মোটামুটি একটু দেরি করে শুই। আমার এমনিতেই অভ্যাস আছে। "

দেব " কফি খাবে ? "

দীক্ষা " এখন!! "

দেব " বানাচ্ছিলাম তাই জিজ্ঞেস করলাম"

দীক্ষা " হম করুন । আপনি বরং ছাড়ুন আমি করি। "

দেব বাঁধা দিয়ে বলল " আমি করছি। তুমি টেষ্ট করে দেখো"

দীক্ষা " আচ্ছা করুন"

দেব কফি করে ওকে দিল। দীক্ষা খেয়ে বলল " উমমম খারাপ নয়....."

দেব খেতে খেতে বলল " আমার কফির স্বাদ পছন্দের। আমার রেবতীর পছন্দ ছিল যে...." রেবতীর কথা বলে দেব চুপ করে যায়। দীক্ষা স্তব্ধতা কাটিয়ে বলল " মানুষ চলে গেলে এই স্মৃতি গুলোই থাকে। দেখুন এই যাওয়া আসার বিষয়টা কারোর হাতে নেই।

কর্ম হয়তো আপনার ওয়াইফের এতটুকুই ছিল। কর্ম যতটা আয়ুও ততটাই। এটা কারোর হাতে থাকেনা। বা এমন কেউ কেউ আছেন কত বয়স হয়ে গেছে, অসুস্থ, শয্যাশায়ী কিন্তু মৃত্যু নাই। আপনি কি করবেন? এটা কর্মের উপর নির্ভর করে। আপনাকে দায়িত্ব দিয়ে গেছে আপনার ওয়াইফ। আপনার ছেলে। ওকে ভালোবাসা দিয়ে বড় করুন। মায়ের মমতা দিন, বাবার ভালোবাসা দিন। অনেক রাত হয়েছে আপনার ছেলে একা শুয়ে ঘুমের মধ্যে মা মা করে ওঠে মাঝে মাঝে যাই। আমাকে না দেখতে পেলে কাঁদবে। চলি।গুড নাইট "

দীক্ষা চলে গেলে ভাবতে থাকে ও কি ধীরে ধীরে রেবতীর জায়গায় দীক্ষাকে কল্পনা করে ফেলছে কি? তারপর ভাবলো না না কিছুতেই রেবতীর জায়গায় দীক্ষা কেন ? কেউই পারবে না। ওকে এত সহজে বিশ্বাস করা যাবে না।

42

পর্ব ৪২

দীক্ষা আর রায়হান প্লেনের মধ্যে পাশাপাশি বসে আছে। রায়হান " মা ...."

দীক্ষা " কি? "

" জানলার পাশে বসতে দাও না? "

দীক্ষা জানলার পাশে বসেছিল মাঝে রায়হান আর পাশে দেব। আর অন্য সিটে রিমা আর নীল।

দীক্ষা একবার দেবের দিকে তাকাল তারপর বলল " বাবাকে বলো। পারমিশন দিলে বসতে দেব"

রায়হানের মুখ ভার হয়ে গেল। বাবা ফোন নিয়ে ব্যস্ত। প্লেন উড়তে শুরু করলে দেব ফোন রেখে পাশে তাকাতেই দেখলো রায়হান ওর দিকে রাগী চোখে তাকিয়ে।

দেব " কি হলো? "

রায়হান " মাকে বলো না উইন্ডোর সিটটা দিতে। "

দেব দীক্ষার দিকে তাকালে দীক্ষা আড়চোখে একবার দেখে ওর হাত ধরা বইয়ের দিকে চোখ দিল। দেব গলা থাকারি দিয়ে বলল " বলছি ওকে জানলার দিকে বসাও।"

রায়হান " বাবা পারমিশন দিয়েছে। "

দীক্ষা দেবের দিকে তাকিয়ে রায়হানকে বলল " দেব কিন্তু একটা কন্ডিশন আছে?"

রায়হান " কী?"

দীক্ষা " ঘুমাতে হবে কিন্তু.... আমাদের যেতে সময় লাগবে "

রায়হান " আচ্ছা ঠিক আছে এবার বসতে দাও"

দীক্ষা মুচকি হেসে ওকে ওর সিটে বসালো।

এদিকে নীল রিমাকে বলল " আমরা সেকেন্ড হানিমুন যাচ্ছি।"

রিমা এমনিতেই বিরক্ত আরো বিরক্ত হয়ে বলল " নীল মাথাটা খেয়েও না। আমাকে চুপচাপ থাকতে দাও "

নীল " সোনা আমি তো চুপচাপ থাকতে আসিনি। মামা আর মামীকে শান্তিতে হানিমুল করতে দেবে। অবশ্য আমরাও তো আছি....."

রিমা " তুমি জোরজবরদস্তি বিয়ে করেছো। ব্ল্যাকমেল করে বিয়েটা করেছো। "

• 124 •

নীল " সত্যি বলছি রিমা আমার যে কি প্রাউড ফিল হয় যে মেয়ের পিছনে স্কুলের কোচিং-এর , কত ছেলে ঘুরঘুর করতে তাদের মধ্যে থেকে একজন এই অধম তোমার হাত ধরেছে, তাকে বিয়ে করেছে। " রিমার হাত ধরে বলল " ছবি তুলবো আমরা, তারপর সোস্যাল মিডিয়া আপলোড করবো। স্কুলের সব থেকে সুন্দরী মেয়ে সে আমার স্ত্রী। তারপর তো তোমার কলেজের সবাই তো আছেই। এই রিমা আমার কিন্তু এখন ভীষণ রোমান্টিক ফিল হচ্ছে। "

রিমা বিরক্ত হয়ে নীলের মুখে হাত চাপা দিয়ে বলল " চুপ করবে। "

নীল " সে না হয় এখন চুপ করলাম কিন্তু সারাক্ষন তো আমি তোমার সাথে থাকবো।"

রিমা " আমি কি করতে যে তোমাকে সেই সময় ইউজ করে ছিলাম। আমার টার্গেট কখনো তুমি ছিলেনা । তোমার ঐ যে ফ্রেন্ড রিষব ও ছিল। ওর জন্য তোমাকে আমায় ইউজ করতে হয়েছিল....."

নীল হাসলো। তা দেখে রিমা দাঁত চিবালো। গা যেন জ্বলে যাচ্ছে ওর। নীল ওর হাত ধরে বলল " রিমা আমার বাবারও পয়সা আছে। আমিও বাবার বিসনেস সামলাই।"

রিমা " কিন্তু দেবের মতন তুমি রিচ নও। কেন মামার বাড়ি আছো? আর তোমাকে আমার পছন্দ হয়না "

নীল " মায়ের অধিকার আছে তাই। আর ম্যাডাম আমি না আসলে খেলাটা তুমি খেলেই যেতে। আর লোভী হয়েও না। "

রিমা দীক্ষার সিটের দিকে তাকিয়ে মনে মনে বলল " খেলা তো খেলতেই হবে। দেবকে যখন আমি পাইনি তোকেও আমি কিছুতেই পেতে দেবো না"

রায়হান জানালার দিকে তাকিয়ে। মেঘ গুলো দেখছে, নীচে তাকিয়ে দেখলো ছোট ছোট হয়ে যাওয়া বাড়ি-ঘর , গাছ পালা ইত্যাদি।

দীক্ষা দেবের পাশে বসে আছে এখন। দেবের দিকে তাকিয়ে সভ্যতার খাতিরে হালকা হাসলো। এদিকে রায়হানের জন্য বারবার উঠতে হয়। একবার বাথরুম, একবার নীলুদাকে দেখবে, একবার ভালো লাগছে না উঠে শুধু শুধু ওঠা ছটফটানি থামল খাবার পর ঘুমেতে। দীক্ষা ঘড়ি দেখছে আর কত সময় বাকি । অপেক্ষা করতে করতে ঘুমিয়ে পড়ে। ঘুমের ঘোরে দেবের কাঁধে মাথা রেখে ঘুমিয়ে পড়ে। দেব ও ঘুমাচ্ছিল ঘোরেতে ও দীক্ষার হাত ধরে ঘুমাতে থাকল। রিমা ওয়াশরুম যাওয়ার নাম করে ওদের দেখতে আসে। দেব আর দীক্ষাকে এভাবে দেখে রাগে রায়হানকে কিছু একটা করতে যাচ্ছিল এক এয়ারহোস্টেস ওর সামনে এসে পড়ে। এয়ার হোস্টেস জিজ্ঞেস করে এখানে এই ভাবে কেন দাঁড়িয়ে তার কোনো সমস্যা আছে কি না । রিমা দীক্ষাকে দেখিয়ে বলল ও ওর দিদি হয় এমনি এসেছে। এই কথোপকথনে দীক্ষা জেগে ওঠে। নিজেকে দেবের কাঁধে আবিষ্কার করে কিছুটা অস্বস্তিতে পড়ে যায়।

কিছুক্ষন পর প্লেন নামে। ওরা এয়ারপোর্ট থেকে গাড়ি করে হোটেলে আসে।

রায়হান চারপাশে পাহাড়, নদী আর পাহাড়ের কোলে ছুয়ে থাকা ধুম্র মেঘে ওর নজর কাড়ে। দীক্ষা পাহাড়ে প্রথম এলো। শীতপ্রধান অঞ্চল। পাহাড়ী এলাকা ওর বেশ ভালো লাগে। হোটেল পৌঁছায়। বড় বাংলোর মতন হোটেল। লোক এসে ওদের জিনিসপত্র নিয়ে গেল। ম্যানেজার এসে ওদের ঘরে নিয়ে যেতে লাগল।

রায়হান নীলের আর দেবের হাত ধরে এগিয়ে গেল দীক্ষা আর রিমা পিছনে ছিল। রিমা যেতে যেতে বলল " দেবের কাঁধে মাথা রেখে কি ভাবছিস? ওর হয়ে গেলি? ভুলেও ভাবিস না। পুনরায়

বিয়ে করার কথা কিন্তু ও আমাকে দেখেই মাথায় এনেছিল। "

দীক্ষা চুপ করে থাকে। ওকে চুপ থাকতে দেখে বলল " আমি জানি তুই কিছু বলবি না। কারণটা আমি ঠিক জানি। তোদের এই বিয়েটা কয়েকটা শর্তের উপর দাঁড়িয়ে। "

দীক্ষা এবার বলল " নীলাদ্রির কাছে যা। এতটা ট্রাভেল করে এল। ও ক্লান্ত।"

রিমা " আমি এটাকে বিয়ে মনে করি না"

দীক্ষা " পার্থক্যটা এখানেই জানিস তো। আমাদের বিয়ে যেমন খুশি থাকুক মানুষ হিসেবে রেসপেক্টটা আমরা একে অপরকে দিই। যেটা তুই নীলাদ্রিকে দিস না। নিজে সংসার গড়তেও পারিস না অন্য কাউকে দেখলে তোর হিংসা হয়। "

দীক্ষার হাত চেপে ধরে বলল " এই জায়গায় আমি থাকতাম "

দীক্ষা হাত সরিয়ে নিয়ে বলল " পরিস্থিতি যেমন তার সঙ্গে মানিয়ে নে। নীলাদ্রি পারলে তোকে যথেষ্ট সম্মান করে এমন কিছু করিস না এতে তোর দুকূল যায়।"

রিমা " দিদি....!!"

দীক্ষা " চল অনেকক্ষন এখানে দাঁড়িয়ে আছি "

ওরা চলে গেল।

43

পর্ব ৪৩

রিমা বাংলোর থাই গ্লাস সরিয়ে হাতে কফি মগটা নিয়ে দাঁড়িয়ে দাঁড়িয়ে দীক্ষার বলা কথাগুলো ভাবছে। রায়হানের আওয়াজ শুনে নীচে তাকিয়ে দেখলো দীক্ষা রায়হানকে নিয়ে খেলছে আর দেব তা দেখে হাসছে।

রায়হান ওর মায়ের সাথে ছোঁয়াছুঁয়ি খেলছে। " এই...... ধরে ফেলেছি। " রায়হানকে ধরে ফেলে দীক্ষা। ওকে ধরে টেবিলে বসায়।

দীক্ষা - চুপচাপ খেয়ে নাও। না খেলে আমরা কিন্তু ঘুরতে নিয়ে যাবো না। কি তাই তো?

দেবের দিকে তাকিয়ে জিজ্ঞেস করল। দেবের চোখ দীক্ষার দিকে আটকে থাকে। রায়হানের সাথে সমস্ত কার্যকলাপ ওর পর্যবেক্ষন করতে ভালো লাগে। দীক্ষার কথা শুনে রায়হানের দিকে তাকিয়ে বলল " হ্যা হ্যা যাবো না কিন্তু আগে খেতে হবে তারপর। "

নীল এর মধ্যে আসে। নীল রায়হানকে জড়িয়ে ধরে বলল " কি খবর? "

দীক্ষা রায়হানকে খাওয়াতে খাওয়াতে বলল " কি আবার খাবেন না"

নীল " কী!!! বস তুমি না খেলে হবে নাকি? আমাদের energy বাড়াতে হবে তো। তারজন্য আমাদের খেতে হবে তো? "

দেব " রায়হান ভালো ছেলে খেয়ে নেবে। "

কিছুক্ষন পর ওরা রেডি হচ্ছে বেড়োবে বলে। নীল ওর ঘরে গিয়ে দেখলো ফোন নিয়ে রিমা বসে আছে। নীল আয়নার সামনে রেডি হতে হতে বলছে " তৈরি হয়ে নাও। গাড়ি বের হচ্ছে বের হবো "

রিমা " শরীর ভালো নেই "

নীল একবার ওর দিকে তাকিয়ে বলল" ঘুরতে এসেছো ফোনটা না নিলে হয়না নাকি? "

রিমা " তোমার সমস্যাটা কি?"

নীল " এত সুন্দর জায়গা মানুষ আসার জন্য মাথা কুটে মরে। আর তুমি...."

রিমা" পছন্দ মতন মানুষের সঙ্গে এলে সব জায়গায় ভালো লাগে "

নীল বিদ্রুপের হাসি হেসে বলল " তোমার মনটাই তো কুচুটে " এই বলে নীল বেরিয়ে যায় ওর কথা শুনে রিমা রাগে কাঁপতে থাকে।

রিমা বাংলোয় থাকলো আর ওরা তিনজন ঘুরতে বের হলো।

ঝরনা সামনে দাঁড়িয়ে নীল রায়হানের ছবি তুলছে। ওর একে অপরের গায়ে জল ছিটাচ্ছে। আর দূরে এক পাথরের উপর দীক্ষা বসে আছে আর পাড়ের একটা গাছের তলায় দেব বসে আছে। দীক্ষা উঠে পাড়ের কাছে আসবে হঠাৎ পা টা পিছলে পড়ে যায়।

" আআআআহহহহ" দেব উঠে তাড়াতাড়ি ওর কাছে এসে ওকে ধরে তোলে।

দেব " লেগেছে? "

দীক্ষা ব্যথায় চোখ মুখ কুঁচকে বলল " বাম পায়ে...."

- কোথায় দেখি?

দীক্ষাকে কোলে তুলে গাছের নীচে বসালো। ওর পা টা ওর কোলে রেখে বলল " এই পা?"

দীক্ষা মাথা নাড়ালো। হঠাৎ ঐ পা দেব এমনভাবে বেঁকিয়ে দিল , একটা থট করে আওয়াজ হলো । দীক্ষা ওর হাতটা চেপে ধরে চেঁচিয়ে ওঠে।

দেব " আস্তে আস্তে... "

দীক্ষা " এ কি!!! করলেন!!"

দেব " দেখো এবার হাঁটো তো? "

অবিশ্বাস্য!! দীক্ষা একে বারে ভালো ভাবে ব্যথাহীন ভাবে হাঁটতে পারলো। দীক্ষা অবাক হয়ে ওর দিকে তাকাল। " কি করে হলো? এটাই ভাবছো তো?"

" হ্যা "

" এটা একটা থেরাপি। আমার দাদুর কাছ থেকে শিখেছিলাম। " দীক্ষার হাত ধরে বলল " তোমাকে একটা জায়গায় নিয়ে যাবো তুমি কি যাবে?"

দীক্ষা বলল " কোথায়? "

" চলো না" একবার ওদের দিকে তাকিয়ে ওকে নিয়ে দেব একটা পাহাড়ের উচু টিলায় উঠলো। সেখান থেকে দেখা যাচ্ছে আকাশ মিশে যাচ্ছে পাহাড়ে। পাহাড়ের কোল বেয়ে নদী নেমে গেছে ঝর্না হয়ে। আর অন্য দিকে দীর্ঘ সবুজ।

দেব ওকে বলল " একটা কথা বলবো"

দীক্ষা এত সুন্দর দৃশ্য দেখে অন্যমনস্ক হয়ে বলল " কি? "

" এখানে আমি আর রেবতী বিয়ের আগে এসেছিলাম। "

দীক্ষা অবাক হয়ে তাকালো " আরে কলেজের excursion ছিল । ওকে এই জায়গায় এনেছিলাম । "

দীক্ষা ওর থেকে সরে দাঁড়িয়ে বলল " এখন মনে পড়ছে "

" কোন জায়গায় যাইনি ওকে নিয়ে। আমাদের অনেক জায়গায় ঘোরা হয়ে গেছে। "

দীক্ষা " স্মৃতি গুলোতো ঐ সব জায়গায় মিশে থাকবেই। আপনার মনের কষ্টগুলো এই ভাবে জমতে জমতে মনে হয় আপনার মনটা একটা পাথর হয়ে উঠেছে। "

দেব হেসে বলল " আসলে ওকে বাদ দিয়ে কিছু ভাবতাম না আর সে কি না ...... " কেঁদে ওঠে। দীক্ষা বলল " কেঁদে নিন। কেঁদে মনটাকে হালকা করুন। মিঃ রায়চৌধুরী একটা কথা মনে রাখবেন এই পৃথিবীতে কোনো কিছু পার্মানেন্ট নয়। হয়তো মিসেস রায় চৌধুরী একটা নির্দিষ্ট সময় নিয়ে এসেছিল । আপনার সাথে যতটা সময় কাটানোর সে কাটিয়ে গেছে। "

দেব " কখনো ভাবিনি ও এভাবে চলে যাবে। "

দীক্ষা " রায়হানকে ওনার অংশ হিসাবে পেলেন। যা হয়ে গেছে ভেবে লাভ নেই। এবার রায়হানকে নিয়ে বাকিটা জীবন কাটান।"

দেব আর দীক্ষা পাশাপাশি বসে রইল। ওদের দৃষ্টি আকাশের দিকে।

দেব " রায়হান আমার প্রাণ....ওর কিছু হয়ে গেলে আমি আর বাঁচবো না"

দীক্ষা " আমি তো আছি ওর আয়া রূপের মা। আমাদের শর্ত যাই থাকুক না কেন ঐটুকু শিশু মন যেন আমাদের এই জটিলভরা শর্তের কোনো কিছু আঁচ না করতে পারে। "

দেব উঠে দাঁড়িয়ে বলল " দেখবো আমার বিশ্বাসের মর্যাদা কিভাবে রাখো।"

দীক্ষা উঠে দাঁড়াল। " সৎ পথ আর সততা নিয়ে চললে সব সময় ঠাকুর পাশে থাকে।"

দেব হেসে বলল " এই গুলো কারা বলে জানো যাদের আত্ম বিশ্বাসের অভাব "

দীক্ষা " জানি আপনি ভগবান বিশ্বাস করেন না। আমি করাতেও চাইবো না কারণ বিশ্বাস নিজে থেকে আসে। "

দেব " চলো ওরা মনে হয় খুঁজছে "

ওরা নিচে নামল।

44

পর্ব ৪৪

বাংলোয় ফেরে ওরা।

রায়হান এখন ধরেছে বাংলোর পিছনের বাগানে আগুন জ্বালানো হবে আর বার্বিকিউ করা হবে।

বাবাকে এখন রাজি করাতে হবে। " বাবা প্লিজ প্লিজ চলো না। তুমি মা কে দেখাবে না ? তুমি কি সুন্দর বার্বিকিউ করো সেদিন বাড়িতে পার্টি হয়েছিল করলে না..... "

মায়ের গলা জড়িয়ে ধরে বলল " মা জানো বাবা খুব সুন্দর চিকেনের বার্বিকিউ করে। "

ওদের কথোপকথন নীলাদ্রি শুনে এল।

নীল - হ্যা ভালো তো। চলো না মামা করি।

দেব - তুইও ওর সাথে থাকতে থাকতে বাচ্চা হয়ে যাচ্ছিস।

নীল দীক্ষাকে বলল " তুমি জানো না মামি মামা কি সুন্দর বানায়। আমি এখুনি চিকেন আনতে ওদের বলে দিচ্ছি। "

দেব " না থাক"

সেই সময় রিমা এসে বলল " নীল , তোমার মামা যখন বারণ করছে তাহলে কেন এই সব করতে চাইছো? নিশ্চয় কোনো কারণ আছে । " নীলের দিকে তাকিয়ে বলল " রায়হানের জন্য হয়তো বলছে"

নীল " শোনো তোমাকে অত ভাবতে হবে না। আমি আনছি"

এই বলে নীল চলে যায় আর এদিকে দেব দীক্ষার সাথে কথা বলতে থাকে।

দেব - রায়হানের কিন্তু সহ্য হবে না....

দীক্ষা- একদিন খেলে কিছু হবে না।

এদিকে রিমা মনে মনে ফন্দি আঁটে। ব্যাঁকা হাসি মুখে ফুটিয়ে চলে গেল।

কিছুক্ষন পর শুরু হলো বার্বিকিউ। ওভেনের উপর লোহার শিকের আঁটা মশলা মাখানো মাংসগুলো ঝলসানো হচ্ছে। দীক্ষাও ওর সাথে হেল্প করছে। নীল আর রায়হান ভিডিও করে , ছবি তোলে, নাচা- নাচি এই সব হচ্ছে আর রিমা বাগানে চেয়ার পাতা রয়েছে যেখানে সেখানে এক কোণে বসে আছে।

" চলে আসো সবাই" দীক্ষা প্লেটে করে কিছু নিয়ে এসে রাখলো। দূরে বসা রিমাকে ডাকলো। " ঐ এথানে আয়"

রিমা এসে বসলো। নীল আর রায়হান একে অপরের সাথে মজা করতে করতে খেতে থাকলো। রিমা ওদের মধ্যে থেকে সরে এসে দেবের পাশে এসে দাঁড়ালো।

রিমা - জামাইবাবু.......

দেব ওর দিকে না তাকিয়ে বলল " আপনি অনেকক্ষন ধরে করছেন এবার আপনি বসুন আমি করছি"

দেব বলল " এই তো আর কয়েকটা আছে"

রিমা " থাক না আমি করে দিচ্ছি। আপনি যে কটা হয়েছে নিয়ে যান আমি বাদবাকি গুলো বার্বিকিউ করে আনছি। "

দেব " তুমি আবার......."

রিমা " অসুবিধা হলে আপনাকে ডাকবো। আপনি যান দিদি আর রায়হানের পাশে গিয়ে বসুন"

দেব চলে গেল। রিমা সেই অবকাশে অলক্ষ্যে মাংসের উপর কিছু একটা তরল পদার্থ মিশিয়ে দিতে থাকে। মনে মনে বলতে থাকল " এবার দেখ কি হয়!! এই খাবার রায়হান খাবে আর তারপর..... " হেসে প্লেটে করে খাবার নিয়ে ওদের কাছে গেল।

মেশানো মাংসটি রায়হানের সামনে রাখলো আর কিছু প্লেট দেবের সামনে। রিমা বসতে বসতে বলল " খেয়ে দেখুন জামাইবাবু কেমন হয়েছে বলুন? "

দেব খেয়ে বলল " বাহ্ দারুন ..... "

রিমা রায়হানকে বলল " তুমি খাও" রায়হান হাত দিতে যাবে সেই সময় দীক্ষা হাত সরিয়ে দিল । " অনেক হয়ে গেছে। আর একটাও নয়। "

রায়হান " দাও না মা আর একটা প্লিজ । "

দেব একটা দিয়ে বলল " যাও ঘরে যাও আর না । "

নীল উঠে ওকে নিয়ে যায় রিমা বলল " রায়হানের জন্য আনলাম।"

দীক্ষা " আর নয়। " এই বলতে বলতে মেশানো মাংসটা খেতে থাকে।

রিমা ঠোঁট কামড়ে মনে মনে বলল " এটা কি হলো? চাল টা তো উল্টে গেল । রিমা উঠি উঠি করে বেড়িয়ে গেল , যাওয়ার আগে দীক্ষার দিকে একবার তাকিয়ে চলে গেল।

দীক্ষা আর দেব বসে আছে । দেব " যাক আজকের দিন আর রাত্রি ভালো কাটলো। "

দীক্ষার হঠাৎ কেমন যেন শরীরটা গুলিয়ে উঠতে থাকলো। দেব এদিকে ওর কথা বলে চলেছে। হাতের কাছে জল ছিল । ও জল নিয়ে খেতে থাকল। জল খেয়ে হাঁফাতে থাকলে দেবের দীক্ষাকে ধীরে ধীরে অস্বাভাবিক মনে হতে লাগলো।

দেব - কি হলো ? কি হয়েছে তোমার?

দীক্ষা দৌড়ে ভিতরে গেল । ওয়াশরুমে গিয়ে বমি করতে থাকল। বমি করার পর ওর পুরো শরীর ছেড়ে দেয় । মাথা ঘুরে পড়ে যাচ্ছিল দেব ওকে ধরে নেয়। কোলে তুলে ওকে বিছানায় শোয়ায়।

দেব কপালে হাত রেখে দেখলো শরীর গরম ।

দেব " এর গা যে জ্বরে পুড়ে যাচ্ছে। হঠাৎ কি হলো? এই জিনিস তো আমরা সকলে খেলাম । সবার তো আবার শরীর সমান নাও থাকতে পারে। " এত তর্কবিতর্ক- এ না যেয়ে নীলকে

ডাকলো।

নীল দেখে বলল " ডাক্তার ডেকে আনি....."

রিমা ওকে আটকে বলল " দিদি আসলে এই সব খায় না । এই আজ খেয়েছে আর তাই সহ্য করতে পারেনি। কিছুক্ষন পর ঠিক হয়ে যাবে তুমি বরং ওর জন্য কিছু টেবলেট বা....."

নীল " চুপ করো বোকা বোকা কথা বলো না। দিদিকে দেখো। মামা আমি দেখছি...."

নীল চলে যায়। ও ফিরে ওদের দেখতে গেলে দেখে যে দেব দীক্ষার হাত ধরে আছে।

কি চেয়েছিল আর কি হয়ে গেল.....!!!!!

45

পর্ব ৪৫

যত সময় যাচ্ছে শরীর তত অবনতির দিকে যাচ্ছে।

দীক্ষার পেটে খুব ব্যথা করছে। ব্যথায় কাতরাচ্ছে। এর মধ্যে দুবার বমি করেছে।

দেব ওর মাথায় হাত বুলিয়ে বলল " কি এমন খেলে যে তোমার এত শরীর খারাপ হয়ে গেলো ? "

দীক্ষা ধীরে ধীরে চোখ খুলে বলল " জানিনা..." এদিকে নীল গেছে তো গেছে। এখানে ও কোথায় ডাক্তার পাবে? আর এই এত রাতে ?

রিমা জানালার সামনে দাঁড়িয়ে মনে মনে হেসে বলল " মার বুদ্ধিতে যখন এত দিনে যা হয়নি তখন না হয় আমার বুদ্ধিতে হোক। শাপে বর হচ্ছে মনে হয়। "

রায়হান এসে ওর মায়ের কাছে এসে দাঁড়ালো। দেব এদিকে বারবার নীলকে কল করছে এদিকে টাওয়ার পাওয়া যায় না। রায়হান দেবের হাতটা ধরলো। দেব ওর দিকে তাকালে রায়হান বলল " বাবা মায়ের কী হলো বলতো? মা আমার শরীরের জন্য চিন্তা করছিল এদিকে মায়ের এই রকম হয়ে গেল। "

দেব ওকে জড়িয়ে ধরে বলল " কিছু হয়নি। হয়তো গ্যাসট্রিকের প্রবলেম হয়েছে। নীলু আসছে না ডাক্তার নিয়ে ।"

রায়হান " নীলু কখন গেছে..... এখনো এলো না "

রিমা " আসবে। "

অনেকক্ষন পর নীল এক ডাক্তারকে আনলো। ডাক্তার দীক্ষাকে দেখলো। এদিকে রিমার একটু ভয় লাগলো। যদি কিছু জানতে পারে। ডাক্তার দেখে বলল " থাবারটা থেকে কোনো কারনে মনে হয় ফুড পয়জনিং হয়ে গেছে সে কারণে এই সব ।"

রিমা আশ্বস্ত হলো। প্রেসক্রিপশনে থসথস করে পেন চালাতে চালাতে ডাক্তার বলল "পেটে ইনফেকশন হবে। রাতে জ্বর আসতে পারে। কদিন কষ্ট হবে। কিছু ওষুধ দিলাম। থাওয়াতে। আর বমি করেছে, হালকা কিছু দেবেন। আর সেই রকম কিছু হলে হসপিটালাইজ করতে হবে। "

দেব " থ্যাঙ্ক ইউ ডাক্তার। নীল ওনাকে একটু এগিয়ে দিয়ে আয়। "

ডাক্তার চলে গেল দীক্ষার শীর্ণ মুখের দিকে তাকিয়ে বলল " একটু জল থাবে? "

ও মাথা নাড়ল। দেব ওকে জল খাওয়ালো। রিমা এই সব দেখে গায়ে জ্বালা লাগিয়ে বেরিয়ে যায়।

দেব দীক্ষাকে ORS - এর জল দিলো।

দেব - এখন কেমন লাগছে? ওষুধ খেয়ে ভালো লাগছে না?

দীক্ষা - হুম। একটু ঠিক লাগছে।

রায়হান - মা.... তুমি আমার জন্য এত কষ্ট পাচ্ছো।

দীক্ষা ধীরে ধীরে বলল " ধুর বোকা!!! তোর কিছু যে হয়নি এই রক্ষে। বলছি নীলাদ্রির কাছে ওকে আজকে পাঠিয়ে দিন "

দেব - হ্যা। ও আজ ওদের ঘরে শুয়ে পড়ুক।

রায়হান - না আজ আমি মায়ের কাছে শোবো। মায়ের এত শরীর থারাপ আর তুমি আমাকে শুতে বলছো?

দেব - তুমি কি চাও সারারাত না ঘুমিয়ে শরীর থারাপ করতে। রায়হান, আমি তো আছি বাবা তোমার মায়ের কাছে।

সেই সময় নীল এল। নীল - কি হলো? এত প্রবলেম কীসের?

রায়হান - দেখ না নীলু মায়ের কাছে বাবা থাকতে দিতে দিচ্ছে না।

নীল ওকে কোলে তুলে বলল " রায়হান তুই বরং আমার কাছে চল। বাবা তো আছেই , কাল সকালে ঘুম থেকে উঠে দেখবি মা তোর সামনে দাঁড়িয়ে আছে "

রায়হান চোখ মুখ কাঁদো কাঁদো করে বলল " নীলু মাকে এভাবে একা দেখতে পারিনা রে!!! "

দেবের দিকে নীল এক ঝলক তাকিয়ে বলল " তুই ঘুমাবিনা তো? মা কিন্তু চিন্তা করবে তোর জন্য। তুই কি চাস ? তুই না ঘুমালে তোর মা তোর জন্য চিন্তা করুক...... "

রায়হান অবশেষে রাজি হলো। ওরা চলে গেল দেব দরজাটা বন্ধ করে ওর পাশে এসে বসলো। ওর কপালে হাত দিয়ে দেখলো গা টা গরম হচ্ছে। দেব শীঘ্র প্যারাসিটামল ট্যাবলেট ওর মুখে দিল। " দীক্ষা তুমি থেয়ে নাও "

দীক্ষা জ্বরের ঘোরে আর চোখ খুলে তাকাতে পারছে না। একটি বাটিতে জল নিয়ে এল তারপর একটা কাপড়ের টুকরো ভিজিয়ে নিংড়ে ওর কপালে দিয়ে দিল।

এই ভাবে প্রায় সারারাত ধরে ওর সেবা করলো দেব। দীক্ষার মুখের দিকে যেন অজস্র মায়া দেখতে পেল। ওর হাতটা ধরে বলল " দীক্ষা। আমি নিজের দাম্ভিকতার জন্য তোমার সাথে অনেক থারাপ ব্যবহার করেছি। "

দীক্ষা চোখ বন্ধ করে শুয়ে। আর দেব বলতে লাগলো "তোমার বোনকে ভালোবেসেছিলাম কিন্তু ও যে আমার যোগ্য নয় তাই আমি বুঝতে পারিনি। ওর রূপ, যৌবনের মোহে নিজেকে বিকিয়ে দিচ্ছিলাম। ও সঠিক ছিল না কিন্তু দীক্ষা ,আমাদের এই বিয়েটা তো একটা ডিল। এই বিয়েটা কোনো বিয়েই নয় কিন্তু আমরা যে বিয়ের আগে এত যে শর্ত জাল বুনছি ...." ওর হাতটা ছেড়ে জানালার সামনে এসে দাঁড়ালো।

নিজেকে এতটা দুর্বল ওর আগে কখনো লাগেনি। ফের ওর দিকে তাকাল।

দীক্ষা কি যেন বিড়বিড় করছে জ্বরে। মুখটা নামিয়ে শুনলো।

" মিঃ রায়চৌধুরী দয়া করে আমাকে এই রকম অপমান করবেন না। আমার বাবার তৈরি কোম্পানী, আমার বাবার ব্যবসাকে নষ্ট হতে দেবেন না। আপনার ছেলের দায়িত্ব আমার। "

দেবের আগের কথা গুলো মনে পড়ল।

এই সব শুনে বলল " দীক্ষা আমি...... আমি তোমার উপর বিশাল প্রেসার দিয়েছি না ? দীক্ষা আমি তোমাকে বিশ্বাস করি!!!!"

46

পর্ব ৪৬

পাহাড়ী ফুলে ভোরের শিশিরের ছোঁয়া লাগে। কুয়াশায় ভরা সকালে পাহাড়ি রাস্তায় চলে যায় পাহাড়ি পথিকরা।

ঘরের জানালার পর্দা সরিয়ে দিল দেব। সূর্যের আলো দীক্ষার মুখে এসে পড়লো।

আলোর ছটায় ওর ঘুম ভেঙে যায়। চোখ খুলে দেখলো দেবকে। ও উঠে বসতেই দেব ওর সামনে এসে দাঁড়ায়। দেব - শরীর এখন কেমন লাগছে?

দীক্ষা মাথাটা ধরে বলল " মোটামুটি....."

দেব - তোমার আগে কি এরকম কোনোদিন হয়েছে?

দীক্ষা - না। কত বাইরের খাবার খেয়েছি যখন কলেজে পড়তাম।

দেব - দেখো , মানুষের কখন কী হয় বলা যায় না।

দীক্ষা ঘরের চারদিকে তাকালো। কিছু যেন খুজছে। দেব দেখে বলল " রায়হান কে খুঁজছো?"

দীক্ষা " হ্যা"

দেব - নীলের কাছে আছে।

দীক্ষা - কাল আপনাদের আমি খুব অসুবিধায় ফেলে দিয়েছিলাম। ছেলেটা আমার জন্য ঘুরতে এসে সমস্যায় পড়ে গেল । ওর Holiday এর Enjoyment টা নষ্ট হয়ে গেল।

দেব - আমার মনে হয় তোমার জন্য ও হাজারটা হলিডে ছাড়তে পারে। ও তোমার জন্য ও কাল এ ঘরে সারারাত না ঘুমিয়ে কাটাতে চাইছিল।

দীক্ষার দুটো চোখ জলে ভরে উঠল। আবেগে কাঁদতে কাঁদতে বলল " আমি জানি মা হারানোর ব্যথাটা। আমার মাকে হারিয়ে আমি যে কষ্ট পেয়েছি সেই কষ্ট এখনো পর্যন্ত আমায় কুঁড়ে কুঁড়ে খায়। কিন্তু সেই বেদনা লাঘব হয়েছে একমাত্র রায়হানের জন্য। ওর মা হয়ে আমার এ কষ্ট লাঘব হয়েছে। "

দেব ওর সামনে হাঁটু গেড়ে বসে পড়ল। দীক্ষার চোখের জল মুছে বলল " চল তোমার জল খাবারের ব্যবস্থা করি। "

দীক্ষা " একটু আবেগি হয়ে পড়েছিলাম। সরি...."

" সরির কী ? শোনো যা হয়েছে কাল এ নিয়ে দিদির সাথে আলোচনা করতে হবে না। আজকের দিনটা থাক। কাল চলে যাবো আর তুমি কদিন বাড়িতে থেকে কাজ করো। "

এদিকে রিমার সারা রাত রায়হানের পা-হাত ছোড়ায় ঘুম হয়নি। নীল আর রায়হান বিছানায় শুয়ে আছে। রিমা সোফায় শুয়ে রাত কাটায়।

দুপুর ১২টায় ঘুম ভাঙে রিমার। ঘরের চারদিক চোখ বুলিয়ে আলস্য কাটিয়ে উঠতে যাচ্ছে হঠাৎ। কোথা থেকে নীল আর রায়হান দৌড়ে ওর ঘরে ঢোকে। রায়হান রিমাকে ধাক্কা মেরে সোফায় আবার ফেলে দিল।

" কি হলো !!!!" রিমা চেঁচিয়ে ওঠে।

রায়হান হাঁফাতে হাঁফাতে বললো " নীলু আর আমি ছোঁয়াছুঁয়ি খেলছি"

" তোমরা একটু চুপ করো "

নীল " আরে তুমি যাও না। এটা কি স্কুল নাকি!!! এই নীচে চল কোথাও ঘুরে আসি। " যাওয়ার আগে ফিরে রিমাকে নীল বলল " দিদির একটু খোঁজ নিয়েছিলে? "

" আমি তো এই উঠলাম। কাল কখন শুয়েছি বল...."

" অজুহাত দিও না। দিদির প্রতি সত্যি তোমার টান থাকতো তাহলে সকাল সকাল উঠে পড়তে। "

এই বলে নীল চলে গেল।

রাগে কাঁপতে কাঁপতে বলল " তুই যেখানে থাকবি সেখানে আমার কোনো ক্ষমতা থাকে না। "

নীচে নামতে বাগানে দিদি আর জামাইবাবুকে কথা বলতে বলতে হাসতে দেখে

বলল " তোর জন্য আমি সকলের কাছে খারাপ হচ্ছি দিন দিন।আমার তোকে কোনোদিনই ভালো লাগতো না। একদিন তোর হাতে কিছুই থাকবে না সেই ব্যবস্থা হচ্ছে। "

পরেরদিন ওরা ফিরে আসে।

মিতালি লক্ষ্য করলো দেব আর দীক্ষার মধ্যে একটা স্রোতহীন নদীর মতন সম্পর্ক গড়ে উঠেছে। দেবের কথামতন দুইদিন ও বাড়ির বাইরে যাবে না। এদিকে রায়হানের স্কুল চলে যায়।সকালে দেব চলে যেতে দীক্ষা রায়হানের ঘরে বসে ল্যাপটপ নিয়ে বসে আছে। ঘরে বসে যতটা কাজ করা যায় তাই করা হচ্ছে। রিমা ঘরে এসে দেখলো দীক্ষা ফোনে কথা বলছে। রিমা ওর কাছে এসে দাঁড়ালো। দীক্ষার কথা শেষ হতেই ও বলল " দিদি"

দীক্ষা ল্যাপটপের দিকে তাকিয়ে বলল " বল "

" বলছিলাম যে তোর শরীর খারাপের জন্য তো অফিস যেতে পারছিস না এদিকে অফিসে সশরীরে না গেলে কি হয় বল। তাই বলছিলাম আমি যাবো? "

" দেখ বোন তোর যদি সত্যি ব্যবসা নিয়ে মাথাব্যথা থাকে তাহলে আমার কাছে আস্তিক না। সোজা অফিস যেতিস।"

রিমা চুপ করে থেকে বলল " ঠিক আছে তাহলে আমি যাচ্ছি।"

" শোন"

রিমা ফিরে দাঁড়ায়। দীক্ষা - প্রথমে গিয়ে রিপোর্টস চেক কর। কোথায় কি construction হচ্ছে দেখ। দোলার সাথে সাথে থাক। আর সব থেকে বড় বিষয় কি জানিস?

রিমা - কি?

দীক্ষা - ব্যবহার। একটা মিস্ত্রি থেকে শুরু করে ইঞ্জিনিয়ার, ইঞ্জিনিয়ার থেকে শুরু করে সমস্ত ঊর্ধ্বতন কর্মচারীদের পর্যন্ত সকলের সাথে ব্যবহার করতে হয়। যা সব কিছু দেখে , বোঝ , জান । যা ।

রিমা মনে মনে " উফ্ " বলে চলে গেল।

দেব ওর অফিসের কেবিনে বসে ঘুরতে যাওয়ার ছবি দেখতে থাকলো। ছবি গুলোর মধ্যে দীক্ষাকে দেখলো। সেই সময় একজন এল।

ফোনটা রেখে বলল " এসো"

লোকটি এসে বলল " স্যার বলছি কালকের প্রোজেক্টে যে মডেল আসার কথা ছিল উনি কাল আসবে বলেছেন "

দেব বলল " বারণ করে দাও"

" কি বলছেন স্যার !!! পেমেন্ট করে দিয়েছি তো...."

" ছাড়ো । লেটেস্ট ডায়মন্ড কালেকশনের মডেল অন্য একজন হবেন । তাকে এখানে আনা হবে পরশু দিন। "

ওদের এই আপোষ করার সম্পর্কটিতে এক ঝোড়ো হাওয়া আসতে চলেছে । হয়তো ওদের এই মরে যাও শুকনো গাছে নতুন পাতা আর ফুল গোজাবে। কিন্তু এই পাতা ফুল গুলো পুনরায় ঝরে যাবে না তো?

47

পর্ব ৪৭

রিমা অফিসে আসে।

দীক্ষার কেবিনে এসে ওর চেয়ারটাতে বসল।

" এই চেয়ার , এই কোম্পানি সব আমার। সব কিছু আমার। বাবা তো সব আমার নামে লিখে গেছিল। বাড়ি , ব্যবসা, সম্পত্তি সব আমার। তুই শুধু যক্ষের মতন সব আগলে রাখছিস। এবার সব নিজের হাতে নিতে হবে। তাই তো এখানে পদার্পণ। দিদি , তুই আমার কাছ থেকে দেবকে কেড়ে নিয়েছিস এবার দেখ আমি কি করি...."

দীক্ষার সারাদিন বসে বসে ভালো লাগছেনা।

ফোনটা রেখে ব্যালকোনিতে আসল। সামনের বাগানে ফুল দেখে ওর খুব ভালো লাগলো। নিচে গিয়ে বাগানে ঘুরতে থাকলো । পিছন ফিরতেই হঠাৎ ওর সামনে দেব আসলো। আচমকা ওকে দেখে হতচকিয়ে যায়। দীক্ষা - আপনি এই সময়ে?

দেব ভাবল সত্যি তো কেন এল এখন? অফিস থেকে কি কারণে আসলো?

দেব - ঐ........ ঐ একটা...... অ্যাব..... কাজে আসতে হলো বাড়িতে.......

তারপর জিজ্ঞেস করলো " তোমার শরীর ঠিক আছে? "

দীক্ষা - হ্যা। এই বলে দীক্ষা ফের বাগানে ঘুরতে লাগলো।

দেব আবার ওকে ডাকলো। " দীক্ষা"

দীক্ষা পিছন ফিরে বলল " কি? "

দেব " একটা কথা বলার ছিল "

দীক্ষা " বলুন "

দেব " ঘরে চলো "

দীক্ষা বুঝতে পারলো না। কিছুক্ষন ভেবে বলল " হ্যা চলুন"

দীক্ষাকে ঘরে নিয়ে এনে বিছানায় বসিয়ে বলল " বলছিলাম......."

দীক্ষা এবার বলল " কি তখন থেকেই বলেছেন বলবেন এবার বলুন না......কি বলবেন বলুন তো "

দেব " দীক্ষা বলছিলাম যে তুমি কি আমার গয়নার মডেল হবে? "

দীক্ষা অবাক হয়ে গেল। " মানে!!!! আমি...... আমি .... আমি আপনার জুয়েলার্সের মডেল হবো? "

দেব " হ্যা। "

দীক্ষা বলল " আপনার কি মতিভ্রম হয়েছে নাকি? "

দেব " না দীক্ষা। তোমাকে খুব ভালো মানাবে। "

এই বলে ও আলমারি খুলে একটা বাক্স বার করে আনে। দেব ওর সামনে ওটা খুলে দেখালো। দেব " দীক্ষা এইটা একবার রেবতীকে আমাদের বিবাহবার্ষিকীতে দিয়েছিলাম। দেখো এটা পড়ো। "

দীক্ষাকে পরিয়ে দিল। তারপর আয়নার সামনে দাঁড় করিয়ে বলল " দেখো কেমন লাগছে...."

দীক্ষা দেখল। সত্যি ওকে সুন্দর লাগছে। দেব ওর পাশে দাঁড়িয়ে ওর দিকে তাকিয়ে থাকলো। দীক্ষার হাত ধরে বলল " যা চাও তাই দেব"

দীক্ষা হাত ছাড়িয়ে বলল " আমি তো কোনোদিন এই সব কাজ করিনি। আর আপনি আমাকে মডেল ভাবছেন। দেখুন আমাকে দেখতে ছোটোখাটো তাই বয়েস বোঝা যায়না। কোথায় কম বয়সী মেয়েদের মডেল করবেন তা না করে আমাকে করতে চাইছেন। "

দেব " না। তোমাকে খুব সুন্দর লাগছে। আমি তোমাকে মডেল হিসেবে দেখতে চাই। "

দীক্ষা " কি বলছেন মিস্টার রায়চৌধুরী। আমার থেকে বরং রিমাকে মানাবে। "

দেব " না। আমি তোমাকে বলেছি তাই করবে। "

দীক্ষা " কেন? সমস্যা কি? "

দেব " তোমাকেই আমি চাই। "

দীক্ষা দেবের দিকে তাকাল তারপর বলল " ঠিক আছে। কবে কোথায় যেতে হবে বলবেন "

দেব " সে আমি তোমাকে নিয়ে যাবো। "

দীক্ষা বলল " আমি পারবো তো? "

দেব " হ্যা পারবে। " দীক্ষার মুখটা ধরে বলল " তুমি হচ্ছো দীক্ষা রায়চৌধুরী। "

দীক্ষা ভাবলো " এই শর্তের বিবাহ কি তাহলে সত্যি করতে চাইছে দেব? দেবের মনের মধ্যে কি আমার জন্য জায়গা তৈরি হচ্ছে নাকি? না না আমি বড্ড বেশি ভেবে নিচ্ছি। হয়তো এই সুযোগ দিচ্ছেন আর তাই আমি ভাবছি এইসব.......... "

দীক্ষা বলল " রায়চৌধুরী নয় দীক্ষা স্যানাল। আপনি ভুল বললেন "

দেবের মুখটা মলিন হয়ে গেল। বলল " হ্যা। আমার ভুল। আমি.....ভুল করে ...... সরি। "

দীক্ষা হালকা হাসল।

কদিন পর......

দেবের রিসোর্ট প্রায় শেষের দিকে। কদিন পর কাজ শেষ হবে। দীক্ষা অফিসে ওর কেবিনে বসে ছিল। কিছুক্ষন পর রিমা এল। রিমা - বল দিদি। আমাকে ডাকছিলিস?

দীক্ষা ওর দিকে সরাসরি তাকিয়ে বলল " তুই মিঃ মেহেতার সাথে কেন কথা বলছিলিস?"

রিমা - দিদি ওনার ডিলটা Accept করতে কি সমস্যা?

দীক্ষা - উনি আদ্যপান্ত একজন ঠগ, জোচ্চোর লোক। ওনার সাথে ডিল করা মানে আমার কোম্পানির লোকসান। ' মেহেতা এন্টারপ্রাইজ ' একটা জালিয়াতি করার ঠিকানা। রিমা তোকে যতটা করতে বলছি ততটা কর। নিজে থেকে কোনো কিছু করিসনা।

রিমা মাথা নাড়ল। আর মনে মনে বলল " আমার জিনিস, আমার নামার সবকিছু আর তুই আমার ওপর কর্তৃত্ব ফলাচ্ছিস। এটা কখনো হবে না। তোর সব একে একে যাবে।

' স্যানাল কনস্ট্রাকশন ' আমার। সব আমার কথায় চলবে। "

মিটিং-এর পর দীক্ষা বেরোতেই দেবের ফোন পেল। ফোনটা ধরল ও।

দেব - কোথায় তুমি? দেব গাড়ি চালাতে চালাতে ফোন করে।

দীক্ষা - এই তো মিটিং ছিল।

দেব - লাঞ্চ বাইরে খাবো। আমি আসছি তোমাকে নিতে।

দীক্ষাকে কিছু না বলার সুযোগ দিয়ে ফোনটা কেটে দিলো। রিমা এসে বলল " জামাইবাবু ফোন করেছিল না? "

দীক্ষা " হ্যা"

রিমা " আজকের লাঞ্চ তাহলে ওর সাথেই করবি ? "

দীক্ষা " হুঁ"

রিমা মনে মনে " সব কিছু ছিনিয়ে নিয়েছিস এবার দেখ তোকে কিভাবে সবার থেকে আলাদা করি। "

48

পর্ব ৪৮

দীক্ষা আর দেব একটা রেস্তোরাঁয় বসে আছে।

দীক্ষাকে খুব চিন্তিত লাগছে। দেব মেনুকার্ড দেখতে দেখতে দীক্ষার দিকে তাকাল ও কি খাবে জিজ্ঞেস করার জন্য কিন্তু ওকে ঐ রকম দেখে বলল " দীক্ষা?"

দীক্ষা বলল " হ্যা বলুন"

" তুমি কি ভাবছো? "

" কিছু না তো "

দেব হালকা হেসে বলল " দীক্ষা এত চিন্তা করছো কেন? জানি এই সব তোমার কাছে নতুন........ " দেব ওর হাতটা ধরে বলল " আমি আছি তো। তোমার কিছু হবে না। "

দীক্ষা ধীরে ধীরে দেবের হাতটা সরিয়ে দিয়ে বলল " তবুও কেমন একটা লাগছে ....."

" সব ভালো হবে"

কিছুক্ষন পর দুপুরে খাবার খেয়ে ওখান থেকে দেব দীক্ষাকে নিয়ে একটা স্টুডিওতে আসে।

" এসো " দেব বলল। গাড়ি থেকে দীক্ষা নেমে ধীরে ধীরে ভিতরে ঢোকে।

ফোটগ্রাফার, লাইট ম্যান , মেকআপ আর্টিস্ট কত লোকজন।

কত বড় সেট। দেব ওদের সঙ্গে দীক্ষাকে আলাপ করিয়ে দিল।

দেব ওদের বলল " ইনি হলেন মিসেস দীক্ষা রায়চৌধুরী। আমার স্ত্রী। "

দীক্ষা খানিকটা অবাক হলো দেব কেন ওদের সামনে ওর এই পরিচয় দিল। দীক্ষা দেবের দিকে তাকাল। দেবও দীক্ষার দিকে তাকালো।

কিছুক্ষন পর দীক্ষাকে মেক আপ রুমে নিয়ে যাওয়া হলো। অনেকক্ষন সাজিয়ে , ড্রেস আপ করে ওকে সেটে আনা হলো। দেব দীক্ষাকে দেখে অবাক হয়ে গেল। ওর থেকে তো চোখ সরাতে পারছে না। লাল বেনারসী, গয়না , কপালে চন্দন এই বধূবেশে দীক্ষা তো আর একবার তো এসেছিল, তাহলে তখন তো ও সেই ভাবে চোখে পড়েনি। বিভিন্ন অঙ্গ-ভঙ্গি দিয়ে দীক্ষার ছবি তোলা হচ্ছে।

তারপর হলুদ শাড়ি পড়ে এল। দীক্ষার গায়ে হলুদ লাগানো হচ্ছে। হালকা ধরনের গয়না কানে, গলায়, হাতে ইত্যাদি।

তারপর , একটা লেহেঙ্গা পড়ে ভারী গয়নার ফটোশুট করা হলো।

দীক্ষার বিভিন্ন ধরনের সাজে সজ্জিত হয়ে দেবের সামনে এসে দাঁড়ায়। আর দেব, বিস্মিত চক্ষে দীক্ষাকে দেখতে থাকে।

একজন এসে দেবের কাঁধে হাত রাখল। দেব ঘুরে দেখলো ওর কোম্পানীর এম.ডি অমিতাভ বাবু। দেব " আসুন"

অমিতাভ বাবু বলল " তোমার স্ত্রী কিন্তু খুব ভালো মেয়ে। আমি ওকে চিনি। সুমন্ত স্যানালের মেয়ে। ওর বুদ্ধিদীপ্ত চোখ, মুখ , ওর ভাবনা, চিন্তাধারা খুবই বিচক্ষণ। তোমার এই স্ত্রী কিন্তু তোমার জন্যে পারফেক্ট। "

রাতের বেলা দীক্ষাকে নিয়ে ফিরছে । দীক্ষার কাছে ইতিমধ্যে রায়হানের ১০ বার কল এসে গেছে। মা কখন আসছো? কি নিয়ে আসছো ? এত দেরি কেন করছো? বাবার সাথে কোথায় গেছিলে? ইত্যাদি।

নীল ওর ঘরে ফোনে কথা বলতে বলতে ঢুকলো ।

ফোনের ওপাশ থেকে একটা নারী কর্ণ্ঠস্বর হালকা ভাবে আসছে। ঘরে রিমা ছিল। ফোনটা রাখতেই রিমা ওর হাতে থাকা বইটা চোখের সামনে রেখে বলল " পরকীয়া করছো?"

নীলের কপাল কুঁচকে যায়। বলল " ননসেন্সের মতন কথা বলছো কেন? "

বইটা বন্ধ করে ওর দিকে তাকিয়ে বলল " বিয়ে করেছো দায়িত্ব তো পালন করো। এখন পরকীয়া করছো। অন্য মেয়ে লাগবে তোমার? "

নীল " কি হয়েছে তোমার? অন্য মেয়েকে বিয়ে করার থাকলে তোমাকে ঐ ভাবে বিয়ে করতাম কি? "

রিমা বলল " হয়তো প্রতিশোধের জন্য করতেই পারো। আমাকে কষ্ট দেওয়ার জন্য "

নীল ওকে নিজের দিকে ফিরিয়ে বলল " সবসময় সবাইকে নিজের মতন ভেবো না। আর ....
"

রিমাকে ফোন দেখালো । বলল " এই দেখ আমার অফিসে কাজ করে। কাজের কথা বলছি । "

পরক্ষণে রিমা বলল " আমার তাতে কি !! ছেলেদের চিনি আমি । "

নীল " আমাকে চেনো না । "

" চিনতে চাই না....." এই বলে ঘর থেকে বেরিয়ে দেখলো সিঁড়ি দিয়ে দেব আর দীক্ষা হাসতে হাসতে ঘরে ঢুকছে।

দেব - ফ্রেশ হয়ে নাও আর সবাইকে ডাকো খেতে বসবে।

দীক্ষা - কাল কিন্তু রিসোর্টে যেতে। আপনার রিসোর্ট।

দেব - হুম। তারপর প্ল্যান করতে হবে একটা ইনঙ্গুরেশন ইভেন্ট করতে হবে।

দীক্ষা - হুম। যাই হোক ফাইনালি আপনার স্ত্রী-র স্মৃতির উদ্দেশ্যে তৈরি করা এই রিসোর্ট তৈরি হলো। কাল ম্যাডামের ছবিতে মালা দেবেন। অনুমতি চেয়ে নেবেন ওনার থেকে।

দেব - হুম।

দীক্ষা - ম্যাডামের সমাধিটাকে খুব সুন্দর করে তৈরি করেছি।

দেব - ঠিক আছে তুমি ঘরে যাও ফ্রেশ হয়ে নাও তারপর ডিনারটা সেরে নিই।

দীক্ষা ঘরে ঢুকে দেখল রায়হান ঘুমিয়ে পড়েছে।

দীক্ষা না আসলে খাবেনা। সবাই জোর করাতে থানিকটা খেয়ে শুয়ে পড়ে।

বিছানায় ঘুমন্ত রায়হান শুয়ে আছে। ওর পাশে এসে বসল। রায়হানকে দেখতে থাকলো।

কান ,চোখ , ঠোঁট সব কিছুটা দেবের মতন। দীক্ষা রায়হানের কপালে চুমু দিয়ে বলল " সোনা তোর মায়ের স্মৃতি নিয়ে তৈরি রিসোর্ট খুলছে। আমার প্ল্যানে তৈরি। দেখিস ওতে তোর মায়ের ছোঁয়া আছে কিনা। "

তারপর মনে মনে বলল " আমি সত্যি কি তোর মা হয়ে উঠতে পারবো? দায়িত্ব পালনে যোগ্য কি হতে পারবো কি? "

এদিকে রিমা এসব শুনে মনে মনে বলল " তোদের এই মেলামেশায় , এত কাছাকাছি আসা বন্ধ করতে হবে। কিছুতেই দেবের মনে তোর প্রতি বিশ্বাস বাঁধতে দেওয়া যাবে না। "

49

পর্ব ৪৯

আজ দেবের স্বপ্নের রিসোর্টের উদ্বোধন। আর দীক্ষার প্রচেষ্টার পরিচয় দেখা যাবে।

রিমা মনে মনে প্ল্যান করে কি করে দিদিকে উদ্বোধনে যাওয়া থেকে আটকানো যায়।

এদিকে দীক্ষা সকাল থেকে ব্যস্ত। আজ কোনো ক্লাইন্ট মিটিং না।

শহরের সব থেকে রিসোর্ট তৈরি হয়েছে আজ তার উদ্বোধন। দেব ইভেন্টের দায়িত্ব দীক্ষাকে দিয়েছে।

দেব রেবতীর ছবির দিকে তাকিয়ে বলল " রেবতী আজ তোমার আর আমার স্বপ্ন বুননের রাজপ্রাসাদ তৈরি হয়েছে। আজ আমি আর রায়হান যাবো। দীক্ষা বলেছে এই রিসোর্ট তোমার আর আমার স্মৃতি নিয়ে সৃষ্ট। এখানে সব নবীন কাপলরা আসবে তারা আমাদের ভালোবাসার সাক্ষীকে দেখে ওরা inspire হবে। "

দীক্ষা ৪টে নাগাদ বেরোতে যাবে হঠাৎ রিমা ওর কেবিনে আসে।

" দিদি "

দীক্ষা " কি হয়েছে? "

" দিদি একবার শ্যামনগর যেতে হবে...."

" কেন? "

" শোন না ওখানে যে হোটেলের জমিটা আছে..."

" হ্যা। মিস্টার বাগুইয়ের তা কি হয়েছে? "

" দিদি ওরা মানে মিস্ত্রিরা কাজ করবে না । বলছে ঠিকাদার ওদের টাকা দিচ্ছে না। আরো কিসব হয়েছে ...... এখুনি চল। "

" কিন্তু......" দীক্ষা ভাবতে লাগলো এখন যদি চলে যায় তাহলে তো রাত ৯টার আগে পৌঁছাতে পারবে না। দীক্ষা ভেবে বলল " দেবের রিসোর্ট আজকে উদ্বোধন হবে।"

" দিদি আর এদিকে কি হবে? দেখ দিদি জামাইবাবু কিন্তু তোকে অনেক অপমান করেছিল এই রিসোর্ট তৈরি করা নিয়ে। তোকে অনেক অনেক ঝামেলার মধ্যে ফেলেছিল। দেখ প্রফেশনালি তোর আর কিছু করার নেই। আর আমাদের Construction -এর প্রতিনিধি হিসাবে আমি আর দোলা যাচ্ছি তুই বরং বিভূতিবাবুকে নিয়ে চলে যা। "

দেবের এই সুখের মুহূর্তে সময় পাশে থাকবে না। দীক্ষা বলল " ঠিক আছে। আমি বেরোচ্ছি তুই পারলে ওকে......."

" তুই যা আমি সবটা সামলে নেবো। "

দীক্ষা চলে যেতে রিমা হেসে বলল " দেব আর তুই কখনো একসাথে হবি না। কারণ, আমি হতে দেবো না। এইভাবেই তোদের প্রতিটা মুহূর্তে আমি বাঁধা হয়ে দাঁড়াবো। "

দেব এলো রিসোর্টের সামনে গাড়ি করে।

মিতালি, রায়হান, নীলাদ্রি, রিমা সকলে এলো। খুব সুন্দর করে সাজানো হয়েছে।

রিপোর্টার , মিডিয়া , বড় বড় সব ভিআইপিরা এসেছেন।

সকলে এলেও দীক্ষাই এলো না। দোলা দেবের সামনে এল।

দোলা " স্যার আসুন ফিতে কেটে আপনার রিসোর্ট উদ্বোধন করুন "

দেবের চোখ দীক্ষাকে খোঁজে। দেব বলল " দীক্ষা কোথায়......"

দোলা বলতে যাচ্ছিল সেই সময় রিমা বলে উঠলো " দিদি একটা মিটিং- এ ফেঁসে গেছে। ও বলল যে আসতে নাও পারে "

রায়হান মিতালিকে বলল " ও পিসি মা কোথায়? "

নীল বলল " মামিকে ফোন করছি দাঁড়া...."

রিমা বলল " ফোন করো না। দিদি একটা বিষয়ে বেরিয়েছে। "

এই বলে রিমা মনে মনে " মিঃ মেহেতা আপনাকে অজস্র ধন্যবাদ। আপনি এই ব্যবসার Ruine - এর জন্য একাই একশো। দেখ এবার আমি কি করি........"

দেব অপেক্ষা করেছিল দীক্ষার জন্য। রিমার তাড়া দেওয়াকে উপেক্ষা করেও দেব ওর জন্য বসেছিল কিন্তু শেষ পর্যন্ত দেব দীক্ষাকে পাশে পেলো না।

ফিতে কাটলো । বড় বড় ব্যক্তিত্বরা বক্তৃতা দিল।

দেবের কিছুই ভালো লাগছে না বারংবার বাইরের দিকে তাকাচ্ছে এই বুঝি দীক্ষা এল। তারপর ভাবলো দীক্ষার কোনো বিপদ হয়েছে কিনা ফোন করলো ওকে। কিন্তু ওর ফোন লাগালো না।

দীক্ষা বাড়ি এল রাত ১০টা । মাঝপথে গাড়িটাও খারাপ হয়ে যায়।

দীক্ষা বাড়ি ঢুকতেই মিতালি বলল " দীক্ষা কোনো সমস্যায় পড়ে গেছিলে নাকি? "

" দিদি Extremely sorry আমি এমন একটা বিষয়ে ফেঁসে গেছিলাম যে....."

সেই সময় রিমা সিঁড়ি দিয়ে মনে মনে হাসতে নামে।

রিমা " দিদি তুই Ultimately এলি। এত দেরি হলো তোর ? "

দীক্ষা মিতালিকে বলল " রায়হান কোথায়? "

" ওর কথা ভাবতে হবে না "

দেব বলতে বলতে নীচে নামলো। দীক্ষা " মিঃ রায়চৌধুরী আসলে আমি আজকে এমন একটা...."

দেব " তোমার কাছ থেকে clarification চাইনি। "

রিমা কিছু বলতে যাচ্ছিল নীল ওখানে আসে । নীল বলল " মা , রিমা তোমরা চলে এসো। " ওরা চলে যায় । রিমা চেয়েছিল ওদের কথোপকথনের মধ্যে আরো আগুন জ্বালিয়ে ধোঁয়া তৈরি করতে কিন্তু পারলো না।

দেব - sorry টা আমার বলা উচিত মিস্ স্যানাল।

দেবের মুখ থেকে মিস স্যানাল শুনে দীক্ষা অবাক হয়ে যায়। দেব বলতে থাকে " আমার ভুল আসলে আমি একটু বেশি Expectation করে ফেলেছিলাম। I totally forget

আমি তো তোমার কাছে.... সরি আপনার কাছে Just a client , আমাদের মধ্যে just কিছু condition আছে আর তার জন্য এ বাড়িতে থাকা। যাই হোক, শর্ত মেনে রায়হানের ঘরে যান। " দেব ওকে কিছু বলার সুযোগ না দিয়ে চলে গেল।

রিমা ফোন ঘাঁটতে ঘাঁটতে মাথায় ঘোঁট পাকাচ্ছে।

নীল বলল " মামির বদলে তুমি যেতে পারতে তো ....."

রিমা " ঐ সব আমি পারি না"

" তা কি পারো সংসারে আগুন জ্বালাতে"

" Just shut up নীল। "

" চুপ করো। তুমি কখনো চাও না মামা আর মামী এক হোক। রিমা একটু নিজেকে বদলাও"

এই বলে নীল শুয়ে পড়ে। এদিকে রিমা ভাবতে থাকে। " সম্পর্ক ভাঙে তৃতীয় ব্যক্তির আনাগোনায়। কাকে আনা যায়? "

সাহেবের কথা মনে পড়ল।

দীক্ষা রায়হানের ঘরে ঢুকে দেখল, রায়হান পড়ছে।

দীক্ষা " রায়হান......"

মাকে দেখে পড়া ছেড়ে দৌড়ে গিয়ে জড়িয়ে ধরে।

রায়হান " মা তুমি কোথায় গেছিলে? আজ বাবা তোমাকে মনে হয় খুব মিস করছিল....."

দীক্ষা মনে মনে খুব কষ্ট পেল। রায়হানকে জড়িয়ে ধরে বলল " বাবাকে বোঝাওনি মায়ের কাজ আছে তাই গেছিল। "

" বলেছিলাম কিন্তু তবুও বাবার মুডটা অফ রেখেছিল। "

" খেয়েছো বাবু? "

" হুম তুমি খেয়েছো মা ? "

" হ্যা চলো শুয়ে পড়ো কাল সকালে উঠতে হবে "

দীক্ষা সেদিন না খেয়ে রাতে শুয়ে পড়ল।

50

পর্ব ৫০

সকালে উঠে দীক্ষা নিজে হাতে জল খাবার তৈরি করল।

ব্রেক ফাস্ট টেবিলে সকলে বসেছে খেতে। দেব কারোর দিকে না তাকাচ্ছে না। ও নিজের মনে খেয়ে চলেছে। দীক্ষা এদিকে একবার করে ওর দিকে তাকাচ্ছে আর রায়হানকে খাইয়ে দিচ্ছে। নীল ওদের দুজনকে দেখে রায়হানের পায়ে পা দিয়ে ডাকল। রায়হান নীলের দিকে তাকাল। রিমা তো ওদের দুজনের মুখ ভার দেখে খুব মজা পেয়েছে।

নীল দেবের দিকে আর দীক্ষার দিকে ইশারা করে বলল " মুড ঠিক করতে হবে তো? "

রায়হান ধীরে ধীরে নীলের কানে কানে বলল " প্ল্যান কর।"

নীল " স্কুল থেকে আয় বলছি"

দেব খাওয়া হয়ে গেলে চলে যায়। মিতালি এসব দেখে বলল " কাল একটু কাজটা বন্ধ রাখতে পারলে না? "

রিমা খেতে খেতে মনে মনে হাসল। রিমা বলল " আন্টি দিদি কি করবে বলো ওর কাজ পড়ে গেছিল। ওর তো সব দিক দেখতে হবে ও শুধু মিঃ রায়চৌধুরীর স্ত্রী তো নয় ও একজন Established Business woman "

দীক্ষা " আসলে দিদি এমন একটা বিষয়ে ফেঁসে গেছিলাম যে......."

মিতালি বলল " ঠিক আছে এবার তোমার বর কে মানাও। "

দীক্ষা মাথা নাড়ালো আর রিমা মনে মনে ছক কষতে লাগলো।

দেব অফিসে বসে বসে দীক্ষার কথা চিন্তা করে চলেছে।

একজন এলো। সে দীক্ষার ছবিগুলো দেখালো। " স্যার, এর মধ্যে থেকে কোন কোন ছবি Advertisement হিসাবে selected হবে? "

দেব বলল " আমাকে মেল করো আমি দেখে নিচ্ছি। " উনি চলে যায়।

দেব ল্যাপটপ ঘেঁটে ওর ছবি গুলো দেখতে থাকলো।

রায়হান স্কুল থেকে ফিরে এসে থেকে ভাবতে থাকে কি করা যায়?

হঠাৎ ওর কাছে নীলের ফোন আসে। ফোনের ওপাশ থেকে কি শুনলো কে জানে?

হঠাৎ চেঁচিয়ে ওঠে। " Ohhhhh fantastic Idea!!!!!!!!!,"

মিতালি ওর আওয়াজ শুনে চমকে ওঠে। ওর কাছে এসে বকা দেয়।

মিতালি " কি হয়েছে রায়হান? এই রকম করে কেউ আওয়াজ করে মুখে? "

রায়হান ওর ঘরে দৌড়ে যায়।

দীক্ষা লাঞ্চ করে উঠতেই ফোন এল। ফোনটায় দেখল রায়হান কল করছে।

ফোন ধরলো।

" হ্যালো রায়হান..... "

" মা আমার ভীষন পেট ব্যথা করছে"

দীক্ষার কপালে চিন্তার ভাঁজ। " কেন সোনা? টিফিন ছাড়া কিছু কি খেয়েছিলে? "

" না মা। মা এসোনা শিগগিরি।"

" আসছি সোনা"

রিমা দীক্ষাকে দেখে বলল " কি হয়েছে? "

দীক্ষা " রিমা তুই থাক আমি একটু আসছি"

রিমা " শোন...... " রিমা কিছু না বলে চলে যায় ।

ফোনটা রাখতেই রায়হান কে মিতালি বলল " মিথ্যে বললি কেন? "

রায়হান " উফ্ পিসি। তুমি বোঝো না। এটা মা আর বাবাকে একসাথে আনার প্ল্যান । তুমি জাস্ট অ্যাকটিং করে যাও"। মিতালি অবাক হয়ে যায়।

রায়হান এবার ওর বাবাকে কল করে। দেব ফোনটা ধরল।

দেব - বলো । দেব হাতে একটা ফাইল নিয়ে বসে ছিল। ফোনটা ধরে কথা বলতে বলতে কাজ করছিল। রায়হান - বাবা আমার পেট টা খুব ব্যথা করছে।

দেব এই কথা শুনে ফাইলটা রেখে দিল। ফোনটা কানে নিয়ে উঠে দাঁড়াল।

দেব " কি হয়েছে ? কিছু উল্টো পাল্টা খেয়েছো কি? "

রায়হান " না গো...... বাবা তুমি এসো না বাবা প্লিজ!!! আমার ভালোলাগছে না। "

দেব " ফোন রাখো আসছি"

রায়হান ফোনটা রেখে নেচে উঠল। মিতালিকে জড়িয়ে ধরে বলল " এবার দেখো কি হয়!!"

বাড়িতে ঢুকতে গেল দেব আর দীক্ষা দুই জন মুখোমুখি হলো। দুজনে একসাথে বলে উঠল " রায়হানের শরীর খারাপ!!"

ওরা নিজেরাই নিজেদের মধ্যে ভ্যাবাচ্যাকা খেয়ে। দেব বলল " ওকে নিয়ে ডাক্তারের কাছে যেতে হবে। "

দীক্ষা ওর দিকে তাকিয়ে বলল " আপনি আগে আসুন ওকে দেখি। আর ডাক্তারকে ফোন করুন"

ওরা দুজনেই উপরে উঠে রায়হানের কাছে এসে দাঁড়ালো।

দেব - কি হয়েছে বাবু?

দীক্ষা ওকে কোলে তুলে বলল " পেটে কোন জায়গায় ব্যথা হচ্ছে সোনা? "

রায়হান পিসির দিকে একঝলক তাকিয়ে বলল " ব্যথাটা না পেটে হয়নি।"

দেব - তবে ?

দীক্ষাকে জড়িয়ে ধরে ওর কোলে বসে বলল " কষ্ট হচ্ছে তোমাদের। তোমরা কেন কথা বলছো না? "

ওরা একে অপরের দিকে তাকাল। মিতালি ও ঘর থেকে বেরিয়ে যায়।

দীক্ষা ওর মাথায় হাত বুলিয়ে বলল " কোথায় কথা বলছি না? বলছি তো......."

রায়হান - না তোমরা কেউ কারোর সাথে কথা বলছো না।

রায়হান দেবের কাছে গিয়ে ওর হাতটা ধরে বলল " বাবা । মা তো ইচ্ছে করে তো করেনি। মায়ের একটা এমার্জেন্সি কাজ ছিল। মা কি চাইনি বলো তোমার ইভেন্টে আসতে?"

দেব দীক্ষার দিকে তাকাতে দীক্ষাও দেবের দিকে তাকাল । দেব দীক্ষার দিকে না তাকিয়ে বলল " তুমি তো কাল রাতে খাওনি ? "

দীক্ষা মাথা নেড়ে বলল " না "

দেব হালকা নিঃশ্বাস ফেলে বলল " এখন তুমি অফিস যাবে তো? "

" হুম"

" ঠিক আছে আজ তুমি আমার সাথে ফিরবে । অফিস থেকে বেড়ানোর আগে ফোন করবে।"

দীক্ষা বলল " ঠিক আছে "

দেব বেড়িয়ে গেলে রায়হানের দিকে বড় বড় চোখ করে বলল " রায়হান এরকম মিথ্যা কথা বলে বদমাইশি কেউ করে? "

রায়হান - তোমরা কথা বলছো না , কেউ কারোর দিকে তাকাচ্ছো না । এই জন্য আমি আর নীলু এই প্ল্যানটা করলাম।

দীক্ষা ওকে জড়িয়ে ধরতেই চোখে জল চলে আসে । চোখের জল লুকিয়ে বলল " পড়াশোনা করে নাও। রাতে শুয়ে শুয়ে রাজকুমারীর সেই গল্পটা বলবো।"

রায়হান ওর মায়ের গালে একটা চুমু দিয়ে বলল " ঠিক আছে"

51

পর্ব ৫১

অফিস থেকে বাড়ি ফেরার সময় দীক্ষার ফোনে দেব ফোন করলো। গাড়িটা স্টার্ট দিতে যাবে তখনই ফোন এল। দীক্ষা ফোনের স্ক্রিনে চোখ রেখে ভ্রূ কুঁচকে দেখল।

" উনি আবার ফোন করছেন কেন? " ফোন ধরলো।

দেব " তুমি কোথায় আছো? "

দীক্ষা " এই তো বেড়োচ্ছি। "

দেব " রিসোর্টে আসো। "

দীক্ষা জানতো দেব ওকে ডাকবেই। কাল যে ওর পাশে থাকার কথা ছিল। দীক্ষা " ঠিক আছে " বলে বেড়িয়ে গেল।

দীক্ষা চেষ্টা করছিল কোনো কিছু ভাবে দেবের সাথে কথা বলার, সকালে বলতে পারেনি আর এদিকে দেব বেড়িয়ে যায়। দুপুরে রায়হান এই কান্ড না করলে হয়তো কথা বলতেই পারা যেত না।

রিসোর্টের সামনে গাড়ি নিয়ে এল। গাড়িটা পার্কিং করে সামনে এগিয়ে যেতে যেতে দেখতে লাগলো রিসোর্টাকে। এত পুরোটাই ওর প্ল্যানিং আর ডিজাইনের অনুসারেই তৈরি!! চারদিক দেখতে দেখতে পুলের কাছে এসে দাঁড়াতেই দেখতে পেল দেবকে।

দেব ওর দিকে এগিয়ে এল। দেব - কেমন লাগছে তোমার নিজের করা ডিজাইন?

দীক্ষা - আপনার কেমন লাগছে?

দেব ওর দিকে তাকিয়ে থাকে কিছুক্ষন। দীক্ষা - কি হলো বলুন?

দেব - অতি সহজে কারোর প্রশংসা করতে চাই না। তাই ......

দীক্ষা - আমি জানি আপনার মন জয় করা কঠিন। যাই হোক খারাপ হলে আর কি করা আছে......

এই বলে দেখতে দেখতে এগিয়ে গেল। দেব মনে মনে বলল " দীক্ষা তোমার বুদ্ধিদীপ্ত স্থাপনার জবাব নেই। কাল অনেকের প্রশংসা আমি পেয়েছি। "

দীক্ষা রিসোর্টের বাগানের দিকে গেলো যেখানে রেবতীর সমাধি রয়েছে।

দীক্ষা সমাধির কাছে এসে দাঁড়ালো। মনে মনে বলল " মিসেস রেবতী রায়চৌধুরী, আজকে এই আপনার নামে থাকা জমিতে আপনার স্মৃতি নিয়ে তৈরি হয়েছে এই রিসোর্ট। আপনার ভালোবাসা চিহ্ন রয়েছে এইখানে। আপনি সব কিছু দেখছেন। আপনার আশীর্বাদে আমি এত সুন্দর স্থাপত্যের

নির্মানের রূপ বাস্তবায়িত করতে পেরেছি।"

দেব দীক্ষাকে খুঁজতে রেবতীর সমাধির কাছে গেল। দেখতে পেল ওকে ওখানে।

দেব ওর কাঁধে হাত রাখল। দীক্ষা ফিরে ওর দিকে তাকাল। তারপর বলল " মিসেস রেবতীর স্মৃতির ছোঁয়া দেখা যাচ্ছে কি এইখানে? "

দেব ম্লান হয়ে বলল " ও তো আমার প্রতিটা পলকে , প্রতিটা পদক্ষেপে ওর স্মৃতি হয়ে আছে। "

দীক্ষা বলল " উনি থাকবেনই তো আপনার সাথে, কারণ উনি তো আপনাকে খুব ভালোবাসেন ! আর আপনিও । "

তারপর দীক্ষা ধীরে ধীরে চলতে চলতে একটা ঝিলের মতন জায়গায় এসে দাঁড়ালো। ঝিলের উপরে সাঁকোর জায়গায় বসে পড়ল। ওখানে বসে গেষ্ট হাউসটার দিকে দেখলো। তাজমহলের মতন দেখতে । হঠাৎ ওর হাতের মধ্যে কারোর হাতের ছোঁয়া পেতেই কেঁপে উঠল। তাকিয়ে দেখে দেব। দেব - দীক্ষা ....

হাত সরিয়ে বলল - বলুন.....

- আমার স্বপ্ন, আমার রেবতীর স্বপ্ন পূরণ হলো।

দীক্ষা সজল নয়নে ওর দিকে তাকিয়ে বলল " সব মিসেস রেবতীর আশীর্বাদের জন্য সম্ভব হয়েছে। কত বাধা.........

দেব ওকে থামিয়ে দিল। দেব - আমি পুজো করতে চাই।

দীক্ষা অবাক হয়ে গেল। দীক্ষা - কি!!! পুজো?

দেব - হুম , এই রিসোর্ট সকলের জন্য খোলার আগে পুজো দিতে চাই।

দীক্ষা বলতে যাচ্ছিল আপনি তো নাস্তিক কিন্তু ও থেমে গেল। দীক্ষা - ঠিক আছে।

দেব - তোমাকে একটা সারপ্রাইজ দেওয়ার আছে।

দীক্ষা - কী?

দেব ওর হাত ধরে বলল" চলো "

দীক্ষা - কোথায়?

দেব ওর কথার উত্তর দিল না। ওকে নিয়ে গাড়িতে করে বেরিয়ে গেল। গাড়িতে জিজ্ঞেস করলে উত্তর দিল না। কিছুক্ষন পর গাড়ি এসে থামলো একটা মাঠের পাশে।

দীক্ষাকে নামতে বলল। দীক্ষা নেমে বলল " এখানে কী আছে?"

দেব গাড়ি থেকে নেমে বলল " বলছি " ।

ওর সামনে এসে বলল " চোখটা বন্ধ করো"। দীক্ষা কিন্তু কিন্তু করে চোখ বন্ধ করল।

দেব ওকে ধরে ধরে পাঁচ পা মতন হাঁটিয়ে একটি জায়গা দাড় করালো ওকে।

দেব ওর কানে কানে বলল " চোখ খুলে দেখো সামনে"

দীক্ষা তাকিয়ে দেখলো অনেক বড় ব্যানার আর ওতে গয়না পড়ে দাঁড়িয়ে আছে স্বয়ং নিজে। নিজেকে দেখে বিস্মিত হয়ে দেখতে থাকলো ।নিজেকে এক নতুন রূপে দেখা অবাক হয়ে গেল। অস্ফুটে বলে " আমি....."

" হ্যা তুমি" দেব বলল।

দীক্ষা - সকলে দেখলে কি ভাববে? বাড়ির কেউ যাতে না দেখতে পায় সেই ব্যবস্থা করুন।

দেব - সোস্যাল মিডিয়া থেকে শুরু করে বড় বড় ব্যানার সকলে দেখবে তোমাকে।

দীক্ষা ওর জামা টেনে বলল " এটা বন্ধ করুন। আমার লজ্জা করছে। অনেকে অলরেডি আমায় চেনে।"

দেব - কদিন পর আরো ভালোভাবে চিনবে তোমাকে।

দীক্ষা - উফ্ কেন?

দেব - কেন মানে .... তোমাকে এবার আমার মডেল হতেই হবে। চেনা লোক মডেল হয়েছে দেখে এবার সকলে আসবে।

দীক্ষা রেগে বলল " আপনি এটা ঠিক করছেন না"

দেব বলে ফেলে ," নিজের বৌকে সাজিয়ে ছবি তুলেছি খারাপ কি তাতে,?"

দেবের কথা শুনে দীক্ষা হঠাৎ করে চমকে ওঠে। ' বৌ' শব্দটা কানে ভাসছে। দেব কি ভুলবসত বলে ফেলল নাকি এই শব্দটি।

দেব ওর দিকে তাকিয়ে হালকা হাসল। দীক্ষা মাথা নিচু করে বলল " আমি যাই। রাতের রান্না আছে তারপর রায়হান ...."

দীক্ষা বেড়োতে গেলেই ওর হাতটা ধরে নেয় দেব। বলল " আরো কিছুক্ষন থাকো। এখন তো এই রিসোর্ট ফাঁকা। "

দীক্ষা নত আঁখি নিয়ে ভেবে বলল " মিঃ রায়চৌধুরী। আমি যাই,,,,,,,,"

" দীক্ষা....." দেব ওকে ডাকল।

দীক্ষা ওর চোখে এক অভাবনীয় ভাবনার আগুন দেখে অবাক হয়ে গেল।

দেবের চোখে এই চাহিদা কেন? তবে কি শর্তের কাগজে ধুলো এঁকে যাবে?

52

পর্ব ৫২

মাঘের শীত তারমধ্যে হুহু করে বৃষ্টির হাওয়া বয়ে চলেছে।

কিছুক্ষন আগে বৃষ্টি হয়ে গেছে। রাতের আকাশে কোনো তারা দেখা যায় না। অপরিস্কার আকাশের দিকে তাকিয়ে আছে দেব। ঠান্ডা হাওয়ার মধ্যে বারান্দায় বসে আছে, ঠোঁটে সিগারেট ছুঁয়ে রয়েছে। গায়ে একটা কালো চাদর জোড়ানো।

এদিকে দীক্ষার কোলে মাথা রেখে শুয়ে আছে রায়হান। দীক্ষা ওকে গল্প শোনাচ্ছে।

দীক্ষা –...........সেদিন রাতে রাজা মহেন্দ্রের সাথে রাজকুমারী দীপিকার বিয়ে হলো। তারপর সেই রাতে বাসর জাগা হলো। পরেরদিন সকালে দীপিকাকে নিয়ে যাবে মহারাজ। সব কিছু তৈরি করা হচ্ছে। এদিকে রাজকুমারী ওর ঘরে মন থারাপ করে বসে......

রায়হান – মন থারাপ কেন?

দীক্ষা – ও মা, মন থারাপ লাগবে না? রাজকুমারী যে সবাইকে ছেড়ে শ্বশুরবাড়ি চলে যাচ্ছে। তারপর শোনো, রাজকুমারী ওর বাক্সে ওর পুতুল গুলো নিয়ে নিল। নববধূর সাজে নিজেকে আয়নায় দেখলো। তারপর, রাজকুমারী ওর নিজের ঘরটাকে ভালো করে চোখ বুলিয়ে চোখের জল মুছে ঘর থেকে বেরিয়ে গেল। বাইরে সকলে দাঁড়িয়ে আছে। মহারাজ ঘোড়া নিয়ে দাঁড়িয়ে। এছাড়া অন্যান্য অনেক লোকবল।

রাজকুমারী ওর মা-বাবাকে জড়িয়ে ধরে অনেক কাঁদলো। রাজকুমারীর কান্না দেখে সকলের মন ভিজে যায়। তারপর, রাজমহিষী এসে বলল, "কনকাঞ্জলি দিতে হবে যে........."

রায়হান – ঐ টা আবার কি?

দীক্ষা – মেয়েরা বাবার বাড়ি ছেড়ে যাওয়ার সময় দিতে হয়। এবার শোন, তো রাজকুমারী কাঁদতে কাঁদতে বলল " না আমি দেবো না। আমার মা-বাবার ঋণ আমি কখনো শোধ করতে পারবো না। এই শোধ জীবনে করা যায় না"

দীক্ষার চোখে জল দেখে রায়হান বলল " মা আমিও এই ঋণ শোধ করবো না "

দীক্ষা হেসে বলল " মা-বাবার ঋণ কেউ শোধ করতে পারে না। তারপর, অনেক বলে কয়ে রাজকুমারী দীপিকা হাত চাল নিয়ে পিছনে ছুঁড়ে ফেলল। মা-বাবার ঘর ছেড়ে নতুন ঘরে আসল। মহারাজ ঘোড়া নিয়ে নিজ দেশে ফিরল আর তার নতুন রাণীকে পালকি করে নিয়ে এলো।

রায়হান বলল " মা তাহলে তুমিও এই ভাবে সব ছেড়ে এখানে এসেছো বল? "

দীক্ষা রায়হানের মাথায় হাত বোলাতে বোলাতে বললো " হুম । "

রায়হান " আমার জন্য তাই না? "

দীক্ষা " বাবা , সকলকেই আসতে হয়। তা না হলে নতুন সংসার গড়ে না। তোমার মাও এসেছিল, পিসি ও গেছিল , তারপর নীলুর বৌও তো এসেছে মানে তোমার মিনি । "

রায়হান " মিনির কথা বলো না। ও খুব বাজে । "

দীক্ষা " ও রকম বলে না । তোমার মাসি হয়....."

রায়হান " মা তোমাকে মিনি ভালোবাসে না । "

দীক্ষা " তুমি এবার বেশি পাকা পাকা কথা বলছো কিন্তু চুপ করে শুয়ে পড়ো। "

রায়হান মায়ের গালে চুমু খেয়ে বললো " রাজকুমারীটা তুমি আর বাবা ঐ রাজাটা "

এই বলে চাদরে মুখ ঢেকে শুয়ে পড়ল।

দেব বারান্দা থেকে বেরিয়ে ঘরে ঢুকল । টেবিলে রাখা জগটা থেকে জল নিতে গিয়ে দেখলো জল নেই। জগটা হাতে নিয়ে রান্নাঘরে গেল। ওখানে গিয়ে দীক্ষার সাথে মুখোমুখি হলো। দীক্ষা - আপনি এখনো ঘুমাননি।

দেব জল নিতে নিতে বলল " তুমি ঘুমাওনি কেন? রায়হান জ্বালাতন করছে নাকি? "

দীক্ষা - না না। আসলে অফিসের অনেক কাজ তাই.........

দেব - রাত জেগো না শুয়ে পড়ো।

দীক্ষা - আপনিও শুয়ে পড়ুন।

ওর পরস্পর একে অপরের দিকে হাসি ছুঁড়ে চলে গেল।

পরেরদিন দীক্ষা ওর কেবিনে দোলার সাথে কথা বলছে। সেই ওর কাছে একটা ফোন আসলো। ফোনটা কানে নিতেই দীক্ষা কেমন দমে গেল।

দোলা ওর মুখ দেখে বলল " কি হয়েছে ম্যাম? "

ফোনটা রেখে বলল " দোলা মিঃ মেহেতার থেকে কে contract নিয়েছে?"

" আমি"

দীক্ষা আর দোলা দরজার দিকে তাকিয়ে দেখল রিমা দাঁড়িয়ে।

দীক্ষা - কেন?

রিমা - দিদি তুই যদি তোর ইগো নিয়ে থাকিস তাহলে তোকে আর কাজ করতে হবে না...

দীক্ষা - রিমা তুই ঐ মেহেতাকে কতটা চিনিস বলতো ? একটা খারাপ লোক উনি ।

রিমা - তা কতদিন কাজ বন্ধ রাখবি তোর কন্সট্রাকশন কিন্তু বন্ধ কোনো মিস্ত্রি কাজ করছে না। ঠিকাদারেরা টাকা দিচ্ছে না। আর এমতাবস্থায় মেহেতা এন্টারপ্রাইজ তোর এই সময়ে হাত ধরতে চেয়েছে।

দীক্ষা মনে মনে ভাবছে " এত দিন তো ঠিক ছিল। ঠিকঠাক কাজ হচ্ছিল হঠাৎ এমন কি হলো ?"

রিমা দোলাকে বলল " মেহেতার সাথে মিটিং ফিক্সড করো "

দীক্ষা বলল " লোকটাকে পছন্দ হয় না এই কারণে যে উনি খুব নিম্নমানের মেটেরিয়াল দেন। ওনার জন্য আমার কোম্পানির নাম নষ্ট হতে দেবো না । "

রিমা " দিদি কবে কি হয়েছিল সে নিয়ে কেন বসে আছিস? "

দোলা দীক্ষার দিকে তাকিয়ে বলল " কি করবো ম্যাডাম ? "

দীক্ষা " করো " এই বলে উঠে গেল।

দোলা ফোন করলো ওনাকে। আর এদিকে রিমা মনে মনে হেসে বলল " দিদি তুই বাবার গৌরবটা রাখতে পারবি না। এই কোম্পানি বেচে দিতে হবে দেখিস।"

অফিস থেকে বেরিয়ে দীক্ষা গাড়িতে উঠতে যাবে হঠাৎ ও থেমে যায় সামনের একজনকে দেখে। দীক্ষা দেখতে পেল সাহেব কে !!!!

" সাহেব" অস্ফুটে ওর মুখ থেকে শব্দটি বেড়িয়ে আসে।

53
পর্ব ৫৩

সাহেবকে কত দিন পর দেখলো। ওকে দেখে দীক্ষা এগিয়ে গেল।

" সাহেব" দীক্ষা বাকল ওকে।

সাহেব ওকে দেখে অবাক হয়ে বলল " দীক্ষা তুমি? কেমন আছো? "

সাহেব বলল " এই তো তোমার কোম্পানীতে ইন্টারভিউ দিতে এসেছিলাম। Architect-এর। দিলাম এবার দেখা যাক। "

দীক্ষা " বাড়ির সবাই কেমন আছেন? "

সাহেব " আছে। "

দীক্ষা " আর তোমার ওয়াইফ "

সাহেব ব্যঙ্গের হাসি হেসে বলল " বিয়েটা ভেঙে গেছে "

দীক্ষা এই কথা শুনে ওর মুখ ম্লান ও অবাক দুটোই হয়ে যায়।

দীক্ষা - এটা হবে আমি তো আশা করিনি।

সাহেব - আমার কপালে বিয়ে নেই। তোমাকে ভালোবেসেছিলাম কিন্তু বিয়ে করতে পারলাম না। (দীর্ঘশ্বাস ফেলল) আমার স্ত্রীর বাবার কোম্পানীতে কাজ করছিলাম। মেয়েটা আমাকে ঠকাচ্ছিল। আমি আর পারছিলাম না ওর বিবাহবহির্ভূত সম্পর্ক মেনে নিতে। তারপর.......

দীর্ঘশ্বাস ফেলে দীক্ষা বলল " আমরা প্রমিশ করেছিলাম। বলেছিলাম যে একসাথে আমরা ‘স্বপ্নের আশিয়ানা’ বলে একটা আর্কিটেক কোম্পানি গড়বও কিন্তু সব কিছু এলোমেলো হয়ে গেলো কেমন। "

সাহেব - দীক্ষা জানি না ভবিষ্যতে কি হবে? আর কি হতে চলেছে।

দীক্ষা (হাল্কা হেসে) - তুমি এখানে আসছো এটুকু সিওর।

এদিকে অফিসের পাঁচতলার কাঁচের জানালা দিয়ে ওদের দেখে চলেছে রিমা।

রিমা কফি মগে চুমুক দিতে দিতে বলল " সাহেব তোর জীবন নষ্ট করতে আসছে আর এই ব্যবসা আমার হাতে দিতে মেহেতা আসছে। " কফিটা টেবিলে রেখে জ্বলন্ত দৃষ্টি হেনে বলল " এই ব্যবসা , দেব সব আমার। তুই সব ছিনিয়ে নিয়েছিস। দেবের মনে সন্দেহ তৈরি করতেই হবে। দেওয়ালে তোর পিঠ ঠেকে যাবে......."

সাহেব ওখান থেকে বেরিয়ে যায়। গাড়ি চালাতে চালাতে ভাবতে লাগলো দুই দিন আগের কথা।

রাস্তায় রাস্তায় কাজের খোঁজে যখন ক্লান্ত হয়ে সেদিন প্রিন্সেপ ঘাটে বসে আছে সেই সময় রিমা ওর সামনে এসে দাঁড়ায়।

ফ্ল্যাসব্যাক........

রিমা সাহেবের কাছে এগিয়ে গেল। রিমা - সাহেবদা না?

সাহেব সামনে মুখ তুলে দেখলো রিমাকে। সাহেব - রিমা.....

রিমা - তোমার একি অবস্থা?

সাহেব সব বলল। সাহেব - দীক্ষার কি অবস্থা?

রিমা - দিদিতো মিঃ রায়চৌধুরীকে বিয়ে করে ফেলল। তোমাকে ও শুধু শুধু ঠকালো। শুধু তোমাকে নয় ও আমাকেও ঠকিয়েছে। দেবের সাথে আমার বিয়ে হবার কথা ছিল কিন্তু ও চালাকি করে দিদি দেবকে বিয়ে করে।

সাহেব - আমি তো চেয়েছিলাম দীক্ষার সাথে সারাজীবন কাটাতে।

রিমা- ও যদি তোমাকে সত্যি ভালোবাসতো তাহলে দিদি মায়ের কথা অমান্য করে পালিয়ে যেতো কিন্তু ও তো তা করলো না।

সাহেব - সেদিন তোমার মা আমাদের অনেক অপমান করেছিল।

রিমা - তার জন্য আমি ক্ষমা চাইছি।

সাহেব - আসল বিষয়টা হলো আমি একটা পরিস্থিতির চাপে বিয়ে করতে রাজি হয়েছিলাম।

রিমা হেসে বলল " সাহেবদা আমি জানি তুমি স্বার্থ ছাড়া কিচ্ছু বোঝো না। ভেবেছিলে আমাদের কোম্পানীতে জয়েন করবে, দিদিকে মাধ্যম করে। কি তাই তো?"

সাহেব - না মানে......

রিমা - আমি তোমার উদ্দেশ্য জানতাম। শোনো " স্যানাল কনস্ট্রাকশন"-এ এসো। দিদি তোমাকে দেখে আমার মনে হয় ফেলতে পারবে না। যাই হোক, যাও একটা বড়লোক পেলে..... এবার শোনো........

বর্তমান......

সাহেব মনে করতে করতে গাড়ি চালিয়ে এগিয়ে চলল।

রিমা দুপুরে বাড়ি আসে। দীক্ষাকে শরীর খারাপ লাগছে বলে রিমা ঘরে আসে। ওকে দেখে মিতালি বলল " তুমি এখন?" মিতালি কোথাও বেড়োতে যাচ্ছিল।

" শরীরটা খারাপ লাগছে"

আর কোনো কথা না বলে চলে যায়। ওর চলে যাওয়ার দিকে তাকিয়ে এক কাজের মেয়েকে মিতালি বলে গেল" গৌরি..... রিমা দিদিমণি এসেছে। আমি বেড়োচ্ছি দরজা বন্ধ করে দে।" এই বলে মিতালি চলে যায়।

মিতালির যাওয়ার অপেক্ষায় ছিল। ও চলে যেতে ঘর থেকে বের হয় রিমা।

দেবের ঘরে ঢুকে সমস্ত জিনিস হাটকাতে থাকে।

" আমি জানি দিদির আর দেবের বিয়েটা এমনি এমনি হয়নি। আমাকে এই সুযোগে এর প্রমাণ জোগাড় করতেই হবে।"

আলমারি, কাবার্ড, ড্রয়ার সব কিছু হাতড়াতে লাগলো। অবশেষে , সোকেসের একটা ড্রয়ারে একটা ফাইল পেল। ওটা খুলে দেখলো ওদের ম্যারেজ কন্ট্রাকের পেপারটা।

সামনে তুলে ধরে। " এই তো । পেয়ে গেছি। এবার সাহেবকে লেলিয়ে দিয়েছি । এইটা মোক্ষম সময়ে আনতে হবে। "

সব কিছু গুছিয়ে রেখে ওটা নিয়ে দেখতে থাকলো।

দেব এখন দীক্ষাকে নিয়ে একটা খাবারের দোকানের সামনে বসে আছে।

দীক্ষা- এই দোকানে কলেজে থাকাকালীন কত বার এসেছি ।

দেব দোকানদার বলল " কতক্ষন লাগবে ধোসা হতে?"

দোকানদার বলল " এই তো স্যার কিছ্ছুক্ষন লাগবে "

দেব ওর পাশে এসে বসল। দেব - তোমার ছবি দেখে অনেকেই বলছেন এই মডেল খুব ভালো। কিন্তু কেউ জানে না আসলে এই মডেল " স্যানাল কনস্ট্রাকশন"- এর সিইও।

দীক্ষা হেসে বলল " আপনি জোর করলেন বলে করলাম নয়তো....."

দেব "জানি করতে না"

ওদের খাবার এসে গেল। দীক্ষা আর দেব খেতে থাকল। খেতে খেতে ওরা কথা বলতে লাগলো। দীক্ষার চুল গুলো মুখের সামনে এসে পড়লো। দেব এটা দেখে হাত বাড়িয়ে ওর চুলগুলো কানের পাশে গুঁজে দিল। দেবের আঙুলের ছোঁয়ায় দীক্ষার শরীর কেঁপে উঠল।

ওরা একে অপরের দিকে তাকিয়ে থাকল। দেব বলল " আমি তোমার চুল গুলো ধরে রাখছি তুমি খাও"

দেব দীক্ষার সামনে চুল গুলো ধরে রাখল। দীক্ষা তার পর ধীরে ধীরে খেতে লাগলো।

54

পর্ব ৫৪

দেব এইভাবে ওর চুল গুলোধরে বসে আছে। দীক্ষার চোখ , ওর ঠোঁট, ওর খাওয়া দেখতে থাকলো। দীক্ষা দেবের হাত সরিয়ে নিয়ে বলল " আপনি খেয়েনিন। আমি ঠিক আছি । "

দেব - তুমি খেয়ে নাও তারপর.......

দীক্ষা - না ঠান্ডা হয়ে যাচ্ছে। নিন......

দেবের মুখে খাবার তুলে দিল। দেবে দীক্ষার হাত থেকে খাবার খেলো।

পরের দিন সকালে ....

" আসবো?"

দেবের ঘরের দরজার সামনে দাঁড়িয়ে আছে দীক্ষা।

দেব বিছানায় শুয়ে ছিল। কাল রাত থেকে ওর শরীরটা থারাপ। ওর ঠান্ডা লেগেছে আর তাই আদা ও নানা রকম জিনিস দিয়ে ওর জন্য চা এনেছে। দেব উঠতে উঠতে বলল এসো। দীক্ষা ঘরে ঢুকে টেবিলে ওর চা টা রেখে মাটির নিচে দিকে চোখ রেখে দীক্ষা বলল " শরীর থারাপ হয়েছে আজকে দয়া করে অফিসে যেতে হবে না "

দেব চায়ে চুমুক দিয়ে বলল " চা টা ভালো হয়েছে। চলো ফ্রেশ হয়ে নিই । বেরোতে হবে।"

দীক্ষা জানতো দেব ওর কথা শুনবে না । আর ও কেনই বা শুনবে। মুখ ভার করে ঘর থেকে বেরতে যাবে তখনই দেব বলল " জরুরি মিটিং আছে তাই যেতেই হবে। আজকের লাঞ্চটা তোমার সাথে খেতে পারবো না । কিন্তু ডিনারটা হবে।"

দীক্ষা হালকা হেসে বেরিয়ে যায়।

সাহেবের জয়েন হলো।

দীক্ষা ওর কেবিনে একা ছিল। সাহেব এল।

দীক্ষা ওকে দেখে আসতে বলল।

দীক্ষা - আসো।

সাহেব এল। সাহেব - আজ আমার তোমার এখানে প্রথম দিন। চলো আজকে আমরা একসাথে কোথাও লাঞ্চ করে আসি।

দীক্ষা ভেবে বলল " আচ্ছা আমি দেখছি । "

সাহেব " দেখছি না....... তোমাকে confirm বলতে হবে। দীক্ষা, কতদিন পর আমাদের দেখা। দীক্ষা তুমি মনে হচ্ছে আমার এইভাবে তোমার সামনে আসাটা তোমার ভালো লাগছে না তাই? "

দীক্ষা সাহেবের দিকে তাকাল। দীক্ষা " সাহেব এসব নয়।"

সাহেব " তবে কেন বিয়ে করলে ? আমিও এ বিয়ে করতাম না বিশ্বাস করো। সংসার চালাতে হিমসিম খাচ্ছিলাম তারমধ্যে বাবার চিকিৎসার খরচ......."

দীক্ষা " সাহেব আমিও পরিস্থিতির স্বীকার। "

সাহেব " বেড়িয়ে এসো তাহলে। আমিও তো ছেড়ে দিয়েছি। কি দরকার এই ভাবে মিথ্যে সম্পর্ক নিয়ে থাকার? "

দীক্ষা " আমি পারবো না আমার হাত পা বাঁধা "

দীক্ষার হাতটা ধরে সাহেব বলল " চলো না দীক্ষা একান্তে আমরা কোথাও যাই.... আমাদের সম্পর্কের কি সবকিছু শেষ?"

দীক্ষা কিছুক্ষন চুপ থাকার পর বলল " ঠিক আছে যাবো..... লাঞ্ছে....."

রিমা দীক্ষার কেবিনের বাইরে দাঁড়িয়ে দাঁড়িয়ে সবটা শুনে মনে মনে হাসল। " খেলা এবার জমবে"

দেব মিটিং- এ আছে। হঠাৎ ফোন এল। ফোনটা হাতে নিয়ে দেখল রিমা ফোন করছে।

রিমার ফোনটা কেটে দিলো। রিমা ফোনটা নামিয়ে বলল " দেব ফোনটা ধরছে না। আমাকে ওর কাছে যেতে হবে..... "

রিমা গেল দেবের অফিসে। রিমা পৌঁছাতে পৌঁছাতে দেবের মিটিং প্রায় শেষের দিকে।

রিমা কনফারেন্স রুমে ঢুকতে যাচ্ছিল কিন্তু যেতে পারে না ওকে আটকে দেয়।

রিমা " আপনাদের স্যার কখন বের হবেন? "

" ম্যাডাম প্লীজ দাঁড়ান একটু ওয়েট করুন"

দেব রুম থেকে বেরিয়ে আসে সেই সময়। দেব রিমাকে দেখে বলল " কি হলো তুমি?"

রিমা দেবের দিকে মুচকি হেসে বলল " জামাইবাবু আজকে দিদি তোমার সাথে লাঞ্ছে যাবে না? "

দেব " না আসলে আমার একটা গুরুত্বপূর্ণ মিটিং ছিল তাই আজ ওকে যাবো না বলেছি। আর আমার শরীরটা ভালো নেই বাড়িতে চলে যাবো। তুমি এখানে কেন? "

রিমা " আমাকে একটু সাউথ সিটির দিকে নিয়ে যাবে। বাড়িতে গাড়ি নেই আর দিদিও গাড়ি নিয়ে বেরিয়েছে। "

দেব " দীক্ষা কোথায় গেছে? "

রিমা " অফিস থেকে তো দেখলাম বেরোলো। মনে হয় সাইডে গেছে.... তুমি কি নিয়ে যাবে। "

দেব " চল"

ওকে নিয়ে বের হলো। রিমা তো জানে সাহেব ওকে কোথায় নিয়ে গেছে। ঠিক সেই রেস্টুরেন্টে গেল। রিমা গাড়ি থেকে নামতে নামতে বলল " থ্যাঙ্ক ইউ। আমার এক চাইল্ড হুড ফ্রেন্ড আসছে........"

এদিকে দেব দেখলো দীক্ষা ওর গাড়ি থেকে বেরোচ্ছে আর সাথে সাহেব। এদিকে রিমা দেবের দৃষ্টি অনুসরণ করে দেখে মুচকি হেসে সিট বেল্ট খুলে বেরিয়ে গেল।

সন্দেহের আগুন ধরিয়ে দিয়ে চলে গেল।

সন্দেহের আগুন যদি কোনো সম্পর্কে চলে আসে সেই সম্পর্কের অবনতি রোধ করা অসম্ভব।

দেব বাড়ি ফিরে নিজের ঘরের দরজা বন্ধ করে দেয়। ওর বিছানার দিকে তাকাল।

দীক্ষার সাথে বিয়ের আগে শর্তের কথা মনে পড়ল , মনে পড়ে যায় জোর করে দীক্ষার সাথে সহবাস করার ঘটনা। তারপর মনে পড়ল দীক্ষার সাথে শান্ত মুহূর্ত গুলো।

দেবের চোখে জল আসে। জল মুছে মনে মনে বলল " ঐ ছেলেটা তো দীক্ষার প্রাক্তন প্রেমিক। " উঠে দাঁড়াল। বলল " আমার সাথে এই বিয়েটা তো বিয়ে নয় । এটা একটা বোঝাপড়া। ভুলে গেছিলাম। "

দীক্ষার সাথে প্রতিটা মুহূর্ত মনে পড়ছে আর হৃদয়টা মোচড় দিচ্ছে ।

55

পর্ব ৫৫

সাহেব আর দীক্ষা একটা রেস্টুরেন্টের টেবিলে মুখোমুখি বসে আছে।

সাহেব - বল কী খাবে?

দীক্ষা - তুমি যা অর্ডার করবে......

সাহেব - তাহলে......কি.... চাইনিজ....?

দীক্ষার সাহেবের এই সান্নিধ্য ওর ভালো লাগেনা। খেয়ে দেয়ে এখান থেকে বেরোতে পারলে বাঁচে। সাহেব দীক্ষাকে উসখুস করতে দেখে বলল " দীক্ষা,"

" হ্যা বলো"

সাহেব হালকা হেসে বলল " আমিই মনে হয় শুধু একই জায়গায় রয়ে গেলাম। "

দীক্ষা ওর কথা বুঝতে পারলো না। " মানে? "

" তুমি বোধহয় দেবমাল্যের সংসার নিজেকে জড়িয়ে ফেলেছো। তুমি দীক্ষা স্যানাল থেকে দীক্ষা রায়চৌধুরী হয়ে গেছো। শুধু আমি এক জায়গায় থেকে গেলাম। "

দীক্ষার হাত ধরে বলল " সত্যি কথা বলছি। আমার স্ত্রীর অবহেলায় সবসময় তোমার কথাই মনে পড়তো । "

দীক্ষা ভাবতে থাকে দেবের কথাটা।

" দীক্ষা কী ভাবছো"? দীক্ষার সামনে চুটকি বাজাল।

দীক্ষা ভাবনা থেকে বেরিয়ে আসে। " হ্যা বলো!!! "

সাহেব " দীক্ষা , সত্যি করে বলো । তুমি কি মিঃ দেবমাল্য রায়চৌধুরীকে ভালোবাসো? "

দীক্ষা উঠে দাঁড়াল। সাহেব - উঠলে যে......

দীক্ষা - সাহেব , আমি এখানে আর থাকতে পারবো না। দীক্ষা চলে যাচ্ছিল। সেই সময় সাহেব বলে উঠলো । " দীক্ষা"

দীক্ষা দাঁড়িয়ে পরে।

সাহেব ওর সামনে এসে বলল ," তোমার আর মিঃ রায়চৌধুরীর আসল বিষয়টা জানি। "

দীক্ষা অবাক হয়ে যায়।

সাহেব বলতে থাকে " তোমরা একটা কন্ট্রাক্ট ম্যারেজের মধ্যে আছো। এবং কেন আছো সেটাও জানি। "

দীক্ষা " সাহেব আমাদের বিয়েটা আর ৫ টা বিয়ের মতন...... "

সাহেব " নয়। আর পাঁচটা বিয়ের মতন নয়। একটা বড় সমঝোতা আছে। "

দীক্ষা এবার স্পষ্ট কথায় বলল " শোনো । তুমি কাজ খুঁজছিলে, তোমাকে কাজ দিয়েছি। আমি কিন্তু তোমার বস। "

সাহেব হাসতে হাসতে বলল " দীক্ষা এ কোম্পানির সব কিন্তু রিমার। তোমার এসব কিছু না। "

দীক্ষা " সাহেব.....।" এই বলে চেঁচিয়ে উঠল।

" তোমাকে আমি বন্ধু ভেবেছিলাম। "

" তো ? আমিও তোমাকে ভালোবেসেছিলাম। এখনো বাসি। "

দীক্ষা " সীমা অতিক্রম করবে না। " এই বলে দীক্ষা বেরিয়ে গেল।

সাহেব ওর যাওয়ার দিকে চেয়ে হাসলো।

দীক্ষা অফিসে ওর কেবিনে গিয়ে বসলো। মাথায় হাত দিয়ে মনে মনে বলল " দেব বাবুর সাথে আমার তো কোনো সম্পর্ক হওয়ার নয়। তবে কেন আমি সাহেবের সঙ্গে সাবলীল ভাবে মিশতে পারছি না? তবে কি.....।"

দীক্ষা ওয়াশরুমে গিয়ে চোখে মুখে জল দিল।

দেবের জ্বর আসলো বিকেলের দিকে।

সিলিং-এর দিকে তাকিয়ে রইল। খুব ঠাণ্ডা লাগছে ওর। জ্বরে গা টা পুড়ে যাচ্ছে।

বাড়ির ভিতরে দীক্ষা ঢুকতে গিয়ে দেখলো রায়হান বাগানে বসে আছে। মাকে দেখে জড়িয়ে ধরে বলল " মা বাবার জ্বর এসেছেন"

দীক্ষা ওকে নিয়ে ঘরের মধ্যে তাড়াতাড়ি ঢোকে। ঢুকতে ঢুকতে বলল " ফোন করোনি কেন আমায়? "

রায়হান " বাবা বারণ করেছিল"

এই বারণের কারণ টা মনে হয় দীক্ষা আন্দাজ করতে পেরেছে । কিন্তু কিভাবে?

দীক্ষা দেবের ঘরে ঢুকে দেখল দেব জ্বরে কাতরাচ্ছে। ওর মাথায় রেখে বলল " ইস জ্বরে তো গা পুড়ে যাচ্ছে!!!!"

দেব কষ্টে চোখটা খুলে দেখলো দীক্ষাকে। ধীরে ধীরে বলল " তু....তু....মি কেন এসেছো?"

দীক্ষা রায়হানকে বলল " বাবু নীচে গিয়ে বল একটা বাটি ঠান্ডা জল আর একটা ছোট কাপড়ের টুকরো দিতে বাবার কপালে জল ফেটি দিতে হবে। "

রায়হান যেতে দরজাটা ভেজিয়ে দিয়ে ওর কাছে গিয়ে বসলো। কোলে দেবের মাথাটা রেখে বলল " আপনার খুব কষ্ট হচ্ছে না? এত জ্বর কেন এলো ? সকালে তো ঠিক ছিল"

দেব বিড় বিড় করে বললো " তুমি চলে যাও। আমার সামনে দিয়ে চলে যাও। "

রায়হান জল পট্টি নিয়ে এল। দীক্ষা - রায়হান তুমি তোমার ঘরে যাও। বাবাকে আমি দেখছি। "

রায়হান বাবার দিকে একবার তাকিয়ে চলে গেল।

দীক্ষা জলপট্টি দিতে গেল ও হাত দিয়ে সরিয়ে দিয়ে বলল " আমার কোনো ব্যাপারে তুমি থাকবে না"

দেবের গালে হাত দিয়ে বলল " আপনার জ্বর হয়েছে তো.....।"

দেব " আমি বাঁচতে চাই না "

দীক্ষা " চুপ!!! "

দেবের হাতটা সরিয়ে দিয়ে ওর কপালে জল পট্টি দিতে লাগল। তারপর থার্মোমিটার দিয়ে দেখলো। জ্বর ১০৩। ওষুধ খাইয়ে দিল ওকে।

দেখতে দেখতে অনেকক্ষন হয়ে গেল। রাত ১১ টা বাজতে যায়।

দেবের জ্বরটা একটু কমে। খুব গরম লাগছে ওর। গরমে ঘামতে থাকে। চোখ খুলে দেখলো ওর পাশে চেয়ার নিয়ে বসেছিল দীক্ষা, এখন মাথাটা বিছানায় রেখে শুয়ে পড়েছে। উঠে বসে ওর দিকে তাকাল। ওকে দেখতে থাকলো।

"Kabhi aayine pe likha tujhe

Kabhi aansuon se mita diya

Kabhi khat samajh ke padha tujhe

Kabhi diary me chupa liya

Ek pal bhi tu mujh se

Hota nahin hai judaa

Ae Khuda, ae Khuda.........."

" দীক্ষা তোমাকে নিয়ে তৈরি হওয়া এই আমার মনের যে রসায়নটা বুঝতে পারছি না।

তোমাকে অন্য কারোর সাথে দেখলে কেন খারাপ লাগছে? কেন?

কিসের ভিত্তিতে হচ্ছে? তোমার আর আমার মধ্যে বিশ্বাসের সম্পর্ক কেন আসছে যেখানে এই সম্পর্কটা কিছু কাগজে লেখা নিয়ম কানুনের। কিন্তু..... কেন এই কিন্তুর জন্য মনের মধ্যে একটা মিশ্র অনুভব হচ্ছে? "

রেবতীর ছবির দিকে তাকাল।

তারপর, দীক্ষার ঘুমন্ত মুখের দিকে।

56

পর্ব ৫৬

রিমা আর সাহেব মুখোমুখি বসে আছে একটা হোটেলে।

রিমা - তুমি এভাবে কেন রিয়্যাক্ট করলে?

সাহেব - আমি আত্মগম্ভিরতাকে সহ্য করতে পারিনি।

রিমা - সহ্য না করতে পারলে আমাদের কাজ হবেই না। একটু নরম হও । তোমাদের সম্পর্কটা যে ছিল সেটা সময়ের চোরাবালিতে চাপা পড়ে গেছে। একটু গাঢ় হতে দাও।

সাহেব - ঠিক আছে গতকালের বিষয়টা নিয়ে ওর কাছে ক্ষমা চাইবো।

রিমা - শোনো শুধু চাইবো বললে হবে না, মন দিয়ে ক্ষমা চাও। যাতে ও বুঝতে পারে তুমি অনুতপ্ত। তুমি আগে ওর সাথে বন্ধু হিসাবে মেলামেশা করো। ধীরে ধীরে চল বুঝলে?

সাহেব চোখ নাচিয়ে বলল - বুঝলাম।

ভোরের দিকে দীক্ষার ঘুম ভেঙে যায়। ভোরের কোনো এক নাম না জানা পাখি ডাকতে শুরু করলো। হাত দিয়ে চোখ রগরে ঘড়ির দিকে তাকিয়ে দেখল

" ভোর চারটে বাজে। "

দেবের মুখের দিকে ঝুঁকে দেখলো ওকে। হাত দিয়ে কপাল ছুঁয়ে দেখলো জ্বর আছে কি না...........

" জ্বর নেই। ভালো হয়েছে...." দীক্ষা উঠতে গেলে ওর ওড়নায় টান পড়ে। দেখলো দেবের হাতে পড়ে থাকা কোনো বালা বা রিস্ট ব্লেটের সাথে আটকে গেছে। দীক্ষা খুলতে গেলে দেবের ঘুম ভেঙে যায়।

দেব চোখ মিলে ওকে দেখতে পেয়ে উঠে বসতে গেলে দীক্ষা বলে " কিছু হয়নি শুয়ে পড়ুন । "

দেব বলল " তুমি এখানে? "

দীক্ষা বলল " জ্বর এসেছিল কাল রাতে আপনার। "

দেব " আর তাই আমার ঘরে , আমার কাছে বসে রাত কাটালে"

দেবের এই রকম কথায় দীক্ষা হতচকিয়ে গেল। দেব বলল " শর্ত গুলো মনে হয় ভুলে গেছো"

দীক্ষা এবার বলে " মিঃ রায়চৌধুরী। দেখুন, আমি ...... আমি কোনো শর্ত ভুলিনি। আমার মনে হয় আপনি ভুলে গেছিলেন। "

দেব জোরে নিঃশ্বাস ফেলে বলল " কিছু ভুলিনি।"

দীক্ষা বলল " আপনাকে অনেক কথা বলার আছে "

দেব ভাবলো দীক্ষা হয়তো ওকে ওর মনের কথাটা বলবে। দীক্ষা " আপনি আমার কোম্পানীর ক্ষতিপূরণের জন্য সেই বার অনেক টাকা দিয়েছিলেন। সেই টাকা সুদ সম ফেরৎ দিয়ে দেব কাল। "

দেব এটা ভাবেনি। এই শর্তের ব্যাপারে ও তো ভুলেই গেছিল। এই বলে দীক্ষা বেরিয়ে যায়।

দীক্ষা কাল রাতের কথা ভেবে অফিসের ক্যান্টিন এরিয়াতে বসে ছিল। সামনে কফি আর ও গালে হাত দিয়ে বসে।

সেই সময় সাহেব ওর সামনে এসে বসল।

দীক্ষা ওকে দেখে নড়ে চড়ে বসে। সাহেব একটু কেশে বলল " দীক্ষা গতকাল আমার আচরণের জন্য সরি। ক্ষমা করে দাও। "

দীক্ষা মনে মনে বলল " সব দোষ আমার। আমার মনে হয় মা চলে যাওয়ার পর সেদিনই সব কিছু ছেড়ে চলে যাওয়া উচিত ছিল। "

সাহেব আবার ডাকল। দীক্ষা - বলো।

সাহেব মাথা নিচু করে ওর সামনে একটা ছোট্ট গিফটের বাক্স রাখলো।

দীক্ষা দেখে কপাল কুঁচকে বলল " কি এটা? "

সাহেব " দেখো "

দীক্ষা বাক্সটা খুলে দেখলো একটা ঘড়ি। সাহেব ওর হাত থেকে ওটা নিয়ে দেখতে দেখতে বলল " সব হচ্ছে এই সময়। সময় হচ্ছে সব থেকে বড়। এই সময় সব কিছু সিদ্ধান্ত নেই আর এই সময় সব থেকে বড় মলম আমাদের ঘাত-প্রতিঘাতের উপর। আর এই ঘড়ি অপেক্ষা করতে শেখায়"

এই বলে সাহেব উঠে যায় আর যাওয়ার আগে আড় চোখে একবার ওকে দেখে চলে যায়।

দেব কাজ সেরে তাড়াতাড়ি ওর ঘরে এল।

অসুস্থ, ক্লান্ত শরীরটাকে বিছানায় এলিয়ে দিল। রায়হান ধীরে ধীরে ওর ঘরে ঢোকে।

বাবা বলে কাছে ঘেঁষে বসে।

দেব ওর কপালে একটা চুমু দিয়ে বলল " সোনা বাবা আমার। কী করছিলে? "

বাবার গালে হাত দিয়ে বলল " কাল তোমার স্বর এসেছিল। এখন কেমন আছো? "

দেব " ভালো আছি সোনা"

দেবকে জড়িয়ে ধরল আর ওর মুখটা বাবার বুকের মধ্যে লুকিয়ে থাকল।

দেব ওর মাথায় হাত বুলিয়ে দিতে থাকল।

রাতের বেলা সকলে থাবার খাচ্ছে।

রায়হানকে দীক্ষা খাইয়ে দিচ্ছে। রিমা খেতে খেতে বলল " তোকে না জিজু কাল দেখেছিলো। তোরা যে হোটেলে গেছিলিস। " দেবের দিকে তাকিয়ে বলল " কি গো জিজু? কাল ওকে দেখেছিলে না? "

দীক্ষা বুঝতে পারলো দেবের এই বিমুখতার কারণ পরক্ষণেই মনে হলো এতে দেবের কেন এত সমস্যা হচ্ছে?

দেব কিছু না বলে চুপ করে থাকে।

থাবার শেষে দেবের ঘরে ঢুকতে গেলো দীক্ষা।

" আসবো?"

দেব ওর দিকে না তাকিয়ে বলল " কি কারণ? "

দীক্ষা ওর সামনে এসে দাঁড়ায়। দেব একটি বই নি সোফায় পড়ছিল। ঐ সোফার সামনের টেবিলে একটা কাগজ রাখল। দীক্ষা বলল " এটা চেক"

দেব অবাক হয়ে বলল " কিসের চেক?"

দীক্ষা " শর্ত অনুযায়ী কথা ছিল যে আমার কোম্পানির উপর করা কেসে যা যা আমার কোম্পানীর ক্ষতি হয়েছিল সব আপনি পূরণ করেছিলেন । আর আপনি বলেছিলেন আপনার রিসোর্ট তৈরি হয়ে গেলে ঋণ শোধ করে দিতে। তাই জন্য...."

দেবের মনে পড়ল। দেব বলল " তাহলে শর্ত অনুযায়ী চলছো ? "

দীক্ষা " হ্যা। আপনি এই শর্তের বেড়াজালে আবদ্ধ করেই আমাকে বিয়ে করেছিলেন। আপনি কি শর্ত ভুলে গেছিলেন? "

দেব ওর কথা শুনে থানিক আহত হলো। তারপর বলল " বৈবাহিক চুক্তি অনুযায়ী কিন্তু আমি তোমার উপর, তোমার কোম্পানীর উপর অধিকার ফলাতে পারবো এ কথা মনে আছে?"

দীক্ষা ভ্রু কুঁচকে ওর দিকে তাকাল।

দেব " কি হলো ? "

দীক্ষা " কি চাইছেন কি?"

দেব চেক টা ওর সামনে ছিঁড়ে ফেলে দিল। দেব - একা থাকতে দাও।

দীক্ষা কিছু ক্ষন চুপ থেকে বলল " সাহেবের সাথে আমার আর কোনো সম্পর্ক নেই "

এই বলে চলে গেল। দেব দরজার দিকে এগিয়ে গেল।

57

পর্ব ৫৭

দীক্ষা আর দেবের মাঝখানে একটা অদৃশ্য দেয়াল সৃষ্টি হয়েছে।

দীক্ষা শাওয়ারের জলে নিজেকে ভেজাতে ভেজাতে দেবের, সাহেবের কথা গুলো ভাবতে লাগলো। ওর প্রতি এই দুর্বলতা কি আদৌ সত্যি ? এই ধন্দে দীক্ষা পড়ে আছে। মানুষটার উপর বিশ্বাস করতে ভয় লাগে , যদি হৃদয়টাকে ভেঙে দেয়?

রিমা পেনটাকে হাতে ঘোরাতে ঘোরাতে ভাবতে লাগলো কি করা যায়,?

" সাহেবটা একটা বোকা। কিছু পারে না। প্ল্যান করতে হবে । "

ভাবতে ভাবতে মাথায় পরিকল্পনা চলে আসে। খারাপ কিছু করার পরিকল্পনা খুব তাড়াতাড়ি মাথায় চলে আসে কিন্তু ভালো কিছু করার পরিকল্পনা আসতেই চায়না কারণ ভালো কিছু করতে গেলে তো অনেক বিপত্তি তো আসেই।

রিমা হাসতে হাসতে বলল " দুইদিন পর তোর আর দেবের বিবাহ বার্ষিকী। সব কিছু নিখুঁত ভাবে সাজাতে হবে।"

নীল ছিল বিদেশে গেছিল । সকালবেলার ফ্লাইট ও আসে।

দীক্ষা অফিসে কাজ করছিল ।

দোলা আর দীক্ষা ফাইল গুলো নিয়ে দেখছিল। সেই সময় নীল আসে।

নীল - মামী......

দীক্ষা তাকিয়ে দেখলো। দীক্ষা - কিরে তুই সোজা এয়ারপোর্ট থেকে এখানে......

নীল - মা বাড়িতে নেই, রায়হান স্কুল কি করবো গিয়ে তাই এখানে এলাম।

বাইরের দিকে তাকিয়ে বলল " তোমার ঐ বোন কোথায়? "

দোলা বেড়িয়ে গেল।

দীক্ষা - ও অফিসেই আছে।

নীল দীক্ষার দিকে তাকিয়ে বলল " তোমাকে জ্বালিয়েছে না? "

দীক্ষা - না....

নীল - তুমি তো না বলবেই যাই হোক...... আমি ওর কাছে যাচ্ছি।

রিমা কারোর সাথে ফোনে কথা বলছিল নীল হঠাৎ ওর বাঁ কাঁধে হাত দিয়ে ডেকে সরে আসে। রিমা বাঁদিক তাকিয়ে দেখলো কেউ নেই। আবার সামনে তাকাতে দেখলো নীলকে।

ওকে দেখে মুখটা গোমড়া করে ফোনটা কেটে দিলো। রিমা - তুমি এসেছো।

নীল - হ্যা যাতে তোমার শয়তানি গুলো ঘোচাতে পারি।

রিমা - নীলাদ্রি!!! বেশি বলছো।

রিমাকে কাছে টেনে বলল " মামীকে জ্বালাচ্ছিলে তাই না? "

রিমা হাত ছাড়িয়ে নিতে গেলে ওর হাতটা বেশি করে চেপে ধরে।

রিমা - " আহা.... কি হলো কি!!! হাতটা ছাড়ো। নীল আমার লাগছে..... "

নীল ছাড়ে না এদিকে রিমার হাতে ওর আঙুলের ছাপ পড়তে শুরু করে। " নীল ছাড়ো কেউ চলে আসবে.... "

নীল ওর চোখের দিকে তাকিয়ে বলল " তাহলে মামীর এক্স-বয়ফ্রেন্ড এখানে কি করছে?"

রিমা চকিতে ওর দিকে তাকায়। রিমা - তুমি.....

নীল - রিমা নিজেকে কখনো কারোর থেকে বেশি কিছু মনে করো না। তোমার প্রতিটি পদক্ষেপ আমার জানা আছে।

রিমা ওর দিকে অবাক হয়ে তাকায়। রিমা - তুমি..... তুমি আমায়..... (ঢোক গিলে) আমার উপর স্পাই রেখেছো......

নীল - তুমি আমাকে চেনো না। আর চিনতে যেও না।

রিমা ওর ঘরের ভিতর দিয়ে কাঁচের দরজার ওপারে তাকিয়ে দেখল সাহেব ওর ডেস্কে বসে কাজ করছে। নীল ওর ঘর থেকে বেরিয়ে গেল।

রায়হান স্কুল থেকে ফিরে ওর নীলুকে দেখতে পেয়ে জড়িয়ে ধরল।" নীলু তুই কখন এলি"

রায়হানকে কোলে তুলে বলল " এই তো সকালে । "

" নীলু আজকে তোর কাছে শোবো। শোননা ঐ সেই খুনির রহস্য ঐ গল্পটা বলবি কিন্তু আজকে। "

নীল ওকে ওর ঘরে নিয়ে যেতে যেতে বলল " হ্যা বলবো "

নীল রিমাকে খুব ভালোবাসে। এখনো ওর মনে পড়ে সেই ছোটবেলায় স্কুলে সেই গাড়ি করে বারো বছরের মেয়েটা আসতো। ও তখন পনেরো কি ষোলো । মেয়েটাকে খুব ভালোবেসে ফেলেছিল।

স্কুলের মাঠে উঠতি বয়সের প্রেম জমে উঠেছিল। অঙ্ক করার বাহানায় কিশোরী রিমার ওর কাছে আসা ওর খুব ভালো লাগতো। একবার Inter school football match-এ রিমার চোখে হিরো হতে গিয়ে কতবার যে ওর শরীরের আঘাত এসেছিল।

রিমার চোখে ও সেদিন ও সর্বনাশ দেখেছিল। তখন নীলের দ্বাদশ শ্রেণীর পরীক্ষা দেবে।

সেই বার স্কুলের সরস্বতী পুজোয় রিমাকে নিয়ে ও প্রথম চিংড়িঘাটার কাছে এক ঝিল পাড়ে নিয়ে গেছিল। এক গুচ্ছ গোলাপ দিয়ে প্রোপোজ করেছিল। সে দিন রিমা ওকে জড়িয়ে ধরে বলেছিল " আই লাভ ইউ টু" কিন্তু রিমার কাছে এ সব কিছু অভিনয় ।

দুই মাস পর ঢাকুরিয়ার লেকে একটা ছেলের কাঁধে মাথা রেখে বসে থাকতে দেখে ওর রিমার প্রতি ঘৃণা বাড়েনি, বেড়েছে ওর প্রতি দয়া। ওর কাছ থেকে জবাব চেয়েছিল কেন ও এই রকম করলো? সেই কেন ওর উত্তর পায়নি। ওর নিম্ন স্বভাবের পরিচয় পেলেও ওর ধুঁকতে থাকা ভালোবাসার ডালিটা পুনরায় উজ্জীবিত করতে চায়।

রিমার মতন লোভী , স্বার্থপর মেয়ের থেকে ও ভালো মেয়ে চাইলেই পেত কিন্তু কিসের জন্য যে নীল রিমাকে ভুলতে পারে না ওর মন বোঝে না।

নীল রিমাকে খুব জোরে ওর হাতটা ধরেছিল তা ও বুঝতে পারে। এখন নীল ওর নিজের হাতের দিকে তাকিয়ে দেখল আর মনে মনে বলে " রিমা তুমি কেন এই রকম করো? সুস্থ ভাবে কেন বাঁচতে শেখোনি? আসলে তোমাকে প্রথম থেকেই তোমার মনের মধ্যে বিষ ঢেলে দেওয়া হয়েছিল। কিন্তু আমি তোমাকে ঠিক এই ভালোবাসা দিয়েই সঠিক পথে নিয়ে আনবো । আমি তোমার হাত কোনো পরিস্থিতিতে ছাড়ব না। তোমাকে সঠিক শিক্ষা দিতে হবে , তোমার স্বার্থন্বেষী মনকে আমি বদলে দেব। "

58

পর্ব ৫৮

রিমা আর দীক্ষা দুই বোন বাড়ির ভিতরে ঢুকতেই রায়হান আচমকা ওদের সামনে এসে দাঁড়ায়।

" ভআউউউউউ"

দীক্ষার হাসি পেলেও রিমা রেগে যায়। রিমা - এটা কি ধরনের অসভ্যতা!!!

সেই সময় নীল এসে বলল " এতে রাগের কি আছে? "

রিমা কোনো কথা না বলে জুতো খটখট করতে করতে ওর ঘরে গেল। এদিকে যেই ঘরের দরজা খুলতে যাবে অমনি ওর মাথায় এক বালতি জল পড়লো।

রিমা ঠকঠক করে রাগে কাঁপতে লাগলো। রিমা চেঁচিয়ে উঠলো।

আসলে রায়হান আর নীল মিলে এই প্ল্যানটা করেছে। যেই রিমা ঘরে ঢুকবে আর সেই সময় দরজার সাথে কায়দা করে রাখা জলের বালতিটা পড়ে যাবে ওর মাথায়।

দীক্ষা ছুটে এসে বলল " কী হয়েছে? "

রিমা " দিদি নীল আর রায়হান মিলে আমাকে...... দেখ কি করেছে এই ঠান্ডায়"

দীক্ষা নীচে নেমে দেখে ওরা হাসছে। দীক্ষা এসে দুজনের কানটা মুলে বলে " কেন করলি তোরা? "

ওরা বলল " আ..... ছাড়ো......"

নীল - উফফ মামী আমি কিছু করিনি সব ওর প্ল্যান।

রায়হান নীলের দিকে বড়বড় চোখ করে বলল " কি বললি নীলু!!! মা এই সব নীলুর প্ল্যান। এই তুই তো মানির সাথে বদমাইশি করবি বলে এইটা করলি...."

দীক্ষা " হচ্ছে তোদের দাঁড়া..."

এই বলে দীক্ষা চলে যায়। ওরা নিজেদের হাসতে থাকে।

কিছুক্ষন পর নীল পা টিপে টিপে ওর ঘরের গেল।

ঘরে ঢুকে দেখল রিমা নিজের মাথার চুল মুছছে আর বিড়বিড় করছে। তারপর ওর কাছে গিয়ে একটু কেশে বলল " শীতকালে ঠাণ্ডা জলে স্নান করা ভালো "

ওর কথা শুনে তড়াক করে লাফিয়ে উঠে বলল " আমার ঠান্ডা যদি লাগে না? "

" লাগে তো লাগবে। অত সহজে তুমি মরবে না। "

" না মরবো না। পেল্লি হয়ে তোমার ঘাড়ে চাপবো। "

নীল বিদ্রুপের হাসি হেসে বলল " এই স্নানটা দরকার ছিল। এবার নিজেকে শুধরাও। একবছর আমাদের বিয়ে হতে চলল। "

" আমি এটাকে বিয়ে মানি না। এটা একটা ব্ল্যাকমেলিং। "

নীল এবার ওর দিকে তাকিয়ে বলল " এই জন্যই তো আমি চাই তোমাকে শুধরাতে। তুমি এখনো বদলাচ্ছো না আর তাই তোমাকে এই ভাবে আমাকে শিক্ষা দিতে হবে। "

রাতে সকালে খেতে বসেছে। মিতালি এসেছে।

নীল আর রায়হান ওদের মধ্যে ফিসফিস করে কথা হচ্ছে দেখে মিতালি বলল " এই তোরা থা"

নীল দেবকে বলল " মামা। কী ভাবছো first anniversary -তে? "

দেব একবার দীক্ষার দিকে তাকালো। নীল দীক্ষার দিকে তাকিয়ে বলল " তোমরা বরং তোমাদের তৈরি রিসোর্টে ঘুরে এসো। "

মিতালি বলল " হুম। এটা বেশ ভালো। দেব বৌকে নিয়ে তোর রিসোর্টে যা। "

নীল " কিন্তু তার আগের দিন আমাদের ট্রিট দিতে হবে। মামা দিতে হবে কিন্তু....."

এদিকে রিমার মাথায় শয়তানি বুদ্ধি খেলে চলেছে। মুখ গোমড়া করে বসে বসে ভাবছে।

খাবার শেষে বাগানে ঘুরছে দীক্ষা। রায়হানের ঘরে নীল ওকে নিয়ে শুয়ে। ও বলেছে রায়হানকে ঘুম পাড়াবে। তাই দীক্ষা গান শুনছে আর হাঁটছে। হঠাৎ চোখ গেল বাড়ির বারান্দায়। দেব দাঁড়িয়ে আছে। দীক্ষা চোখ ফিরিয়ে নেয়।

দেবের এতে রাগ হলো। ঘরের ঢুকে দরজা বন্ধ করে দিল। একটু জোরেই বন্ধ করল যাতে বাগানে বসে থাকা লোকের কানে আওয়াজটা যায়। দীক্ষা দেখল দেব ঘরে ঢুকে গেছে।

বাগান থেকে ঘরে ঢুকতে গেলে সামনে মুখোমুখি হয় দেবের সাথে।

দেবকে দেখে বলল " তুমি এখনো শোয়নি? "

দেব বুঝতে পারেনি ওর মুখোমুখি হয়ে যাবে। নিজেকে লুকাতে বলল " জল নিতে নেমে ছিলাম"

কিন্তু ওর হাতে না বোতল আছে আর না জগ। দীক্ষা লক্ষ্য করল সেটি। মনে মনে হেসে বলল " আপনি যান। আমি পাঠিয়ে দিচ্ছি......"

" দরকার নেই আমি পারবো"

" জলটা কী করে নিয়ে যাবেন। কোনো কি পাত্র আছে?"

দেব লক্ষ্য করলো তাই তো। দীক্ষা ওর ঘরে গিয়ে জগটা নিয়ে জল ভরে রেখে দিল।

দীক্ষা " আসছি" চলে যাচ্ছিল ওকে আটকে বলল " তুমি আমাকে এড়িয়ে যাচ্ছো যে। ঐ ছেলেটাকে খুব ভালোবাসো তাই না? "

এই রকম কথা শুনে ওর মাটি ভেদ করে ভিতরে ঢুকে যেতে ইচ্ছে করছে। দীক্ষা " দেব বাবু আমি ওকে নিয়ে এত কিছু ভাবি না। ও আমার কাছে অতীত। "

" তো? অতীত যখন সামনে আসে তখন। তখন তো সুপ্ত আবেগটা মাথা চাড়া দিয়ে ওঠে।"

" দেব বাবু এটা ঠিক ওকে ভালোবাসতাম। আমাদের বাড়ি থেকে যখন মানলো না সেই সেই সময় আমি ওকে বলেছিলাম আমাদের বিয়ে হয়নি তো কি হয়েছে আমরা যেমন প্রেমিক - প্রেমিকা ছিলাম সারাজীবন এইভাবে থাকবো কিন্তু সাহেব নিজের স্বার্থের জন্য ও বিয়ে করে নিল। আমি ওর বিয়ে আটকানোর কোনো ভিতি দেখলাম না। প্রেম-সম্পর্ক তো এক অলিখিত চুক্তি। তারপর এতদিন পর ওর ফিরে আসার কোনো অর্থ খুঁজে পাইনা। কোনো অর্থ থাকে না। "

এত কিছু বলার পর দেবের দিকে তাকিয়ে বলল " আপনি কেন এসব বলছেন ? এই আমাদের একবছর আপনার সাথে চুক্তিবদ্ধ ভাবে থাকাটা সেলিব্রেট করতে চাইছেন কেন? লোক দেখানো? আমার না বিন্দু মাত্র ইচ্ছে নেই। আপনি আমাকে কখনো বিশ্বাস করেননি। ভুল বোঝেন। আর সবসময় ভুলটাই বুঝবেন। "

এই বলে ও ওর ঘর থেকে বেরিয়ে যায়। দেব বিছানায় বসে ওর কথা গুলো ভাবতে থাকে।

59

পর্ব ৫৯

দীক্ষা আয়নার সামনে বসে বসে চুল আঁচড়াতে আঁচড়াতে অনেক কিছু ভেবে চলেছে।

দেবের কথা , সাহেবের কথা তারপর একবছর আগে ঘটে যাওয়া ওর জীবনের সব থেকে বড় বদল ওর বিয়ে। একটা চুক্তিবদ্ধ বিয়ে।

" মা " রায়হান এসে ওর গলা জড়িয়ে ধরে। " কি ভাবছো? মা নীলু বলেছে তোমাদের Anniversary-র ট্রিট দিতে। মা তারমানে কাল তোমাদের বিয়ে হয়েছিল। মানে কাল সকালে গায়ে হলুদ শুরু।"

দীক্ষা চোখ টিপে বলল " মানে?"

রায়হান বিছানায় শুয়ে চাদরটা মুখে দিয়ে বললো " সারপ্রাইজ "

দীক্ষা হেসে বলল " পাগল দুটো...."

সকালে উঠে দীক্ষা প্রথমে বাগানে যায়। বাগানে ঘুরে রান্না ঘরে যেতে যাবে মিতালি ওর সামনে এসে দাঁড়ালো। দীক্ষা কিছু বলতে যাবে তার আগেই ওর গায়ে হলুদ লাগিয়ে দিল। " এটা কি হলো?"

নীল এসে বলল " তোমার গায়ে হলুদ হলো "

মিতালি " বরকে আজ সকালে উঠিয়ে গায়ে হলুদ মাখিয়েছি। সে এখন স্নান করতে ঢুকেছে। তুমিও স্নান করে নাও। "

নীল " সবাইকে বলে দিয়েছি আজ রাতে পার্টি হচ্ছে আর আগামীকাল তোমরা মামারই রিসোর্টে হানিমুনে যাবে।"

দীক্ষা মিতালির দিকে তাকিয়ে বলল " এসব দুটোতে কি প্ল্যান করেছে!! "

নীল দীক্ষার হাত ধরে বলল " মামী, মামী আমি চাই তোমরা দুজনে ভালো থাকো। ব্যস...."

দীক্ষা " ঠিক আছে ব্রেকফাস্টে কী হবে বলো ?"

নীল " আজ রান্না তুমি করবে না। আজ ব্রেকফাস্ট স্পেশাল হবে। তুমি রেডি হও"

সকালে ঘুম থেকে রিমা উঠে দেখলো বাড়ি ঘর সাজানো হয়েছে। তারপর, একটা লাল ফুল দিয়ে করা বিরাট একটা হার্টের উপর লেখা " দীক্ষা " এবং " দেবমাল্য"...

রিমার মনে পড়ে গেল আগের কথা গুলো। আজ সব ঠিক থাকলে দেবের পাশে ও থাকতো। নীল ওর পাশে এসে বলল " তোমার সাথে আমাকেই মানায়"

রিমা ওকে দেখে মুখ ঘুরিয়ে নিল। নীল" কাল আমাদের সিক্রেট বিয়ের একবছর হবে।"

রিমা " এটা একটা ব্ল্যাকমেল, বিয়ে নয়। "

নীল " তবুও এটা বিয়ে। কাল ভোর বেলা উঠবে মন্দিরে যাবো"

" পারবো না "

" পারতে হবে। " এই বলে চলে গেল।

দীক্ষা অফিসে বসে বসে মনে মনে বাড়ির কথাগুলো ভাবছে আর মুচকি হাসছে। সাহেব ওকে ওর কেবিনের স্বচ্ছ কাঁচের উপর দিয়ে দেখছে। সেই সময় রিমা ওর কানে ফিসফিস করে বললো " ওদের কাছাকাছি আসতে দেওয়া যাবে না। ওদের মধ্যে দূরত্ব সৃষ্টি করো। কাল যেভাবে যেভাবে বলেছি সেই ভাবে করো। "

বিকেলে নীল ওর মামীকে প্রায় অফিস থেকে কিডন্যাপ করে ঘরে তুলে আনে। অবশ্য এইভাবে না হলে ওর মামীকে বাইতে সাতটায় দেখা যেত।

পার্লার থেকে লোক এসেছে ওকে সাজাতে। বেনারসি শাড়ি পড়েছে, খুব সুন্দর করে চর সাজিয়ে, হালকা মেকআপে দীক্ষাকে বেশ সুন্দরী লাগছে।

মিতালি ওর কানের কাছে মুখ নিয়ে বলল " আজ দুটিতে এক ঘরে শোবে। আজ তোমাদের ঘর খুব সুন্দর করে সাজানো হয়েছে। "

দেবকে এদিকে নীল সাজাচ্ছে। দেব কিছুতেই ধুতি পড়বে না কিন্তু নীল ও এদিকে ছাড়বে না

নীল " মামা, তুমি মামীকে নিয়ে নেকস্ট ইয়ার প্যারিসে নিয়ে যাও "

দেব " তুই এইগুলো বন্ধ কর। "

নীল " তোমাদের প্রথম Anniversary। স্পেশাল করতেই হয়।"

কিছুক্ষন পর সকল অতিথিরা আসতে থাকলো।

দেবকে নীল আর মিতালি সকলের সামনে নিয়ে এল। রিমা এসব দেখে জ্বলে যাচ্ছে।

কিছু ক্ষন পর দীক্ষা এল সকলের সামনে। দেব ওকে দেখে চোখ সরাতে পারলো না।

নীল আর রায়হান দীক্ষাকে নিয়ে দেবের সামনে দাঁড় করালো। একে অপরের দিকে তাকালো। একে অপরের চোখের দিকে তাকিয়ে থাকতে থাকতে কখন যে হারিয়ে গেছে।

নীল একটু কেশে বলল " শুভদৃষ্টি শেষ হলে মালাবদল হোক"

ওরা দুজনে এই কথায় লজ্জা পেয়ে গেল।

এরপর মালা বদল হলো। এসব দেখে মুখে কৃত্রিম হাসি নিয়ে রিমা মনে মনে দীক্ষাকে শাপ-শাপন্ত করে চলেছে " আদিখ্যেতা। আসল সত্যিটা জানলে না। কাল শুধু সাহেবকে দিয়ে আগুনে ঘি ঢালতে হবে। ব্যস এমনি সব বেরিয়ে আসবে। "

সুনন্দা এল। দীক্ষা ওর কাছে এগিয়ে এল। সুনন্দা ওর মুখখানি ধরে বলল "কতদিন আসসিনা আমার কাছে "

রিমা বলল " আমাকে তো এই কথা বলো না। তোমার মেয়েটা আমি না ও " ?

সুনন্দা " তুই কি সব বলছিস?"

রিমা " দীক্ষা যেহেতু ব্যবসা সামলাচ্ছে, একবছর আগে তোমার মুখ বাঁচিয়েছে আর তাই ও তোমার আপন সন্তান হয়ে গেল হ্যা? "

দীক্ষা " সবাই এসেছে কেন সিনক্রিয়েট করছিস তুই? "

রিমা " নিজেকে অত ভোলাবালা বানিয়ে রাখিস না। দেব কে পাওয়ার লোভ তোর ছিল...."

দীক্ষা " রিমা চুপ কর। "

সুনন্দা " তুমি কোনো কথা বলো না রিমা। তোমার কোনো রকম আত্মসম্মান নেই। সকলের সাথে তুমি যা যা করে বেড়াতে!!!!!! সব খবর আমার কাছে আছে। নীলাদ্রির সাথে তুমি যা করেছিলে আর নীলাদ্রি যেটা করেছে ঠিক করেছে। "

রিমা " এখন তো আমি খারাপ। কেন এসেছো? চলে যাও "

দীক্ষা " রিমা । তোর সমস্যা থাকলে ঘরে যা। "

রিমা ওখান থেকে চলে গেল। সুনন্দা ওর মাথায় হাত বুলিয়ে বলল " চিরসুখী হও মা"

নীল " এবার মামা আর মামী দুজনে পাশাপাশি দাঁড়াও তো। "

দুজনে পাশাপাশি দাঁড়ালো। নীল - আরে একটু ক্লোজ হও

দীক্ষার কাছাকাছি এসে দাঁড়ালো।

"Dekha hazaron dafa aapko

Phir beqarari kaisi hai

Sambhale sambhalta nahi ye dil

Kuch aap mein baat aisi hai"

গান শুরু হলো। নীল বলল " এবার বর আর বৌ একটা বোল্ড ডান্স করবে । "

ওরা অবাক হয়ে যায়। দীক্ষা - এ মা !! না পারবো না.....

দেব - নীল দেখ.....

নীল - পড়ে দেখবো। আগে তোমরা স্টেজে এসো।

" হ্যা স্টেজে উঠতে হবে "

সকলে তাকিয়ে দেখল দেবের জেঠু অনিরুদ্ধ বাবু এসেছেন।

" জেঠু " মিতালি এগিয়ে গেল । দীক্ষা প্রণাম করলো।

অনিরুদ্ধ " নাচতে তো হবেই "

নীল " হ্যা দাদু..... ঠিক বলেছো "

দেব আর দীক্ষা অবশেষে একে পরস্পর,পরস্পরের হাত ধরে , কাছাকাছি হয়ে নাচতে শুরু করলো।

Lekar ijazat ab aap se

Saansein ye aati jaati hain

Dhoondhe se milte nahi hain hum

Bas aap hi aap baaki hain

দীক্ষার চোখে লাজুকতার ছোঁয়া দেখে দেবের মনে হাজারো জোয়ার বয়ে গেল।

দেব এখন দীক্ষাকে ছাড়া আর উপস্থিত কাউকে আর চোখে দেখছেনা।

Pal bhar na doori sahein aap se

Betaabiyan yeh kuch aur hain

Hum door hoke bhi paas hain

Nazdeekiyan yeh kuch aur hain

দেবের কাঁধে হাত দুটো দিয়ে জড়িয়ে দীক্ষা , একে অপরের কাছাকাছি এসে নাচতে থাকে।

Dekha hazaro dafaa aapko

Phir beqarari kaisi hai

Sambhale sambhalta nahi ye dil
Kuch pyar mein baat aisi hai

দীক্ষার কানের পাশে থাকা চুলটা সরিয়ে দিল। দেবের ছোঁয়ায় দীক্ষার শরীরের যে আলোড়ন হলো তা আবেগে ঘনিয়ে এল।

Aagosh mein hai jo aapki
Aisa sukoon aur paaye kahan
Aankhen humein ye raas aa gayi
Ab hum yahan se jaaye kahan
Dekha hazaron dafa aapko
Phir beqarari kaisi hai
Sambhale sambhalta nahi ye dil
Kuch pyar mein baat aisi hai
Mmm.. hmm..
Phir beqarari kaisi hai
Mmm.. hmm..
Kuch pyar mein

নাচের শেষে সকলে হাত তালি দিল। তালির শব্দে দুজনের বিভোরতা কেটে গেল।

60

পর্ব ৬০

নাচের শেষে সকলে হাত তালি দিল। তালির শব্দে দুজনের বিভোরতা কেটে গেল।

এতক্ষণ যে ওরা দুজন, দুজনের দিকে তাকিয়ে যে নাচছিল ওরা বুঝতেই পারেনি।

দীক্ষা লজ্জায় মাথা নিচু করে নেয়। রায়হান ওর মাকে জড়িয়ে ধরে বলল " মা দারুন নেচেছো। "

অনিরুদ্ধ বাবু বলল " তোরা খুব সুন্দর নেচেছিস "

দীক্ষা দেবের দিকে চাইলো , দেব ও ওর দিকে তাকালো।

রিমা এসব দেখে দাঁতে দাঁত চিপে ওর মাকে ওর ঘরে টেনে নিয়ে গেল।

রিমা - মা এখন আমি তোমার কাছে খারাপ?

সুনন্দা - খারাপই তো।

- ও আচ্ছা , শোনো মা তোমার রক্ত আমার শরীরে বয়ে চলেছে। তুমি যেমন লোভী , স্বার্থপর ঠিক তেমনি আমাকেও এইভাবে তৈরি করেছে। ঐ মেয়েটা এখন তোমার কাছে সব আজ থেকে একবছর আগে যাকে দুচোখে দেখতে পারতে না। যেহেতু ও তোমার স্বার্থকে পূরণ করতে পেরেছে তাই।

- শোন রিমা , তুই সেদিন আমার মুখে চুনকালি লেপ্টে পালিয়ে গেছিলিস।

- কেন গেছিলাম সেটা কি জানো........

- কারণ , তুমি কোনো খারাপ কিছু করেছিলে বলে তাই........

- ইন্ধন তুমি জোগাতে।

- শোনো তুমি জলে পড়ে নও।

- নিজের মেয়ের জীবনটাকে নষ্ট হতে দেখছো তাও তোমার কিছুই এসে যায় না কিন্তু পরের মেয়ে ভালো থাকছে সেটা তোমার কাছে অনেক।

- পরের হলেও ও আমার মান রেখেছে। তোমার সমস্যাটা বলতে পারতে। অতিরিক্ত লোভ করেছো তুমি।

- তুমি অত্যন্ত খারাপ।

এই বলে রিমা বেড়িয়ে গেল। সুনন্দা বিছানায় বসে পড়ল।

" এ তো আমার দেখার ছিল। আমার মেয়ে, নিজের মেয়ে আমার মুখের উপর এভাবে কথা বলে চলে গেল। "

দীক্ষা সুনন্দাকে খুঁজতে গিয়ে দেখতে পেল।

" একি, মিসেস স্যানাল আপনি এখানে....."

সুনন্দা চোখটা মুছে বলল " আমাকে পারলে ক্ষমা করে দিস। আমি জানি না তুই এখানে ভালো আছিস কি না। কিন্তু তোর কখনো ভালো হোক সেটা আমি কখনো চাইনি।

তাই ভগবান আমাকে শাস্তি দিচ্ছে। আমার মেয়ে, নিজের সন্তান আমাকে বলল কি না তুমি খারাপ। ওর জন্য কত কিছু ভেবেছিলাম শেষ পর্যন্ত আমার মুখ পুড়িয়ে, নিজের পরিবারের মান-সম্মান ধুলোয় মিশিয়ে আমাকে ছেড়ে যখন চলে গেল তখন একবারো কারোর কথা ভাবলো না। ওর জন্য সারাটা জীবন ওর হয়ে কথা বলে এসেছি। আর......"

সুনন্দাকে বলল " এখন ভেবে কি লাভ?"

" হ্যারে মা , একবার তোর মুখ দিয়ে ‘মা’ ডাকটা শুনতে চাই।"

দীক্ষা চকিতে ওর দিকে তাকাল। " হ্যারে। একদিন, একবার ডাকিস না। ভাববো তুই আমাকে ক্ষমা করে দিয়েছিস। "

সুনন্দার হাতটা ধরল। সুনন্দা হেসে বলল " জানি তুই ডাকবিনা। কেন ডাকবি এই স্বার্থপর মহিলাটাকে। আমি তো তোর মা হতে পারিনি কিন্তু দেখ তুই দেবের সন্তানকে কি সুন্দর নিজের সন্তান ভেবে ওকে কাছে টেনে নিয়েছিস। নিজের মেয়ের কথা ভেবে তোর বাবার সব , সমস্ত কিছু ওকে দিয়ে দিতে বাধ্য করেছিলাম। কিন্তু দেখ ও এসবের যোগ্য নয়, যোগ্য নয়। "

দীক্ষা সুনন্দাকে জড়িয়ে ধরে বলল"মা"

সুনন্দার চোখ দিয়ে জল গড়িয়ে পড়ল। " তুই মা বলে ডাকলি?"

" মা কিচ্ছু চাইনি। বাবার কোনো বিষয়ে আমার কোনো ইন্টারেস্ট ছিল না। "

" কিন্তু তুই তো এই সাম্রাজ্যের হাল ধরেছিলিস। "

" কর্তব্য.... এই কর্তব্যের জন্যেই তো ফিরে এসেছিলাম। "

" আমায় ক্ষমা করে দিস "

এই বলে মাকে জড়িয়ে ধরে দীক্ষা।

দেবের ঘরটা আজ ফুল দিয়ে সাজানো হয়েছে। ওদের পুনরায় ফুলশয্যা হবে।

রায়হান ওর নীলুকে বলেছে ও আগের বারের মতন মা আর বাবার কাছে শোবে না।

" আগে আমি ভেবেছিলাম মা আমার কাছ সেদিন যদি না শোয়ে তাহলে আর কোনদিন মা আমার কাছে শোবে না। "

নীল বলল " তোর মা তোকে খুব ভালোবাসে। আর মা কি কখনো তার সন্তানকে ছেড়ে অন্য জায়গায় যেতে পারে। আর তোকে কে এই সব বুঝিয়েছিল সে তো জানি। ঠিক আছে এবার শুয়ে পড়। "

দেব ঘরে ঢুকে দেখল দীক্ষা চুপচাপ খাটে বসে আছে। সাজানো বিছানায় বসে আছে।

দেব ঢুকতেই ওর দিকে তাকাল।

উঠে দাঁড়িয়ে বলল " আমি..... আমি বিছানাটা পরিষ্কার করে দিচ্ছি আপনি শুয়ে পড়ুন"

" আর তুমি কোথায় শোবে? "

" আমি ..... আমি নীচে শুয়ে পড়ছি...."

" বিছানাটা আমাদের জন্য তৈরি করা হয়েছে। "

" তো? আমাদের সম্পর্কের পরিচয়টা আদৌ তো সত্যি নয়। একবছর এই কর্তব্যের খাতিরে মিথ্যে তৈরি করা সম্পর্কটার জন্য আজ এই উৎসবটা। "

দেব টেবিলে রাখা গ্লাসটা নিয়ে জল ঢেলে খেল। তারপর বলল " আমি জানি তোমার মনে.....

" আমার মনে কেউ নেই। দয়া করে ঐ সব কথা বলবেন না। মিঃ রায়চৌধুরী আজ আমার জায়গায় রিমার থাকার কথা... "

দেব " উফ্.... সেই আবার..."

" না বলতে দিন। ওর কথা ছিল এখানে থাকার , কিন্তু পাকে-চক্রে আমাকে ব্যবসা, মান, সম্মান বাঁচাতে এই চক্রব্যূহে ঢুকে গেছি। আপনি আমাকে আমার কোম্পানির লোকসানের টাকা দিয়েছিলেন সেটা দিয়ে দিয়েছি। "

" আমি কিন্তু নিইনি। "

" সেটা আপনার ব্যাপার। "

দেব - তোমাকে আমি কিছু বলেছি নাকি তোমাকে কিছু করেছি। আমি জানি তুমি রায়হানকে খুব ভালোবাসো ও না থাকলে তুমি মনে হয় এত দিনে চলে যেতে।

দীক্ষা - ও মনে হয় আমার গত জন্মের কেউ ছিল। আমার মাকে আমি ফিরে পাইনি কিন্তু , ওর মা হতে পেরে ধন্য।

দেব - নীল রিসোর্টে আমাদের দুজনের জন্য রুম বুকে করেছে ।

দীক্ষা - নীল টা পাগল একটা।

দেব - একদিকে ভালো হয়েছে তোমার তৈরি রিসোর্ট, আমার ইনভেস্টমেন্ট কতটা ফুলফিল হয়েছে গিয়ে , থেকে বোঝা যাবে।

এভাবে গল্প করতে করতে দীক্ষার ঘুম আসতে থাকলো। সেই সময় দেবের একটা বাইরে থেকে দরকারি কল আসতে থাকে। বারান্দায় গিয়ে কথা বলতে গেলে এদিকে দীক্ষা ঘুমিয়ে পড়ে। কল শেষ করে ঘরে ঢুকে দেখল দীক্ষা ঘুমিয়ে পড়েছে।

দেব ধীরে ধীরে ওর ঘুমন্ত মুখের দিকে তাকাল।

মনে মনে বলল " নিজের মনকে বিশ্বাস করতে পারছিনা। আর তাই বলতেও পারছিনা মনের আবেগটাকে। দায়িত্ব, কর্তব্যের মধ্যে থেকে আমার আর তোমার মাঝে সৃষ্ট সেই অনুভূতিটা প্রকাশ করতে পারছি না। "

"Ghalat Kya Sahi Kya

Mujhe Na Pata Hai

Tumhein Agar Pata Ho

Bata Dena"

" আমি তোমার কাছে যেতে পারছিনা দীক্ষা। তোমার মনকে ছুঁতে পারিনি। তোমাকে ছুঁতে চাই......"

ঘুমন্ত দীক্ষার মাথাটার নীচে বালিশ দিয়ে দিল। গায়ে চাদরটা দিয়ে দিল।

"Main Arse Se Khud Se

Zara Laapata Hoon

Tumhein Agar Milun Toh

Pata Dena
Kho Na Jaana Mujhe
Dekhte Dekhte
Tu Hi Zariya
Tu Hi Manzil Hai
Ya Ke Dil Hai
Itna Bata"
ওর পাশে শুয়ে পড়ে ওর দিকে তাকিয়ে দেখতে থাকলো।

ওকে দেখতে দেখতেই ভোর হয়ে গেল। ফোনের অ্যালার্ম দীক্ষার ঘুম ভাঙিয়ে দিল। চোখ খুলে সামনাসামনি দেবকে দেখে চমকে গেল।

61

পর্ব ৬১

দেবকে সামনে দেখে চমকে ওঠে।

" আপনি এভাবে তাকিয়ে আছেন কেন?"

দেবের বিভোরতা কাটলো। " না মানে....."

দীক্ষা হায় তুলতে তুলতে বলল " আপনি কি সারারাত ঘুমাননি নাকি? "

" না ঘুমিয়েছি........"

" তাহলে চোখ গুলো ঐ রকম কেন লাগছে?"

দেব চোখটা নামিয়ে বলল " আসলে ঐ কাল রাতে ঘুম আসছিল না..... "

" আমরা কথা বলছিলাম তারপর আমি ঘুমিয়ে পড়ি.... "

" হ্যা....."

" তো আপনি ঘুমাননি কেন? "

দেব কী বলবে এর উত্তরে বানিয়ে বানিয়ে বলতে লাগলো " ঐ...... ঐ.... যে একটু কাজ ছিল মিটিং আছে আজ। " উঠে পড়ে বলল " একটু চা বানিয়ে দাও তো বেরোবো...."

দীক্ষা উঠে বলল " হম......দিচ্ছি। "

রান্না ঘরে গিয়ে চা বানিয়ে আনলো।

" এই নিন। " দেব ওর হাত থেকে চা টা নিয়ে বলল " তোমার মনে আছে আমাদের বিয়ের পরেরদিনের সকালটা কেমন ছিল? হম? "

দীক্ষা " হ্যা মনে আছে। ধীরে ধীরে আপনি আমাকে সহ্য করে নিয়েছেন। আসলে সব কিছু অভ্যাস। "

দেব মনে মনে বলল " এই অভ্যাসটা ভালোলাগাতে পরিণত হয়ে গেছে যে "

দীক্ষা উঠে বিছানা ঝেড়ে বলল " যাই রায়হানকে ডাকি। এরপর আমাকেও অফিসে যেতে হবে...."

দীক্ষা ঘর থেকে বেরোতে গেলে দেব বলল " মনে আছে তো রিসোর্টে বুক করা আছে.. "

দীক্ষা চোখ বড় বড় করে বলল " এই নীলাদ্রিটা না ভীষণ পাঁজি। "

দেব " শোনো আমি দুপুর ১২টায় তোমার ওখানে আসছি তারপর তোমায় নিয়ে বেরিয়ে যাবো। "

এদিকে রিমা ফোনে কথা বলছে সাহেবের সাথে।

" তোমাকে যেমন যেমন বলেছি সেই রকম করো..... "

সেই সময় ঘরে ঢুকছিল নীল ওর কথা শুনে নেয়। রিমা আবারো নোংরা খেলা খেলছে দেখে মনে মনে বলল " রিমা তুমি ঠিক কুকুরের লেজ। সোজা আর হয়না। "

দীক্ষা ওর কেবিনে বসে আছে, সামনে ফাইল, ল্যাপটপ আরও অন্যান্য। দীক্ষার এই ব্যস্ততার মধ্যে ওর ঘরে ঢোকে সাহেব। " দীক্ষা......"

দীক্ষা ওর দিকে না তাকিয়ে বলল " বলো"

সাহেব ওর দিকে তাকিয়ে বলল " ম্যাডাম, কিছু কাজের ব্যাপারে কথা ছিল। "

সাহেবের সম্বোধন করা দেখে ও দাঁড়িয়ে গেল। ওর দিকে তাকাতেই সাহেব বলল " বলছিলাম মিঃ কর্মকারের ডিল নিয়ে কিছু কথা ছিল। "

দীক্ষা " বলো..."

" ওনার অনেক ডিম্যান্ড আর....."

" তুমি আর রিমা কথা বলো। ওদের কনভেন্স করো। কিছু তো নিজেরা করো। "

" দীক্ষা আমার মনে হয়না রিমার দ্বারা কিছু হবে। তুমি..... তুমি গিয়ে একটু দেখো। "

দীক্ষা " আজকে হবে না"

" কিন্তু আমি তো ওনাদের বলে দিয়েছি"

" হোয়াট!!! তুমি এই অ্যাপয়েনমেন্ট করার আগে আমাকে কিছু জানাওনি কেন? আমাকে তো জানাবে? আমি এখন......"

" দীক্ষা বেশিক্ষন লাগবে না। "

" কখন তোমার অ্যাপায়েনমেন্ট? "

" ১১টায় "

দীক্ষা মনে মনে বলল " হে ভগবান....

কিছুক্ষন পর ওরা বের হয়।

সবকিছু পরিকল্পনামাফিক চলেছে। মাঝরাস্তায় গাড়ি গেল খারাপ হয়ে। দীক্ষার তো মনে হয় আজ ও যেতেই পারবে না দেবের কাছে।

গাড়ি থামতে দেখে দীক্ষা বলল " কি হলো? "

ড্রাইভার " মনে হয় টায়ার পাংচার হয়েছে। "

দীক্ষা মাথায় হাত রেখে বসে রইল। সাহেব মনে মনে হেসে বলল " বিকেল ৫টার আগে ছাড়া যাবে না যে তোমায়। "

ঠিক সেই সময় দেবদূতের মতন নীলাদ্রি এলো। বাইকটা রেখে ওদের কাছে এলো।

" মামি তুমি এখানে এখন ? "

দীক্ষা " নীল দেখো না গাড়িটা খারাপ হয়ে গেছে "

নীল " তুমি সব কিছু ক্যানসেল করোনি? জানো না আজ তো রিসোর্টে যাবে। "

দীক্ষা " কি করবো? "

নীল সাহেবের দিকে তাকিয়ে বলল " আপনি জান আর রিমাকে নিয়ে যান"

সাহেবের নাকের ডগা দিয়ে চলে গেল দীক্ষা। এরপর রিমার ফোন এল।

রিমা - কী ?কত দূর?

সাহেব - রিমা ম্যাম... আসলে.....

রিমা - কী হয়েছে? (চেঁচিয়ে বলল)

সাহেব সবটা বলল। শুনে ফোনটা ছুঁড়ে ফেলে। তারপর দাঁতে দাঁত চিবিয়ে বলল " তোর এই কোম্পানি নিয়ে গর্ব না? দেখ এবার কি হয়..."

দেব ওর অফিস থেকে বেরোচ্ছিল দীক্ষাকে আসতে দেখে অবাক হলো।

দেব গাড়ি থেকে বেরিয়ে বলল " আমি তো যাচ্ছিলাম....."

নীল " গাড়ি খারাপ হয়ে গেছিল। নাও তোমার বৌকে দিয়ে গেলাম। "

দেব দীক্ষার দিকে তাকিয়ে বলল " চলো। "

নীল রিমার কাছে গেল।

রিমা অফিসেই ছিল। রাগে কাঁপতে কাঁপতে অফিসে ঢুকে ওর সামনে এসে দাঁড়ায়।

নীলকে দেখে কিছুটা হলেও আন্দাজ করতে পারলো নিশ্চয় নীল কিছু বুঝতে পেরেছে। সাহেবকে ফোন করতে গেলে ফোনটা হাতে নিতেই নীল ওর হাত থেকে ফোনটা কেড়ে নিল। রিমা " এটা কী হচ্ছে?"

" চুপ একদম চুপ"

অফিসের সব কর্মচারীরা ওদের দেখতে থাকে।

রিমা - কী করতে চাইছো?

নীল ওর হাতটা ধরে টানতে টানতে রিমার কেবিনে ঢুকলো।

রিমা ওর থেকে হাতটা ছাড়িয়ে বলল " কী করতে চাইছো? "

নীল " তুমি কী করবে বলে মনে করেছিলে? "

" মানে...."

" মানেটা তুমি বলো। তোমার প্ল্যান ' বি' কাজে লাগেনি। "

রিমার হাতটা ধরে বলল " এবার তুমি তৈরী থাকো নিজের অপমানের জন্য... তুমি সেই আবার ওদের দুজনের মাঝে আসছো...... সাহেব বলে ঐ লোকটাকে দিয়ে ফের বৌদিকে অপদস্থ করতে চেয়েছো? "

রিমা অন্যদিকে তাকিয়ে বলল" আমি জানতাম না.... ও যে... ওর যে প্ল্যান জানতাম না। ও বলেনি.. "

রিমাকে দেওয়ালে ওর পিঠ ঠেকিয়ে বলল " এই খেলা বন্ধ করো। আবারও কিন্তু তুমি অন্যায় করছো। রিমা কেন? "

রিমা ওকে সামনে থেকে সরিয়ে বলল " আমি জানি না......"

" বদলাও । নিজেকে শুধরাও। আর ঐ সাহেবের সাথে যাও....... এবার চলি"

এই বলে চলে গেল । রিমা জানলার পর্দাটা নিজের মুঠিতে নিয়ে মনে মনে বলল " এবার আমাকে খাটতে হবে। আঙুল বাঁকাতে হবে। দেখ এবার.... এইভাবে হবে না। আগে নীলকে একটু নিজের মুঠোতে করতে হবে। এবার হবে অভিনয় ভালো হবার তারপর দেখো কী কী করি ...."

62

পর্ব ৬২

দেব ওর অফিস থেকে বেরোচ্ছিল সঙ্গে অনেকে ছিল, তাদের সাথে কথা বলতে বলতে বের হচ্ছিল পা থেমে যায় দাঁড়িয়ে থাকা দীক্ষাকে দেখে।

জাম রঙের একটা শাড়ি আর সাথে কিছু হালকা গয়নায় ওকে খুব সুন্দর লাগছে।

সাধারণ, প্রকৃত সুন্দর লাগছে। দেব ওনাদের সাথে কথা শেষ করে ওর দিকে এগিয়ে এল।

দীক্ষা ফোনের দিকে তাকিয়ে ছিল, অবশ্য ওটা ছিল একটা ভান। অপেক্ষায় ছিল কখন দেব আসবে। ওকে দূর থেকে দেখতে পেয়ে ফোনটা নিয়ে ঘাটা শুরু করে।

দেব একটু কাশে। ওর কাশির আওয়াজ শুনে ফোনটা রেখে ওর দিকে তাকাল।

দীক্ষা - চলুন।

দেব - তুমি এখানে এলে কেন? আমি তো যেতাম।

- নীল দিয়ে গেল।

- ও...... তাহলে গাড়িতে বসো।

ওরা গাড়িতে উঠে বেড়িয়ে গেল।

দেব গাড়ি চালাচ্ছে আর দীক্ষা গুন গুন করে গান গাইছে বাইরের দিকে তাকিয়ে।

দেব বলল " গানটা একটু জোরে করো। "

দীক্ষা গান গাইছিল ঠাকুরের গান তাই ও বলল " আমি ভগবানের গান গাইছে। আমার মনে হয় এই গান শুনলে আপনার মুড খারাপ হয়ে যাবে।"

দেব আর কোনো কথা বলল না।

ওরা রিসোর্টে এলো।

দীক্ষাকে বলল " উদ্বোধনের দিন তুমি ছিলে না কিন্তু আজ আছো। "

দীক্ষা আর দেব গার্ডেনে ঘুরছিল ও চারদিকে তাকিয়ে বলল " সবুজ আমাদের চোখ, মাথা শান্তি করে। " জোরে শ্বাস নিয়ে বলল " শুদ্ধ অক্সিজেন। এই জন্যই রিসোর্টটার পুরোটাই করেছি সবুজের উপর। "

হঠাৎ ওর মনে পড়ল রেবতীর সমাধির কথা। " মিঃ রায়চৌধুরী আপনি এখানে থাকুন আমি একটু আসছি।"

ফুল রাজির মাঝে রয়েছে রেবতীর সমাধি। ওখানে গিয়ে দীক্ষা স্থির হয়ে দাঁড়িয়ে রইল।

তারপর হাঁটু গেড়ে বসলো।

দেব দূর থেকে দেখল। দীক্ষা কিছুক্ষন পর উঠে পিছন ঘুরতেই দেবকে দেখল।

দেবের চোখে জল। দীক্ষা সমাধির দিকে তাকিয়ে বলল " আপনার ভালোবাসাকে শ্রদ্ধা জানাতে এসেছি......."

দেব চোখের জলটাকে মুছে সমাধির দিকে তাকিয়ে বলল " রেবতীর সাথে যতটুকু সময় কাটিয়েছি খুব ভালো কাটিয়েছি। ওর সাথে প্রতিটা মুহূর্ত আমার কাছে এক একটা ফুলের মধুর মতন মিষ্টি। কখনো ভাবিনি জানো ওর সাথে মাত্র পাঁচ বছর আমি সংসার সংসার খেলা খেলতে পারবো। তুমি জানো রেবতীও ঠাকুর পুজো করতো সেদিন ওর ঠাকুর ওকে বাঁচায়নি আর তাই........" দেব কাঁদতে থাকল।

দীক্ষার করুণা হল ওর চোখে জল দেখে। দেবের সামনে বসে ওর চোখের জল মুছিয়ে বলল " দেব বাবু কিছু করার নেই। যার যতটা এই পৃথিবীতে শ্বাস আছে সে ততটুকুই নেবে। সকলের ভাগ্যে হিসাব করা আছে কেউ একটুও বেশি নেবে না , না একটুও কম।"

দেব ওর দিকে তাকিয়ে বলল " কেন বলতো রেবতী আমাকে ছেড়ে চলে গেছে? ওকে তো আমি একপ্রকার চুরি করে এনেছিলাম না, একটা পিতার অভিশাপ যে আমাকে দংশিত করেছে যে........"

" মানে!! "

দেব হাল্কা হেসে উঠে দাঁড়িয়ে বলল " দীক্ষা, আমি তখন এত বড় সফল ব্যবসায়ী হয়নি।

রেবতীর বাবা এই শহরের নামকরা হোটেল ব্যবসায়ী। একদিন ওর সাথে আমাকে ঘুরে বেড়াতে ওর বাবা দেখতে পায়। তারপর ডাক পড়ে। আর সেদিন ছিল ওর জন্মদিন। সকলের সামনে আমাকে সেদিন অপমান করে। আমার স্থান কোথায় হতে পারে তা দেখিয়ে দেয়। "

"তারপর?"

" তারপর ওর বাবা ওর জন্য পাত্র ঠিক করে আর আমরা পালিয়ে যাই। রেবতী ছিল ওনার বুকের পাঁজর আর সেটা আমি চুরি করি। উনি আমাদের ক্ষমা করেননি। রেবতী চলে যেতেও একবারও আসেননি। "

দীক্ষা অবাক হয়ে বলল " কি বাবা উনি!!! অবশ্য ইগো এমন জিনিষ না মানুষকে ধ্বংস করে দেয়। "

" সেই জন্য হয়তো রেবতীর সঙ্গটা ঐটুকুই ছিল। আর তারপর তো........."

" তারপর একদিন আমার বোনের মধ্যে মিসেস রায়চৌধুরীকে দেখলেন। "

দেব বলতে যাচ্ছি তারপর দীক্ষা এসে রেবতীর জায়গাটায় আলো জ্বালিয়ে দিয়েছিল।

দীক্ষা বলল " জানেন তো, ভালোবাসা একবারই হয়। আমার মাও আমার বাবাকে খুব ভালোবাসতো। মিসেস স্যানাল মানে এখন যে আমার মা, রিমার মা সেই জায়গা আমার বাবাকে দিতে পারেনি। ভালোবাসতে পারেনি। আপনার স্ত্রীর সমাধির কাছে আসতে খুব ভালো লাগে মনে হয় কত শান্তিতে আছে। "

দীক্ষা - আচ্ছা, চলুন অনেকক্ষন এখানে দাঁড়িয়ে আছি। চলুন রুমে গিয়ে ফ্রেশ হয়ে নেবেন।

দীক্ষা চলে গেলে দেব ওর যাওয়ার দিকে চেয়ে বলল " ভালোবাসা দ্বিতীয়বার হয়না? যদি একই Feelings আর এক জনের প্রতি হয় তাহলে সেটা কি? "

63

পর্ব ৬৩

বেশ বড়সড় এক বাংলোর সামনে এসে দাঁড়ালো রিমার গাড়িটা।

রিমা নামার পর সাহেব নামলো।

ওরা বাংলোর দিকে তাকিয়ে রইল।

সাহেব - এটা তাহলে মিঃ কর্মকারের.....

রিমা - বাড়ি। ওনার বাড়ি। উনি আমাদেরকে contract দিতে নারাজ। Convince করাতে হবে।

- আদৌ কি হবেন?

- হবে। তুমি চুপচাপ দেখে যাও। আমি কী করে ডিল করি শুধু দেখো........

ওরা এগিয়ে গেল ভিতরে যাওয়ার জন্য। ভিতরে ঢুকতে ঢুকতে মনে মনে বলতে লাগল " আমার কাছে এমন তথ্য এসেছে যা দিয়ে খেলতে পারবো দিদি আর দেবের সাথে। "

ফ্রেশ হয়ে সুইমিং পুলের কাছে এসে দাঁড়ালো দীক্ষা। চারদিকে তাকিয়ে দেখলো জায়গাটা। দেব এসে দাঁড়ালো। দেব বলল " কেমন লাগছে?"

" আমার সৃষ্টি, আমার কাছে তো খারাপ হলেও ভালো । আপনার কেমন লাগছে বলুন?"

" আমার ভালো লেগেছে "

" আপনার ভালো লেগেছে মানে তাহলে ভালোই হয়েছে কারণ আপনার যা নাক উঁচু।"

এই বলে পুলের পাশে থাকা টেবিল চেয়ারে বসল। দেব গ্লাসে জুস ঢেলে খেতে খেতে বলল " সৃষ্টিকর্তার নিজের ভালো লাগা চাই ।"

" আপনার ভালো লাগা মানে হুঁ......."

" আমার ভালো লাগা মানে কী?"

" সে আপনি নিজেই জানেন আপনি যা খুঁত খুঁতে "

" আমি খুঁত খুঁতে......"

" হ্যা খুঁত খুঁতে...."

" দেখো আমার সব কিছুতেই Perfection চাই । খাবার থেকে শুরু করে Presentation যাই বলো ঠিকঠাক না হলে আমার হয়না। আচ্ছা যাই হোক এবার বলো কী করবে?"

" আপনি বলুন........."

" উমমমম চলো একটু ঐ ঝিলের কাছে চাই , ওখানে বোটিং করবে?"

" চলুন "

ওরা ঝিলের কাছে এগিয়ে গেল। নৌকায় পা দেবার সময় দেব দীক্ষার দিকে হাত বাড়িয়ে দিল। " হাতটা ধরো "

" পারবো "

" ধরো পড়ে যাবে নয়তো....."

দীক্ষা ওর হাতটা ধরল।

Pehle Bhi Main Tumse Mila Hoon

Pehli Dafa Hi Milke Laga

Toone Chhua Zakhmon Ko Mere

Marham Marham Dil Pe Laga

দীক্ষা হাতটা ধরে নৌকায় ওর পাশে বসল। হাওয়ায় দীক্ষার চুল গুলো উড়ে ওর মুখে পড়তে লাগলো। দেব ওর দিকে তাকিয়ে বলল " ঝিলের জলে উপর তাকাও"

ঝিলের জলে নিজের মুখের প্রতিচ্ছবিটা দেখতে পেল , সাথে ওর পাশে থাকা দেব ও জলের দিকে তাকালো।

তারপর ওর হাতে রাখা দাঁড়টা নিয়ে এগিয়ে চলল।

দেব বলল " কেমন লাগছে? "

দীক্ষা জলের দিকে তাকিয়ে বলল " ভালো "

Paagal Paagal Hain Thode

Baadal Baadal Hain Dono

Khul Ke Barse Bheege Aa Zara

Pehle Bhi Main Tumse Mila Hoon

Pehli Dafa Hi Milke Laga

Toone Chhua Zakhmon Ko Mere

Marham Marham Dil Pe Laga

দেব " জানো, রেবতী বলতো জলের উপর নিজের প্রতিবিম্ব দেখলে নিজের মনের মধ্যে থাকা নিজের ইচ্ছেটার পূর্ণতা পায়। মনে মনে জলের সামনে নিজেকে দেখলে মনের মানুষকেও দেখতে পাওয়া যায়। "

দীক্ষা অবাক হয়ে ওর দিকে তাকাল।

Kho Na Jaana Mujhe

Dekhte Dekhte

Tu Hi Zariya

Tu Hi Manzil Hai

Ya Ke Dil Hai

Itna Bata

দেব " রেবতী বলতো যখন শ্রীকৃষ্ণ মথুরা চলে গেছিল তখন রাধা যমুনার জলের মধ্যে কৃষ্ণকে দেখতো। "

দীক্ষা আকাশের দিকে তাকিয়ে ভাবতে লাগলো দেবের চোখের মধ্যে একজনকে দেখতে পাচ্ছে , সেই মনটা কী ওর জন্য অপেক্ষা করছে। নৌকা ভিড়লো পারে।

দেব " দীক্ষা চলো ঐ বাগানটায়। এই বাগানের নাম দিয়েছো তুমি " চাঁদের হাট" এখানে শুধু তুমি সাদা রঙের ফুলের বাগান বানিয়েছো।"

দীক্ষা উঠে দাঁড়াল। বলল " হ্যা। এখানে রাতে আসতে হয়।"

" এই তো সূর্য যে চলে যাচ্ছে। একটু পড়েই তো সন্ধ্যা নামবে। চলো ওখানে যাই "

দীক্ষা বলল " চলো "

দীক্ষা নামবার সময় দেবের হাত ধরলো না। আর তাই নামতে গিয়ে পড়ে যাচ্ছিল কিন্তু দেব ওকে ধরে নেয়। দেবের ছোঁয়ায় দীক্ষার শরীরের শিহরণ খেলে যায়। দেবের বাহুর উপর দীক্ষা ওর শরীর ছুঁয়ে আছে। দেব নিঃশ্বাস দীক্ষার চোখে মুখে কপালে গালে ছুঁয়ে চলেছে।

দেবকে থামছে ধরে আছে দীক্ষা।

Tumhare badan ki mehak khawb si hai

me chaun ki isme me khoi hi rhu

me shubh ko bahon me apni hi chupa ke

tere sath bas tujhe dekhte dekhte

দীক্ষা উঠে দাঁড়াল। দেব ঘোর থেকে বেড়িয়ে ওকে দাঁড় করালো

দেব " বললাম আমার হাত ধরো। আমি জানি তুমি Indipendent girl....."

দীক্ষা " যদি আপনি না থাকতেন তখন......"

দেব চুপ করে যায়। " বলুন যদি না থাকতেন তখন তো একাই সব কিছু ফেস করতে হবে তো । পড়ে গেলেও নিজেই উঠে দাঁড়াতাম। "

" এখন তো আমি আছি।"

" অভ্যাসটা খারাপ হয়ে যাবে "

এই বলে দীক্ষা বাগানের ভিতর চলে গেল।

দেব বলল " তোমাকে......" চোখটা বন্ধ করে ঝিলের জলের উপর তাকালো। পাশে দেখতে পেল দীক্ষাকে।

দীক্ষা " এখানেই কি সারারাত থাকবেন? "

দেব হেসে বলল " চলো "

ঘরে বসে আছে রিমা।

স্টাডি টেবিলে বসে মাথায় হাত রেখে ভাবছে।

" দেবের প্রথম বৌয়ের মা-বাবা মিঃ রুদ্রনীল কর্মকার। রেবতী কর্মকারের বাবা। দেবের সাথে সম্পর্ক নেই ঐ বাড়ির। উমমম, এখান যদি পুরোনো আগুনটা উস্কে দিই।

উমমম , ভাবতে হবে কীভাবে ঘুঁটি সাজানো যায়।"

জানলার কাছে এসে দাঁড়ালো। " তুরুপের তাস রায়হান। ওকে নিয়েই আমি এগিয়ে যাবো। খুব ঘুরছিস না ? এবার দেখ।"

হঠাৎ ওর চোখে পড়লো টেবিলে রাখা একটা আইকার্ড ওটা তুলে দেখতে যাবে ঠিক সেই সময় ছোঁ মেরে নীলাদ্রি ওর হাত থেকে কার্ডটা নিয়ে নিল।

নীল " আমার জিনিসপত্রে হাত দেবে না "

" কেন? "

" কিসের ভিত্তিতে"

" তোমার আমি স্ত্রী"

নীল ওর দিকে তাকিয়ে বলল " তাই নাকি? "

রিমা নিজের কথায় ফেঁসে যায়। তারপর বলল " আমার কোনো ইন্টারেস্ট নেই"

" ঐ জন্য দেখছিলে। "

" উফ তোমার সাথে কথা বলার ইচ্ছে নেই। "

নীল ওকে কাছে টেনে ওর ঠোঁট কামড়ে ধরলো। তারপর কপালে চুমু দিয়ে রিমার গালের সাথে ওর গালের স্পর্শ করতে করতে বলল " আমার ইচ্ছে আছে। "

" নীল মা নিচে এখুনি ডাকবে। "

ওকে কোলে তুলে নিয়ে বলল "ডাকুক না। আমিও বলবো আমার বৌকে আদর করছি তো একটু দাঁড়াও। "

সেই সময় রায়হান ঘরের দরজায় ধাক্কা দিল।

" এই নীলু "

নীল ওকে কোল থেকে নামিয়ে বলল " আসছি। "

নীলের হাত থেকে রক্ষা পেতেই " উফ " করে ওঠে রিমা। এদিকে যাওয়ার আগে ফের রিমার ঠোঁট নিজে দখল করে বলল " অনেক দিনের বাকি ছিল এখুনি আসছি।"

নীল চলে যেতে রিমা বলল " এখানে কিছু ব্যাপার আছে। নীল আমার থেকে লুকাচ্ছে "

64

পর্ব ৬৪

দেব আর দীক্ষা বাগানের দিকে এগিয়ে গেল।

নিঝুম , সাদা ফুলের গাছে ঘেরা বাগানে দীক্ষা চারদিকে তাকাতে তাকাতে এগিয়ে চলল। সামনে চওড়া রাস্তা আর দুই ধারে বাগান। কিছু দূর গেলে দেখ পেল সবুজের সোপান আর পাশ দিয়ে চলে চলেছে কৃত্রিম ঝর্না।

দীক্ষা ঐ সোপানের উপর বসে পড়ল। দেব এসে ওর পাশে বসে পড়ল।

দীক্ষা - জানেন , একবার মা আর বাবার সাথে ছত্রিশগড় গেছিলাম। কি সুন্দর!!! অপরূপ সৌন্দর্য দেখেছিলাম প্রকৃতির।

দেব দীক্ষার চোখের দিকে তাকিয়ে দেখতে পেল ওর চোখে প্রকৃতির মুগ্ধতা।

দেবকে আকাশের দিকে তাকিয়ে বলল " দেখুন চাঁদটা আজকে কি সুন্দর লাগছে না!

আমি এই রকম ভাবেই প্ল্যানটা করতে চেয়েছিলাম আর সেটা হলো। "

দেবের কানে দীক্ষার কোনো কথাই যেন ঢুকছে না। দীক্ষার সাধারণ রূপ ধরা দিয়েছে অসাধারণ হয়ে। হঠাৎ দেব ঝর্ণা ধারার জল নিয়ে দীক্ষার গায়ে ছিটিয়ে দেয়।

দীক্ষা অবাক হয়ে গেল। এই গুরুগম্ভীর মানুষটাকে আজ এত অচেনা লাগছে যে।

" এ আপনি কি করলেন!! "

দেব হেসে ফেললো। দীক্ষা চোখ ছোট করে বলল " তবে রে !!!! "

দেবের গায়ে দ্বিগুণ চল ছিটাতে লাগলো।

কিছু ক্ষন পর ক্লান্ত হয়ে ওরা ওদের ঘরে এল।

ঘরের বাইরের ব্যালকোনিতে ছোট একটা সুইমিংপুল। পুলের ধারের আলো জ্বালানো ।

সাদা ধবধবে নরম বিছানায় দীক্ষা ওর ক্লান্ত শরীরটাকে এলিয়ে দিল।

দেব ওর পাশে শুয়ে পড়ল। দীক্ষা অবাক হয়ে ওর দিকে তাকাল।

দেব ওর দিকে তাকিয়ে বলল " কি হলো!!?"

" আপনি আমার পাশে শোবেন?"

" কেন? অসুবিধা আছে নাকি? "

দীক্ষা উঠে বলল " না মানে....."

" আমি তোমার পাশে শুলে অসুবিধা হবে না? "

দীক্ষা ভ্যাবাচ্যাকা খেয়ে গেল। " ধুর!!! কি যে বললেন না !!!"

দীক্ষা বিছানা ছেড়ে ব্যালকোনিতে এসে দাঁড়ালো। দেব ওর পাশে এসে দাঁড়ালো। দেব ওর কানে কানে বলল " তোমার জন্য সারপ্রাইজ আছে"

দীক্ষা অবাক হয়ে বলল " আমার জন্য সারপ্রাইজ আপনি এনেছেন!"

" হম নিচে চলো কিন্তু তার আগে ও ঘরে যাও। "

দীক্ষা ও ঘরে ঢুকে দেখল বিছানার মাঝে একটা গিফট প্যাকিং করা। সেটা হাতে নিল।

" এটা আবার কি!! "

খুলে দেখলো একটা সিলভার রঙের শাড়ি আর জুতো। জুতোটা সাদা পুঁতি বসানো খুব সুন্দর। একটা কাগজ শাড়ির ভাঁজ থেকে পেল। কাগজটা নিয়ে দেখল। ওতে লেখা.....

" ভালো করে সেজে হাউস থেকে বেরিয়ে সোজা নাকবরাবর হেঁটে যেখানে রেবতীর সমাধি আছে ঠিক ডানদিকের যে পিপুল গাছটা আছে ওখানে আছি চলে এসো....."

দীক্ষা শাড়িটা বুকের কাছে ধরে আয়নার সামনে দাঁড়ালো।

রিমা খেতে খেতে ভাবছে। " আচ্ছা, দেব কি দিদিকে ভালোবেসে ফেলল। না , না , না এটা হতে দেবো না। ফোনটা হাতে নিয়ে দেখল। "

নীল ওর দিকে তাকিয়ে বলল " খাওয়ার সময় অন্তত ফোনটা রাখো। "

ফোনটা রেখে মনে মনে বলল " মিঃ মেহেতাকে ফোন করতে হবে....... ওদের রোম্যান্সের ১২টা বাজাতে হবে। "

এদিকে দীক্ষা সেজে গুজে নিদির্ষ্ট স্থানে এসে দাঁড়ালো।

একটা গাছের তলায় টেবিল পাতা। একটা মোমবাতি জ্বালানো আর টেবিলে অনেক কিছু খাবার রয়েছে , আছে দামি পানীয় ও ইত্যাদি। হঠাৎ উপর দিয়ে গোলাপের পাপড়ি পড়তে লাগলো ।

দীক্ষা অবাক হয়ে গেল। সামনে দেব আসলো। ওর হাতটা ধরে বলল " জানিনা তোমাকে কী বলবো আর না বলবো । আমি......"

দীক্ষা হাত তুলে ওকে থামতে বলল। " মিঃ রায়চৌধুরী আমাদের সম্পর্কটা কিন্তু...."

" জানি আমি আমাদের সম্পর্কটা খুবই জটিল। একটা শর্তের ভিত্তিতে। আমি মিসেস রায়চৌধুরীর জায়গাটা কখনো নিতে পারবো না। "

হঠাৎ ফোন এল দীক্ষার। দীক্ষা ফোনটা ধরল।

" হ্যালো দোলা বলো। "

দোলা গলায় উদ্বেগ নিয়ে বলল " ম্যাম একটা বড় সর্বনাশ হয়ে গেছে"

দীক্ষা চোখ বড় বড় করে বলল " কী!!! "

" ম্যাম, L.c.s -এর যে Commercial Project টা হচ্ছিল...."

" হ্যা তো..."

" ওটা ভেঙে পড়েছে আর... আর বহু রাজমিস্ত্রি মারা গেছে। পুলিশ এসেছে , কাজ বন্ধ করে দিয়েছে। "

" দোলা আমি আসছি "

দীক্ষা ফোনটা রেখে ধরে ধরে চেয়ারে বসল।

দেব ওর মুখের দিকে তাকিয়ে বলল " কী হয়েছে? "

দীক্ষা কাঁদতে কাঁদতে বলল " আমার বানানো ইমারত ভেঙে পড়েছে। পুলিশ এসেছে.......
আমাকে যেতে হবে ওখানে "

দীক্ষার হাত ধরে দেব বলল " আমি তোমার সাথে যাবো। "

65

পর্ব ৬৫

" আপনি যাবেন?"

দেব " হম। তোমার এই বিপদের সময় আমি তোমাকে ছেড়ে যেতে পারি না। চলো......"

দেব ওকে নিয়ে গাড়ি নিয়ে বেরিয়ে গেল।

টিভির নিউজ চ্যানেলে দেখাচ্ছে "Sanyal Group of Construction"- এর তৈরি ১৮ তলা বিল্ডিং ভেঙে পড়েছে। উঠে আসছে নির্মাণকারী সংস্থার গাফিলতি, উঠে আসছে নিম্নমানের মেটেরিয়াল দেওয়ার অভিযোগ।

মিতালী দেখে বলল " হে ভগবান!!! এসব কি হচ্ছে!! "

রিমা দেখে মনে মনে হেসে নাটক করে বলল " এমা!!! দিদিকে ফোন করি। " এই বলে ওখান থেকে সরে এসে মনে মনে বলল " এবার দেখ। তোর কাছে কিছু থাকবেনা। তুই এবার জেলে যাবি। " ফোনটা নিয়ে কাউকে ফোন করলো।

" রিপোর্টারদের সামনে দাঁড়িয়ে সিনক্রিয়েট করবে আর ওর যেন জেল হয়"

রায়হান ওর মাকে টিভিতে দেখে। " পিসি দেখো মাকে দেখাচ্ছে। "

মিতালী দেখে বলল " তোর নীলুদাটা এই সময় চলে গেল বাইরে। দেখি ফোনে যদি পাই।"

রায়হান " মাকে কেন দেখাচ্ছে? "

মিতালী " কিছু না রায়হান। তুমি ঘরে যাও"

দেব আর দীক্ষা ঘটনাস্থলে গেল।

অনেক মানুষ, রিপোর্টার, মিডিয়া সব ঘিরে ধরল।

প্রশ্নবাণে বিদ্ধ হতে থাকে।

" ম্যাম আপনাদের গাফিলতিতে আজ এত গুলো প্রাণ চলে গেল , এ ব্যাপারে কী বলতে চান?"

" ম্যাম এখানে নির্মাণকারীর বিরুদ্ধে অভিযোগ এসেছে যে আপনারা নিম্নমানের কাঁচামাল ব্যবহার করা হয়েছে। "

দীক্ষা দেবের দিকে তাকাল। দেব ওদের দিকে তাকিয়ে বলল " দেখুন , দুর্ঘটনা বলে আসেনা । এটা একটা Accident , বিষয়টা খতিয়ে দেখা হবে, আমরা Investigation করলে জানতে পারবো আসলে কী করে এই এত বড় দুর্ঘটনা ঘটল।"

কিছুক্ষন পর, অনেক লোকজন ওদের সামনে এসে দাঁড়ালো।

দুইজন বিবাহিত মহিলা , একজন তরুণী , দুইজন বয়স্ক লোক এসে দীক্ষাকে যা নয় তাই বলে অপমান করতে লাগলো। ওরা দাবি করতে থাকে যে ওরা মৃত মিস্ত্রি গুলোর বাড়ির লোকজন।

" আপনারা বড়লোক, প্রভাবশালী লোক এই যে খুনগুলো হলো এর বিচার কি আদৌ হবে? "

" আমার বাবা ছিল রোজগারের লোক। আমাদের পরিবার আজ আপনাদের জন্য ভেসে চলে যেতে বসেছে "

দীক্ষা চোখের জল মুছে বলল " আমি..... আমি ইচ্ছে করে করিনি....আপনাদের যা ক্ষতি হয়েছে আমি মিটিয়ে দেব........ ক্ষতিপূরণ দিয়ে দেব......"

তরুনীটি বলল " দিদিমণি, আপনি টাকাতো দেবেন কিন্তু আমার বাবাকে কি ফিরে পাবো? "

দীক্ষা এই কথা শুনে স্তব্ধ হয়ে গেল। ভাঙাচোরা সিমেন্ট, বালির স্তূপের দিকে এগিয়ে গেল । চারদিকে "Don't Cross" , " Caution" লেখা ফিতে দিয়ে ঘেরা। এই স্তূপের নিচে কারোর বাবা, কারো স্বামী , কারোর ভাই বা দাদা পড়ে আছে।

দেব এসে ওর কাঁধে হাত রাখল।

দীক্ষা দেবকে জড়িয়ে ধরলো।

কাঁদতে কাঁদতে বলল " কী করে হলো সব? কী করে ? "

দেব দীক্ষার চোখের জল মুছিয়ে বলল " আমি আছি তো....."

" অন্যায় করেছি , আমার গাফিলতি ছিল। আমি পারিবারিক ব্যবসা সামলাতে অক্ষম...."

দেব " দীক্ষা...দীক্ষা এটা একটা দুর্ঘটনা। "

" না না এমন কোনোদিন হয়নি"

" কোনোদিন হয়নি বলে যে কোনোদিন হবে না এটা কি বলা যায়....."

দীক্ষার হাতটা ধরে বলল " ঘরে চলো । দেখো ভোর হয়ে আসছে। "

বাড়ি ফিরে রায়হানকে জড়িয়ে শুয়েছিল দীক্ষা ঘুম আসেনি। দেবকে দরজার সামনে দাঁড়াতে দেখে ও এগিয়ে গেল।

দেব - কী হলো ঘুম আসছে না?

দীক্ষা - চোখের পাতা এক করতে পারছি না।

- রিল্যাক্স দীক্ষা।

- অপরাধ আমার। আমার জন্য কত মানুষের প্রাণ গেল। আমার যা শাস্তি হবার মাথা পেতে নেবো। দেখুন তো কত মানুষের প্রিয়জন চলে গেল। ছিঃ

- নিজেকে ধিক্কার দেওয়া বন্ধ করো.......

- পারছিনা। কানে ওদের কান্নার আওয়াজ ভেসে আসছে।

ওদের কথোপকথন দূরে দাঁড়িয়ে দেখছে রিমা।

রিমা শয়তানি হাসি হেসে বলল " তোর মান- সম্মান গেল রে দীক্ষা।খুব অহংকার ছিল না স্যানাল বাড়ির বড় মেয়ের মতন মেয়ে হয়না এবার দেখ। মাকেও হাত করে নিয়েছিলিস না । এবার তোর দ্বারকাপুরী ডুবতে চলেছে। "

ওখান থেকে রিমা সরে ওর ঘরে গেল। ফোন করলো একজনকে।

" হ্যালো। টাকাটা তোমার বাড়িতে পৌঁছে দিয়েছি। ধন্যবাদ আমার কাজ করে দেওয়ার জন্য মিঃ মেহেতা। "

মেহেতা রিমার ফোনটা কেটে ওর সামনে রাখা সুটকেসটা খুলল।

টাকা গুলো হাতে নিয়ে দেখতে থাকলো। তারপর একজনকে ডাকলো।

সে এলো, তার হাতে কিছু টাকা ধরিয়ে দিয়ে বলল " শোন বড়বাবুকে কাল আসতে বলবি। "

" ঠিক আছে" বলে চলে গেল।

একটা আলো-আধারি ঘর। সেই ঘরের মাঝে এক ব্যক্তি বসে পা দোলাচ্ছে আর টিভির দিকে তাকিয়ে আছে। টিভিতে দীক্ষাকে দেখাচ্ছে। সেই ব্যক্তিটির কাছে ফোন এলো।

ফোনটা কানে নিয়ে শুনলো কিন্তু কোনো উত্তর দিলনা আর ফোনের ওপাশ থেকে কিছু শোনা গেল। ব্যক্তিটি উঠে দাঁড়ালো।

66

পর্ব ৬৬

দীক্ষা থানাতে বড়বাবুর সামনে বসে, ওর পাশে বসে আছে দেব।

বড়বাবু মুখে পান ঢুকিয়ে ফোনে কথা বলে যাচ্ছে।

দীক্ষা ছলছল চোখে ওর দিকে তাকালো, দেব ওকে আশ্বাস দিল। ফোনটা রেখে ওদের দিকে তাকিয়ে বলল " ম্যাডাম...... আপনার ব্যবসা তো বন্ধ করতে হবে আর আপনার নামে অনিচ্ছাকৃত খুনের মামলায় অভিযোগ করেছেন মৃতদের পরিবারেরা। "

দেব বলল " ক্ষতিপূরণ তো দেওয়া হবে ওদের...."

দীক্ষা উঠে কাঁদতে কাঁদতে বলল " বড়বাবু এই বিষয়টার তদন্ত চাই। আগে তদন্তের রিপোর্ট আসুক..."

" দেখুন , আপনি আগে উকিল আনুন। তারপর দেখছি, আসলে ওদের ইসুটা এত সেন্সেবল । শুধু এই ঘটনাটা নয় এখানে আপনার অফিসের এক কর্মীও অনেক অভিযোগ এনেছে....."

দীক্ষা " মানে.... !!! কি বলছেন? "

বড়বাবু" আপনার অফিসের পরিবেশ কর্মীবন্ধুত্বপূর্ণ নয়। "

দেব " এই সব কি বলছেন!!!! "

বড়বাবু " আপনার অফিসের কর্মীদের অসন্তোষ আটকান আগে...."

ওরা ওখান থেকে বিদায় নিয়ে বের হলো থানা থেকে।

দীক্ষা দেবের দিকে তাকালো ওর হাতটা ধরে থানা থেকে বেরিয়ে এল।

দেব ওকে ধরে বলল " দীক্ষা আমি একটা কথা বলবো? "

" বলো "

"আমার এই গোটা ঘটনাকে সাজানো মনে হচ্ছে। তোমার অফিসের কর্মী অসন্তোষের বিষয়টা কেমন খটকা লাগছে......."

" আমার কোম্পানীতে কর্মী অসন্তোষের কারণ কেন হলো? কি সমস্যা ওদের? "

দেব " দীক্ষা আমার মনে হচ্ছে তোমার কোম্পানীতেই কিছু একটা হয়েছে.... "

দীক্ষা " কিন্তু কে করবে? " হঠাৎ ফোন এল।

দোলা ফোন করেছে। দীক্ষা ফোনটা ধরে বলল " হ্যা দোলা বলো।"

দোলার গলা দিয়ে উদ্বিগ্নতা ঝরে পড়ছে। " ম্যাম আমাদের স্টাফেরা একাংশ উত্তপ্ত হয়ে উঠেছে "

" কেন? "

" আমি জানিনা কিন্তু আমার সন্দেহটা মিথ্যে যদি না হয় এই সবের পিছনে সাহেব আছে আর আজকের ঘটনাটার জন্য আমি মেহেতাকে ভীষণ ভাবে সাসপেক্ট করছি। ওর সাপ্লাইয়ের ব্যাপারে জানতাম। "

" কিন্তু দোলা ওর সাথে তো ডিলিং করতাম না। "

" ম্যাম এর পিছনে রিমা ম্যাম আছে "

বাড়িতে এসে রিমাকে ডাকতে লাগল দীক্ষা। রিমা বেড়িয়ে এসে বলল " এই ভাবে চেঁচাচ্ছিস কেন? "

দীক্ষা " তোকে বলে ছিলাম না মিঃ মেহেতার কাছ থেকে কোনো সাপ্লাই নিইনা ওর মেটেরিয়াল থেকে শুরু করে সব দু নম্বরী। তোকে বারণ করেছিলাম যে ওর সাথে ডিলিং না করতে। রিমা ব্যবসাটা কোনো ছেলেখেলা নয়....."

" জাস্ট সাট আপ । মিস্ নাকি মিসেস? কী বলবো? শোন নিজের হাতে সব কিছু কন্ট্রোলে রাখাটা বন্ধ কর। বাপির সব কিছু আমার নামে আছে হ্যা। সবটা আমার নামে। তোর কাছ থেকে আমি শিখতে নারাজ। মেহেতা এন্টারপ্রাইজ আমাকে অনেক কিছু অফার দিচ্ছে, তুই কি জানিস ও আমাদের শেয়ার কিনতে চাইছে। You know what...... তুই আমাকে হিংসা করিস , তুই কোনো কিছু আমার হতে দিবি না। আমি স্যানাল গ্রুপকে একটা উঁচু জায়গায় নিয়ে যেতে চাই আর জানিস এই যে এমপ্লয়েজ স্ট্রাইক হয়েছে এর জন্য তুই দায়ী। আমার সব নামে হওয়া সত্ত্বেও তুই সবটাকে নিয়ে আছিস। দেবের সাথে আমার সংসার করার কথা ছিল কিন্তু তুই চলে এলি। আমি জানি নীল আর তুই তোরা দুইজন মিলে এই প্ল্যানটা করছিলি। "

দীক্ষা বলে উঠলো " রিমা...... তোর কি মাথা খারাপ হয়ে গেছে? তুই কি বলছিস এই সব...."

" সব ঠিক বলছি " দেবের দিকে তাকিয়ে বলল " ওহহ সবাইকে জানুক। "

অনিরুদ্ধ বাবু সেই সময় বাড়িতে ঢুকছিল ওর কথা শুনে বলল " কি হয়েছে? সবাই কী জানবে ? কী জানাতে চাও তুমি? "

সামনে এসে বলল " আপনার ভাইপো আর আদরের ভাইপো বৌ ওদের বিয়েটা বিয়েই নয় "

দেব আর দীক্ষা অবাক হয়ে ওর দিকে তাকায়। " ওরা কন্ট্রাক্ট ম্যারেজ করেছে আর..... আর এর কারণ কী জানেন আপনারা ? "

অনিরুদ্ধ " কী? "

দীক্ষার দিকে তাকিয়ে বলল " আপনার ভাইপো আমাকে বিয়ে করবে বলে ও ৫০% শেয়ার নেয় । কিন্তু সেটা হয়নি উল্টে রিসোর্টের ডিল থেকে দিদির কন্ট্রাক বাতিল করতে থাকে আর তারপর দিদির নামে আর আমাদের কোম্পানীর নামে কেস আনে , আর তখন আমার দিদি ব্যবসা বাঁচাতে মিঃ রায়চৌধুরীর বিছানায় শুয়ে পড়ল........"

" রিমা......"

দীক্ষা চেঁচিয়ে উঠে ওর গালে চড় মারলো।

রিমা নিজেকে সামলে ওর দিকে তাকিয়ে বলল " এটা সত্যি, সত্যি, আর সত্যি। প্রমান হিসেবে তোদের সমস্ত ডকমেন্ট আমার হাতে......"

অনিরুদ্ধের সামনে ওদের কাগজ পত্র গুলো তুলে ধরল। " এই যে..... ওরা স্বামী-স্ত্রী নয়। আর আমার দিদি......"

দীক্ষার সামনে দাঁড়িয়ে বলল " তোর আর দেবের সম্পর্কটাকে কী বলে জানিস ? রক্ষিতার সম্পর্ক। "

দীক্ষার চোখ চোখের জলে ভেসে গেল। মিতালী এসব দেখে দেবের দিকে তাকাল " এ গুলো কী? "

রিমা " সওদা মানে ডিল। ব্যবসাতে যেমন হয়....... ঠিক তেমনি সম্পর্কের মধ্যেও ডিল।"

অনিরুদ্ধ" দেব এইভাবে........."

দেব বলল " দেখো জেঠু মানে..... আমি তখন রিমাকে বিয়ে করতে চেয়েছিলাম ঠিকই আর সেই জন্য.... আসলে আমি দীক্ষাকে ঠিক বিয়ে করতে চাইনি। আর তাই......"

অনিরুদ্ধ" এই জন্য তুমি সম্পর্কটাকেও একটা শর্ত দিয়ে চলেছিলে। এই ভাবে খাতায় কলমে লিখে......!!! "

দীক্ষা মরমে মরে যাচ্ছে ......ওদের এই কাঁচের বাড়ির মতন সম্পর্কের আড়ালে যে ভঙ্গুর, নড়বড়ে কালিমালিপ্ত শর্তসাপেক্ষ সম্পর্ক বর্তমান সেটা সকলের কাছে প্রকাশ পেয়ে গেল।

দীক্ষা কাঁদতে কাঁদতে ঘরে যেতে গেলে রিমা আবারো ওর বাণ চালায়।

" তোর জন্য দেব আর আবার বিয়েটা হয়নি শুধু মাত্র তোর জন্য। ছিঃ........."

ওর সামনে এসে বলল " ব্যবসা বাঁচাতে নিজের সম্মানটাও দিয়ে দিলি। "

দীক্ষা কাঁদতে কাঁদতে ঘরে গেল। দরজায় বন্ধ করে ঠেস দিয়ে বসে পড়লো।

আগের কথা গুলো মনে পড়তে লাগলো।

অনিরুদ্ধ দেবকে জিজ্ঞেস করল " এইগুলো কী ? "

দেব বলল " এই সব সত্যি "

অনিরুদ্ধ" সেটাই তো শুনে অবাক হচ্ছি...... ছিঃ....."

মিতালী " যোগ্য সম্মানটা দীক্ষার প্রাপ্য ছিল "

সকলে চলে গেলে রিমা ওর সামনে দাঁড়িয়ে বলল " চুক...চুক.. চুক.... জামাইবাবু সাজানো গোছানো আপনার প্ল্যানটা কাজ করলো না। তোমাকে যখন আমি পাইনি তখন আমি তোমাকে কারোর হতেও দেবো না......"

67

পর্ব ৬৭

দীক্ষা স্তব্ধ হয়ে ওর ঘরে বসে আছে।

যেদিন থেকে ওর মা চলে গেছে সেদিন থেকেই এই স্যানাল পরিবারের কাছে ওর অস্তিত্ব চলে গেছে।

" মা" বলে একবার ডেকে আকাশের দিকে তাকালো। আজ এই দেবের সাথে এই নামহীন সম্পর্কে জড়ানোটাও কিন্তু এই স্যানাল পরিবারের জন্য।

অনিরুদ্ধ দেবের কাছে এল।

অনিরুদ্ধ " ঐ মেয়েটাকে যখন স্ত্রীর সম্মান দিতেই পারবি না তাহলে বিয়ে করেছিলিস কেন? তোর ওকে পছন্দ নয় তাহলে কেন বিয়ে করেছিলিস? "

" না মানে........"

" তোর সাথে বৌমার বোনের বিয়েটা ঠিক হয়েছিল কিন্তু বিয়েটা হয়নি। ঠিক আছে কিন্তু এই বিয়েটাকে গলার কাঁটার মতন কেন রেখেছিস?"

দেব কিছু বলতে পারলো না।

অনিরুদ্ধ বলল " আসল কথাটা কী জানিস?তোর ইগো। "

দেব ওর জেঠুর দিকে তাকালো। অনিরুদ্ধ " ইগো.... মেল ইগো। তোর সেই সময় দীক্ষাকে নিজের প্রতিদ্বন্দ্বি মনে হয়েছিল। ওকে নিচে নামানোর, ওকে শূন্য করে দেওয়ায় প্রচেষ্টা তোর ছিল । তাই বিয়ে নিয়ে লোংরা খেলাটা খেলেছিস। নিজের পরিবারকে , নিজের ব্যবসাকে বাঁচাতে তোর সাজানো ফাঁদে ওকে পড়তে হয়। ও...... আর এটা কি সত্যি যে বিয়ের আগে তুই ওর সাথে রাত কাটাতে চেয়েছিলিস?"

দেব মাথা নীচু করে ফেলল। " তার মানে এটাও সত্যি!!!! ছিঃ ছিঃ। তুই এতো টা নীচে নেমে গেছিস। কেন?"

মিতালী হন্ত দন্ত হয়ে এসে বলল " দীক্ষাকে সারা বাড়ি খুঁজলাম কিন্তু পেলাম না....."

দেব " কি!! ও এখন এত রাতে কোথায় গেল? "

অনিরুদ্ধ " ভালো করে খুঁজেছিস? "

মিতালী" হ্যা। কখন থেকে যে এ বাড়িতে নেই সেটাও জানি না। "

দেব " ও নিশ্চয়ই ওর বাড়ি গেছে না হলে ও এখন কোথায় যাবে? ওর মাকে ফোন করো।"

কিন্তু সুনন্দার কাছে ও যায়নি। মিতালী " মেয়েটা গেল কোথায়? "

দেব সারা জায়গায় ওকে খুঁজতে লাগল। গাড়ি নিয়ে বহু জায়গায় গেল কিন্তু কোনো জায়গায় দীক্ষার কায়া পর্যন্ত পেলো না। অবশেষে শূন্য হস্তে বাড়ি ফিরে এলো। ভোর হতে তখন আর মাত্র ২ ঘন্টা। ঘুমন্ত রায়হানের পাশে শুয়ে রইল। সিলিং-এর দিকে চেয়ে থাকল দীক্ষাহীন ক্লান্ত ওর চোখ দুটো।

সকাল ৯ টা।

জানালার কাঁচ ভেদ করে আলো ঢুকে এলেও পর্দায় আটকা পড়ে ঘরের কোণ গুলোতে আলো আঁধারের মায়াজাল সৃষ্টি করেছে। বিছানায় রিমা শুয়ে ঘুমাচ্ছে। হঠাৎ ওর ঘুমের ব্যাঘাত ঘটল দরজার খোলা শব্দে। কপাল কুঁচকে চোখ খুলতেই দেখলো নীলাদ্রি সামনে দাঁড়িয়ে।

নীলাদ্রি ওর সামনে তীক্ষ্ণ দৃষ্টি নিয়ে তাকিয়ে আছে।

রিমা " কী হলো কী? এভাবে আমার ঘুমটা কেন ভাঙালে?"

নীল ওর কাছে এসে বসল।

নীল " তোমাকে কি বলেছিলাম সেটা কি মনে আছে? "

" দেখো , তোমার কথা মনে রাখার বা শোনার বিন্দু মাত্র ইচ্ছে নেই"

এই বলে শুতে যাচ্ছিল, ওর হাতটা ধরে নিজের দিকে ফিরিয়ে বলল " মামা-মামীর সম্পর্কের আসল সত্যটা সবার সামনে সেই আনলে...."

রিমা ওর দিকে তাকিয়ে বলল " যেটা সত্যি সেটাই বলেছি....."

" আমি জানতাম তুমি এটা বলবেই এবার দেখো আমি কী করি...."

এই বলে নীচে গিয়ে ওর মাকে ডাকলো। " মা মা "

মিতালী রান্নাঘর থেকে বেড়িয়ে বলল " কী হয়েছে? "

রিমা সিঁড়ির কাছে দাঁড়িয়ে আছে। অনিরুদ্ধ আর রায়হান খাচ্ছিল।

নীল রিমার দিকে এক ঝলক তাকিয়ে একজনকে বলল রায়হানকে ঘরে নিয়ে যেতে। ও চলে গেলে অনিরুদ্ধ বলল " কী হয়েছে? "

নীল " মামাকে ডাকো। "

অনিরুদ্ধ মিতালিকে বলল " যা ওকে ডেকে নিয়ে আয়। "

দেব এল। দেবের কাছে গিয়ে বলল " মামী আজ ঘর ছাড়ার জন্য ঐ মেয়েটা দায়ী। "

রিমার দিকে তাকিয়ে বলল " রিমা তোমায় বলেছিলাম মামা-মামীর এই সম্পর্কটা যাতে কেউ না জানে। কিন্তু তুমি একথা শুনলে না এবার আমিও বলি। "

সবার দিকে তাকিয়ে বলল " তোমাদের একটা ভিডিও দেখাবো। সেই ভিডিও তে অনেক তথ্য আছে। এই মেয়েটার......" রিমার দিকে আঙ্গুল উঁচিয়ে বলল " এই মেয়েটা কী কী করছে সেটা তোমাদের ধারনার বাইরে....."

সুনন্দা ওদের বাড়িতে এল। রিমার কাছে গিয়ে বলল " তুই.... তুই এতটা নীচে নেমে গেছিস....!!! তোর ধারণা আছে দীক্ষা তোর জন্য কতটা Sacrifice করেছে। ওকে তুই এইভাবে অপমান করে তাড়িয়ে দিলি। "

নীল " এবার বলো ..... তুমি নাকি বলেছিলে আমি তোমাকে জোর করে নাকি বিয়ে করেছি .... আচ্ছা এবার কিছু ভিডিও দেখাবো , কিছু ছবি দেখাবো এটা দেখার পর সবাই বলুক আমি রিমাকে চিট করেছি নাকি ও আমার সাথে করেছে। "

ল্যাপটপটা সামনে রাখলো।

" এই দেখো। " সুনন্দাকে বলল " দেখুন... আপনার মেয়েকে.... "

বেশ কিছু ছবি দেখা গেল যেখানে স্কুলের জামা পড়া রিমা আর সাথে নীল। তারপর দেখা গেল বিভিন্ন বয়সী ছেলেদের সাথে নানা রকম জায়গায়, ওয়েস্টার্ন ড্রেস পড়া ছবি।

নীল " এবার একটা ভিডিও দেখাচ্ছি। ও আমাকে বলছে আমায় ছাড়া কাউকে ভালোবাসবে না। "

ভিডিওটা চালাতে গেলে নীলের পায়ে পড়ল রিমা।

" নীল আমাদের ঘনিষ্ঠ মুহুর্তের ছবি প্লীজ বড়দের সামনে চালিও না। "

নীল বিদ্রূপের হাসি হেসে বলল " না দেখাই তুমি আবার বলবে আমি নাকি তোমাকে জোর করেছি। "

" না নীল না। "

" তাহলে বলো তুমি আমাকে প্রতিশ্রুতি দিয়েছিলে কিনা"

" হ্যা। " সুনন্দার দিকে তাকিয়ে বলল " মা , ওর সাথে আমার সম্পর্ক আগে থেকে ছিল। আমরা কমিটেট ছিলাম তারপর আমি ওকে ছেড়ে দিই। "

নীল " আন্টি এর কারণ হচ্ছে আপনার মেয়ের স্বভাব। যার কাছে বেশি অর্থ, ওর কাছে তারাই ভালো। কি তাই না? "

মিতালী রিমার সামনে এসে বলল " ছিঃ ছিঃ। এই নাকি তুমি গতকাল তোমার দিদির ভালো খারাপ বিচার করছিলে? তোমাকে আমার ছেলের বৌ হিসাবে মানি না।....."

সুনন্দার দিকে তাকিয়ে নীল বলল " আপনার মেয়েকে আপনি নিয়ে যান....."

রিমা " নীলাদ্রি...... তুমি একি বলছো!!?"

নীল " কেন? তুমি তো চেয়েছিলে আমার কাছ থেকে দূরে চলে যেতে। যাও চলে যাও। তুমি কোনো দিন কাউকে ভালোবাসতে পারবেনা আর না তোমাকে কেউ ভালোবাসবে...... " নীল একবার সুনন্দার দিকে তাকিয়ে বলল " তোমাকে শুধু সবার বিছানাতেই ভালো লাগে....." এই বলে নীল চলে যায়।

সুনন্দা চকিতে নীলের দিকে তাকাল। মিতালী সুনন্দার দিকে তাকিয়ে বলল " ঠিকই বলেছে ভাগ্যিস দেবের সাথে ওর বিয়েটা হয়নি। "

রিমার গাল , চোখ, কান অপমানে দুঃখে লাল হয়ে গেছে। চোখের জল মুছে সুনন্দার দিকে তাকাল। সুনন্দা দীর্ঘ শ্বাস ফেলে বেড়িয়ে গেল।

পর্ব ৬৮

রিমাকে নিয়ে সুনন্দা বাড়িতে এল।

সুনন্দা - তোমাকে আমি মানুষ করতে পারিনি যা আজ এত দিন পর বুঝতে পারলাম।

রিমা - মা.....

- একদম মা বলে ডাকবে না। তোমাকে নিজের মেয়ে বলে কতটা..... কতটা ভালোবেসেছিলাম কিন্তু তুমি তোমার স্বভাব আর অর্থের লালসায় এতটা.....আমি যে কেন শুধু তোমাকেই দোষী ভাবছি, আসল দোষী তো আমি। তোমার সাথে দেবমাল্যের বিয়ের সম্বন্ধ না করাই ভালো ছিল।

মাঝখান থেকে দীক্ষা চলে গেল। এবার নাও, যাও গিয়ে ব্যবসা, অফিস সব সামলাও।

নাও তোমার সম্পত্তি, প্রতিপত্তির উপর কেউ ভাগ বসাবেনা। সব তোমার।

রিমা ধীরে ধীরে ওর ঘরে এসে বিছানায় বসলো।

নিজের অপমানের কথা, মায়ের অপমানের কথা আর নীলের কথাগুলো মনে করতে লাগলো।

দেব পুলিশ স্টেশন থেকে বের হলো।

নীল ড্রাইভ করছে আর দেব পাশে বসে।

নীল ওর মামার দিকে তাকিয়ে বলল " মামা এত চিন্তা করো না মামী ঠিক ফিরে আসবে। রায়হানকে ছাড়া মামী থাকতেই পারবে না। "

দেব কর্ণ্ঠ ভেজা স্বরে বলল " ও আমাকে ছুটি দিয়ে চলে গেছে মনে হয়। ওকে কোথাও খুঁজে পাচ্ছিনা। "

নীল - পুলিশের কাজটা করতে দাও। আর আমি তো আছি। স্পেশাল ইনভেস্টিগেটর অফিসার মিঃ নীলাদ্রি। আমার পরিচয় কেউ জানে না একমাত্র তুমি ছাড়া।

দেব - রায়হান ভাবছে ওর এই মা ও ওকে ছেড়ে চলে গেল। কাল রাতে খুব কাঁদছিল। ও চলে যাওয়ার পর থেকে আমার সাথে একটুও কথা বলছে না।

নীল সামনে তাকিয়ে ভাবলো ভগবান মনে হয় ওর মামার কপালে বিড়ম্বনায় লিখে রেখেছেন।

দেব বলল " জানিস তো নীল এটাই হবার ছিল। আমাদের মধ্যে তো ভালোবাসা ছিলই না। নিজেদের মধ্যে তো ছিল শুধু শর্তের পাহাড়, ইগোর ঝড়, একে অপরের থেকে বড় হবার মিথ্যে প্রচেষ্টা। "

নীল - তোমাদের মধ্যে ছিল শুধু অভিমানের পর্দা আর এখন আক্ষেপের চোরাবালিতে ডুবে যাচ্ছো।

রিমা পরেরদিন অফিসে এলো। অনেক আগে এসেছে।

ধীরে ধীরে অফিসে ঢুকলো। চারদিকে তাকিয়ে দেখলো এখনো কেউ আসেনি। দৌড়ে গিয়ে দিদির কেবিনে গেল। দিদির চেয়ার ফাঁকা।

কানে বাজছে ওকে একদিন বলেছিল এই চেয়ার ওর হবে। জানালার কাছে এসে দাঁড়ায়।

চোখটা বন্ধ করে ভাবতে লাগলো দীক্ষার সাথে প্রতিটা মুহূর্তের।

মনে মনে বলল " মিথ্যে দিয়ে, শট করে একটা বাতাসের বুদবুদ তৈরি করেছিলাম। এসবের যোগ্য নই আমি। "

" ম্যাডাম "

পিছনে ফিরে দেখলো দোলা এসে দাঁড়িয়ে।

দোলা- ম্যাম আপনি এত সকালে এসেছেন। গার্ড বলল তাই এলাম। Any problem?

রিমা- দোলা আমি একটা Conference করো সমস্ত রিপোর্টার আর মৃতদের পরিবারদের ডাকো। এবং......

দোলা - এবং কী ম্যাম?

রিমা - সব কর্মচারীদের ডাকো। আর মিঃ মেহেতার সাথে কথা বলবো।

দোলা - ঠিক আছে।

রিমা বাড়ি ফিরে আলমারি থেকে সব কাগজপত্র বার করে।

সম্পত্তির কাগজ পত্র, অফিসের শেয়ার, কোম্পানির মালিকানা ইত্যাদি সব নিয়ে ফিরে গেল।

বিকাল ৪ টে।

যে মেয়ে Western ছাড়া কিছু পড়তো না শাড়ি পড়ে কনফারেন্স রুমে এলো।

মাইকের সামনে এসে বলল " আমি কিছু বলতে চাই তাই আপনাদের ডাকা। "

এই বলে কিছুক্ষন থেমে মাথা নীচু করে বলল " এই স্যানাল গ্রুপ যার ভরসায় চলতো সে.....সে কোথায় আমি জানি না। সে নেই..... এর জন্য আমি দায়ী। "

একজন রিপোর্টার বলল " মানে? যতদূর জানি এসব আপনার নামে...আর সে নেই মানে মিসেস দীক্ষা রায়চৌধুরী কোথায়? "

রিমা " হ্যা কিন্তু এখন এসব আমি ফিরিয়ে দিতে চাই। এসবের নখের ও যোগ্য নই। "

মৃত রাজমিস্ত্রীদের পরিবারের সামনে দাঁড়িয়ে হাত জোড় করে ক্ষমা চাইলো। " আপনাদের প্রিয়জনদের তো ফিরিয়ে দিতে তো পারবো না। কিন্তু এই যে এত বড় ক্ষতি হয়ে গেছে এর জন্য আমি দায়ী। শুধু মাত্র আমি। স্যানাল construction কখনো নিম্নমানের কাজ করতে পারে না। এই রকম ঘটনা কোনো দিন ঘটেনি। কথা দিচ্ছি এইরকম ঘটনা কোনোদিন ঘটবে না। কখনো না। "

সাহেব ওখান থেকে বেরিয়ে গেল। কনফারেন্স থেকে বেরিয়ে বাইরে দাঁড়িয়ে কাউকে ফোন করলো।

" হ্যালো......পাশার ঘুঁটিটা উল্টে গেছে। "

একটা মখমল সাদা চাদরের উপর শুয়ে আছে একটা নারী শরীর। কানে ভেসে আসছে একটা গান......

Nazrein bolen duniya bole

dil ki zaban haaye dil ki zubaan

Ishq maange ishq chahe koi toofan

Chalna aahiste ishq naya hai

Pehla yeh vada humne kiya hai.....

Nazrein bolen duniya bole

dil ki zaban haaye dil ki zubaan

Ishq maange ishq chahe koi toofan

Chalna aahiste ishq naya hai

Pehla yeh vada humne kiya hai

O re piya haye

O re piya haye

O re piya

Piya

yehhh piya

Nange pairo pe angaro

chalti rahi haaye chalti rahi

Lagta hai ke gairo mein

Palti rahi haaye

le chal wahan jo

Mulk tera hai

Jahil zamana

dushman mera hai....

O re piya haye

O re piya haye

O re piya haye

O re piya haye

O re piya haye

O re piya

O re piya

O re piya........(Singer: Rahat Fateh Ali Khan)

উঠে বসলো সেই শরীরটা। চারদিকে তাকিয়ে দেখলো সব কিছু জিনিসপত্র সাদা।

হঠাৎ জানালা দিয়ে তীব্র হাওয়া প্রবেশ করলে পর্দাটা উড়তে লাগল। এবার সেই শরীরটা আয়নায় আসলে, সেই শরীরটা তার প্রতিচ্ছবি দেখতে পায় তার মুখে সাদা ব্যান্ডেজ লাগানো।

চোখ বন্ধ করতেই সেই বিভীষিকাময় রাতের কথাটা মনে করতে লাগলো। একটা তীব্র আলো আর চোখের তারা স্থির হয়ে গেল। তারপর তো কিছু মনে নেই.........

" মা....মা........"

পিছনে তাকিয়ে দেখলো একটা মেয়ে ওকে দেখে চেঁচাতে চেঁচাতে নীচে গেল।

" মা জ্ঞান ফিরেছে। "

শরীরেরটা ব্যাথার ভারে নুয়ন্ত হয়ে গেছে ঘর থেকে বেড়োতে পারলো না। সামনে তাকিয়ে দেখলো এক ভদ্রমহিলা ওর সামনে এসে দাঁড়াল।

বলল " জ্ঞান ফিরেছে!!"

পাশে দাঁড়িয়ে থাকা সেই মেয়েটা বলল " এই তো ঘর পরিষ্কার করতে এসে দেখলাম"

মেয়েটা কথা বলতে গেলেও তার গালে, গলায় ব্যথা হতে লাগলো । খুব আস্তে বলল " আমি কোথায়?"

মহিলাটি বলল " তুমি সুরক্ষিত জায়গায় আছো। "

মেয়েটা চারদিকে তাকিয়ে মনে করার চেষ্টা করতে লাগলো।

ভদ্রমহিলা কাজের মেয়েটাকে বলল " তোর দাদাবাবু আসুক। তারপর বলবো। এখন কিছু বলবো না। " এই বলতে বলতে চলে যাচ্ছিল আবার দাঁড়িয়ে গিয়ে ওকে বিছানায় বসিয়ে দিয়ে বলল " তুমি বিশ্রাম করো। তোমার জন্য খাবার পাঠিয়ে দিচ্ছি।"

এই বলে ওরা চলে গেল।

69

পর্ব ৬৯

" ম্যাডাম......"

রিমা অফিস থেকে বেরিয়ে গাড়িতে উঠতে যাবে সেই সময় এই ডাক শুনে পিছনে তাকিয়ে দেখলো মিঃ মেহেতা আর পাশে সাহেব।

সাহেব ওর সামনে এগোতে এগোতে বলল " আমাকে মিসগাইড করা হয়েছে, কিছু স্বার্থান্বেষী মানুষ, কিছু খারাপ ইনটেনশনে ভরা মানুষ আমার পথভ্রষ্ট করেছে.... আজ মিসেস রিমা এই কথা গুলো বলেছিল সাংবাদিক বৈঠকে বলেছিলেন। "

মেহেতা ওর সামনে এসে বলল " দেখলাম সাহেব বাবু টিভিতে...... "

মেহেতা রিমার দিকে তাকিয়ে বলল " এত পল্টি?? আমি কিন্তু অনেক টাকা আপনার কোম্পানীতে ইনভেস্ট করেছি এই ভাবে আমার সাথে খেলবার করবেন না। "

সাহেব " বলেছিলে দীক্ষা আমার হবে। ওকে তাড়িয়ে কোথায় আমার কাছে আনলে? দেবমাল্যের কাছে তো আরো এনে দিলে। ১০ বছর পর ও যদি আসে তাও তো দেবের কাছাকাছি তো এসে যাবে। "

মেহেতার দিকে তাকিয়ে বলল " আমি সব টাকা আপনাকে ফিরিয়ে দেব.... "

মেহেতা - কি!!! এই ভাবে আপনি আমাকে ফিরিয়ে দিতে পারেন না।

সাহেব - তুমি আমার সাথে বেইমানি করলে।

রিমা- আপনি দিদির যোগ্য নন।

এই বলে রিমা বেরিয়ে গেল। সাহেব ওর যাওয়ার দিকে চেয়ে বলল " মেহেতা জী ওর কিন্তু একটা হেস্তনেস্ত হবার দরকার"

" কী করবো ওনাকে? কীভাবে সাওবাক শেখানো যায় বলুন"

" রিমা ম্যাডাম নিজেকে খুব চালাক মনে করে না। এবার দেখো আমি কী করি..... রিমার অবস্থা খুব খারাপ, ওকে একেবারে ধরে রাস্তায় টেনে নামাবো।

রাস্তার একেবারে মাঝখানে। "

নীল বহু জায়গায় খুঁজছে দীক্ষাকে। বিভিন্ন হোটেলে, বিভিন্ন স্টেশনে খুঁজে চলেছে। অবশেষে বাধ্য হয়ে একটা মর্গে যেতে হচ্ছে।

মর্গে সামনে এসে গাড়ি দাঁড় করাতেই দেব বলল " নীল তুই যা আমি যাবো না। "

" কিন্তু..."

" আমি দীক্ষার এই রকম অবস্থা হোক কখনো চাইনি। আমি যাবো না। "

অগত্যা নীল একা গেল। মৃতদেহ দীক্ষার নয়।

নীলের কাছে একটা ফোন এল।

খবর পেল তিন কি চারমাস আগে কোচবিহারের এক স্টেশনে এক্সিডেন্ট হয়।

নীল (ফোনে) - বডি পাওয়া গেছে?

ফোনের ওপারে - না স্যার, অনেকে বলছে সে নাকি মরেনি আহত অবস্থায় কারা যেন তুলে নিয়ে গেছে।

নীল - ঠিক আছে ফোন রাখো।

ফোনটা রেখে মাথায় হাত দিয়ে বসে পড়ল নীল।

" মামী কোথায় যেতে পারে? এভাবে মানুষটা উড়ে যেতে পারে না। "

" কী নাম? কোথায় থাকে? কিছু কি জানতে পারলে?"

মিঃ কর্মকার চায়ে চুমুক দিতে দিতে ওনার স্ত্রী বৈশালীকে বলল।

ভগবানের কী ইশারা সে কেউ বলতে পারে না। ওনার কী ইচ্ছে সে একমাত্র উনি জানেন।

বৈশালী দেবী বলল " আজ রেবতী বেঁচে থাকলে হয়তো এই রকমই ওর বয়স হতো"

বৈশালী দেবী রুদ্রবাবুর দিকে তাকিয়ে বলে " ঐ মেয়েটাকে অনেক কষ্ট করে বাঁচানো গেছে । চারমাস জ্ঞান ছিল না ওর মুখটা ক্ষতবিক্ষত হয়ে গেছে। আচ্ছা ওকে যদি আমাদের মেয়ে রেবতীর মতন চেহারা তৈরি করি মানে প্লাস্টিক সার্জারি করে......"

রুদ্রবাবু বলল " না বৈশালী। ওর কিছু মনে নেই। যদি ওর পরিবার....... খোঁজে?"

" কেউ ওকে খুঁজবে না....."

" কী করে এতটা সিওর হচ্ছো"?

" ও স্টেশনে আত্মহত্যা করতে গেছিল। ও যদি ফিরে যায় তাহলে ও আবার শেষ হয়ে যাবে। একটা মেয়েকে হারিয়েছি আর হারাতে চাই না। "

" কিন্তু এটা উচিত নয়। "

বৈশালী দেবী মুখ ভার করে উঠে চলে গেলেন।

দীক্ষা বিছানায় শুয়ে থাকে একরকম ভাবে। মাঝে মাঝে মনে করার চেষ্টা করছে কিন্তু কিছু মনে করতে পারছে না। শুধু চোখের সামনে ভেসে ওঠে বিশাল অতিকায় আলো আর কানে ভেসে ওঠে আর্তনাদ। বৈশালী দেবী এসে ওর পাশে বসলো। ওর ঘোর কাটে।

বৈশালী " কী ভাবছো?"

দীক্ষা মাথা নেড়ে বলল না। বৈশালী হেসে বলল " এটা দেখো তো..." দীক্ষার সামনে একটা ছবি রাখলো। দীক্ষা এই ছবিটা দেখে কিছুটা অবাক হলো। ওর মনে হলো এ ছবিটা তো ও দেখেছিল।

বৈশালী বলল " আমার মেয়ে। " মুখটা ম্লান করে বলল " তোমার মতনই , জানো ও বেঁচে নেই। ও থাকলে ঠিক তোমার মতনই বয়স হতো। ওর একটা ছেলে আছে। মানে নাতি। কত দিন হয়ে গেছে দেখিনি। "

দীক্ষার কিছু মনে নেই। বৈশালী বলল " শোনো কাল তোমার প্লাস্টিক সার্জারি হবে। আমি চাই তোমাকে যেন আমার মেয়ের মতন দেখতে লাগে। তুমি কি চাও এই রকম আমার মেয়ের মতন

তোমাকে লাগে?"

সেই সময় রুদ্রনীল বাবু এল। ওদের কথাবার্তা শুনে দরজার আড়ালে দাঁড়িয়ে থাকে। মেয়ের সাথে অভিমানের সীমাটা এত বাড়িয়েছিল যে মেয়েটাকে কাছে পেল না। বাবার পাষাণ হৃদয়ের অভিমানটাই এতটা বিশাল যে আজ তার যত নষ্টের গোড়া। পৌরুষের অহংকারের বেড়া জালে আটকা পরে একমাত্র মেয়েটাকে হারিয়ে ফেলল।

রুদ্রবাবুর মুখ থেকে বেরিয়ে এল " রেবতী তোকে খুব দেখতে ইচ্ছে করে মা!!! ভগবান মনে হয় এত দিন পর আমার খালি হৃদয়টাকে ভরিয়ে দেবে। "

দীর্ঘ নিঃশ্বাস ফেলে ওদের সামনে এল।

দীক্ষার দিকে তাকিয়ে বলল " তুমি আজ থেকে আমাদের মেয়ে তোমার নাম হবে রেবা। "

রেবতীর ছবিটা তুলে নিয়ে বলল " তোমাকে এইরকম চেহারায় নিয়ে আসবো। "

বৈশালী " সত্যি!!!! অবশেষে মেয়ের থেকে অভিমান পড়লো তোমার"

দীক্ষা ছবিটা নিয়ে ফের দেখতে থাকলো।

70

পর্ব ৭০

সাহেব আর মেহেতা একটা ঘরে বসে আছে। বোধহয় মিঃ মেহেতার বাড়িতে।

হাসতে হাসতে মদের গ্লাসে চুমুক দিলো ওরা।

মেহেতা - শোনো এই কাজটা অন্তত একটু ভালো করে করো।

সাহেব - আমি যে চালটা চেলেছি না , ও আর বাপ বলার উপায় রাখবে না।

মেহেতা - দেখা যাক, কত দূর কী করতে পারো।

রাতের বেলা রিমা বারান্দায় বসে বসে দীক্ষা আর ওর বলা কথা গুলো বসে বসে ভাবতে লাগলো।

কাঁদতে কাঁদতে মনে মনে বলল " দিদি তুই আমাকে ক্ষমা কর। তোকে ছাড়া আমার আর ভালো লাগছে না। দিদি তুই কোথায়?"

হঠাৎ ওর ফোনে একটা মেসেজ ঢোকে। ফোনটা খুলে দেখলো একটা আননোন নম্বর দিয়ে মেসেজ এসেছে। সেখান থেকে একটা ভিডিও এসেছে।

ভিডিওটা খুলে দেখতেই ওর মুখটা রক্ত শূন্য হয়ে গেল।

ওখানে দেখা যাচ্ছে এক যুবকের সাথে ওর ঘনিষ্ঠতা। আর ছেলেটাকে ও চেনে। সঙ্গে সঙ্গে ওই নম্বরে ফোন করলে ফোনটা সুইচ অফ শোনায়।

তারপর আরেকটা আননোন নম্বর দিয়ে মেসেজ আসে। সেখানে লেখা আছে ' এই ভিডিও চারিদিকে ছড়িয়ে পড়বে। ' রিমা উঠে দাঁড়ালো।

" এই সব কী...!!!! না না এই রকম হতে দেওয়া যায় না। সৌমজিতের সাথে এই ভিডিও কি করে... কি করে হলো তার মানে......"

একটা রাস্তার ধারে সাহেব দাঁড়িয়ে আছে ওর সামনে একজন বাইক নিয়ে এল। সেই বাইক আরোহীকে চেনার উপায় নেই কারণ তার আপতমস্তক কালো জামা পড়া আর মাথায় হেলমেট। সাহেব ওর হাতে একটা থাম দিয়ে বলল " এরপরের প্ল্যানটা জানো তো? "

বাইক আরোহী মাথা নেড়ে বলল " হ্যা এরপর প্ল্যানটা আমাকেই সাজাতে হবে।"

দীক্ষাকে হুইলচেয়ারে করে নিয়ে আনা হলো একটা কেবিনে। বৈশালী ওর সামনে এল।

বৈশালী - কোনো চিন্তা করিস না। কয়েকটা দিন ধৈর্য ধর তারপর তুই আমাদের কাছেই থাকবি।

রুদ্রনীল - আমি কিন্তু আমার মায়ের মুখটা দেখার জন্য অপেক্ষা করে আছি, ভগবানকে ডাকছি যেন সব ঠিক ঠাক ভাবে হয়ে যায়।

অফিস থেকে সেদিন রিমার বেরোতে দেরি হয় রাতে। সব কিছু দেখে বেরোতে দেরি হয়ে যায়।

" হ্যা, মা এই বেরোচ্ছি......"

কথা বলতে বলতে অফিস থেকে বেরিয়ে পার্কিং লট থেকে গাড়ি নিয়ে বের হলো। ফোনটা রেখে গাড়িটা স্টার্ট দিয়ে বেরিয়ে গেল কিন্তু মাঝ রাস্তায় ওর গাড়ি আটকায় একটা মারুতি। রিমা গাড়িটা থামিয়ে বলল " কি হলো!!"

ঐ গাড়ি থেকে দুটো কালো মুখোশ পড়া লোক বেরিয়ে এল। ওদের দেখে রিমা ভয় আর বিস্মিত হয়ে গেল।

একজন গাড়ির কাঁচে হালকা ধাক্কা দিয়ে বলল " গাড়ি থেকে নামুন"

রিমা ঢোক গিলে চারদিকে তাকিয়ে বলল " আপনারা কারা....."

" নামুন ...না হলে কিন্তু ...."

" কিন্তু কি...."

"কাঁচ ভেঙে দেব। তখন কিন্তু আপনাকে বাঁচানো মুশকিল হবে..."

রিমা ধীরে ধীরে বেরিয়ে এল। একজন ওর হাতটা ধরে গাড়ির দিকে নিয়ে গেল।

রিমা চেঁচাতে লাগলো। " ছাড়ুন আমাকে....."

কিন্তু তাও ওরা ওকে ছাড়লোনা। গাড়িতে ওকে ওঠাতে যাবে ঠিক সেই সময় একটা ঘুষির আওয়াজ পেল। রিমা পিছনে ফিরে দেখলো নীলাদ্রি একজনকে মারছে। তারপর দ্বিতীয় জনকে মারলো।

এইভাবে দুজনকে মেরে একদম আধমরা করে দিল। তারপর রিমার দিকে তাকালো। রিমা ওর দিকে ভরসা পূর্ণ দৃষ্টি নিয়ে ওর দিকে তাকিয়ে থাকল।

নীলাদ্রি ওর দিকে চেয়ে বলল " তোমার প্রবৃত্তির জন্য আজ এই অবস্থা। তুমি মানুষটাই খারাপ। "

রিমা বলল " তাহলে..... তাহলে আমাকে এদের হাত থেকে বাঁচালে কেন?"

নীলাদ্রি " কারণ আমি তোমার মতন না। এবার অনেক রাত হয়েছে যাও"

রিমা ভেবেছিল হয়তো ওকে বাড়ি পৌঁছে দেবে কিন্তু ওর তো এই আশা করা উচিত নয়।

রিমা ওর বাড়ি এল, ধীরে ধীরে ওর ঘরে ঢুকল। মনে পড়তে লাগলো কিছুক্ষন আগে ঘটে যাওয়া কিছু ঘটনার ঝলক।

বালিশে মুখ গুঁজে কাঁদতে লাগলো। বালিশটা ভিজিয়ে দিল অশ্রুবারির সংস্পর্শে। সকালে ঘুম ভাঙলো একটা ফোনে। কাল রাতে দেরিতে শোয়ায় সকাল ঘুমটা তাড়াতাড়ি ভাঙেনি। ফোনটা কানে ধরল।

ঘুম মাখানো চোখে বলল " হ্যালো"

রিমার এক বান্ধবী ফোন করল। " রিমা তোকে একটা লিঙ্ক দিচ্ছি সোস্যাল মিডিয়াটা খোল।"

রিমা ঘুম জড়ানো স্বরে বলল " কী বলছিস...."

" ইমিডিয়েডলি দেখ।"

ফোনটা কেটে লিঙ্ক করে যা দেখলো ওর হাত থেকে ফোন পড়ে গেল। তাড়াতাড়ি করে ফোনটা করলো ওকে।

" এই গুলো.... এভাবে"!!!!

বান্ধবীটা বলল " সৌমজিত এটা করেছে আমি সিওর। এটা ভাইরাল হয়েছে...."

রিমা কাঁদতে কাঁদতে বলল " এটা আমার হবার ছিল।"

রিমা এক কাপড়ে রায়চৌধুরীর বাড়ি গিয়ে দাঁড়ালো।

সোজা বাড়ি ঢুকে নীলের কাছে গেল।

নীল ওকে দেখে অবাক হয়ে বলল " কী!!! "

রিমা ওর দিকে চুপচাপ তাকিয়ে আছে।

নীল " কী হলো .... কৃতজ্ঞতা জানাতে এসেছো?"

রিমা " তুমি.... তুমি চেয়েছিলে না আমার.... আমার বদনাম হোক। কারণ আমি দিদি আর জামাইবাবুকে আলাদা করতে চেয়েছি বলে। "

নীল বুঝতে পারলো না।

রিমা বলতে লাগলো। " আপনার এই কথা খেটেছে। আমার..... আমার ভিডিও ভাইরাল হয়ে গেছে। "

মুখে হাত চাপা রেখে বলল " আমি এ মুখ আর কাউকে দেখাতে পারবো না। কাউকে না। " এই বলে দৌড়ে বেরিয়ে গেল।

নীল বুঝতে পারলো না । ফোনটা নিয়ে ঘাঁটাঘাটি করতেই আসল বিষয়টা বুঝতে পারলো।

রিমার আর সৌমজিতের ঘনিষ্ঠ মুহূর্ত ভাইরাল হয়ে গেছে। ফোনটা রেখে মাথায় হাত দিয়ে বসে পড়লো।

" এটা কে করলো!!!? এত বড় সর্বনাশ কে করলো ওর? "

71

পর্ব ৭১

রিমা বাথরুমের আয়নায় নিজের মুখটা দেখতে থাকলো। এই মুখের জন্য ওর আজ কলঙ্ক লাগলো।

কাঁদতে কাঁদতে বলল " আজ তুই থাকলে এর একটা হেস্তনেস্ত করতিস। আজ তুই নেই তাই আমার পাশে কেউ নেই। এবার আমি কী করে সমাজে মুখ দেখাবো...... "

সারাদিন একটার পর একটা পর একটা ফোন আসছে, সোস্যাল মিডিয়ায় এই নিয়ে সোরগোল পড়ে যাচ্ছে , অফিসে সকলে এ নিয়ে চর্চা করছে।

আয়নায় তাকিয়ে বলল " তোকে ছোট করতে চেয়েছিলাম না? এই জন্য আজ এই অবস্থা আমার। বাঁচবো না..... বাঁচা উচিত নয়।"

সেই সময় একটা ফোন এল।

অচেনা নম্বরে। ফোনটা ধরল।

রিমা বলল " হ্যালো "

ওপাশ থেকে" সৌম্যজিত" গলায় শয়তানি হাসি।

" তোর আর আমার ভিডিওটা দেখলি? সেদিন রাতে তুলে ছিলাম। আমি জানতাম তোকে। তুই টাকার জন্য কার কার সাথে বিছানায় শুয়েছিলিস সেটা জানি। তোর ওর সৌন্দর্যের জাল বিছিয়ে ছেলে ধরার টেকনিকটা জেনেছিলাম রোহানের কাছ থেকে। "

"কে রোহান? "

" কলেজে তোর প্রেমে যে পাগল ছিল। তোর ঐ রূপ, যৌবন তোরই জীবনের পথের কাঁটা হয়ে দাঁড়িয়েছে তো? "

রিমা চেঁচিয়ে উঠলো " কেন? কেন করলে? আমার সম্মান নিয়ে ছিনিমিনি কেন খেললে?'

" এটাই তোর প্রাপ্য। তোর রূপ নিয়ে অহংকার না? নে এবার কর অহংকার।"

ফোনটা রেখে জড় পদার্থের মতন মেঝেতে থপ করে বসে পড়ল।

হঠাৎ আওয়াজ এল দরজা ধাক্কাবার। ওর মা মানে সুনন্দা ওকে ডাকলো।

" এই রিমা। দরজাটা খোল... সেই থেকে ঘরের দরজা বন্ধ করে আছিস। দরজাটা খোল...."

রিমার কোনো সাড়া পেল না। সুনন্দার হাত-পা ঠান্ডা হয়ে যাচ্ছে চিন্তায়।

রিমা ছাদের দিকে তাকালো। সিলিং ফ্যানের দিকে তাকিয়ে ঢোক খেল। উঠে পড়ল, আলমারি খুলে একটা শাড়ি বার। চেয়ার নিয়ে বিছানায় রেখে তার উপর উঠল। কাপড়টা হাতে নিয়ে ফ্যানের ব্লেটের উপর বাঁধল। মনে পড়তে থাকল আগের কথা গুলো।

সাহেব আর মেহেতা রিমাকে নিয়ে মুখোরোচক কথা আলোচনা করতে লাগলো।

সাহেব " এখন আর কেউ নেই পথে। না দীক্ষা আর না ওর বোন। এবার সব কিছু নিজের করে নিতে হবে। মেহেতা বাবু আমার ভাগটা কিন্তু চাই......."

" আর কি কি চাই সাহেব বাবু?"

সাহেব অবাক হয়ে পিছনে ফিরে বলল " কে?"

ওরা দেখলো দেব কে।

দেব- এত সহজ নয়। প্রতিটা ঘটনার পিছনে তাহলে আপনারা?

মেহেতা - কী বলতে চাইছেন?

দেব- এই কোম্পানির শেয়ারের অর্ধেক আমার নামে মিসেস চৌধুরীর স্বামী হিসেবে।

এদিকে রিমা গলায় কাপড় জড়াতে গেলে দরজা ভেঙে নীলাদ্রি ঢুকে পড়ল।

নীলাদ্রি ওকে চেয়ার থেকে নামায়। সুনন্দা ওকে এ অবস্থায় দেখে চেঁচিয়ে উঠলো " রিমা......"

নীল - নীচে নামো।

- না। আমি বাঁচাবো না....

- তোমাকে নামতে বলেছি....

- কী হবে বেঁচে? আমার আত্মসম্মান কি আছে?

দিদি আমার জন্য চলে গেছে। এই পাপের শাস্তি পেতেই হবে......

সুনন্দা- কেন করছিস? না মানা এসব.... এসব করিসনা।

- মা.... আমার বেঁচে থাকার অধিকার নেই...

" চুপ " এই বলে নীল ওর গালে একটা জোড়ে চড় মারে। রিমা অজ্ঞান হয়ে নীলের গায়ে পড়ে গেল। নীল ওকে ধরে ধরে নামিয়ে বিছানায় শোয়ালো।

নীল মনেমনে বলল " তোর এই অবস্থার জন্য যারা অপরাধী তাদের ধরবো...."

এদিকে দেবের কাছে এসে মেহেতা বলল " কি ভিত্তিতে....."

" দীক্ষা রায়চৌধুরী আমার স্ত্রী...... তার ভিত্তিতে "

সাহেব বলল " সেটা তো বিয়েই ছিল না। আর এখন তো মনে হয় ও আর বেঁচে নেই। "

দেব রেগে সাহেবের কলার ধরে বলল " দীক্ষা আমার স্ত্রী। আর ও বেঁচে আছে। ওকে আমি বার করবো। "

সাহেবের মুখে তিন-চারটে ঘুষি পড়লো।

৪ মাস পর........

দীক্ষা নিজেকে দেখলো।

এ মুখ যেন কত চেনা। দীক্ষা মনেও করতে পারছে না ও কে? কেমন দেখতে ছিল? কোথা থেকে এলো?

বৈশালী দেবী ওকে দেখে অবাক চোখে চেয়ে রইল।

" রেবা...."

ওকে জড়িয়ে ধরে বলল " সোনা মা আমার..... তুই আমার রেবা....."

কত মনে করার চেষ্টা করছে , কত কিছু ভাবছে কিন্তু কিছুতেই কিছু মনে করতে পারছে না। রুদ্রনীল বাবু অনেক বার জিজ্ঞেস করলেও ও কিছুতেই কিছু বলতে পারছে না।

বাড়ি ফিরে ভগবানকে ডাকলো। " হে ভগবান আমার কিছু মনে পড়ছে না। কেন মনে পড়ছে না?

72

পর্ব ৭২

রিমার জ্ঞান ফিরলে ও নিজেকে একটা খাটে শুয়ে থাকতে আবিষ্কার করে। ঘরটা চিন্তে পেরে চোখটা পুরোপুরি খুলে চারপাশে দেখল সেই সময় সামনে নীলকে দেখতে পেয়ে বলল " কেন মরতে দিলে না? আর তুমি এখানে কেন নিয়ে এলে? এ বাড়িতে থাকার অধিকার আমার নেই....."

নীল " রিমা প্লিজ সিনক্রিয়েট করো না। এভাবে মরে গিয়ে কী হবে? ঐ ভিডিও গুলো কি সব জায়গা থেকে কি রিমুভ করে দেবে? Be practical

আর এভাবে আত্মহত্যা করা চেষ্টা না করে আসল কথাটা ভাবো। "

রিমা " কী কথা? "

নীল " তোমার সাথে মেহেতা আর ঐ সাহেব নামক ঐ ছেলেটার সাথে কী কী কথা হয়েছিল?"

রিমা বলল " ব্যবসার ক্ষতি করা জন্য, দিদির রেপুটেশন খারাপ করার জন্য ওদের টাকা দিই আর..... আর মেহেতা যদি করতে পারে ৫০% শেয়ার ওকে দেব আর সাহেবকে এমডি -র পদ দিয়ে দেব...."

নীল " কিন্তু নিজেই পাঁকে পড়ে গেলে। নিজের স্বার্থগুলো পূরণ করার জন্য শত্রুদের সাথে হাত মেলালে কিন্তু ওদের যে বিষ দাঁতের কামড়টা তো খেতেই হবে ......"

ওর দিকে তাকিয়ে বলল " তোমার প্রাক্তন প্রেমিক। "

রিমা " মানে? "

নীল " সৌমজিত.... "

রিমা চুপ করে , মাথা নীচু করে নিল।

নীল " তোমার খুঁটি নাটি ওরা সব কিছু জেনেছে। আর মানুষের সামনে, সমাজের সামনে এমন একটা ব্যক্তিত্ব তুলে ধরেছিলে। "

রিমা " এর জন্য আমি নিজের কাছে অনুতপ্ত......"

নীল " ছোটবেলা থেকে কখনো নিজের ছাড়া কিছু বোঝোনি....."

রিমার ম্লান বদনের দিকে তাকিয়ে ওকে নিজের দিকে ফিরিয়ে বলল " আমার দিকে তাকাও "

রিমা ওর দিকে তাকালো। নীল ওর কপালে একটা চুমু দিল। নীল " আমি তোমার সাথে ছিলাম, আছি , আর..... থাকবো...."

রিমা ওকে জড়িয়ে কাঁদতে থাকে। " নীল আমি তোমাকে বুঝতে পারিনি....."

নীল মনে মনে বলল " মামিকে খুঁজতে হবে। সমস্ত জায়গা খুঁজতে হবে।"

৪ বছর পর.........

৪ বছর হয়ে গেল দীক্ষার কোনো খোঁজ পাওয়া গেলো না। অনেক কিছু পরিবর্তন হয়। রায়হানকে রিমা ভালোবাসতে শুরু করে। কেউ কিন্তু দীক্ষার ফেরার আশা থেকে বিচ্যুত হয়ে না।

রায়হান যখন কাঁদে তখন রিমা ওকে জড়িয়ে ধরে। ওকে আশ্বাস দেয় ও ওর মাকে ঠিক খুঁজে বার করবে।

দেব রেবতীর কবরের সামনে মাঝে মাঝে যায় মাথা কুটে। এই ভাবে যে ও চলে যাবে, দেবের কাছে তার স্বপ্নাতীত ছিল।

এদিকে দীক্ষা এই কয়েক বছরে ওদের খুব আপন হয়ে যায়। এই দুই বৃদ্ধ-বৃদ্ধার খেয়াল রাখা, তাদের দেখভাল এখন ওর।

মাঝে মাঝে নিজের মুখটা আয়নায় দেখতে দেখতে যেন ভাবে এই মুখশ্রী যেন খুব চেনা।

রাতের বেলা বৈশালী আর রুদ্রনীল বাবুরা খেতে বসেছেন।

খাবার নিয়ে এল দীক্ষা সাথে এক কাজের লোক।

" দেখো বাবি আজকের এই বাসন্তী পোলাও আর পাঁঠার মাংস শুধু মাত্র তোমার বায়নায় বানিয়ে এনেছি। আবার ৬-৭ মাস পর খাবে। এসব কিন্তু তোমার খাওয়া কিন্তু অনুচিতের খাতায় পড়ে।"

বৈশালী " তুই যতই বল এ লোকটা শুনবে না"

রুদ্রনীল - আ.... খেতে দাও তো। দে দে দেখি কেমন হয়েছে।

দীক্ষা হেসে খাবারটা সার্ভ করতে লাগলো।

রুদ্রনীল বাবু খেয়ে বলল " দারুন"

বৈশালী " নাও খাও। তারপর একটা Anti-acid খেয়ে নেও।"

কর্মকার ভবন এখন গভীর ঘুমে মগ্ন।

দীক্ষা ওর ঘরে বিছানায় শুয়ে আছে। হঠাৎ ঘুমের মধ্যে কেঁপে উঠল।

টুকরো টুকরো কিছু দৃশ্য ও স্বপ্নে দেখতে পেল।

আবছা.....

কখনো দেখতে পাচ্ছে ছাদে থেকে নীচে তাকালে কোনো মহিলার রক্তাক্ত দেহ নীচে পড়ে, কখনো দেখছে বিয়ের সানাই বাজছে... বিয়ে হচ্ছে আবার দেখছে জন্মদিন, একটা বাচ্চা ওর আঁচল ধরে টানছে, তারপর দেখছে ভেঙে পড়া ধ্বংস স্তুপের সামনে দাঁড়িয়ে , সামনে অনেক লোক। তারপর হঠাৎ ট্রেনের জোরালো আলো ওর চোখে পড়তেই ঘুম ভেঙে গেল। ধরফর করে ও উঠে বসলো।

মাথার চুল গুলো ধরে বলল " কেন এসব দেখছি? মনে হচ্ছে প্রতিটা ঘটনা আমার সাথে ঘটে গেছে।" সামনে তাকাতেই রেবতীর ছবিটার দিকে দেখলো।

ছবিতে হাত বুলিয়ে বলল " আমার পরিচয় রেবতী নয়। আমার মুখ কেমন ছিল? কী নাম আমার? কোথায় আমার পরিবার? আমার কিছু মনে নেই।"

তারপর ছবির দিকে তাকিয়ে আবার বলল " রেবতী... নামটা... নামটা খুব চেনা লাগছে.... আর এই ছবি আমি দেখেছি। কেন মনে পড়ছে না......

না না..... আমাকে আমার আসল পরিচয় খুঁজে বার করতেই হবে....”

73

পর্ব ৭৩

রিমা ওর ঘরের বারান্দায় দাঁড়িয়ে ফোনে কথা বলছে।

" হ্যা স্যার আমি আজ বিকেলেই আপনার বাড়ি যাচ্ছি। আপনার যা যা Requirement আছে বলবেন..."

ফোনটা রেখে পিছনে ঘুরতেই মুখোমুখি হয় নীলের।

নীল ওর দিকে এক ঝলক তাকিয়ে নিজের কাজে ব্যস্ত হয়ে পড়ল। রিমা বলল " তুমি ব্রেকফাস্ট করেছো?"

নীল কোনো কথার উত্তর দিল না। সোজা ঘর থেকে বেরিয়ে গেল। রিমা ফোনটা রেখে নীচে চলে গেল।

" নীল দাঁড়াও কিছু খেয়ে নাও..... না খেয়ে যেও না....." নীলের পিছন পিছন বলতে বলে রিমা এল।

নীল দাঁড়িয়ে গেল। ওর দিকে তাকিয়ে বলল " কয়টা বাজে? " নীল ওর হাতে ঘড়ির দিকে তাকিয়ে বলল " ১০টা বাজে কখন তুমি রান্না করবে , আর কখন আমি খাবো। তুমি যেমন ছিলে তেমনি আছো, কোনো চেঞ্জ নেই। তোমার দ্বারা যদি কোনো দায়িত্ব পালন হয়। সকাল ৯টায় ঘুম থেকে উঠে অফিসের কাজ নিয়ে ব্যস্ত হয়ে গেলে কে কি খাবে না খাবে সেদিকে কোনো হুঁশ নেই...... কিছু বললে খালি গলায় দড়ি দেওয়ার নাটক শুরু করবে..."

রিমা খুব কষ্ট পেল অবশ্য এমন কিছু করেনি যে মানুষটা ওকে ভালোবাসবে। রিমা তো কোনোদিন ওকে ভালোবাসতেই পারেনি। মনে মনে ভাবল " আমার মতন খারাপ মেয়ে তো এইসবই তো diserve করবে"

মিতালী এসে বলল " কী হয়েছে কি? সকাল সকাল কি শুরু করেছিস তোরা?"

নীল " কাজের লোক আসেনি তাই বাড়িতে কিছু রান্নাও হবে না। এখন যদি মামী থাকতো তাহলে আমাকে বাড়ি থেকে না খেয়ে বেড়োতে হত না।" এই বলে নীল চলে গেল। মিতালী ওকে বলল " রায়হানের জ্বর এখন নেই তো?"

রিমা " ভোরের দিকে একবার এসেছিল। কিন্তু এখন ঠিক আছে।"

মিতালী " কাল সারারাত ঘুম হয়নি বল?"

রিমা " দিদি থাকলে এটাই করতো। কিন্তু দিদির মতন আর হতে পারলাম কই..... বলছিলাম তুমি একটু আজ রায়হানকে নিয়ে ডাক্তারের কাছে যেও। কতদিন স্কুল যেতে পারেনি।আমি অ্যাপয়েন্টমেন্ট করে দিয়েছি তুমি একটু জাস্ট ওকে নিয়ে যেও।"

বিকেলে রিমা ওর নতুন ক্লাইন্টের বাড়ি এল মিটিং-এর জন্য। গাড়ি থেকে নামল সাথে দোলা আর একটা মেয়ে, ওর রুচিরা।

রিমা ঐ বাড়িতে পা দিতেই ওর মনটা কেমন হু হু করে উঠলে। যেন এই বাড়িতে ওর চেনা পরিচিতি কেউ একজন আছে।

রিমা পুরো বাড়িটা দেখতে লাগল। " আসুন"

রিমা সামনে তাকিয়ে দেখলো মিসেস কর্মকার ওর সামনে দাঁড়িয়ে।

রিমা এখন কর্মকার বাড়িতে এসে উপস্থিত।

বৈশালী দেবী বলল " ভিতরে আসুন"

রিমা হালকা হেসে বলল " চলুন"

রিমার মনে হচ্ছে এই বাড়িতে যেন দিদি আছে। বাড়ির ভিতর ঢুকতে ঢুকতে মনে হচ্ছে দীক্ষার ছোঁয়া চারদিকে।

রুদ্রনীল বাবু ওকে দেখে বলল " আসুন ম্যাডাম। এই ডিলটা ফাইনাল করবো করবো করে আজ কতবছর হয়ে গেল করা হলো না..... যাক গে... যখন যেটা হবে... "

দোলা সামনে ট্যাবে কিছু ডিজাইন দেখালো।

দোলা " এই হচ্ছে আপনার স্কুলের আর এইটা আপনার অফিসের।"

কথা বার্তা বললেও রিমার চোখ ঘুরছে বাড়ির অন্দরমহলে।

দীক্ষা ঘরে বসে বসে অনেক কিছু আঁকে।

একটা ক্যানভাসের মাঝে একজোড়া চোখ এঁকে বসে রইল।

এই চোখ যেন কত চেনা। বারবার মনে হয় যে এই চোখ ওর চোখের সাথে অনেক বার , অনেক কথাই বলেছে।

দেব আজকাল বেশিরভাগ সময় বিদেশেই ঘরে। দেশের ব্যবসার দায়িত্ব অনিরুদ্ধবাবুর উপর ছেড়ে বিদেশেই ব্যবসা নিয়ে থাকে আর মাঝে মাঝে ছেলেকে দেখে।

দীক্ষা ঐ ক্যানভাসটাকে নিয়ে গঙ্গার পাড়ে বসে বসে জলের স্রোতের দিকে তাকিয়ে থাকল।

এই চোখের অধিকারী কে হতে পারে? কেমন হবে তার মুখ।

দীক্ষা মাথা চুলকে বলল " কিছুতেই আঁকাতে পারছি না। "

হঠাৎ ফোন এল। ফোনটা নিয়ে বলল " নাও মা জননী ফোন করেছেন।" ফোনটা ধরে বলল " বলুন।"

বৈশালী " কোথায় তুই? বাড়ি আয়।"

দীক্ষা " আসছি"

ফোনটা রেখে গাড়ি চালিয়ে বাড়ি ফিরলো।

নীল আদোতে একজন গোয়েন্দা বিভাগের কর্তা। তাই একজন ব্যবসায়ীর বাড়ি থেকে গেছিল, সেখানে কালো টাকা উদ্ধার হয়। সেখান থেকে জিজ্ঞাসাবাদ করে বেরোচ্ছিল। গাড়ি নিয়ে বেরিয়ে কিছু দূর গিয়ে জ্যামে পড়ে।

রাগে গজগজ করতে করতে বলল " আবার জ্যাম উফ্। "

হঠাৎ ওর চোখ একটা মুখশ্রী আটকে নিল। ভ্রূ কুঁচকে বারবার দেখতে লাগল ওর থেকে কিছু দূরে দাঁড়িয়ে থাকা একটা গাড়িতে বসা আরোহীর দিকে।

হঠাৎ সিগন্যাল ছেড়ে দিল আর গাড়িটা এগিয়ে গেল।

মনে মনে বলল " মুখটা একদম বড় মামীর মতন ছিল কিন্তু এখন বড় মামী কোথায়? ছোট মামীটাকেও পারছিনা। কত খুঁজছি।"

74

পর্ব ৭৪

দীক্ষা ঘরে ফিরল।

বৈশালী ওকে দেখে বলল " কিরে কোথায় গেছিলি?"

দীক্ষা বলল " গেছিলাম.... ঐ গঙ্গার ঘাটে...."

রুদ্রনীল বাবু বলল " কী করতে? "

দীক্ষা " একটু আঁকতে গেছিলাম....."

রুদ্রনীল " শোন না....... আমাদের স্কুল আর অফিসের ডিজাইনটা আজ ফাইনাল হলো। আয় দেখবি আয়..."

দীক্ষাকে রুদ্রনীল বাবু সব কিছু দেখালো।

দীক্ষা প্ল্যানটা দেখে বলল " বাবা...."

" বল.... তোর কিছুতে doubt লাগছে? "

দীক্ষা বলল " বলছিলাম এই যে মাঠটা পিছনের দিকে না রেখে সামনে থাকুক আর বারান্দাটা সামনে থাক। মাঠের......" দীক্ষা বলতে লাগলো আর আঁকতে লাগলো।

দীক্ষার এই গুন দেখে রুদ্রনীল অবাক হয়ে বলল " তুই এসব ... এত সুন্দর কি করে করতে পারলি? এত সুন্দর, এত ভালো আইডিয়া....যেন মনে হচ্ছে তুই প্রফেশনাল আর্কিটেক্ট। "

' আর্কিটেক্ট ' এই শব্দটা শুনে দীক্ষা চুপ করে গেল।

এই শব্দটার সাথে যেন ওর সম্বন্ধ আছে।

দীক্ষা অস্ফুটে বলল " আর্কিটেক্ট "!

রুদ্রনীল বাবু ওর দিকে তাকিয়ে বলল " কি ভাবছিস!!!"

" হ্যা..!!" দীক্ষা ভাবনা থেকে বেরিয়ে এল, বলল

" শোনো তুমি ওদের এই প্ল্যানটা দেখাও। আর কী কী অ্যাড হবে ওদের বলো। আর আমি সব লিখে রেখেছি। কোথায় কি হবে বলতো..."

রিমা বাড়িতে এসে রায়হানকে বাগানে দেখতে পেল।

" রায়হান কী করছো বাবা...?"

রায়হান বলল " মিমি মা কী এবারো চলে গেলো ? "

" কে বলেছে মা চলে গেছে? মা আবার আসবে"

নীল এই কথাটা বলল। ওর গলা শুনে পিছনে তাকালো ওরা।

রায়হান নীলকে জড়িয়ে ধরে বলল " নীলু সত্যি!!"

" হ্যা সত্যি"

রায়হানকে জড়িয়ে ধরে বলল " তোর মা এখানেই আছে। তোর মা খুব খুব খুব রাগ করে এই শহরেই বসে আছে কোনো এক জায়গায়। এবার শুধু সময়ের অপেক্ষা.... ঠিক তোর মা আসবে...."

রিমা রেবতীর ছবিটার দিকে তাকালো।

মনে মনে বলল " আপনার বাড়িতে একবার যেতে লাগবে....." কিছুক্ষন চুপ থাকার পর বলল " কেন জানি মনে হচ্ছে আপনার বাড়িটাই আমার দিদিকে খুঁজে পাওয়ার সূত্র।"

দীক্ষার রাতে ঘুম ভেঙে যায়। ঘুমের মধ্যেই ঐ এক জোড়া চোখের অধিকারীর মালিকের মুখটা মনে পড়ে।

বিছানায় বসে বিড়বিড় করতে থাকে।

" এই মুখ খুব চেনা কিন্তু.... কিন্তু কে? কে এই লোক? কে সে? "

দীক্ষা বিছানা ছেড়ে রং তুলি নিয়ে দেবকে এঁকে ফেলল।

পরেরদিন সকালে দীক্ষাকে বৈশালী ডাকতে এসে দেখলো দীক্ষা মেঝেতে শুয়ে। ওকে এইভাবে শুয়ে থাকতে দেখে হাল্কা হেসে ডাকতে লাগল।

" এই মেয়েটা কেন শুয়ে আছিস তুই এখানে? ওঠ..."

দীক্ষা চোখ খুলে উঠে বসলো। " কাল রাতে ঘুম ভেঙে গেছিল মাঝে। তাই আঁকছিলাম। কখন যে ঘুমিয়ে পড়েছিলাম...."

বৈশালী " ঠিক আছে উঠে পড়...." বৈশালী ছবিটা দেখে স্তব্ধ হয়ে যায়।

দীক্ষা কিছু বলছিল বৈশালীর কাছ থেকে উত্তর না পেয়ে ওর দিকে তাকাতে দেখলো ওর আঁকা ছবির দিকে তাকিয়ে দাঁড়িয়ে আছে।

" মা এভাবে দাঁড়িয়ে আছো কেন? কী হয়েছে?"

বৈশালী " একে.... একে কী করে চিনিস? কে হয় এ ? "

দীক্ষা " জানি না মা। এই মুখটা মনে হয় আগে দেখেছি.... "

বৈশালী ওর দিকে তাকিয়ে বলল " তুই এর নাম জানিস ? "

" না..... "

" এই ছবিটা রাখবি না..."

এই বলে বৈশালী ঘর থেকে বেরিয়ে যায়।

বৈশালী রান্নাঘরে ঢুকে মনে মনে ভাবলো " এই মেয়েটা কে?"

রিমা অফিসে কিছু স্টাফদের সাথে মিটিং করছিল মিটিং শেষ হতে দোলা বলল " ম্যাম... মিঃ কর্মকার প্ল্যানের চেঞ্জ করেছে।"

" রায়বাবুকে দেখিয়েছো? যা চেঞ্জেস হোক না কেন বিভূতি দা কে দেখাও তারপর রায় বাবু না হয় দেখে বলবে।"

দোলা বলল " মেলটা একবার চেক করে ডিজাইনটা একবার দেখুন না।"

রিমা " কেন কী হয়েছে?"

রিমা মেল চেক করে ডিজাইনটা দেখতেই অবাক হয়ে যায়। মুখ থেকে বেরিয়ে আসে দিদি শব্দটি।

রিমা " বিভূতি দাকে ডাকো"
দোলা " এখুনি ডাকছি" এই বলে বেরিয়ে যায়।
রিমা বারবার করে খুঁটিয়ে দেখতে থাকলো।
রিমা বলল " আমি নিশ্চিত ঐ বাড়িতে দিদি আছে...."
রাতের বেলা নীল ঘরে আসতে ওকে সব বলল।
নীল বলল " তুমি একবার মুখোমুখি হও"
রিমা " হ্যা হবো। শুধু একটু সময় লাগবে....."

75

পর্ব ৭৫

রায়হানকে খাওয়াতে খাওয়াতে রিমা দীক্ষার কথা ভাবতে থাকলো।

রিমা মনে মনে বলল " মিঃ কর্মকারকে বলতে হবে ওনার মেয়ের সাথে কথা বলতে চাই।"

দীক্ষা আয়নার সামনে বসে চুল আঁচড়ে রেডি হচ্ছিল হয়তো কোথাও বের হবে। বৈশালী এসে বলল " কীরে!! কোথায় যাচ্ছিস?"

দীক্ষা " মা আমি একটু বেরোচ্ছি। একটা এক্সিবিশন আছে। তাই যাবো "

বৈশালী "ঠিক আছে তাড়াতাড়ি চলে আসিস।"

দীক্ষা বেরিয়ে গেল।

রুদ্রনীল বাবু খবরের কাগজ পড়ছিল হঠাৎ কাগজের বিসনেস পার্টে দেবের ছবি দেখে। ওর ছবি দেখে অতীতের কথা গুলো মনে পড়ে গেল। রেবতী সংসার করবে বলেই তো গেছিল। ওর হাত ধরেছিল। কিন্তু ভাগ্য যে ওকে এই সংসার করতে দেয়নি।

মনে পড়ে গেল সেই কথা , যেদিন রায়হান হয়েছে বলে এই খবর জানাতে যখন রেবতী ফোন করে ।

রেবতীর প্রতি অভিমান এতটাই প্রবল ছিল যে নাতিকে আশীর্বাদ তো দূর , মুখ পর্যন্ত দেখতে যায়নি।

রুদ্রনীল ভাবলো এতদিন বাদে এই অনুতাপটা কেন এলো ? আজ হয়তো আমার আশীর্বাদটা পেলে রেবতী আর ও সংসার দীর্ঘজীবী হতো।

বৈশালী ওকে অন্যমনস্ক দেখে বলল " কি গো!!"

রুদ্রনীল ঘোর কাটিয়ে বলল " হ্যা বলো..."

" কী ভাবছো?"

খবরের কাগজটা রেখে বলল " আমার রেবার কথা মনে পড়ছে "

" কি হয়েছে?"

" আমার ইগো আর অভিমান আমার মেয়েটাকে আমাদের দেখে দূর করে দিল। "

" তোমার সেই পুরোনো শত্রুতাই তো রেবাকে অভিশাপ দিলো।"

অতীত ঘাটলে দেখা যায় যে রায়চৌধুরী আর কর্মকার এই দুই ব্যবসায়ী পরিবারের মধ্যে খুব মিল ছিল কিন্তু এক সময় এই দুই পরিবারের আকাশে ঘনিয়ে এল শত্রুতা, হিংসার মেঘ। এই

চরম শত্রুতা চলতেই থাকে আর থাকে প্রতিযোগিতা ঠিক সেই সময় এই হিংসা, আত্মম্ভরিতার মাঝে ভালোবাসার বীজ বপন করেছিল রেবতী আর দেব। কিন্তু সেই বীজ মহীরুহ হয়ে শত্রুতাকে বন্ধুত্বে পরিনত করতে পারেনি।

বাবার সাথে ভিডিও কলে কথা বলছে রায়হান।

" বাবা তুমি আসবে তো আমার জন্মদিনে?"

দেব মনে মনে দীর্ঘ শ্বাস ছেড়ে বলল " আসবো"

" ইয়েএএএ"

দেব ভাবলো " দেশে ফিরলেই তোমার কথা মনে পড়ে। রেবতীও চলে যাবার পর দীক্ষা তুমি এসে আমার মরুভূমিসম জীবনে একটা সুখহসম সমুদ্র বয়ে এসেছিল। আজ সব মরিচিকা, আজ সব নিরাশাময় শুকনো ভূমি। ফোনটা রেখে আয়নায় নিজেকে দেখতে থাকলো। তারপর ওর মুখটা

এক্সিবিশন থেকে ফেরার পথে গাড়িটা খারাপ হয়ে গেল দীক্ষা গাড়ি থেকে নামল।

ড্রাইভারকে বলল " কি হলো?"

ড্রাইভার " দেখছি ম্যাডাম আপনি গাড়িতে বসুন"

দীক্ষা " ঠিক আছে.. তুমি দেখো.."

দীক্ষা চারপাশে তাকিয়ে দেখলো হঠাৎ দেখলো একটা স্কুলের মাঠে কয়টা বাচ্চা খেলছে। তাদের মধ্যে রয়েছে রায়হান। দীক্ষা ওদের দিকে তাকিয়ে রয়েছে। মাঝের একটা ছেলেকে দেখে ওর যেন মনে হলো ওকে যেন অনেকদিন থেকেই চেনে।

দীক্ষা " কিছুতেই কিছু মনে করতে পারছিনা। এ শহরের সব কিছুই আমার চেনা লাগছে কিন্তু যেন মনে হচ্ছে অনেক.... অনেক... কিছু ভুলে গেছি।"

রায়হান হঠাৎ দেখলো দূরে মাঠের বেড়ার কাছে এক মহিলা দাঁড়িয়ে আছে ওর দেখছে আর মুখটা খুব চেনা।

রায়হান যেন চিনতে পারলো ঐ মুখকে। দৌড়ে মা বলে ঐ দিকে গেল। কিন্তু পায়ে হোঁচট খেয়ে পড়ে গেল। রায়হান উঠে সামনে তাকিয়ে দেখলো কেউ নেই ওখানে।

ফোন আসতে দীক্ষা গাড়ির কাছে চলে এল....

" হ্যা বাবা বলো"

রুদ্রনীল " কোথায় তুই?"

" এই তো আসছি"

" তাড়াতাড়ি আয়। স্যানাল construction থেকে লোক এসেছে তোর সাথে প্ল্যানটা নিয়ে আর ডিজাইন নিয়ে কথা বলবে।"

" আমি এখুনি আসছি।"

ফোন রেখে ড্রাইভারকে বলল " কি হলো?"

ড্রাইভার হাত ঝেড়ে বলল " সব ঠিক আছে আপনি উঠুন "

দীক্ষা ওঠার আগে একবার পিছন ফিরে দেখল।

রিমা বসে আছে কর্মকার বাড়িতে।

রিমা একা এসেছে। মনে মনে অনেক ভাবনা আসছে। কৌতূহল ওকে এক জায়গায় বসতে দিচ্ছে না। এমন উৎকন্ঠা দেখে বৈশালী দেবী বলল " কোনো কি সমস্যা হয়েছে?"

রিমা হেসে বলল " না না "

রুদ্রবাবু এসে বলল " এই যে আমার মেয়ে এসে গেছে। আয়....."
রিমা দেখলো অবিকল রেবতীর মতন দেখতে।
রিমার চোখ বিস্ময়ের চরম পর্যায়ে চলে যায়।

76

পর্ব ৭৬

রিমাকে এই ভাবে ওকে দেখতে দেখে রুদ্রবাবু বলল " এইভাবে কী দেখছো ওকে? তোমরা কি পূর্বপরিচিত নাকি?"

রিমা নিজেকে সামলালো তারপর হেসে বলল " না না আপনার মেয়ের মতন দেখতে অবিকল আমার এক পরিচিত একজন আছে।"

আর এদিকে দীক্ষার? দীক্ষার কী হচ্ছে মনের মধ্যে রিমাকে দেখে?

দীক্ষা বলল " তুমি কে?"

রিমা বলল " আমি রিমা স্যানাল... 'স্যানাল গ্রুপ'-র বর্তমান সিইও।"

দীক্ষার যেন মনে হল এই নাম যেন কোথাও শুনেছে আর এই মেয়েটাকে তো ওর অনেক চেনা লাগছে।

দীক্ষা বলল " তোমাকে কিন্তু আমার খুব চেনা লাগছে। "

রিমা বলল " পৃথিবীতে একরকম দেখতে বহু মানুষ আছে। হয়তো আমরা দুজনেরই মুখশ্রী অন্য আরেকজনের সাথে মেলে।"

রুদ্রনীল " আচ্ছা যে কাজটা করার ছিল সেটা করা হোক "

রিমা " আপনার মেয়ের ডিজাইন প্ল্যানিং দেখে আমার দিদির কথা মনে পড়ে গেল। আমার দিদি ছিল এক মেধাবী Architect . আপনার মেয়ের হাতেও একই রকম জাদু দেখতে পেলাম। তাই আপনার মেয়েকে না দেখে থাকতে পারছিলাম না।"

বৈশালী " তোমার দিদি কোথায়?"

রিমা " তাকে তো আজ অনেকদিন ধরে খুঁজছি। আমার দিদির নাম দীক্ষা । দীক্ষা রায়চৌধুরী। নামকরা স্বর্ণব্যবসায়ী দেবমাল্য রায়চৌধুরীর স্ত্রী ছিল।"

বৈশালী আর রুদ্রনীল অবাক হয়ে যায় ওর কথা শুনে।

রিমা রেবতীর মুখশ্রীর আড়ালে থাকা দীক্ষার দিই তাকিয়ে মনে মনে বলল " মৃত মেয়ের চেহারা কার দেহের উপর চাপালেন মিঃ কর্মকার?"

রিমা রুদ্রবাবুকে বলল " ঠিক আছে স্যার আমি আসছি। এই প্ল্যানটা আ্যাপ্রোভ হয়ে গেলেই আমরা construction -এর কাজ শুরু করে দেবো। নমস্কার....."

এই বলে চলে গেল রিমা।

বাইরে বেরিয়ে গাড়িতে ওঠার সময় কর্মকার বাড়ির দিকে একবার ফিরে মনে হল " তাহলে রুদ্রনীল বাবু নিজের মেয়ের চেহারার আড়ালে কাকে রেখেছেন?"

রিমা ঘরে ফিরে দেখলো বিছানার মাথার কাছের টেবিলে এক গুচ্ছ গোলাপ রাখা।

রিমা ব্যাগটা রেখে গোলাপ গুলো নিজের হাতে নিয়ে নিল। এদিকে , ওয়াশরুম থেকে নীলাদ্রি বের হলে ওকে জিজ্ঞেস করল " গোলাপ গুলো কে এনেছে?"

নীলাদ্রি আয়নার সামনে চুল আঁচড়াতে আঁচড়াতে বলল "রাস্তায় দাঁড়িয়ে একটা বাচ্চা মেয়ে বিক্রি করছিল, মায়া লাগলো তাই কিনে নিলাম..."

রিমা" বলতেই তো পারো এটা আমার জন্য কিনেছো "

নীলাদ্রি ওর দিকে তাকিয়ে বলল " তোমার তো এই সব সস্তার উপহার পছন্দ হয়না। তোমার তো Highly Expensive উপহার পছন্দ হয়। "

রিমার মুখটা কালো হয়ে গেল। ফুল টেবিলে থাকা ফুলদানিতে রেখে চলে যাচ্ছিল, দিদির কথা মনে পড়তে আবার ওর সামনে এসে দাঁড়াল।

রিমা " নীল আমি আজ মিঃ কর্মকারের বাড়ি গেছিলাম।"

নীলাদ্রি আয়না থেকে চোখ সরিয়ে বলল " কি হলো?"

রিমা " দেবমাল্য বাবুর প্রথম স্ত্রীকে দেখলাম।"

নীলাদ্রি অবাক হয়ে গেল। নীল " মানে!!! এটা কি করে সম্ভব!!"

রিমা " নীল আমার ব্যাপারটা ভীষণ গোলমেলে লাগছে। দিদি চলে যাওয়ার অনেক আগে মিঃ কর্মকার -এর সাথে কথা হয় তখন তো উনি কোনো মেয়ের কথা বলেননি। আর মানলাম হয়তো মিসেস রেবতীর যমজ বোন উনি হতে পারেন কিন্তু দিদির মতন প্ল্যানিং কেউ করতে পারবে না। "

নীল - বড় মামীর কোনো বোন নেই। রিমা আমার মনে হয় মিঃ কর্মকার একটা বড় গেম খেলছে।

রিমা - উনি কি দিদিকে চিনতেন?

নীল - মনে হয়।

রিমা - খুব জটিল সমস্যায় পড়ে গেলাম।

নীল - সমস্ত কিছুর জন্য প্রত্যক্ষ ভাবে দায়ী। কেন সেদিন.......

রিমা সাথে সাথে বলে উঠলো "দিদি একবার ফিরে আসুক ওর আমি পা ধরে ক্ষমা চাইবো। আমার বিশ্বাস দিদি এই শহরেই আছে কিন্তু আমরা তাকে দেখতে পারছি না। "

আজ রায়হানের স্কুলে নারী দিবস পালন হচ্ছে। সকলের মা এলেও রায়হানের মা আসেনি। আর ছিল ব্যাপারে মাসীকেও বলেনি। মনটা খুব খারাপ।

আজ বাড়িতেও যেতে ইচ্ছে করছে না।

হঠাৎ অন্যমনস্ক হয়ে হাঁটতে গিয়ে হোঁচট খেয়ে পড়ে যাচ্ছিল এক মহিলা ওকে ধরে ফেলল।

ও সামনে তাকিয়ে দেখলো ওর মায়ের বয়সী এক মহিলা। সে ওকে বলল " কি হয়েছে? আজ মা আসেনি বলে মন খারাপ?"

রায়হান বলল " মা আর আসবেও না। আমার প্রথম মাও আমাকে ছেড়ে চলে গেছিল আর এই মাও আমাকে ছেড়ে চলে গেল। "

মহিলাটি ওর সামনে হাঁটু মুড়ে বসে বলল " যদি আমি তোমার মাকে তোমার সামনে আনি ...."

রায়হান " তুমি কি আমার মাকে চেন?"

" হ্যা তো। যাবে আমার সাথে? "

" হ্যা...."

" কিন্তু তোমার বাড়ির লোকজন... তারা কী আমার সাথে তোমাকে যেতে দেবে...?"

" হ্যা তাও তো কী করে যাবো? আমাকে তো একা কেউ ছাড়বে না..."

" তুমি মনে হয় ছুটির পর তোমার গাড়ি করে তাও তাই তো ?"

" হ্যা"

" তবে শোনো....."

মহিলাটি কানে কানে রায়হানকে কী বলল তা শোনা গেল না।

77

পর্ব ৭৭

রায়হান এসে পৌঁছালো একটা খুব সুন্দর বাড়ির সামনে। গাড়ি থেকে নেমে বাড়িটিকে দেখতে লাগল।

" এটা কার বাড়ি? মা কি এই বাড়িতে আছে ? "

মহিলাটি বলল " হ্যা। চলো আগে ভিতরে যাই"

বাড়ির ভিতরে রায়হানকে নিয়ে ঢুকলো। ওকে একটা ঘরের ভিতরে নিয়ে এল। রায়হান দেখতে পেল ঘরে কত খেলনা রাখা। বেলুন, খেলনা , টেবিলে রাখা কত চকলেট।

রায়হান এই সব দেখে ওর আনন্দে মন ভরে গেল।

" এত কিছু......"

" সব তোমার"

রায়হান আনন্দে মেতে উঠল। এদিকে সাহেব ঐ মহিলাটার কাছে এসে বলল " কি সব ঠিক আছে?"

" এই তো দেখুন। "

" উম...." শয়তানী হাসি হেসে ফোনটা করলো রিমাকে।

রিমা অফিসে কাজ করছিল । ফোনটা আসতে ধরল।

" হ্যালো কে বলছেন? "

সাহেব নিজের মুখে রুমাল চেপে বলল " রায়হান আমাদের কাছে "

রিমা চেয়ার ছেড়ে উঠে দাঁড়িয়ে বলল " কে আপনি? রায়হানকে কোথায় নিয়ে গেছেন? ওর ক্ষতি করবেন না......ওর ক্ষতি হলে আপনাদের কাউকে ছাড়বো না"

রিমার মুখে চোখে আতঙ্ক দেখে দোলা ও অন্যান্য কর্মচারীরা অবাক হয়ে গেল।

" শুনুন , ক্ষতিপূরণ হিসেবে ৯০ লক্ষ টাকা লাগবে আর......."

" আর কী? "

" আপনাদের কোম্পানীর ৫০% শেয়ার "

" কি!!! শুনুন......"

ফোনটা কেটে দিল।

সাহেব সোফায় বসে হাসতে থাকলো।

মিঃ মেহেতা ওকে দেখে বলল " কী কাজ হলো?"

" হবে না মানে.... ১০০% হবে। এবার দেখো স্যানাল দুর্গ কিভাবে ভাঙে।"

রিমা নীলকে ফোন করে সব বলল।

রিমা গাড়ি নিয়ে বেরিয়ে গেল স্কুলের দিকে যেতে যেতে নীলকে সব বলল।

রিমা মনে মনে ভগবানকে ডাকছে আর বলছে " দিদি তুই কোথায়? দিদি তুই ফিরে আয়। তুই না থাকলে ব্যবসা, সংসার সব ধ্বংস হয়ে যাবে। হে জগদীশ্বর পথ দেখাও। এই বিপদ থেকে উদ্ধার করো।"

স্কুলে গিয়ে খবর নিল যে আজ স্কুলেই যায়নি। কিন্তু ওদের ড্রাইভার গাড়ি করে ওকে ছেড়ে দিয়ে এসেছিল।

বাড়ি ফিরে ড্রাইভারকে জিজ্ঞাসাবাদ করলে ড্রাইভার তাই বলল।

ড্রাইভার " ম্যাডাম এত দিন ধরে আপনাদের এখানে কাজ করছি, কোনোদিন কোনোরকম ভুল কিছু করিনি। দাদাবাবুকে স্কুলে নামিয়েই চলে যাই, দাদাবাবু যে স্কুলে না ঢুকে যে বেরিয়ে যাবে। জানলে ভিতরে ঢুকিয়ে আসতাম।"

মিতালী " রায়হান এখন কোথায়? কি হচ্ছে ...... সব বাড়িতে..... সংসার ছারখার হয়ে যাচ্ছে......" মিতালী কাঁদতে থাকে।

রিমা " কেঁদোনা। দিদি যদি থাকতো।"

মিতালী " দেবকে আমি ফোন করেছি। ও আসছে।"

রিমা মনে মনে ভাবল যে ওকে এইমুহূর্তে মিঃ কর্মকারের বাড়ি যেতেই হবে।

রিমাকে বেড়োতে দেখে মিতালী জিজ্ঞেস করল " কোথায় যাচ্ছো?"

রিমা " যাচ্ছি যেখানে এই মুহূর্তে যাওয়া দরকার......"

" কোথায়?"

" সময় দাও সব জানতে পারবে...."

রিমা বেড়িয়ে গেল ওর নিজস্ব উদ্দেশ্যে।

মিঃ কর্মকারের বাড়ি গিয়ে পৌঁছালো।

বৈশালী ওকে দেখে বলল " তুমি এখানে....?"

" মিঃ কর্মকারকে ডাকুন। "

রুদ্রনীল বেরিয়ে এল ওর আওয়াজ শুনে।

" কী হয়েছে? "

রিমা ওর সামনে দাঁড়িয়ে বলল " আপনার নাতি আজ অপহৃত হয়েছে।"

রুদ্রনীল আর বৈশালী একে অপরের দিকে তাকালো তারপর বৈশালী বলল " আমাদের দাদু ভাইয়ের এই অবস্থা কী করে হলো?"

রুদ্রনীল " বৈশালী এইটা হবার ছিল। দেবমাল্যকে আমার প্রথম থেকেই পছন্দ ছিল না। আমার মেয়েটাকে খেয়েছে এখন ওর সন্তানকেও..."

রিমা " এখানে জামাইবাবুর কোনো দোষ নেই। আপনারা কোনোদিন জামাইবাবু আর ওনার স্ত্রী মানে আপনার মেয়ের বিয়েকে মেনে নেননি। এখন এই সব কথা বাদ দিয়ে , অভিমান ভুলে মেনে নেন।"

বৈশালী কাঁদতে কাঁদতে বলল " এই লোকটা নাই যাক আমি যাবো। এবার আমি কারোর বারণ শুনবো না। তুমি চলো। "

রিমা এবার বলল " যাবো। রায়হানকে খুঁজতে যাবো তার আগে আপনারা ওর মাকে খুঁজে দিন। একটা মা পারে নিজের সন্তানকে সব থেকে বেশি সুরক্ষিত রাখতে।"

রুদ্রনীল " মানে?"

রিমা হাল্কা হেসে বলল " আমি জানি মিঃ কর্মকার যে আপনার ঘরে যে মেয়েটি রেবতী রায়চৌধুরীর চেহারা নিয়ে বসে আছে সে আপনার যমজ মেয়ে নয়। "

রুদ্রনীল আর বৈশালী চুপ করে গেল।

" বলুন না কে? কে ও? "

বৈশালী " দুর্ঘটনার কবল থেকে একটা মেয়েকে উদ্ধার করেছিলাম। ওর আগের কোনো কথা মনে নেই। আর না ওর মুখের চেহারা ঠিক ছিল। দুর্ঘটনায় ওর মুখটা পুরো নষ্ট হয়ে গেছিল। আর এদিকে মেয়েটাকে বিয়েতে আশীর্বাদ না করায় তো ও সংসারও করতে পারলো না আর চলে গেল।"

রিমা " ও আমার দিদি হয়। আমি সিওর ও আমার হারিয়ে যাওয়া দিদি। দীক্ষা স্যানাল। আমার দিদি। আর্কিটেক্ট দীক্ষা স্যানাল। রায়হানের দ্বিতীয় মা। নিজের সন্তানের মতন ওকে আগলে রেখেছিল। একমাত্র ওই পারবে রায়হানকে ফিরিয়ে আনতে।"

বৈশালী " তুমি সিওর যে ও তোমার দিদি?"

রিমা " ওর ডিজাইন, ওর বোঝানোর দক্ষতা দেখে ১০০ শতাংশ নিশ্চিত ও আমার দিদি।"

78

পর্ব ৭৮

" আমার দিদি স্থাপত্যবিদ্যায় স্বর্ণপদক প্রাপ্ত। ওর বুদ্ধি, বিদ্যা সেটা তো হারিয়ে যেতে পারেনি। মুখটাই তো শুধু রেবতী রায়চৌধুরীর। স্বভাব, ভাবনা, বুদ্ধি এই সব আমার দিদি দীক্ষা স্যানালের।"

এই বলে রিমা থামলো। রুদ্রনীল ওর দিকে তাকিয়ে বলল " কিন্তু ওর তো কিছুই মনে নেই।"

রিমা " ওর সব মনে পড়বে।"

দেব ওর বাড়িতে হন্তদন্ত করে ঢুকলো।

" দিদি, দিদি....."

মিতালী এসে ওকে জড়িয়ে ধরে কাঁদতে কাঁদতে বলল " রায়হানটা কোথায় চলে গেল বলতো? তুই কেন ওর থেকে দূরে ছিলিস? দীক্ষা চলে গেল তারপর তুইও দূরে"

দেব " আমি এ বাড়িতে থাকতে পারছিলাম না

বিশ্বাস কর। রেবতীর স্মৃতিটা তাও মেনে নিয়েছিলাম কিন্তু দীক্ষা খুঁজতে হবে। নীলু কোথায়?"

মিতালী " থানায় ডাইরি করা হয়েছে। ও ফোর্স নিয়ে খুঁজতে বেরিয়েছে।"

দেব চুপ থেকে বলল " রিমা কোথায়?"

মিতালী " জানিনা কোথায় গেছে"

এদিকে নীল আইটি সেলে গিয়ে রায়হানদের স্কুলের রাস্তা থেকে মেন রোড পর্যন্ত সমস্ত সিসিটিভি ফুটেজ চেক করা হচ্ছে।

ফুটেজ দেখতে দেখতে একজন কর্মচারী নীলকে বলছে " স্কুলের ফুটেজ দেখা গেছে ওকে সেদিন গাড়ি ১০:৩০টায় নামিয়ে দেওয়া হয়েছিল। তারপর গাড়ি চলে যেতে স্কুলের ভিতরে না ঢুকে ও সামনের পথে যেতে থাকে। এই দেখুন স্যার....."

নীল দেখার পর বলল " তাহলে আর ঐ মোড়ের থেকে বড় রাস্তা পর্যন্ত ফুটেজে কী দেখা যাচ্ছে?"

" স্যার বড় রাস্তার ধারেই ক্যামেরা লাগানো আর মোড়ের কোনো জায়গায় ক্যামেরা লাগানো নেই।"

নীল চোখ বন্ধ করে ভাবতে লাগলো। তারপর বলল " আচ্ছা স্কুলের ফুটেজে ওকে লাস্ট কখন দেখা গেছে যেন?"

" ঐ ১০:৩০ টার দিকে....."

" না। Exact সময়টা দেখো ১০:৩২ ও যদি হেঁটে মোড় অবধিও যায় ওর হাঁটা হিসাবে গতিবেগ তাহলে ৫ মিঃ হবে। এবার দেখো ঐ মোড় থেকে ৫ মিঃ -এর মধ্যে কোন কোন গাড়ি বড় রাস্তায় এসে পড়েছে।"

দেখলো ১০:৩৫ -এর মধ্যে তিনখানা গাড়ি বড় রাস্তায় নেমেছে। তারমধ্যে একটা বাদামী রঙের মারুতি গাড়ি খুব দ্রুত বড় রাস্তায় নেমে এগিয়ে যাচ্ছে।

নীল বলল " ঐ জায়গায়টা পজ করো "

নীল ভালো করে দেখে বলল " ঐ গাড়িটার ডিটেইলস নাও। "

এদিকে রায়হানের আর ভালো লাগছেনা। এই খেলনা, খাবার-দাবার পেলেও মাকে দেখার অপেক্ষা যে বেড়িয়ে চলেছে। জিজ্ঞেস করলে শুনতে হচ্ছে " এই তো আসছে আর এই তো আসছে "

রায়হান জানালার দিকে তাকিয়ে কেঁদে ফেলল।

" মা তুমি কোথায়? কেন আসছো না? "

দীক্ষা ওর ঘরে ঘুমাচ্ছিল। ঘুমের মধ্যে হঠাৎ কেঁপে ওঠে। স্বপ্নের মধ্যে কেউ যেন ' মা ' বলে ডাকলো।

ও ধরফরিয়ে উঠল।

জানলার দিকে একবার তাকিয়ে দেখলো, চারদিক অন্ধকার, হঠাৎ কারোর ঘরে আসার পায়ের শব্দ পেল।

দরজার দিকে তাকিয়ে বলল " কে?"

রিমা ওর কাছে এল।

দীক্ষা ওকে দেখে বিছানা ছেড়ে উঠে এল ।

দীক্ষা " তুমি এখানে....."

রিমা ওর দিকে তাকিয়ে বলল " মিঃ রায়চৌধুরী মানে আমার জামাইবাবু, ওর ছেলে রায়হান ওকে কারা যেন কিডন্যাপ করে নিয়েছে। ওকে খুঁজে চলেছি। "

দীক্ষার এই নাম গুলো যেন শোনা শোনা লাগল।

রিমা - তোমাকে না ওর প্রথম মায়ের মতন দেখতে লাগে মানে আমার জামাইবাবুর প্রথম স্ত্রীর মতন।

দীক্ষা চুপচাপ ভাবতে থাকে ।

তারপর বলল " আমার না..... আমার..... মাঝে মাঝে মনে হয় আমার স্মৃতি থেকে অনেক কিছু মুছে গেছে....."

রিমা এবার ওকে জড়িয়ে ধরল।

" দিদি তুই এইভাবে আমার উপর রাগ করে সব ..... সব ভুলে গেছিস। মনে কর না। একটু মনে কর।"

রিমা দেখতে পেল একটা ছবি । সেখানে দেবের মতন শুধু চোখ দুটো আঁকা। ছবিটার দিকে তাকিয়ে বলল " দেখো তো এই যে তুমি যে ছবিটা এঁকেছো এটা জানো কার ছবি?"

দীক্ষা " জানি না এটা কার...."

দীক্ষা বিছানায় বসে পড়ল , মাথায় হাত দিয়ে বলল " আমার... আমার কিছু মনে পড়ছে না। কিছু না, আমি... কে? কোথায় ছিলাম? কি হয়েছিল সব সব ভুলে গেছি..... আমার কিছু মনে পড়ে

না।"

79

পর্ব ৭৯

❧

সারা রাত দীক্ষার ঘুম এলো না।

" আমার কেন কিছু মনে পড়ছে না। কেন? হে ভগবান ...... কেন সব ভুলিয়ে দিলে? ঐ..... ঐ মেয়েটাকে, ঐ চোখটাকে, ঐ নাম গুলো সব সব যেন শোনা শোনা মনে হয়। আমা.... আমার কী নাম ছিল? কী নাম ছিল? "

দীক্ষা স্মৃতি কিছুতেই ফিরতে চাইছে না। কিছু মনে করতে পারছে না।

" আমাকে নিজের পরিচয় খুঁজতে হবে ..... খুঁজতে..."

বিছানায় ফোনটা খুঁজে বার করে ফোন করলো রিমাকে।

রিমা আর নীল এদিকে কথাবার্তা বলছিল ঘরে।

ফোনটা আসতেই ফোনের দিকে তাকিয়ে নীলাকে চুপ করতে বলল।

" এই দাঁড়াও। ফোন এসেছে...."

নীল " কার?"

রিমা " দিদির"

ফোনটা ধরল। " হ্যালো"

দীক্ষা বলল " তোমাকে আমার দরকার। আমার মনে হয় তুমি সব জানো। প্লিজ আমার ব্যাপারে কী জানো বলো। আমার কিছু মনে নেই। কিছু মনে করতেই পারছিনা। সব যেন এলোমেলো হয়ে গেছে।"

রায়হান ক্লান্ত হয়ে পড়ে। তারপর, একসময় কাঁদতে থাকে।

ওর কান্না শুনে মহিলাটা এসে বলল " কী হয়েছে?"

" মাকে তোমরা আননি। তোমরা মিথ্যে বলেছো। "

মহিলাটি বিরক্ত হয়ে নিজের আসল রুপ বের করলো।

" চুপ..."

ধমক দেওয়ায় রায়হান ভয় পেয়ে গেল।

" অনেক ক্ষন থেকে প্যানপ্যানানি শুনেছি। ন্যাকা কান্না বন্ধ কর। চুপচাপ থাকবি, সময় হলে ছাড়া পাবি। যা ঘুমা...."

দরজা বন্ধ করে চলে গেল।

" ওরা আমাকে ইচ্ছে করে নিয়ে এসেছে। ওরা মা কোথায় জানে না...... মিথ্যে বলেছে..."

রায়হান কাঁদতে কাঁদতে ঘুমিয়ে পড়ল।

নীল খবর পেল গাড়ির নম্বরটা। সেই নম্বরটা ট্রেস করতে লাগলো।

ঠিক দুপুরের নীল পেয়ে গেল সমস্ত ডিটেইলস।

তদন্তে থাকা এক কর্মী ওকে বলল " স্যার এটা যার নামে তার নাম হরিচরণ বিশ্বাস "

নীল " এ কে?"

" এ থাকে সোনারপুরে। সব থেকে বড় বিষয় হলো এই লোকটা মিঃ মেহেতার লোক।"

নীল হাত দুটো মুঠো করে ফোন করল রিমাকে।

" রিমা যে নম্বর দিয়ে ফোন এসেছিল সেটা দাও এখুনি....."

ফোনটা রেখে বলল " লোকটাকে ধরো। আর শোনো আমাদের Investigetion এর team আর

পুলিশ ফোর্স সব যাবে। এবার ঐ মেহেতা আর সাহেববাবু এদের দিন শেষ করতে হবে......"

তদন্ত পুরো দমে চলে , শুরু হলো সূত্র খোঁজার।

বাড়িতে নীল ঢুকতেই দেবের মুখোমুখি হলো।

নীল - মামা কোথায় যাচ্ছো?

দেব - যেদিকে দুচোখ যায়......

নীল -মামা শোনো..... আমি দেখছি। তুমি আমার উপর বিশ্বাস রাখো।

দেব- নীলু আমি সব দিক থেকে ব্যর্থ। আমি বাবা হিসেবে ভালো না। না বাবা হিসেবে, না স্বামী হিসেবে। রায়হানের কাছে থাকা উচিত ছিল। নিজের কর্তব্য ভুলে....... আসলে আমি দীক্ষার বিরহের বেদনাকে ভুলতে নিজের পরিবার থেকে দূরে সরে গেছি। আমি খুব স্বার্থপর, নিজের ভালো থাকার জন্য আমি রায়হানের পাশে থাকতে পারলাম না।

নীল - শোনো শোনো..... আসলে তুমি মামী চলে যাওয়াটা মেনে নিতে পারছো না কিন্তু তোমাকে একটা কথা বলি.......

দেব- কী.....

নীল - রুদ্রনীল কর্মকারের বাড়িতে মামী......

দেব অবাক হয়ে যায়। " কি বলছিস তুই? উনি আবার কেন আমাদের মাঝে আসছেন? উনি অনেকদিন আগেই সব দায়িত্ব, কর্তব্য, সব কিছু ভুলে , ভেঙে চলে গেছিলেন। আমি তো ওনার কাছে অপরাধী। উনি আমার বিরুদ্ধে রেবতীকে খুনের অভিযোগে করেছিলেন। আমাদের সম্পর্কটা উনি মানতেই চাননি। এবার আমার জীবনে আবার কেন আসতে চাইছেন?"

" মামা শান্ত হও......শোনো......"

নীল সমস্ত ঘটনাটা বলল। শোনার পর দেব বলল " এইভাবে কোনো কিছু প্রমাণিত হয় না। আমার মনে হয় দীক্ষাকে বিয়ে করাটা উনি মানতে পারেননি আর এদিকে একটা খেলা খেলে চলেছেন। আমি ওনার সাথে কথা বলবো। চল তুই......"

দেব নীলকে নিয়ে রুদ্রবাবুর কাছে গেল ।

এদিকে পুলিশ আর তদন্তকারীরা ওদের খুঁজছে এটা সাহেব জানতে পারে। ফোন মেহেতাকে বলতে বলতে বাড়িতে ঢুকছে যে বাড়িতে রায়হান আছে।

সাহেব " কী করবো এবার? "

মেহেতা " ঐ নীলাদ্রি বলে ছেলেটা যে সিআইডি অফিসার তুমি জানতে না? "

সাহেব " না জানতাম না। "

মেহেতা " বিষয়টা তো জটিল হয় গেল । শোনো তুমি হমকি দাও বাচ্চাটাকে খুন করার। তারপর দেখো কী Reaction দেয়।"

দেব বাড়িতে ঢুকে রুদ্রবাবুকে ডাকতে লাগল ।

" কোথায় আছেন মিঃ কর্মকার বেড়িয়ে আসেন "

রুদ্রবাবু ওর আওয়াজ শুনে নীচে নেমে এল। ওকে দেখে অবাক হলো। " তুমি!!!"

দেব ওর সামনে এসে দাঁড়ায়।

80

পর্ব ৮০

রুদ্রবাবু ওর আওয়াজ শুনে নীচে নেমে এল। ওকে দেখে অবাক হলো। " তুমি!!!"

দেব ওর সামনে এসে দাঁড়ায়।

দেব " হ্যা আমি। আপনি কেন আমার জীবনের পথের কাঁটা হয়ে দাঁড়ালেন? কোথায় আপনার মেয়ে ? কাকে মেয়ে বানিয়ে এনেছেন?"

রুদ্রবাবু " তুমি এখানে আবার কেন?"

নীল " আপনার সেই পালিত মেয়েকে ডাকুন। দেখি কীভাবে আপনি বড় মামী চেহারায় তৈরি করেছেন সেই মানুষটিকে....."

রুদ্রবাবু " আমি যাকেই যেভাবেই আমার বাড়িতে নিয়ে আসি না কেন তোমার তো কোনো কিছু সমস্যা হবার কথা নয়....."

নীল " সমস্যা হবার কথা কারণ যাকে বানিয়ে নিয়ে এসেছেন সে আমাদের লোক। সে হচ্ছে দীক্ষা স্যানাল ,দেবমাল্য রায়চৌধুরীর দ্বিতীয় স্ত্রী । যাকে আপনি তার প্রথম স্ত্রী সাজিয়ে রেখেছেন নিজের ঘরে।

নীচে কথাবার্তার আওয়াজ শুনে দীক্ষা ধীরে ধীরে সিঁড়ির কাছে এসে দাঁড়াল। দেবকে দেখতে পেল।

ওকে দেখে থমকে যায়।

এই মানুষটিকে তো ও আগেও দেখেছিল। কিন্তু কোথায়? কিভাবে যে ওদের দেখা হয়েছিল। কেন যে কিছু মনে পড়ে না। চোখ বন্ধ করলেই সব কিছু আবছা আবছা, টুকরো টুকরো কিছু কিছু মুহূর্ত ভেসে ওঠে।

দেবের হঠাৎ চোখ গেল উপরে দাঁড়িয়ে থাকা মানুষটির দিকে।

অবিকল রেবতীর মতন মুখখানি। দেব উপরে উঠে ওর সামনে এসে দাঁড়াল।

দেব - রেবতী!!!!

দীক্ষা একভাবে দেবের দিকে চেয়ে আছে।

নীলকে বলল দেব " কে এই মেয়েটা? রেবতীর মতন দেখতে।"

দীক্ষাকে বলল " কে তুমি? "

নীল " তুমি কে? "

দীক্ষা কিছুক্ষন পর বলল " আমি কে আমি নিজেও জানিনা। আমার কিছু মনে নেই, কিছু না.... কিছু মনে আসেনা। কতবার চেষ্টা করি....."

নীল " আমার স্ত্রী রিমা এসেছিল। রিমা বলছিল আপনার কাজ দেখে ও ওর দিদির কথা মনে পড়ে যাচ্ছিল। মনে হচ্ছিল যেন ওর দিদিকে ও ফিরে পেয়েছে। ওর দিদি কিন্তু আমার মামী হয় মানে এ যে যাকে দেখছেন তার দ্বিতীয় স্ত্রী। "

দীক্ষা দেবের দিকে তাকিয়ে বলল " আপনার চোখ গুলো খুব চেনা। আপনাকে আমি দেখেছি, বিশ্বাস করবেন কি না জানিনা এই যে আপনার চোখ এই চোখ আমি নিজে হাতে এঁকেছি। "

দেব বলল " যদি কিছু না মনে করেন আমার সাথে একটু যাবেন....."

দীক্ষা প্রথমে সঙ্কোচ করলেও পরে বলল " চলুন "

দীক্ষাকে ওর সাথে যেতে দেখে ওকে আটকালো।

রুদ্রবাবু " কোথায় নিয়ে যাচ্ছো ওকে? " দেব কিছু বলতে যাচ্ছিল ওকে থামিয়ে দীক্ষা বলল " বাবা, আমি জানিনা আমি কে ছিলাম? কোথায় ছিলাম?

এই সব মানুষদের দেখে খুব চেনা লাগছে। কিছুতেই কিছু মনে করতে পারছিনা। "

দীক্ষা হাতদুটো জড়ো করে বলল " আমাকে যে তুমি বাঁচিয়েছো , আমাকে যে আশ্রয় দিয়েছো এরজন্য আমি সারাজীবন তোমার কাছে ঋণী থাকবো। "

ওরা চলে যায়।

বৈশালী বাড়ি ছিল না। বাড়ি ফিরে ঘরের দরজা খোলা দেখে দৌড়ে ঘরে ঢোকে। ঘরে ঢুকে রুদ্রবাবুকে ঝিম মেরে বসে থাকতে দেখে ওনাকে জিজ্ঞেস করল " কি হয়েছে? দরজা খোলা এভাবে বসে আছো কেন?"

রুদ্রবাবু বলল " বৈশালী, দেবমাল্য এসেছিল , রেবাকে নিয়ে যায়"

বৈশালী " কি!!!!! ওকে দেবমাল্য নিয়ে গেছে? কিন্তু কেন? "

রুদ্রবাবু " ও দীক্ষা । যে মেয়েটাকে বাঁচিয়ে ছিলাম ও আর কেউ নয় ও হচ্ছে দেবমাল্যর দ্বিতীয় স্ত্রী। "

দীক্ষাকে দেব সেই রিসোর্টে নিয়ে এলো।

গাড়ি থেকে নেমে সামনে এগিয়ে গেল। যত এগোচ্ছে ধীরে ধীরে আবছা একটা স্মৃতি ওর মনে ধরা দিতে লাগল।

দীক্ষাকে থমকে দাঁড়াতে দেখে দেব বলল " কী হলো ?"

দীক্ষা ওর দিকে তাকিয়ে বলল " এ জায়গায় পূর্ব দিকে গেলে....."

" হ্যা বলো কী আছে? "

" আমার নাম হচ্ছে রেবতী। এই নামে....."

" হ্যা মনে করো"

দীক্ষা দৌড়ে চলে যায় রেবতীর সমাধির কাছে।

সমাধির সামনে গিয়ে দাঁড়ালো। চোখ বন্ধ করল। তারপর কিছুক্ষন পর চোখ খুলে বলল " এখানে এসেছিলাম। এখানে বসেছিলাম। " চারদিকে তাকিয়ে বলল " এইখানে আমি বহুদিন আগে এসেছিলাম, তখন এখানে কিছু ছিলনা। এটা রেবতী কর্মকারের সমাধি। "

দেব বলল " রেবতী কে হয় জানো? "

দীক্ষা মাথা নেড়ে বলল " মনে নেই "

দেব ওকে বলল " চলো তোমাকে প্রথম থেকে সব কিছু দেখাই"

দেব ওকে বলল " চলো তোমাকে প্রথম থেকে সব কিছু দেখাই"

81

পর্ব ৮১

দেব ওকে বলল " চলো তোমাকে প্রথম থেকে সব কিছু দেখাই"

ওকে নিয়ে গেল স্যানাল বাড়িতে।

সুনন্দা ওদের দেখে প্রথমে অবাক হলো। তারপর বলল " কে ও?"

দেব বলল " দীক্ষা "

সুনন্দা " কি!!!!"

দেব " হ্যা। ও আপনার মেয়ে দীক্ষা। ওর কিছু মনে নেই আর তাই নিজের চেহারাও মনে নেই। এজন্য ওকে অন্যের পরিচয়ে থাকতে হয়েছে। "

সুনন্দা " ও যে দীক্ষা মানবো কী করে? "

দেব " যদি সব কিছু ওর মনে পড়ে যায় তবেই মানবো ও দীক্ষা। "

এই বলে ওকে নিয়ে এগিয়ে গেল।

দরজা বন্ধ করে সুনন্দা ওদের যাওয়ার দিকে এগিয়ে গেল।

দেব ওকে ওর নিজের ঘরে নিয়ে এল। দীক্ষা চারদিকে তাকিয়ে দেখতে লাগলো।

সুনন্দা ঘরের দরজার সামনে দাঁড়িয়ে সব দেখতে লাগল। দেব সুনন্দার কাছে এসে সবটা বলল।

সব শুনে সুনন্দা বলল " আমি তো মানতেই পারছিনা"

দেব " দুর্ঘটনায় ওর মুখ পুরো নষ্ট হয়ে যায় আর এদিকে স্মৃতিভ্রষ্ট "

দীক্ষা ওর বইগুলো দেখতে লাগল, ওর মায়ের ছবি, ওর সাজানো ঘর , ওর ড্রয়িং সব কিছু দেখতে লাগল। তারপর হঠাৎ ছাদে দৌড়ে চলে যায়। ছাদের রেলিং ধরে দাঁড়িয়ে রইল। দেব এসে ওর পাশে দাঁড়ালো।

দেব - কী ভাবছো?

দীক্ষা - নিচে যার ছবি দেখলাম সে এই ছাদ দিয়ে পড়ে গেছিল। ঐ নিচে পড়েছিল, রক্তাক্ত হয়ে ছিল ঐ জায়গাটা।

দেব - তুমি জানলে কি করে?

দীক্ষা - সেটাই তো মনে পড়ছে না।

দেব - চেষ্টা করো মনে পড়বে।

রিমা ওর অফিসের জানালার পাশে দাঁড়িয়ে আছে।

অনেক কথা ভাবতে লাগলো হঠাৎ সেই সময় একটা অচেনা নম্বরে ফোন।

ফোনটা ধরল।

- হ্যালো কে বলছেন?

- শুনলাম পুলিশ পর্যন্ত এ খবর চলে গেছে।এটা খুব ভুল করলেন, এবার দেখুন কি করে রায়হানকে বাঁচাবেন। ওর লাশটাও খুঁজে পাবেন না।

রিমা চেঁচিয়ে ওঠে।

" না.......না......... ওকে...... কিচ্ছু করবেন না। আমি..... আমি......" কথা বলতে কষ্ট হচ্ছে রিমার

" আমি টাকার ব্যবস্থা করছি কোথায় আসতে হবে বলুন। কোন জায়গায় যেতে হবে?"

" রামনগরের কাছে ১৭/সি এ.কে ক্রুজ সেক্টর ৩ ওখানে এসে ফোন করবেন আমাদের লোক আসবে"

" ঠিক আছে আসছি "

ফোনটা রেখে টেবিলে রাখা জলটা খেল। তারপর ভাবলো কাউকে ও কিচ্ছু বলবে না। ও একা যাবে।

অফিস থেকে বেরিয়ে বাড়িতে যায়। আলমারি খুলে সমস্ত গয়না বার করে একটা ব্যাগে সব ঢুকিয়ে নিয়ে বেরিয়ে গেল। বাড়ির গাড়িতে না গিয়ে একটা ক্যাব বুক করে নিল।

যেতে যেতে ভাবলো " দিদি একদিন তোর সব কিছু নেওয়ার জন্য উঠে পড়ে লেগেছিলাম। মা বলতো ছোট বেলায় তোর গলায় থাকা সোনার চেনটা আমি হাত দিয়ে টেনেছিলাম বলে তুই সেটা আমায় দিয়ে দিয়েছিলি। আজ আমি তোর ছেলেকে বাঁচাতে এই গয়না গুলোর মায়া আমি ত্যাগ করলাম। কি হবে এই গয়নায় সেজে? "

একটা সোনার দোকানে এই সব গয়না গুলোর বেচে দিল।

এদিকে নীল আর দেব দীক্ষাকে বাড়ি নিয়ে এলো।

মিতালী ওকে দেখে অবাক হয়ে যায়।

মিতালীর মুখ দিয়ে " রেবতী" নামটা বেরিয়ে আসে।

নীল বলল " মা মুখটা তোমাদের রেবতীর হলেও বাকি সব তোমাদের দীক্ষা। এ হচ্ছে ছোট মামী...."

মিতালী এগিয়ে এল। মিতালী " কিচ্ছুই কি মনে নেই?"

দেব " ওর সব মনে পড়বে। আমি জানি এ দীক্ষা।"

নীল রিমাকে ফোন করল কিন্তু ফোন সুইচ অফ।

নীল " কি হলো ফোন সুইচ অফ কেন?"

অফিসে ফোন করলে জানতে পারল রিমা ঘন্টা খানেক হলো বেরিয়ে গেছে।

নীলকে চিন্তিত দেখে দেব বলল " কি হয়েছে?"

নীল - রিমার ফোন সুইচ অফ।

দেব - কেন?

নীল - অফিসেও নেই।

নীল দারোয়ানকে ডাকলো। রিমার কথা জিজ্ঞেস করলে ও বলল " দিদিমণি বাড়ি এসেছিল তারপর আবার বেরিয়ে গেল কিন্তু গাড়ি নিয়ে যায়নি। আর হাতে একটা ব্যাগ ছিল....."

দেব - কোথায় গেল ও?

নীল কিছুক্ষন চুপ থেকে বলল " ফোনটা বন্ধ করে দিয়েছে না হলে ট্র্যাকিং করা যেত। দাঁড়াও দেখছি......"

ক্যাবটা দাঁড়ালো সেই নির্দিষ্ট ঠিকানাতে। ক্যাবের ভাড়া মিটিয়ে ফোনটা চালু করে সেই নম্বরে ফোন করল। কিন্তু ফোন লাগালো না।

" চারদিকটা কেমন ফাঁকা। ফোনটা বন্ধ কেউ তো এলো না....."

হঠাৎ কে যেন ওকে পিছন দিক থেকে জাপটে ধরে নাকে রুমাল চেপে ধরে অজ্ঞান করে দিল।

82

পর্ব ৮২

রিমার লোকেশন ট্র্যাক করা গেল কিন্তু ফোনটা আবার বন্ধ হয়ে যায়।

নীল দেবকে বলল " মামা রিমার লাস্ট লোকেশন রামনগরে তারপর আবার বন্ধ হয়ে যায়"

দেব " নীল আমার মনে হয় ও রায়হানের জন্যই ও কোথায় গেছে...."

নীল " কিন্তু ও তো আমায়...."

দেব " আমার মনে হয় ওকে কিছু বলেছে..."

রিমা জ্ঞান আসতে চোখ খুলে দেখল একটা অন্ধকার ঘরে ওকে রেখেছে।

" এ আমি কোথায়? " ব্যাগটাও ওর কাছে নেই।

" ব্যাগ নেই, ফোনটাও নেই। ওরা আমার সাথে চিট করেছে। রায়হান কোথায়? " উঠে দাঁড়িয়ে দরজার কাছে এসে দাঁড়াল দরজা বন্ধ।

" এই ভাবে একটা চাল চালছে না এটা করা চলে না...."

দরজা ধাক্কাতে লাগলো। " কে আছেন দরজা খোলো , দরজা খোলো । "

আওয়াজ শুনতে পেয়ে দুই জন লোক ঐ ঘরের বাইরে এসে দাঁড়াল।

তারা একে অপরের দিকে তাকিয়ে বলল " ঐ মেয়েটা তো জেগে গেছে"

" বসকে ফোন করি। "

ধাক্কা দিয়ে সাড়া না পেয়ে বসে পড়ল।

জল তেষ্টা, খিদেতে ক্লান্ত হয়ে ঝিমিয়ে পড়ে রিমা ।

কিছুক্ষন পর দরজার বাইরে কারোর পায়ের শব্দ কানে এলো।

দরজাটা খুলে গেল। বাইরের আলো কিছুটা ঘরে ঢুকলো। আলো আঁধারিতে সামনের মানুষটার মুখ

প্রথমে বোঝা না গেলেও পরে ধীরে ধীরে বোঝা গেল।

রিমার সামনে সাহেব দাঁড়িয়ে। ওকে দেখে দাঁত চিবিয়ে বলল " আপনারা আমাকে ধরলেন কেন?"

সাহেব হালকা মুচকি হেসে বলল " ঐ টাকাতে কিছু হয়না। রায়হান কিডন্যাপ করার একটাই কারণ। সেটা কি অবশ্য তুমি জানো। "

" মানে?"

" মানেটা তুমি জানো, আমরা তো ভিখারী নই , ঐ রকম টাকা মেহেতার সামনে পড়ে থাকে আসল বিষয়টা শেয়ার। "

" Never ...."

" তুমি চেয়েছিলে। "

" কারণ তখন পরিস্থিতি আলাদা ছিল "

" কারণটা হলো বর্তমানে তোমার দিদির উপর দরদ উথলে পড়ছে। সরি মিসেস রিমা আপনার মন মত আমরা চলতে পারি না। "

" রায়হান কোথায়?"

" ও কোথায় তোমার জেনে লাভ কি?"

সাহেবের কলার থামছে বলল " বল ও কোথায়? কোথায় ও ? "

" ম্যাডাম "

পিছন ফিরে দেখল মিঃ মেহেতা দাঁড়িয়ে।

মেহেতা ওদের লোকদের উদ্দেশ্য করে বলল " ম্যাডামের খাতির দারি কর। চলুন ম্যাডাম বসে ধীরে ধীরে কথা বলবো। "

একটা বড় ঘরে ওকে নিয়ে এল ।

ওকে বসিয়ে বলল " দেখুন এই সব ব্যবসা এমনি লাটে উঠেছে তারপর হলো আপনার দিদি এখন আর নেই। আর আপনি ছেলেধরার ব্যবসাটাই ভালো করতে পারবেন...."

এবার রিমা চেঁচিয়ে বলল " just shut up......"

" ভদ্রভাবে কথা বলুন..... আপনাদের মতন নীচ, খারাপ লোক একটাও দেখিনি। আমি এই ব্যবসার কোনো ক্ষতি হতে দেবোনা। তখন দিদির কথা শুনিনি এখন... এখন খাল কেটে কুমির এনেছি। "

সাহেব " এবার কুমিরের সাথে কিভাবে থাকতে হয় সেটা শেখো। "

রিমা " সাহেবদা তোমার মতন মানুষের সাথে দিদির যে বিয়ে হয়নি সেটা ভালোই হয়েছে। তোমার মতন স্বার্থন্বেষী লোক একটাও দেখিনি। "

মেহেতা বলল " তুমি এক কাজ করো কাগজ পত্র সব রেডি এবার তোমার জামাইবাবু কাম মামাশ্বশুড়কে বুঝিয়ে সাইন করিয়ে শেয়ারটা ছাড়িয়ে সব আমাদের করে দাও। আরে তুমি কত চাও বল ৫ কোটি, ৬ কোটি....."

" এক পয়সাও নয়। "

সবাই সামনে তাকিয়ে দেখলো নীল এসে দাঁড়িয়ে।

রিমা উঠে নীলকে জড়িয়ে ধরল।

" নীল ওরা.....ওরা আমাকে অপহরণ করে...."

নীল মেহেতার সামনে এসে দাঁড়াল।

নীল " কি চাইছেন?"

মেহেতা সাহেবকে বলল " রায়হানকে Murder করার নির্দেশ দাও "

রিমা " না..."

সাহেব " রিমা তোমাকে বলা হয়েছিল কাউকে না জানাতে । তুমি investigator, police এদেরকে কেন জড়ালে?"

নীল " আপনাদের মতন অমানুষদের শাস্তি দিতে "

রিমা " নীল..... নীল ওরা তো ....."

নীল " রায়হান আমার হেফাজতে আছে । বলেছিলাম না আমি মামা-মামীর কোনো ক্ষতি হতে দেবোনা। আমি রায়হানকে ঠিক উদ্ধার করে নিয়েছি। "

মেহেতার দিকে তাকিয়ে বলল " এই লোকটার বাড়িতে রায়হান ছিল ...... "

ফ্ল্যাশব্যাক..........

রিমা ফোনটা অন করতে ওর লোকেশন ট্র্যাক করা গেল।

নীল - মামা রিমাকে রামনগরে পাওয়া গেছে।

দেব - খোঁজ লাগা.....

ফোর্স নিয়ে ওখানে যেতে যেতে ফোনটা ফের অফ হয়ে যায়।

যেখানে রিমা দাঁড়িয়েছিল সেখানে গিয়ে ওরা পৌঁছায় । হঠাৎ একটা গাড়িকে দূর থেকে আসতে দেখে আরে লুকিয়ে যায়। নীল গাড়িটাকে লক্ষ্য করলে দেখতে পায় গাড়ির ভিতরে সাহেব বসে।

নীল তখন কিছু জনকে এখানে থাকতে বলে গাড়ি নিয়ে ঐ গাড়িটাকে ফলো করে।

গাড়িটা যায় মিঃ মেহেতার আলিশান বাংলোতে।

তারপর ঐ বাংলা ঘেরাও হয়ে যায়।

নীল মেহেতার দিকে বন্দুক তাক করে বলল " রায়হানকে অপহরণ করে ব্ল্যাকমেলিং করে কী লাভ হলো। এই ওদের গ্রেফতার কর আর যে মেয়েটাকে ঐ বাড়ি থেকে পাওয়া গেছে সেই মেয়েটাকে ওরা যেন এখুনি ধরে থানায় নিয়ে যায়।"

ওদের গ্রেফতার করা হলো। যাওয়ার আগে মেহেতা বলল " খুব খারাপ কাজ করলে। আমি বেশি দিন থাকবো না "

নীল " সারাজীবন রাখার ব্যবস্থা করছি। তোমার সব সম্পত্তি বাজেয়াপ্ত করা হবে।"

ওরা চলে গেলে নীলকে জড়িয়ে ধরে রিমা।

" নীল থ্যাঙ্ক ইউ"

নীল ওর থেকে দূরে সরে এসে বলল " খাল কেটে তুমি ওদের নিয়ে এসেছিলে না তোমার দিদিকে জব্দ করার জন্য ?"

রিমা মাথা নীচু করে বলল " আমার পাপের প্রায়শ্চিত্ত তো করছি..."

নীল " চলো। এবার তোমার দিদির সামনে রায়হানকে আনা হোক। দেখি মনে পড়ে কি না। আমার মন বলছে এবার মামীর ঠিক সব মনে পড়বে।"

83

পর্ব ৮৩

রিমা রায়হানের হাতটা ধরে ধীরে ধীরে ঘরের ভিতরে এল । যে ঘরের ভিতর দীক্ষা বসে আছে।

রিমা ইশারায় বলল রায়হানকে " মা " বলে ডাকতে।

" মা" রায়হান ডাকল।

দীক্ষার এই কন্ঠস্বর শুনে মনে হলো এ ডাক তো শুনেছে। পিছন ফিরে দেখল রায়হানকে।

রিমা ওকে বলল " চিনতে পারছো ওকে।"

রায়হান বলল " এ তো আমার..... আমার মাম্মীর মতন দেখতে। "

দীক্ষা বলল " কে তোমার মাম্মী? "

রায়হান বলল " দাঁড়াও "

এই বলে মাসীর সাহায্যে ছবির অ্যালবাম বার করলো।

" মাসী মাকে ছবি গুলো দেখাও"

রিমা আর রায়হান সমস্ত ছবি দেখাতে লাগল।

রায়হান - এটা আমার প্রথম মাম্মী তোমার মতন দেখতে ছিল। সে তো মরে গেছিল কিন্তু আবার ফিরে এলে কীভাবে?

রিমা - এটা তোর দীক্ষা মা । তোর মাম্মীর মতন সেজেছে।

রায়হান - না এইভাবে তোমাকে ভালো লাগে না।

রিমা - আসলে সোনা তোর দীক্ষা মায়ের কিছু মনে নেই। আর তোর মায়ের এক্সিডেন্ট হয়েছিল। তোর দাদু- দিদা তোর দীক্ষা মাকে বাঁচায়।

রায়হান দীক্ষার হাত ধরে বলল " তুমি আমার দীক্ষা মা ? "

রিমা ওদের বিয়ের ছবিগুলো সামনে রেখে বলল " দেখ তো দিদি মনে পড়ছে কিছু"

দীক্ষার মাথা প্রচন্ড ভাবে ঘুরতে লাগলো।

তারপর হঠাৎ অজ্ঞান হয়ে যায়।

রিমা সবাইকে ডাকতে লাগল।

" নীল, জামাইবাবু কে কোথায় আছো ? দিদি অজ্ঞান হয়ে গেছে......."

চারদিক প্রচন্ড আলো ।

আর ঐ আলোর মধ্যে দীক্ষা ওর মাকে দেখতে পেল।

দীক্ষা ওর মায়ের কাছে যত এগিয়ে যেতে চাইছে আর ও তত পিছিয়ে পড়ছে।

" মা তুমি কোথায় যাচ্ছো? "

মা হঠাৎ পিছন ফিরে বলল " তুই কেন আসছিস? তোর এখনো সময় হয়নি রে। স্বামী , সন্তান সবাইকে ভুলে চলে যাচ্ছিস যে বড়.....''

দীক্ষা " মা আমার কিচ্ছু মনে পড়ছিল না। সব ভুলে গেছিলাম। কিন্তু তুমি এলে যে ? "

" তোকে আশীর্বাদ করতে। ফিরে যা....... সবাই তোর পথ চেয়ে আছে''

হঠাৎ আলো গুলো একসাথে হয়ে উঠল । ভীষণ আলো চোখে পড়তে চোখ মুখ কুঁচকে ধীরে ধীরে চোখ খুলতেই বুঝলো যে ও হাসপাতালের বিছানায় শুয়ে।

রিমা চিন্তায় আইসিউ -র সামনে বসে।

ওর দিদির স্ট্রোক হয়ে গেছে। এখানে আসার আগে নীল ওকে খুব বকা দিয়েছে। কেন ও দীক্ষাকে মনে করানোর জন্য মাথায় চাপ দিয়েছে।

এর জন্য কোনো অঙ্গ প্যারালাইস হবার সম্ভাবনা আছে। ডাক্তার এসে বলল ওর জ্ঞান এসেছে। এখন দেখা করা যাবে না। কিছু ক্ষন বাদে দেখা করা যাবে।

নীল দেবের কাঁধে হাত রেখে বলল " মামীর কাছে তুমি প্রথমে যাও। "

তারপর নীল একবার রিমার দিকে চেয়ে চলে গেল।

দেব ধীরে ধীরে দীক্ষার সামনে এসে দাঁড়ায়।

" দীক্ষা" বলে ডাকল।

দীক্ষা ওর দিকে চেয়ে রইল কিছুক্ষন। তারপর বলল " আপনি... আপনাকে তো চেনায় যাচ্ছে না।"

দেব হেসে বলল " তোমার চিন্তায় এই রকম হয়ে গেছি....''

দীক্ষা " রায়হান কোথায়?"

" ও ওর মায়ের জন্য হাপিত্যেশ করে বসে আছে। "

" আমি কবে বের হবো?"

" ডাক্তার বলল আর কদিন পর ছাড়া দেবে "

দীক্ষার স্মৃতি ভীষণ দুর্বল। এখনো ও ঠিক মতন সুস্থ হয়ে উঠতে পারেনি । দেব ঠিক করলো। ওকে নিয়ে দেশের বাইরে নিয়ে যাবে । ওখানে গিয়ে ভালো চিকিৎসা করানো হবে। কদিন পর ওকে নিয়ে বিদেশে চলে যায়।

ঠিক ৬ মাস পর.....

রিমা আর রায়হান ভিডিও কলে দীক্ষার চেনা রূপ দেখতে পেলো। দীক্ষা অনেকটাই সুস্থ । ওরা কদিন পর ফিরবে।

অনিরুদ্ধ বাবু এসেছে। সকলে বসেছে রাতের খাবার খেতে। রায়হান খেয়ে চলে গেলে।

মিতালী বলে বসে " বাবু"

নীল খেতে খেতে ফোন দেখছিলো। ফোনটা রেখে বলল " বলো "

মিতালী " তোদের বিয়ে তো ২ বছরের বেশি হতে চলল তা রায়হান তো বড় হতে চলল ওর বোন বা ভাই কাউকে কী আনবি না।"

রিমার খাওয়া বন্ধ হয়ে গেল।

নীল বলল " তোমার বৌমা বাচ্চা নিতে পারবে না কারণ তোমার বৌমার রূপ, যৌবন নষ্ট হয়ে যাবে।

আর তাছাড়া ওকে ডিভোর্স দিয়ে দেবো ভাবছি। আজ মামা-মামীর জীবনে এই এতটা সময় নষ্ট হয়েছে শুধু মাত্র ওর জন্য। "

অনিরুদ্ধ " দেখ যা হয়ে গেছে ভুলে যা। রিমা তো ওর ভুল বুঝেছে। তা হলে আবার কেন ডিভোর্সের কথা উঠছে। "

নীল " শেষ পর্যন্ত মামীর ক্ষতি ওই করেছে। ওর উপর ক্রিমিনাল অফেন্সের অনেক ধারা লাগত যদি ওকে গ্রেফতার করা হতো। ও যা যা অন্যায় করেছে না সবটার প্রমাণ আছে শুধুমাত্র এই পরিবারের কথা ভেবে চুপ করে গেছি। আমি এখন ভাবি কি করে যে ওকে আমার ভালো লেগেছিল কে জানে? এই মেয়েটা কারোর ভালো করতেই পারে না। "

এই বলে নীল চলে যায়।

84

পর্ব ৮৪

নীলের কথা গুলো বিছানায় বসে রিমা ভাবতে লাগলো। রায়হান ওর সামনে বসে ল্যাপটপে ওর মায়ের সাথে কথা বলছে। রিমাকে অন্যমনস্ক দেখে দীক্ষা জিজ্ঞেস করল " রায়হান তোর মাসির কী হয়েছে রে? "

রিমা কথাটা শুনতে পেয়ে স্ক্রিনের সামনে এসে বলল " কিছু না । কাজের একটু চাপ আছে কিন্তু আমি সব সামলে নিচ্ছি তোরা ওখান থেকে খুব ভালো করে ঘুরে আয়। "

দীক্ষা বলল " তোর মুখটা শুকনো লাগছে কেন বলতো ? " সেই সময় দেব ওর সামনে এসে বলল " নীলুর সাথে কিছু হয়েছে কী? "

রিমা মাথা নেড়ে বলল " না গো জামাইবাবু। "

দিদি-জামাইবাবুর মধ্যে এত মিল দেখে রিমার মনের কোণে একটা কষ্ট উঁকি মারলো।

রিমা কথা ঘুরিয়ে দিল। রিমা " দিদি তোকে কিন্তু প্লাস্টিক সার্জারি করে আগের থেকে অনেক ভালো লাগছে। তুই এখানে আয় তারপর আমি , রায়হান, আর তুই সবাই মিলে ঘুরতে যাবো। "

দীক্ষা সেইদিন বাড়ি থেকে বেরিয়ে একটা স্টেশনে বসে ছিল। ট্রেন আসতেই হঠাৎ কে যেন ওকে পিছন থেকে ধাক্কা মারে আর ওর কিছু মনে নেই।

সাহেব স্বীকার করে সেদিন ও দীক্ষাকে ধাক্কা মেরেছিল। দীক্ষা পড়ে গেছিল কিন্তু কথায় বলে না রাখে হরি মারে কে। রেললাইন পড়ে গেলেও দীক্ষা মরে যায়নি সেদিন ও অবস্থায় মিঃ কর্মকার ওকে বাঁচিয়ে আনে।

রায়হান ঘুমিয়ে পড়লেও রিমার চোখে ঘুম নেই।

ও উঠে ধীরে ধীরে নীলের ঘরে গিয়ে দাঁড়ালো।

নীল শুয়েছিল বিছানায় কারোর পায়ের আওয়াজ শুনে পিছনে ফিরতেই দেখলো রিমাকে। রিমা বলল

" বলছিলাম যে দিদি আর জামাইবাবু চলে এলে আমি বাড়ি চলে যাবো। আমি আর কোনো সিনক্রিয়েট চাই না আর তুমি ডিভোর্স পেপারটা পাঠিয়ে দিও। "

এই বলে চলে যাচ্ছিল কিন্তু আবার কি মনে করে আবার ওর দিকে তাকিয়ে কিছু বলতে যাচ্ছিল কিন্তু বলতে পারলো না।

ওর ঘর থেকে বেরিয়ে বারান্দায় গিয়ে বসল।

চোখ থেকে অঝোরে জল পড়তে লাগলো।

কদিন পর....

দীক্ষা আর দেব বাড়িতে ফিরে আসলো।

বহুদিন পর মা আর বাবার মাঝখানে রায়হান নিজের জায়গা করে নেবে।

বাড়ির সকলে খেতে বসেছে একসাথে।

সকলের কথাবার্তার মধ্যে নীল আর রিমার কথা ওঠে। অনিরুদ্ধ " আর একজনের কাছ থেকে দাদু ডাক শুনতে চাই"

দেব নীলের দিকে তাকিয়ে বলল " হ্যারে সুখবরটা কবে দিবি? রায়হানকে কাকা বানা শিগগিরই।"

দীক্ষা কনুইয়ের খোঁচা মারে রিমাকে।

রিমা কৃত্রিম হাসি হাসলো। তারপর নীলের দিকে তাকালো। এদিকে নীলও ওরদিকে তাকালো।

অফিসের কেবিনে দীক্ষা আর রিমা সমস্ত কর্মচারীদের সাথে মিটিং করছে। মিটিং শেষে রিমা দীক্ষাকে বলল " বলছিলাম আমি কদিন বাড়িতে যাবো।"

" কেন রে মায়ের কি শরীর খারাপ? "

" না। এমনি একটু কদিন মায়ের কাছে যাবো।"

" আমিও যাবো"

" রায়হান?"

" আর তোর নীল। এবার একটা কিছু তো কর। দুইজন কর্তা-গিন্নি একা একা আর কি ভালো লাগে?"

রিমার মুখটা অন্ধকার লাগল ওর।

" কী হয়েছে রে তোদের মধ্যে?"

" কিছু না।"

রিমাকে চেপে ধরল ও।

দীক্ষা " কি হয়েছে বল ? "

রিমা " নীল আমাকে ডিভোর্স দিতে চাইছে "

দীক্ষা " কি!!!"

" আমি তো খারাপ মেয়ে। এটাই তো আমার প্রাপ্য। ভালোবাসা তো আমি চাই না , চাই টাকা, বিত্ত, বৈভব। এই সব ভালোবাসা আমার জন্য নয়।"

" চুপ কর।"

" দিদি ওকে কিচ্ছু বলিস না। জামাইবাবু ওকে যেন কিছু না বলে।"

" আমার বোনকে ও নিজের ইচ্ছায় বিয়ে করেছে আর এখন ও ছেড়ে দিতে চাইছে। এটা তো আমি হতে দিও পারি না।"

85

পর্ব ৮৫

ব্রেকফাস্টের টেবিলে দেব নীলকে প্রশ্ন করলো।

" তোদের মধ্যে কী হয়েছে রে?"

নীল খাওয়া থামালো। নীল বলল " কিছু না তো"

মিতালী " দুই বোন কিন্তু এই বাড়িতে নেই। পরশু থেকে সুনন্দাদেবীর বাড়িতে আছে।"

দেব " নীলু ওর বোনের সাথে তুই কিন্তু জোর করে বিয়ে করেছিলি। তা এখন কী হলো? "

অনিরুদ্ধ " তুই তো জানতিস যে ও অন্যরকম মেয়ে ছিল তার সত্ত্বেও ওকে বিয়ে করলি কেন? "

দেব " শুনলাম তুই নাকি ডিভোর্স দিবি ওকে"

নীল বলল " হ্যা"

দেব " তুই যদি ওকে ডিভোর্স দিস তাহলে আমাদের সাথে কোনো সম্পর্ক রাখবি না। দিদি একথাটা ওকে বলে দিস। "

নীল না খেয়ে বেরিয়ে গেল। ও চলে যেতে অনিরুদ্ধ বাবু বলল " ওকে বোঝা। এইভাবে কেন বললি? আমার মনে হয় ওদের মধ্যে বিরাট অভিমান জমে আছে...."

রাতের বেলা মেঘমুক্ত আকাশের দিকে তাকিয়ে বসে আছে রিমা। ফোনটা হাতে নিয়ে কিছু ভেবে আবার রেখে দিল।

রায়হান কান্নাকাটি করাতে দীক্ষাকে বাড়ি যেতে হলো।

রিমা আয়নায় নিজেকে দেখতে দেখতে বলল " এই রূপটাকে আমি ঘেন্না করি। এই রূপ দিয়েই তো কত কারোর খারাপ করেছি...."

এদিকে সুনন্দা প্রশ্ন করে কেন এখানে এত দিন আছে....

মায়ের কথার জবাব দিয়ে বলল " বিয়ে হয়ে গেছি বলে এ বাড়িতে থাকা যাবে না বলো। যদি বিধবা বা বিবাহ বিচ্ছিন্না হই তাহলে থাকা যায় নাকি "

" এ রকম কথা বলছিস কেন? "

" ভালো লাগছে না। শান্তি দাও। বাবা অনেক সম্পত্তি রেখে গেছে আর আমিও তো ব্যবসায় যুক্ত। যা হবে সব তো দুই বোনের। একটু থাওয়ালে কিছু এসে যাবে না। "

এবার এদুটোর অভিমান কীভাবে ভাঙানো যায়।

দেব আর দীক্ষা নিজেদের মধ্যে পরামর্শ করলো।

দেবের বুকের উপর মাথা রেখে শুয়ে আছে দীক্ষা।

দীক্ষা " কী করা যায় বলতো ?"

দেব " মাথায় আইডিয়া এসেছে ওদের দুজনকে একসাথে নিয়ে আনতে হবে।"

দীক্ষা " কী ভাবে?"

দেব দীক্ষার কপালে চুমু দিয়ে বলল " দেখো না কী করি? "

দীক্ষা হালকা হেসে জড়িয়ে ধরে বলল " এবার ভাঙ্গে আর ওর বৌয়ের মধ্যে ঝামেলা মেটাও"

নীলের ঘরে ঢুকতেই ওর দীক্ষার কথা কানে আসে।

দীক্ষা ফোনে কারোর সাথে কথা বলছে। উপরে উঠতে উঠতে কথার মধ্যে রিমার নাম শুনে দাড়িয়ে গেল।

নীচে নেমে এসে বলল " কী হয়েছে?"

দীক্ষা " আরে একটু আগে মা খবর দিল রিমা সিঁড়ি দিয়ে পড়ে গেছে।"

নীলের বুকের কাছটা মোচড় দিয়ে ওঠে।

নীলের মুখটা দেখে মনে মনে হেসে বলল " বেশি লাগেনা বাম্পা টা মুচকে গেছে অনেকটা। এত রাত হয়ে গেছে কালকে নিয়ে যাবো। আর মায়ের বয়স হয়েছে মা তাই ফোন করেছিল। "

রায়হান পাকামো করে বলল " মাসির খুব লেগেছে।"

দীক্ষা " ওকে বললাম রেস্ট নে। ডাক্তার দেখাই কী বলে দেখি।"

এই বলে দীক্ষা চলে গেল।

দুই দিন হয়ে গেল রিমার কথা মনে হলেও গেল না। তিন দিন হয়ে গেল ফোনটা নিয়ে ওর একটা তদন্তের জায়গায় এসেছে। সেখানে মৃতদেহ যে জামাকাপড় পড়েছিল সেটা রিমার সাথে মিল আছে।

সেদিন রাতে আর থাকতে না পেরে ফোনটা নিয়ে ফোন করতে গেয়েও ফোন করলো না। দেব এবার ওকে জিজ্ঞেস করল সে যদি একান্ত না চায় রিমার সাথে থাকতে বিচ্ছেদ করে নিক।

রিমার পায়ে খুব ব্যথা কষ্ট কষ্ট করে কোনরকম নিজের কাজটুকু করছে।

বাথরুম থেকে বেরিয়ে ধীরে ধীরে ড্রেসিং টেবিলে বসল। চিরুনিটা নিয়ে আয়নায় তাকাতেই নীলকে দেখল।

" তুমি!!!"

নীল উঠে এসে ওর পায়ের দিকে তাকিয়ে বলল " শুনলাম পায়ে নাকি লেগেছে"

রিমা মাথা নাড়িয়ে বলল " হ্যা। সিঁড়ি দিয়ে পড়ে গেছিলাম"

" এটা প্ল্যান"

" তোমার প্ল্যান যদি মনে হয় তাহলে এখানে এলে কেন? মরি কি বাঁচি তোমার তো কিছু এসে যেতে নেই। তুমি তো আমার থেকে মুক্তি চাও।"

" এ মুক্তি তুমি কি চাও না?"

রিমা এবার ওর দিকে তাকিয়ে বলল " আগে চাইতাম এখন চাই না। তোমাকে...."

" কী আমাকে...."

উভয়ে চুপ রইল। তারপর রিমা বলল " কবে মুক্তি দিতে চান বলুন?"

" তুমি চাও ? "

" আপনি মুক্তির কথা প্রথমে বলেছিলেন "

" আমি না তুমি বলেছিলে। আমাকে ভালবাসার কথা বলে তুমি মামাকে বিয়ে করতে যাচ্ছিলে। "

" পুরোনো করা কেন বলছো? "

" কারণ অন্য কারোর সাথে তোমাকে কোনোদিন মানতে পারিনি। আর পারবো না। "

" সেদিনের ডিভোর্সের কথা তুমি বলেছিলে। আমি তো জানি আমি অন্যায় করেছি এর জন্য ভগবানের কাছে ক্ষমা চাইছি। যাই হোক এখন বলো তুমি কেন এসেছো? "

নীল কিছুক্ষন ভেবে বলল " ঠিক আছে চলে যাচ্ছি"

ওকে ঘর থেকে বেরিয়ে গেলে কাঁদতে থাকল।

" কাঁদছ কেন ? "

দরজার দিকে তাকিয়ে দেখলো " নীল দাঁড়িয়ে আছে দরজার ঠেস দিয়ে "

নিজেকে স্বাভাবিক রেখে রিমা বলল " কোথায়? নাতো"

" তাই না..... তাহলে গালে জল কেন? "

" তোমার কি? "

নীল ওর দিকে তাকিয়ে রইল। আর এদিকে রিমাও।

তারপর, রিমা জড়িয়ে ধরে কেঁদে ওঠে।

নীলের বুকটা এতদিন অশান্তিতে ছিল আর এখন যেন শান্ত হলো।

রিমা কাঁদতে কাঁদতে বলল " তোমাকে ভালোবাসি নীল।"

" আমি তো অনেক দিন আগে বলেছি। I love you... সেই বহুদিন আগে থেকে।"

জড়িয়ে ধরে রিমাকে।

কদিন পর রিমার কোল জুড়ে এল একটা রাজকন্যা।

সারা বাড়ি আনন্দে ভরে উঠলো।

রিমার কোলে থাকা সন্তানকে নীল কোলে নিয়ে বলল " আমাদের নীলিমা। "

রিমা " নীল আর রিমা দুজনের মিলনে জন্ম নিল নীলিমার ।"

নীল রিমা আর ছোট্ট নীলিমাকে কাছে নিয়ে বলল " আমাদের ছোট্ট নীলিমা এখন রায়হানের বোন।"

রিমা " রায়হানের খেলার সাথী "

রায়হান ওদের ঘরে ঢুকে বোনকে কোলে নিল।

রায়হান বলল " ও আমার ছোট্ট বোনু "

এদিকে ওদের দরজার আড়ালে দাঁড়িয়ে দেবের কাঁধে মাথা রেখে দীক্ষা বলল " এত দিন বাদে এই রায়চৌধুরী বাড়ি পূর্ণতা পেল। "

দেব " আর আমাদের ছেলেকে দেখো কি সুন্দর ওর বোনকে আপন করে নিয়েছে।"

দীক্ষা " এটাই তো করেছি সারাজীবন। রায়হান ও ওর মায়ের মতন কর্তব্য করবে সবার জন্য। আপন করে নেবে সবাইকে....."

_____________ সমাপ্ত _____________